Francisco Marí/Rudolf Buntzel

Das globale Huhn

Hühnerbrust und Chicken Wings –
Wer isst den Rest?

Brandes & Apsel

Sie finden unser Gesamtverzeichnis mit aktuellen Informationen im Internet unter: *www.brandes-apsel-verlag.de*
Wenn Sie unser Gesamtverzeichnis in gedruckter Form wünschen, senden Sie uns eine E-Mail an: *info@brandes-apsel-verlag.de* oder eine Postkarte an: *Brandes & Apsel Verlag, Scheidswaldstr. 22, 60385 Frankfurt a. M., Germany*

Dieses Buch wurde erstellt mit freundlicher Unterstützung des Evangelischen Entwicklungsdienstes (EED)

1. Auflage 2007
© Brandes & Apsel Verlag GmbH, Frankfurt am Main
Lektorat: Cornelia Wilß, Frankfurt am Main unter Mitarbeit von Josefine Schubert, Brandes & Apsel Verlag
DTP, Satz und Umschlaggestaltung: Antje Tauchmann, Frankfurt am Main
Schaubilder und Grafiken: Mayte Marí, Frankfurt am Main unter Mitarbeit von Mareike Himme, Frankfurt am Main
Fotos s. Fotonachweis S. 267
Druck: Impress d. d., Printed in Slovenia
Gedruckt auf säurefreiem, alterungsbeständigem und chlorfrei gebleichtem Papier.

Bibliografische Information Der Deutschen Nationalbibliothek:
Die Deutsche Nationalbibliothek verzeichnet diese Publikation in der Deutschen Nationalbibliografie; detaillierte bibliografische Daten sind im Internet über http://dnb.ddb.de abrufbar.

ISBN 978-3-86099-852-6

Inhalt

Einleitung

In der Bahnhofshalle
Nicht für es gebaut,
geht ein Huhn
hin und her...
Wo, wo ist der Herr Stationsvorsteh'r?
Wird dem Huhn
man nichts tun?
Hoffen wir es! Sagen wir es laut:
dass ihm unsre Sympathie gehört,
selbst an dieser Stätte, wo es – »stört«.

Christian Morgenstern

»Meine Geflügelzucht war sehr erfolgreich, als ich sie 1995 begann. Ich musste 70.000 CFA (106 Euro) investieren, um in zwei Monaten 100 Hühner zu züchten und konnte sie für 150.000 CFA (230 Euro) verkaufen, was damals ein gutes Geschäft war. Das hat mich ermutigt, meine Produktion auszuweiten, und ich habe einen Kredit aufgenommen. Die Afrikanische Entwicklungsbank vergibt Mikrokredite an kleine Gewerbetreibende wie mich. Dazu müssen wir Frauen uns in Gruppen zusammentun und 20 Prozent ansparen. Den Rest erhalten wir von der Bank. Hat eine Frau zurückgezahlt, erhält mit diesem Geld die nächste den Kredit. Das war im Jahr 2000 und die importierten gefrorenen Hähnchenteile begannen die Marktstände zu füllen. Aber ich habe mich abgerackert und konnte noch Gewinne erzielen. 2002 habe ich einen weiteren Kredit aufgenommen um den Ertrag zu steigern. Doch es gab immer mehr gefrorene Hähnchen auf dem Markt zu sehr, sehr niedrigen Preisen. Meine Kunden haben dieses billige Fleisch gekauft. Ich bin auf meiner Produktion sitzen geblieben und habe alles verloren. Das Geld, das ich erwirtschaftet habe, fehlt. Meine Kinder können nicht mehr regelmäßig die Schule besuchen, weil wir das Schulgeld nicht bezahlen können. Ich habe wieder Hoffnung, seit ACDIC die Regierung dazu gebracht hat, den Import der gefrorenen Hühner zu verringern. Ich bin bereit. Ich will wieder mit meiner Geflügelzucht beginnen und will in der Lage sein, meinen Kredit abzubezahlen. Aber es ist schwer das Startkapital aufzutreiben.«

Vekwusi Margaret Nkume, Hühnerhalterin aus Kamerun

Mit der Geschichte von Vekwusi Margaret Nkume fing alles für uns an. SAILD ist eine Partnerorganisation des Evangelischen Entwicklungsdienstes in Kamerun. Sie unterstützt Bauern dabei, ihre Erträge zu steigern. Es ist dieser Organisation zu verdanken, dass wir in Deutschland begonnen haben, uns mit der globalen Hühnerwirtschaft und den fatalen Folgen von Billigimporten von Hühnerteilen in Kamerun zu beschäftigen. Nach Recherchen von SAILD stammen über 80% dieser Importe aus der EU. Diese Importe zerstörten nach Schätzungen von SAILD nicht nur innerhalb von fünf Jahren 100 000 Existenzen in der kamerunischen Geflügelhaltung. SAILD konnte auch nachweisen, dass billiges Hühnerfleisch die Gesundheit der Bevölkerung gefährdet. Tiefgefrorenes Hähnchenfleisch wurde massenhaft unter freiem Himmel auf Marktständen verkauft und war deshalb für den menschlichen Verzehr ungeeignet. Ganze Hochzeitsgesellschaften mussten wegen Salmonellenvergiftung ins Krankenhaus eingewiesen werden. SAILD gründet eine Bauern-Verbraucher-Organisation, ACDIC, und starteten eine sehr erfolgreiche Kampagne gegen die – wie sie es nannten – »Hähnchen des Todes«. Doch Kamerun ist kein Einzelfall. Das gleiche Schicksal erlebten auch Hühnerhalter in Ghana, Senegal, Elfenbeinküste, Benin, Togo, Kongo; selbst von Ostafrika kam Kunde über die Folgen ähnlich zerstörerischen Handels.

Wie konnte es angehen, dass Europa so billig Hähnchen in afrikanische Länder verkauft und damit die einheimische afrikanische Geflügelhaltung ruiniert? Mit dieser Frage kam ACDIC auf den EED und andere private Entwicklungsorganisationen in Holland, Belgien und Frankreich zu. ACDIC erbat von uns aktive Unterstützung bei der Analyse und bei der politischen Intervention.

Wir, die Autoren, sind dieser Frage nachgegangen, um zu verstehen, wie die Hühnerwirtschaft bei uns beschaffen ist. Welches sind die Waren- und Handelsströme? Was hat es mit der EU-Geflügelfleischmarktordnung auf sich? Wohin fließen die Subventionen? Wie geht die Preisgestaltung vor sich? Welche gesetzlichen Hygienebestimmungen gibt es für den Export von tiefgefrorenem Fleisch in Entwicklungsländer? Welche Rolle spielen wir als VerbraucherInnen in Europa in diesem komplexen Handel mit Hähnchenfleisch?

Dass die EU mit Hilfe von **Exportsubventionen** überschüssige Ware in Afrika unter dem Selbstkostenpreis anbietet, schien uns zunächst eine nahe liegende Erklärung. Rindfleischdumping nach Westafrika und Südafrika, Getreidedumping nach Ostafrika und Äthiopien – Fälle von Dumping unserer Agrarüberschüsse in Afrika sind auch hierzulande bekannt geworden. Doch der Hähnchenfall war anders gelagert. Die Subventionierung von Geflügelfleischexporten lief 1995 nahezu aus. Fast zeitgleich setzte aber die Importinvasion EU-Geflügelfleisches nach Westafrika ein. Die Gewährung von Exportsubventionen bietet mithin kaum eine überzeugende Erklärung. Es zeigte sich bald, dass auch andere Maßnahmen einer **unfairen EU-Agrarpolitik** wie indirekte Subventionen für Strukturverbesserung, Investitionen oder für die Futtermittel, nicht ausschlaggebend sind.

Auch die Vermutung, dass die Ware, die wir nach Afrika exportieren, von minderwertiger Qualität und zweifelhaften Eigenschaften ist, war ein Irrweg. Solche Skandale mag es zwar gegeben haben, aber sie erklären nicht das erschreckende Ausmaß der Billigimporte. Sicherlich hat Exportfleisch einen Anteil an dem, was hier illegal als sog. »Gammelfleisch« in den menschlichen Verzehrskreislauf zurückfindet. Aber für Westafrika fehlt bisher der Nachweis. Diese Sachverhalte als Erklärung sind für sich allein nicht stichhaltig.

Schließlich stellten wir uns die die Frage, welche Art von Hühnerfleisch eigentlich exportiert wird. Schnell wurde klar: Es handelt sich im Wesentlichen nicht um ganze oder halbe Hühner, sondern vornehmlich um bestimmte **Hühnerteile**, und zwar um solche, für die es anscheinend in Europa keinen ausreichenden Absatz gibt. Das machte eine Auseinandersetzung mit Konsumententrends beim Verzehr von Geflügelfleisch bei uns notwendig. Weil die USA Trendsetter sind, können wir von den dortigen Verhältnissen lernen. Dort lässt sich studieren, was und wie Hühnerfleisch in Zukunft konsumiert wird und wohin die Reise des Hähnchens geht. Wir mussten auch lernen, welche Teile wo auf der Welt ihren Absatz finden.

Die anspruchsvollen VerbraucherInnen in Europa haben ähnliche Vorlieben wie die KonsumentInnen in den USA, auch wenn noch nicht ganz so extrem ausgeprägt: Das weiße Fleisch der Brustfilets wird bevorzugt als Frischware gekauft. Aber auch Keulen sind noch gefragt, wenn auch nicht im gleichen Maß wie früher.

Ein **globales** Marketing hat eingesetzt. Das Huhn wird in seine Einzelteile zerlegt. Wo immer auf der Welt für Flügel, Innereien, Beine, Kopf und Hals die besten Preise erzielt werden, da gehen die Hühnerteile hin. Dass es in unterschiedlichen Regionen unterschiedliche Präferenzen für Hühnerfleisch gibt, kommt den Verwertungsinteressen der Fleischwirtschaft entgegen. Die anspruchsvollen Amerikaner und Europäer wollen das Kernstück des Tieres, die Hühnerbrust oder sogar nur das Filetstück aus der Brustkappe. Die Japaner bevorzugen dunkles Hühnerfleisch. Die Chinesen nehmen jede Menge Hühnerfüße ab, aus welchen Gründen auch immer. Und die Armen auf der Welt nehmen jedes Fleisch, solange es nur billig ist.

Gleichzeitig hat die fleischverarbeitende Industrie einen unglaublichen Einfallsreichtum entwickelt. Ganz auf Linie der US-Geflügelwirtschaft bietet sie heute neue **Geflügelfleischprodukte** an. Bei Chicken Nuggets beispielsweise kann man das Hähnchen kaum noch rausschmecken, geschweige denn ihnen den Ursprung »Huhn« als Rohware ansehen. In diesen Fleischartikeln werden auf geschickte Art und Weise Fleischreste versteckt und neu zusammengeklebt. Überzählige Teile, die nicht mehr direkt und frisch an den Verbraucher zu bringen sind, werden so zum Teil verwertet.

Es wurde uns zunehmend klarer: Die Handelströme nach Westafrika können nur als Teil dieses globalen Produktions- und Marketinggeschehens verstanden werden. Trotz der »**Resteverwertung**« auf lukrativen Auslandsmärkten und trotz einfallsreicher Neukreationen wie Nuggets und Geflügelwurstwaren bleiben noch immer große Mengen an bestimmten Teilen übrig, die ihren Weg irgendwie nach Afrika finden. Das passiert kurz bevor diese Teile endgültig aus dem Verkehr gezogen und dem menschlichen Verzehrkreislauf entzogen werden müssen. Der afrikanische Restmarkt liegt am allerletzten Ende der Preisbestimmungskette: Die Ertragserwartung konkurriert nur noch mit den Kosten der Entsorgung, d. h. die Ware könnte in Afrika zu jedem beliebigen Preis abgesetzt werden, solange dort noch Märkte zu erobern sind.

Die einheimischen Produzenten haben gegen diesen ihre Existenz vernichtenden Warenstrom überhaupt keine reale Chance. Zynisch mutet dabei ab, dass der Absatz nach Afrika für die europäische Geflügelwirtschaft absolut nebensächlich ist. Die seriösen Fleischkonzerne überlassen diesen Markt eher dubiosen Fleischhändlern, Spediteuren und Warenmaklern; sie machen sich die Hände nicht schmutzig. Da alles »marktwirtschaftlich« abläuft, ist auch schwer mit handelsrechtlichen Instrumenten dagegen anzukommen.

Doch hier beginnt die Geschichte des »**Globalen Huhns**«. All das ist nur denkbar und möglich, weil die Hühnerwirtschaft in einem Ausmaß wie kein anderes Agrarprodukt konzentriert, globalisiert und industrialisiert ist. Die Erzeugung von Hühnerfleisch wird von der Zucht der Küken bis zur Ladentheke von einigen wenigen Konzernen absolut kontrolliert. Das geschieht als so genannte »vertikal integrierte Produktion«, ein System, das alle Glieder der Kette in ein enges Vertragskostüm einbindet. Alle Bestimmungen sind von zwei Hauptaspekten geleitet: der Sicherheit der Produktion/der Produkte und der Qualität (die sich an der Marktnachfrage ausrichtet).

Wir haben gelernt, dass der Blick auf die gesamte Produktionskette zu richten ist. Die wenigen **Geflügelkonzerne**, die das Angebot kontrollieren, manipulieren auch die Nachfrage nach Hühnerfleischerzeugnissen. Sie erschaffen immer völlig neue Produkte und Bedürfnisse, um den Gewinn aus dem Produktions- und Vermarktungsprozess zu maximieren. Die Macht der Hühnerkonzerne ist enorm. Sie wird allerdings von der noch größeren Macht der

Supermarktketten und Discounter in Schach gehalten, die mit einem »Geiz ist geil«-Marketingansatz die Einstandspreise für Geflügelfleisch erfolgreich zu drücken verstehen. Aber in Sachen Markterschließung und Produktentwicklung arbeiten sie eng mit der Geflügelwirtschaft zusammen.

Dieses System der Integration und völligen Kontrolle des Produktions- und Vermarktungsprozesses ist auch wegen der **»biologischen Sicherheit«** geschaffen worden und wird damit gerechtfertigt. Die Seuchengefahr ist groß, weil die Tiere genetisch immer einseitiger werden, weil sie in Mammutställen zusammengepfercht werden, weil die Rassen universal verbreitet sind, weil die Küken kreuz und quer über die ganze Welt vertrieben werden und weil die Ställe alle in einigen wenigen Regionen auf der Welt um die Schlachtereien herum konzentriert sind. Die Viren und andere Tierkrankheiten können sich unter solchen Umständen viel besser entwickeln und gefährlich mutieren. Wenn es zum Ausbruch einer Seuche käme, könnte sie sich viel schneller auszubreiten als unter weniger globalisierten Bedingungen, abgesehen davon, dass die Seuche erschreckende wirtschaftliche Folgen hätte.

Mit dem gleichen Managementsystem, das für die Sicherheit der Ställe sorgt, wird die Steuerung der Produktion und die Vermarktung vorgenommen. Überall dort, wo die Intensivhühnerhaltung auf der Welt existiert, wird dieses Kontrollsystem eingeführt. An ihm teilzunehmen ist Eingangvoraussetzung für die Teilnahme am internationalen Geflügelfleischmarkt. Dieses System stellt höchste Anforderungen an die beteiligten Mäster. Die Tierhalter selbst sind oft noch Familienbetriebe, selbst in Europa, USA und Brasilien. Immer weniger Landwirte, die mit Hähnchenmast begonnen hatten, sind noch in der Lage und/oder willens, die hohen Auflagen dieses Systems zu erfüllen. Seuchenrisiko und Marktsteuerung sind die Machtinstrumente der Geflügelkonzerne und die Antriebskraft zur Konzentration auf allen Stufen.

Dieses Q + S-System (Qualität und Sicherheit) verstehen lernen, heißt die Funktionsweise des globalen Huhnsystems zu verstehen. Reiche Entwicklungsländer wie Brasilien, China, Thailand und Mexiko wissen mit dem System umzugehen und sind wesentliche Player auf dem globalen Hähnchenmarkt. Aber arme Entwicklungsländer (sog. LDC = Least Developed Countries), die ihre Tiere noch weniger intensiv halten, verlieren mit den Sicherheits- und Qualitätsstandards zum einen ihren Weltmarktzugang als potentielle Exporteure. Zum anderen gelten bei internationaler Seuchengefahr die hochtechnischen Auflagen des gleichen Sicherheitssystems auch für sie. Die **Vogelgrippe**, die in den Intensivmastanlagen in Thailand und China ihren Anfang nahm, hat auch Zentral- und Westafrika erreicht. Zur Bekämpfung der Vogelgrippe auch in Afrika weiß man sich nur den einen Rat: mit dem gleichen Sicherheitssystem vorzugehen, wie in der Intensivhaltung. Das wäre der Todesstoß für jede kleinbäuerliche Hühnerwirtschaft, ob in Afrika, Asien oder sonst wo.

Auf unserer Recherche lernten wir viel über Globalisierung und das Huhn. Ein so kleines und harmloses Tier wie das Huhn! Und doch hält es die Weltwirtschaftsbeziehungen in Atem. Kein anderes Agrarprodukt hat in der internationalen Handelsordnung für so viel Wirbel gesorgt: Hähnchenkrieg, Streit um Bush-Beinchen und um gesalzenen Hühnerfleischhandel. Wichtige internationale Vertragswerke standen wegen dem Huhn hart auf der Kippe, wie die Anerkennung der Gemeinsamen Agrarpolitik der Europäischen Wirtschaftsgemeinschaft (EWG) durch die USA, das bilaterale Handelsabkommen zwischen EU und Mercosur oder der Beitritt Russlands zur Welthandelsorganisation WTO. Und jetzt der Fall von Hähnchendumping nach Afrika! Wird es zu einem handelpolitischen Eklat? Verdient hätte es das.

Die internationale Annäherung der Verbrauchsgewohnheiten, das rasante Entstehen eines globalen Hühnerfleischmarktes, die Internationalisierung von Qualitäts- und Sicherheitssystemen, die globale Seuchenpolitik, der Siegeszug von den Hybridhühnerrassen weltweit, die nur von zwei Firmen stammen: All das markiert Eckpunkte eines globalen Systems, das beim Huhn sehr weit vorangeschritten ist. Das Huhn hat bei der Globalisierung der Agrarwirtschaft Pionierarbeit geleistet, und tut es weiterhin. Dieses globale System mit all seinen Schattierungen bezeichnen wir in unserem Buch kurz mit »Das Globale Huhn«. Nicht, weil wir unterstellen, dass es monolithisch ist und sich hinter dem System ein definitiver Wille verbirgt, etwa im Sinne einer Verschwörung. Vielmehr sind wir der Meinung, dass die verschiedenen Aspekte in einer schlüssigen Art und Weise zusammenwirken und dadurch einen Systemcharakter abbilden. Dabei haben wir uns – zugegebener Maßen – inspirieren lassen von dem wegweisenden Werk von Jeremy Rifken zu einem ähnlichen Thema, nämlich dem Rind.[1]

Die Geschichte der Hühner Kameruns ist zu einer konkreten Anschauung dessen geworden, was sich heute in der Weltagrarwirtschaft unter dem Stichwort »Globalisierung« abspielt. Es gibt kein anderes Nutztier bzw. Agrarerzeugnis, das weltweit so verbreitet, so stark in der Hand von Armen und von Frauen, eine wirkungsvolle Waffe bei der Bekämpfung von Armut und Hunger ist und das für **Gender-Gerechtigkeit** steht. Deshalb greifen hier die Globalisierungsprozesse auch so tief und schmerzhaft in Lebenswelten ein – wie kaum in einem anderen Bereich.

Auch wenn wir keine Rezepte für die Lösung bieten können, so hoffen wir zum besseren Verständnis der Globalisierung beizutragen. Wir müssen erkennen, dass die Weltwirtschaft mit einem Federstrich mehr Existenzen vernichten, als all die gutwilligen Bemühungen der Entwicklungshilfe in vielen Jahren sichern können. Schließlich erkennen wir, dass es keine Zweiteilung der Welt mehr gibt. Kamerun ist uns näher als wir denken. Es gibt nur den gemeinsamen Kampf um mehr Rücksichtsnahme und bessere Rahmenbedingungen in dem universellen Globalisierungsprozess. Die Zeiten, wo wir glaubten, dass wir die Armen an die Hand nehmen sollten und sie mit unserer Hilfe aus der Armut herausführen können, gehen zum Glück zu Ende. Jetzt ist gemeinsames politisches Engagement gefragt.

Und zum Schluss ganz persönlich gefragt: Haben Sie sich schon jemals gefragt, wenn sie vor der Tiefkühltruhe Ihres Supermarkts stehen und die verpackten Schalen mit Hühnerkeulen und Hähnchenbrustfilets sehen, wo eigentlich der Rest des Tieres bleibt? Wären Sie bereit, wieder einmal dem gemeinsamen Essen mit der Familie zuliebe ein ganzes Huhn in die Backröhre zu schieben und es stolz auf den Tisch zu servieren? Es lohnt sich einmal darüber nachzudenken. Je näher ihre Ernährung dem natürlichen Produkt kommt, desto weniger negative Auswirkungen kann Ihr Verhalten auf die bäuerliche Landwirtschaft, auf die eigene Gesundheit und auf die Armen in der Welt haben.

Francisco Marí
Rudolf Buntzel

Berlin/Frankfurt am Main, Februar 2007

Danksagung

Die Autoren hätten dieses Buch nicht ohne die ermutigende und hilfreiche Unterstützung vieler Personen und Stellen schreiben können. Sie bedanken sich speziell bei ACDIC für die gute Zusammenarbeit und beim EED für die teilweise Freistellung und logistische Förderung.

Unser Dank gilt auch Hanns-Christoph Koch für seine Zuarbeit zum Konsumteil und die Bereitstellung einiger Bilder und Unterlagen, Anita Idel für das Gutachten zur Vogelgrippe, Karin Ulmer für die Recherche zum Genderaspekt, Waltraud Fleischle-Jaudas für das »leckere Huhn«, Mayte Marí für die Erstellung der Grafiken und Mareike Himme für die Assistenz.

Kapitel 1

Kamerun – Wie die Geschichte begann

KAMERUN, Zentralafrika, zwischen tropischem Regenwald und Sahelzone gelegen, ist wegen seiner politischen Stabilität nur selten im Fokus der Weltöffentlichkeit. Eher sind es schon seine Fußballer, die Nachrichten liefern. Mit 15 Millionen Einwohnern ist es ein vergleichbar großes afrikanisches Land. Manche Regionen im Westen des Landes sind dicht bevölkert. Hier leben die meisten Menschen von der Landwirtschaft. Der Süden ist sehr fruchtbar, und es wachsen eigentlich alle Früchte der Tropen, wie Bananen, Kaffee, Kakao und Palmöl, die auch exportierbar sind. Im bevölkerungsreichen Süden gibt es wegen seiner Fruchtbarkeit keine Nahrungsmittelknappheit. Bedingt durch das tropische Klima gibt es in den meisten Landesteilen kaum eine Viehwirtschaft. Nur im trockenen Norden Kameruns leben Nomaden von ihren Rinderherden, die sie zum Schlachten auf die Märkte des Südens treiben.

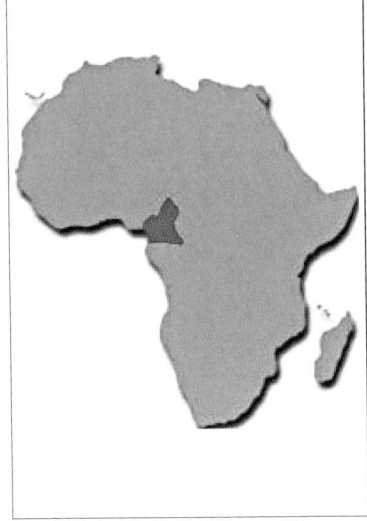

Kamerun liegt knapp über der Zone der Länder, die nach der UN-Klassifikation zu den »am wenigsten entwickelten« gehören, so genannte »LDC«. Dadurch verliert es einige Sonderbehandlungen im internationalen Handelsrecht. Dennoch ist die Mehrheit der Bevölkerung bitter arm: 50% lebt von weniger als 2 US-Dollar/Tag. Nach dem »Indikator für menschliche Entwicklung«, ein Maßstab der UNDP, der mehr zur Messung von »Entwicklung« einbezieht als nur das Bruttosozialprodukt, liegt Kamerun an 148. Stelle von 177 beteiligten Ländern. Obwohl das Pro-Kopf-Sozialprodukt mit 2 118 US-Dollar 2005 vergleichbar höher lag als andere Länder seiner Entwicklungsstufe, ist die Lebensqualität wegen eines niedrigen Bildungsgrads und kürzerer Lebenserwartung geringer. In Bezug auf die Gender-Indikatoren liegt Kamerun auf dem 113. Platz aller Länder, d. h. die Rolle der Frau ist hier vergleichsweise besser als in anderen Länder der ähnlichen Entwicklungsstufe.[1]

Kamerun – Wie die Geschichte begann

Wer hätte gedacht, dass wir erst von einer befreundeten Organisation in Kamerun darauf gebracht werden müssen, uns näher mit der internationalen Hühnerwirtschaft zu beschäftigen. Bis dahin waren wir der Meinung, wenigstens beim Hähnchen sei alles in Ordnung: keine handelsverzerrenden Subventionen der EU, keine Exportförderung, keine Überschüsse, alles streng marktwirtschaftlich und fair. Nicht so wie bei Rindfleisch, Zucker, Milch oder Getreide: Der Export dieser Agrarprodukte zu Dumpingpreisen hat bekanntlich zu einem ruinösen und existenzvernichtenden Handel der reichsten mit den ärmsten Regionen dieser Welt geführt. Doch die Tatsachen, die ACDIC, die Verbraucher- und Bauernorganisation Kameruns, auf den Tisch legt, lassen keinen Zweifel: Der Handel mit Hähnchen ist keinesfalls harmlos, wie wir in den nächsten Kapiteln zeigen werden. Die Hähnchenstory beginnt in Kamerun, im Herzen Afrikas. Es ist eine Geschichte, die einen Stein ins Rollen gebracht hat. Tierschützer beklagen seit Jahren die Haltung von Industriehühnern in Legebatterien. Doch inzwischen geht es um mehr: die Hühnerbranche ist zum globalen Imperium aufgestiegen. Und das »globale Huhn« will gar nicht so recht schmecken. Denn je mehr wir erfahren haben, desto größer wird der Skandal über die weltweite Vermarktung des Huhns.

Kamerunische Hühnerwirtschaft

Wie überall in Entwicklungsländern halten auch in Kamerun fast alle Familien auf dem Lande eine gewisse Anzahl von Hühnern. Da Huhn für besondere Anlässe wie Beerdigungen und Hochzeiten ein äußerst beliebter Festtagsschmaus ist, hat sich neben der Hinterhofhaltung auch eine kleine moderne Hühnerbranche entwickelt, die mit intensiven Methoden arbeitet und auf Rentabilität bedacht ist.

Die einheimische Geflügelproduktion ist seit Ende der 90er Jahre plötzlich einer Konkurrenz ausgesetzt, mit der niemand gerechnet hatte. Die Massen an »**poulet congelée**« (tiefgefrorene Hähnchenteile), die ins Land kamen, überschwemmten die lokalen Märkte und verdrängten die

GEFRORENES HÄHNCHENFLEISCH ALS EXPORTPRODUKT EROBERT AFRIKA

Entlang der gesamten westafrikanischen Küste kommt das gefrorene Geflügelfleisch aus Europa an. Zuerst in den Ländern, deren Häfen in großen Städten liegen und deren Infrastruktur die Weiterverteilung in das Landesinnere garantiert, wie Accra und Dakar. Zunächst waren es meist ganze Hähnchen, oft billige Suppenhühner. »Neu« ist das »gefrorene Geflügelfleisch«. Mangel an Hähnchen herrscht eigentlich in keinem der Länder, aber fast überall wird das Federvieh traditionell nur lebend angeboten. Ab 2000 stieg der Import von Hähnchenfleisch im Senegal und der Elfenbeinküste sprunghaft an. In anderen Ländern, wie Liberia, nahm der Import schon ab 1996 um 400% zu. Zunehmend sind es Hähnchenteile aus der EU. In Ghana aber lösten die USA schnell die EU als größten Importeur ab. Auch in anderen Ländern eroberten die USA und Brasilien einen Teil vom Importkuchen. Einen besonders dreisten Fall erlebte das kleine Benin. Es importiert mit seinen sechs Millionen Einwohnern so viel Hühnchen, wie alle anderen Länder in Westafrika zusammen. Damit würden die »Beninois« selbst mehr Hühnchen verbrauchen als die Deutschen – und 500% mehr als ihre Nachbarn. Aber weit gefehlt. Die Hähnchen lösten Autos als beliebtestes Schmuggelgut ins Nachbarland Nigeria ab: 90% der Hähnchenfleischimporte werden von Benin nach Nigeria durchgereicht. Die europäischen Exporteure versuchten auch legal und direkt, Nigeria, das bevölkerungsreichste Land Afrikas, mit unseren Hähnchenresten zu überfluten. Aber an der Spitze des Staates regiert mit Präsident Olusegun Obasanjo ein ehemaliger erfolgreicher Geflügelmäster. Er hat schnell die Klagen seiner ehemaligen Berufskollegen erhört und sein Land für diese Importe gesperrt. Nigeria als Erdöl-exportierendes Land kann sich eine solche Regelwidrigkeit leisten.

Einige wenige afrikanische Staaten sind tatsächlich darauf angewiesen, ihren Geflügelfleischbedarf auf dem Weltmarkt zu decken. Die Ölländer Äquatorial Guinea, Angola und Gabun brauchen schon wegen der vielen ausländischen Ölexperten viel Hähnchenfleisch. Angola bezieht fast die ganze Importmenge von 100 000 Tonnen aus den USA und aus Brasilien. Kaum vorstellbar, dass diese Menge in Angola selbst konsumiert wird. Eher dürfte ein Teil davon in den Süden des Kongos wandern. Die Demokratische Republik Kongo wurde erst vor wenigen Jahren als Markt für europäische Hähnchenreste entdeckt. Momentan ist es für europäisches Hähnchenfleisch der lukrativste Zukunftsmarkt in Afrika.

Die Entsorgung von Hähnchenteilen bleibt nicht auf Westafrika beschränkt. Auch Tansania im Osten Afrikas wurde innerhalb kürzester Zeit Großimporteur von Hähnchenteilen.

einheimischen Produzenten. Nach und nach wurden die Ursachen und Folgen dieser Importflut deutlich.

»Als wenn die ›gefrorenen Hühner‹ vor der Tür gewartet hätten«, sagt ACDIC, Partnerorganisation des deutschen Evangelischen Entwicklungsdienstes (EED) und der holländischen protestantischen Hilfsorganisation ICCO. Ab 1996 beginnen die Einfuhren rasant zu steigen. Waren es 1994 noch 60 Tonnen, gelangten 2004 schon 24 000 Tonnen Geflügelfleisch nach Kamerun: eine Importsteigerung von 2300%. Kamerun wurde regelrecht mit Hähnchenteilen überschüttet. Anderen zentral- und westafrikanischen Staaten erging es ähnlich: In Senegal stiegen die Hähnchenimporte im gleichen Zeitraum um das 11-, in Ghana um das 8-fache, Gabun, Kongo, Togo, Benin, Sierra Leone, Gambia, Elfenbeinküste – alle waren von der Hähnchenflut betroffen.

Was ist passiert?[2]

Bis 1996 hatte sich Kamerun selbst mit Geflügel versorgt. Die wenigen Tonnen, die importiert wurden – hauptsächlich Enten, Gänse und Perlhühner – waren für die paar Supermärkte in den Großstädten Jaunde und Douala bestimmt. Die Kunden waren meist Entwicklungshelfer oder Diplomaten. Tiefgefrorenes Fleisch galt als Luxusgut. Gelegentlich ging auch die einheimische Oberschicht in diesen edlen Supermärkten shoppen und kaufte ausländisches Geflügel, das als angeblich europäische Delikatesse serviert wurde.

Die Mehrheit der Einwohner Kameruns versorgte sich entweder mit Hähnchen und Eiern aus eigener Haltung oder auf den lokalen Märkten. Dort werden ganze lebende Hähnchen oder ausgediente Legehennen in allen Gewichts- und Preisklassen angeboten. Dieses Geflügel stammt aus unterschiedlichsten Haltungsformen, auch aus modernen Ställen mit mehreren hundert oder tausend Tieren. Auf den Höfen laufen die Hühner frei herum. Deswegen werden diese Hühner »**poulet bicyclette**« genannt, frei und mobil wie ein »Fahrrad« (frz. bicyclette). Diese Art von Huhn steht in Westafrika als Synonym für ein leckeres ganzes Huhn einheimischer Rasse. Da inzwischen fast die Hälfte der Bevölkerung Kameruns in Städten lebt, kann der Bedarf nicht mehr allein durch das Angebot an »poulet bicyclette« gedeckt werden. Investoren begannen daher in den 80er Jahren Geflügelbetriebe um die Städte herum aufzubauen (vgl. zur Entwicklung der Geflügelbranche in Kamerun Kapitel 7.3).

Geflügelfleischexporte nach Westafrika (1996 – 2006)

© EED

Geflügel spielte allerdings in der kamerunischen Alltagsküche der armen Leute keine große Rolle. Dafür kostete ein ganzes Huhn einfach zu viel. Für viele entspricht der Preis eines Huhns zwischen vier bis sechs Euro, fast dem eines Wochenlohns von sechs Euro.

Hähnchen ist und bleibt aber das Fleisch mit dem größten sozialen Ansehen. In Kamerun leben fast 200 verschiedene Ethnien, und fast jede bereitet Hähnchen auf ihre Art zu. Die Hähnchengerichte werden den angesehensten und wichtigsten Gästen einer Versammlung zuerst angeboten. Auch in manchen traditionellen Kulturen spielt das Huhn als Opfertier eine wichtige Rolle (vgl. Kapitel 2.2).

Was für ein Hühnerhandel!

Die Importe von Geflügelfleisch begannen, nachdem Kamerun 1995 – zusammen mit den zentralafrikanischen Staaten der Wirtschafts- und Währungsunion (CEMAC) – Mitglied der gerade gegründeten Welthandelsorganisation (WTO) wurde. Kamerun und seine Nachbarn hatten sich mit dem Internationalen Währungsfonds und der Weltbank darauf geeinigt, den gemeinsamen Einfuhrzoll für Fleisch auf 20% festzusetzen. Das geschah auf externen Druck hin, denn noch kurz vorher hatten diese Staaten bei der WTO ihren maximalen Einfuhrzoll auf 80% gebunden. Bis 1995 konnte jedes Land durch Anheben oder Senken der Zollsätze die Einfuhren selber beliebig steuern. Nun als WTO- und CEMAC-Mitglied ging das nicht mehr so einfach.

Die Regierung Kameruns hatte auch durch weitere Schutzmaßnahmen für eine Steigerung der inländischen Produktion und für stabile Preise gesorgt. So legte sie auch eine mengenbeschränkende Importquote fest, die streng genommen nicht konform mit dem WTO-Regelwerk ist. 1994 betrug diese Quote nur 12 Tonnen, 1996 war sie auf 850 Tonnen erhöht worden, auf dem Höhepunkt der Hähnchenfleischimporte 2003 lag sie schließlich bei 8 500 Tonnen. Eine offizielle Begründung für diese Importzuwächse gibt es nicht. Die einheimische Produktion hatte immer ausgereicht, um den gesamten Inlandsbedarf von circa 35 000 Tonnen jährlich zu decken. Eine Quotenerhöhung in einem Jahr von 400% – so geschehen zwischen 1996 und 1997 – lässt sich keinesfalls mit ungenügendem Angebot begründen.

Mit den ersten Importen 1996 begannen neue Probleme. Die Importeure beziehen das Fleisch überwiegend aus europäischen Schlachthäusern. 70% bis 80% der in Kamerun importierten Ware kommt aus der Europäischen Gemeinschaft. Es sind vornehmlich die billigen Teile, die in Europa keinen ausreichenden Absatz finden und die beim Schlachten als »Nebenprodukte« anfallen, überwiegend tiefgefrorene so genannte »Hähnchenviertel«, bestehend aus Schlegel mit hohem Rückenanteil und Hähnchenflügel. Aber auch Suppenhühner und bei uns nicht mehr konsumierte Hälse, Sterze, Innereien etc. werden von Zwischenhändlern aufgekauft, cargo-gerecht verpackt und nach West- und Zentralafrika verschifft. Kommt eine späte Order, können die Lieferungen bis zur letzten Minute umdirigiert werden.

Der niedrige Zollsatz in Kamerun 1996 lockte einige »zwielichtige« Investoren an. Viele neue Importfirmen wurden während dieser »Pionierzeit des Geflügelimports« gegründet, alteingesessene Importeure fast alle verdrängt. Nur ein einziger kamerunischer Fleischimporteur, der schon vor der Zeit der Importflut tätig war, war 2000 noch im Geschäft. Manche Firmen existierten nur einige wenige Jahre und verschwanden dann wieder.

Gerüchten zufolge sollen auch europäische Fleischhändler »stille Teilhaber« solcher afrikanischen Importgesellschaften geworden sein. Diese nahmen den Kontakt zu Lieferanten in Europa auf und ergatterten legal und illegal Einfuhrlizenzen. Die durch den Zoll geschleuste Ware wurde in der Regel auf einer nichtöffentlichen »Fleischbörse« meistbietend versteigert. Diese Form des Vertriebs ist ein bekanntes System, mit dem Scheinimportfirmen mit guten Kontakten zur Regierung und zum Zoll einträgliche Maklergeschäfte auch mit Gebrauchtwaren wie Altkleider oder Autos machen. Besonders lukrativ ist die Einfuhr von Waren, deren Import eingeschränkt oder gar verboten ist. Angelockt durch die zu erwartende spezielle »Quotenrente« setzte ein wahres Wettrennen um die Hühnergeschäfte ein.

So beginnt in Kamerun die Invasion der Hähnchenkeulen aus Europa am Hafen von Douala. Die großen Kühlschiffe mit Hunderten von Kühlcontainern werden gelöscht, die Hähnchenteile an die Importeure verscherbelt, die einen Weg durch den Zoll finden. Es ranken sich viele Gerüchte um die Qualität des Fleisches. Man konnte es sich nicht erklären, warum die Europäer die Ware so billig verkauften. Die Skandale um das Gammelfleisch in Deutschland 2005 und 2006, bei denen Geflügelfleisch keine unerhebliche Rolle spielte, lassen den Verdacht aufkommen, dass nicht alle Händler nur saubere Geschäfte abwickeln. Eine Qualitätsinspektion am Hafen in Afrika findet nicht statt, dazu fehlen schon allein die Nachweisgeräte.

In seiner Recherche zu den Ursachen und Folgen der Importflut hat AC-DIC viele Geschichten und Fakten über die Machenschaften der Importeure, Spediteure und Lieferanten offen gelegt.[3] So tauchen neben den seriösen und bekannten holländischen Handels- und Schlachthäusern auch Lieferanten auf, deren Reputation unklar ist. Diese Firmen verhökern Fleisch in Afrika, das sie aus zehn europäischen Ländern zusammenbringen; als Fleischhändler auf dem innereuropäischen Markt treten sie nirgendwo in Erscheinung. Nur ein Aufdruck auf den Kartons der verpackten Ware lässt auf ihre Identität schließen, ansonsten sucht man vergeblich nach einer Adresse und Telefonnummer. So gibt es keine Möglichkeit der sonst im Fleischverkehr in Europa vorgeschriebenen Rückverfolgbarkeit. Auch Spediteure tummeln sich fleißig in dem Hühnergeschäft. Einer der weltweit größten Containerspediteure, eine holländische Firma, schickt sich selbst die Ware an seine kamerunische Tochterfirma. Diese bringt die Ware durch den Zoll und verkauft sie an kamerunische Händler weiter. Diese Geschäftspraxis stellt einen großen Vorteil gegenüber den Importeuren dar, die die Schiffsladung noch vor der Verzollung in Empfang nehmen und selbst das Fleisch aus dem Hafen herausbekommen müssen.

Die Importgeschäfte waren möglich, obwohl – wie erwähnt – die ganze Zeit über rechtlich eine mengenmäßige Importbeschränkung in Kraft war. Die Importquoten werden vom Ministerium für Viehzucht und Fischerei jedes Jahr neu festgelegt und an Importeure vergeben. Die Neufestlegung erfolgt nach Kriterien, die nur der jeweilige Minister kennt. Die Vergabepraxis der Importerlaubnis ist undurchsichtig. Es kursiert der Verdacht, dass nur »Freunde« der seit 40 Jahren regierenden Partei berücksichtigt werden.

Wer importieren will, muss beim Zoll seine **Importerlaubnis** mit den entsprechenden Mengenangaben vorweisen. Aber als ACDIC 2003 recherchierte, wie viel Hähnchenfleisch tatsächlich importiert wurde, erlebten die Mitarbeiter eine Überraschung. Vom Zoll erhielten sie Zahlen, die weitaus höher als die rechtlich zugelassenen Importmengen lagen. Allein die Mengen, auf die offiziell Zoll bezahlt wurden, sind um 40% höher als die Zahl der offiziellen Importgenehmigungen. Die Sache wurde noch extremer, als die Hafenbehörde nichtsahnend ACDIC die Mengen angab, die tatsächlich gelöscht wurden. Beispielsweise wurden 2003 besagte 8 500 Tonnen Importe genehmigt, aber in Wirklichkeit 12 000 Tonnen verzollt. Eingeführt wurden faktisch aber 22 000 Tonnen Geflügelfleisch am Hafen von Douala. Das ist belegt durch Zahlen von drei unterschiedlichen Behörden. Selten hat man ein korruptes System besser durch eigene Zahlen überführen können.

So löchrig und unzuverlässig die Importrestriktionen verwaltet werden, so wenig vertrauenswürdig fallen die hygienischen und amtsärztlichen Inspektionen des Fleisches beim Zoll aus. Immerhin gibt es Belege dafür, dass manchmal Container wegen schlechter Ware zurückgehalten wurden. Wenig beruhigend ist die Tatsache, dass die Verzögerung der Auslieferung nur solange erfolgte, bis man sich auf »Sonderzahlungen« für die Importerlaubnis einigen konnte.

Auch die Angaben über die Zolleinnahmen und die Wertangaben zu ihrer Berechnung muten »abenteuerlich« an. Die Kreativität von Zollbehörde und der Importeure lässt nichts zu wünschen übrig: Deutschland kam in den Statistiken zweimal vor, mit zwei unterschiedlichen Einfuhrpreisen: einmal als »BRD«, einmal als »Allemagne« bezeichnet.

Sogar das Land »Hohe See« wurde eigens gegründet, weil man nicht unbedingt angeben wollte, woher das Fleisch kam. Die Wertangaben stimmten vorne und hinten nicht. Da verwundert es nicht, dass die gesamten Zolleinnahmen für Geflügelfleisch im Verhältnis zum Wachstum der Importflut nur gering anstiegen. Ohne Übertreibung kann man sagen, dass die hohen Profite rund um den Geflügelimport – nicht nur in Kamerun, sondern in ganz West- und Zentralafrika – kriminelle Energie freigesetzt haben.

Wie gefrorene Hähnchen krank machen

Doch die Geschichte um die »gefrorenen Hühner« aus Europa geht weiter. Nach Verlassen des Hafens steht es um die lebensmittelrechtliche Kontrolle der Risikoware »Gefrierfleisch« nicht besonders gut. 90% Luftfeuchtigkeit und Temperaturen von 35 Grad in der Sonne setzen Packungen mit tiefgefrorenen Hühnerteilen ohne Kühlung stark zu. Manche Importeure haben Kühlanlagen, andere nicht. Wen kümmert es? Sie alle holen die tiefgefrorene Ware am Hafen ab. Wenn es Kühlanlagen gibt, halten sie kaum die vorgeschriebene Temperatur von konstant 18 Grad minus ein. Spätestens das stundenlange Zusammenbrechen der öffentlichen Stromversorgung sorgt dafür, dass die Ware allmählich auftaut. Die Transportfahrzeuge haben nur selten ein Kühlsystem. Teilweise werden die tiefgekühlten Fleischteile über Hunderte von Kilometern auf Pritschenwagen in das Landesinnere gefahren, bevor sie dann vielleicht wieder in eine Tiefkühltruhe gelegt werden. Am Morgen darauf liegen sie offen auf Marktständen zum Verkauf aus. Es passiert durchaus, dass abends die unverkauften Reste wieder zurück in die Tiefkühltruhe wandern. Es würde an ein Wunder grenzen, wenn es in einer solchen Transport- und Handelskette nicht zu einer gesundheitsgefährdenden Bakterienvermehrung käme.

Alarmiert von sich häufenden Meldungen über **Darmerkrankungen** aller Gäste ganzer Hochzeits- oder Beerdigungsfeiern, denen man die europäischen Hähnchenteile kredenzt hatte, ließ ACDIC vom angesehenen Labor »Centre Pasteur« in der Hauptstadt Yaoundé an 200 Marktständen überall im Lande Stichproben nehmen und analysieren. Das Ergebnis ist niederschmetternd: 85% der untersuchten Fleischstücke sind für den menschlichen Verzehr ungeeignet. Cambylobacter und Salmonellen sind die häufigsten Bakterienkontaminationen. Aber die Liste der ungenießbaren Faktoren ist lang; darunter auch ekelerregende Geruchs- und Geschmacksveränderungen. Hähnchenteile aus Europa sind in Verruf geraten.

Das Ergebnis ist nicht verwunderlich. Zwar gelten auch in Kamerun strenge gesetzliche Mindestanforderungen für gefrorenes Fleisch. Sie können jedoch nicht auch nur annähernd umgesetzt und kontrolliert werden. Einen Wirtschaftskontrolldienst gibt es nicht. Es existiert im Binnenhandel mit Fleisch so gut wie keine geschlossene, funktionierende Kühlkette, was bisher auch nicht nötig war. Einheimisches Geflügel wird lebendig verkauft und erst kurz vor dem Zubereiten geschlachtet. Das gilt selbst für Rind-, Schafs- und Schweinefleisch. Wenn Fleisch oder Fisch traditionell länger transportiert wird, z. B. Wildfleisch, dann wird es vorher geräuchert. Nur für teuren Seefisch hatten Ende der 90er Jahre Händler und Importeure in den Verkaufsstellen Kühltruhen aufgestellt. Tiefgefrorenes dieser Art wird immer nachts in Kühlbehältern mit Eis transportiert, wenn die Tiefkühllastwagen fehlen. Bei den importierten Hähnchen war man wesentlich unvorsichtiger.

Das Ergebnis der Untersuchung – von ACDIC angeregt – zeigte zudem unzählige weitere Missstände, selbst in den »schickeren« Verkaufsläden mit Gefriertruhen. Die meisten waren tagsüber offen, damit die Kunden die Ware sehen können. Viele Hähnchenteile lagen in den Tiefkühltruhen unverpackt herum, teilweise im gleichen Fach vermischt zusammen mit unverpacktem Fisch. Viele Tiefkühltruhen befanden sich in unhaltbaren Zuständen: verrostet, verdreckt oder kaum kühlend, da Strom sehr teuer ist. Eine effektive Inspektion der Tiefkühltruhen im Einzelhandel findet nicht statt.

Befragt nach der Lebensmittelsicherheit der Hähnchenteile, verwiesen viele Geschäftsinhaber auf die Unbedenklichkeitserklärung der Zollinspektion. Zum Zeitpunkt der Anlandung des Fleisches am Hafen – sicher tiefgekühlt aus Europa – war wahrscheinlich wirklich nichts zu beanstanden. Doch bis die Ware beim Kunden landet, passiert viel mit ihr. Das international gültige Risikokontrollsystem von HACCP (Gefährdungsanalyse und kritische Kontrollpunkte) – herausgegeben von der Welternährungs- und Weltgesundheitsorganisation FAO und WHO – erscheint hier wie eine Regelung von einem fremden Planet. Und dies, obwohl Kamerun formal an dieses Lebensmittelsicherheitssystem gebunden ist (vgl. Kapitel 8.2).

Wir fragen uns: Was ist die Verantwortung der europäischen Exporteure für die z. T. unhaltbaren Zustände bei ihren Überseekunden? Formal endet ihre Verantwortung, wenn das Schiff von der europäischen Kaimauer ablegt. Doch ethisch ist der Verkauf von der Risikoware »tiefgekühltes Fleisch« an

Importeure, die keinen Sachkundenachweis über geschlossene Tiefkühlsysteme erbringen müssen, fraglich (vgl. Kapitel 8.2).

Aufgeschreckt von den beunruhigenden Ergebnissen führte ACDIC in einem Stadtteil der Hauptstadt eine Untersuchung in den medizinischen Zentren und Krankenhäusern über die Anzahl der Darmerkrankungen durch. Es handelte sich hierbei um eines der ärmsten Viertel Yaoundés. Die Krankenkarteien vermeldeten ein rasantes Ansteigen von Darmvergiftung jeglicher Art. Eine Befragung von 1 500 Patienten eines Krankenhauses brachte zutage: Die Ursache war der vermehrte Verzehr von Geflügelfleischteilen.

Natürlich hielt ACDIC mit diesen Ergebnissen nicht hinter dem Berg. Schnell verbreitete sich die Nachricht von den Gesundheitsgefährdungen (vgl. Kapitel 8.1). Die billigen importierten Hähnchenteile erhielten alsbald im Volksmund den Namen »**poulet de la mort**« (Hähnchen des Todes). Ob wirklich jemand an dem Verzehr gestorben ist, ist ungewiss. Den Kamerunern kam zugute, dass in Afrika Fleischspeisen meist sehr lange gekocht werden, denn das ist bei den zähen Suppenhühnern nötig. So hält man es auch meist mit den Hähnchenteilen. Zum Glück! Doch der große Verkaufserfolg dieser Hähnchenware war erst einmal durch die ACDIC-Kampagne in Kamerun unterbunden. In anderen betroffenen afrikanischen Ländern fanden keine Kampagnen statt; ihre Bevölkerung ist weiterhin Opfer dieses destruktiven Handels und der unhaltbaren Zustände.

Das importierte Huhn treibt in den Ruin

ACDIC untersuchte in seiner Studie auch die Folgen der Importe für die einheimischen Hühnerhalter. Denn der Import des billigen Fleisches hatte von Anfang an zwei Seiten: Einerseits erhielten dadurch auch die ärmsten städtischen Schichten Gelegenheit, sich ein kleines Stück von der »Luxusware Huhn« leisten zu können. Das hat nicht nur etwas mit dem Preis zu tun, sondern auch mit dem kleinportionierten Angebot, denn vom Inlandshuhn werden keine kleineren Fleischteile angeboten. Eine Geflügelschlachterei mit Zerlegebetrieb gibt es bislang in Kamerun noch nicht. Andererseits ist die lokale Geflügelwirtschaft von den Importen wenig begeistert, wie man sich denken kann.

In den ersten Jahren der Importsteigerung glaubten viele noch an eine vorübergehende Erscheinung, ähnlich der Phase der EU-Rindfleischimporte vor der Abwertung der kamerunischen Währung CFA Mitte der 90er Jahre. »Die Europäer werden schon wieder ihr eigenes Fleisch essen«, hörte man noch 2000. Als dann in Belgien 2001 unzulässige Dioxinspuren in einer großen Futtermittelfabrik gefunden wurden, ließ die kamerunische Regierung die Importe aus Europa verbieten. Jetzt dachten die Geflügelhalter ernsthaft, in Kamerun sei Schluss mit dem Importhühnerspuk. Aber schon nach einem halben Jahr wurden die Türen wieder geöffnet. Dann ging es erst richtig zur Sache. Die Lager in Europa waren überfüllt, da dort der Verbrauch krisenbedingt zurückgegangen war. Und die Produzenten wollten ihr Fleisch schnell loswerden. So stiegen die Importe aus Europa innerhalb eines Jahres um 300%. Ausgerechnet aus Belgien kamen fast 40%. Kein Wunder, dass viele Leute in Kamerun bis heute glauben, Europa habe ihnen die vergifteten Dioxinhühner geschickt.

Spätestens Anfang 2002 wurde allen Beteiligten klar, dass die Importe von Dauer sein werden. Auch der einheimische Hähnchenmäster, der bis dahin durchgehalten hatte, dachte nun ans Aufgeben. Mit 15 000 Tonnen Einfuhrmenge ist mittlerweile schon fast die Hälfte des Inlandsmarktes in den Händen der Importeure.

Der Verdrängungswettbewerb hängt vor allem mit dem Preis zusammen, zu dem die Hähnchenteile aus Europa in Afrika verkauft werden. Durchschnittlich zahlen die afrikanischen Importeure 0,60 Euro pro Kilogramm. Erstaunlich ist, dass für alle Teil nur ein Einheitspreis verlangt wird. Selbst ganze Hähnchen, die immerhin ein Viertel der Importe Kameruns ausmachten, oder selbst Schlachterei-Nebenprodukte werden alle zum gleichen Preis abgegeben. Im Gegensatz zu diesem »Einheitspreis« ist die Preisstruktur im Handel mit den verschiedenen Geflügelteilen und -artikeln innerhalb der EU äußerst differenziert. Dieser Einheitspreis mag mit ein Indikator dafür sein, dass Fleischteile, die nach Afrika gehen, in Europa eigentlichen keinen richtigen Marktwert mehr haben. Ihre Preisgestaltung ähnelt der der Schlachtabfälle in Europa, denn die werden hierzulande auch nur mit einem Einheitspreis gehandelt. Zudem sinkt dieser Preis ständig, ähnlich dem Preis für die Ware, die nach Afrika exportiert wird.

Ganz legal verzollt und versteuert kostet das Kilo »Gefrierhähnchen« auf dem Markt in Douala 1,20 Euro. Dabei machen die Importeure einen Gewinn von 80%. Mit diesem Preis können die lokalen Geflügelproduzenten nicht mithalten. Auch die wenigen Großmästereien sind nicht konkurrenzfähig. Ein lokales Huhn findet man kaum unter 5 Euro, und es ist nur 1,5 kg schwer. Es ist unmöglich Hühnerfleisch in Kamerun für weniger als 2 Euro das Kilo zu erzeugen (vgl. Kapitel 7.3). Die billigen importierten Hähnchenfleischteile konkurrieren mit dem teueren ganzen Inlandshuhn und verdrängen es. Nur ein geringer Anteil der Importware ist als »zusätzlicher Konsum« zu werten, also Konsum, der so nicht stattgefunden hätte, gäbe es die Importe nicht. Das wird von Ökonomen als wichtiges Kriterium für Verdrängung herangezogen. Dass es sich bei diesem Handel nicht um einen fairen Leistungswettbewerb handelt, zeigen wir in Kapitel 3.4.

Von den beiden Großstädten Kameruns ausgehend, verbreitete sich das »gefrorene Huhn« überall auf dem Lande. Für Hühnerfrikassee bei Feiern, in

Restaurants, in den Garküchen am Straßenrand und für das »poulet television«, dem Grillhähnchen, setzte sich das Importhähnchen überall dort durch, wo man dem Fleisch nicht unbedingt ansieht, wo es herkommt. Die Fleischqualität der Importware musste »versteckt« verwertet werden. Innerhalb weniger Jahre veränderte sich der kamerunische Geflügelmarkt vollkommen. Selbst in entlegenen Kleinstädten konnte man nun das europäische Huhn finden. Das lokale Huhn war zum Luxusgut geworden. Den meisten VerbraucherInnen fiel der Geschmacksunterschied schon auf: das fade, magere Importfleisch gegen das saftige, aromatische Fleisch der lokalen Hühner.

Bei einem Vergleich der Käuferlisten von Küken einer großen Brüterei hat ACDIC 2004 mit Erschrecken feststellen müssen: Von 100 Mästern, die dort noch 1998 bis zu 500 Küken pro Jahr gekauft hatten, hatten 92 Mäster bis 2003 ihre Hühnerhaltung aufgegeben und die Branche verlassen. Weitere Stichproben in anderen Regionen zeigten ein ähnliches Bild. ACDIC kommt zu dem Schluss: Über 90% aller Kleinmäster sind aufgrund der Importe ruiniert worden. Nur die größeren Hähnchenbetriebe konnten sich noch eine Weile über Wasser halten. 2004, als dann schließlich 80% des Binnenmarktes den »poulet congelée« gehörten, gaben auch die letzten Mäster auf. Die meisten Brütereien sind inzwischen geschlossen.

Wirtschaftsgeflügelhaltung fand zu dieser Zeit in Kamerun fast ausschließlich als Legehennenhaltung zur Eierproduktion statt. Doch selbst diese hat durch die Importe an Wirtschaftlichkeit verloren, da auch der Preis für die ausgedienten Legehennen um 70% zurückging. Gerade für die kleinen Halter mit wenigen Tieren ist der Erlös für die Suppenhühner existenziell.

ACDIC sprach nach Veröffentlichung seiner Studie von einer »nationalen ökonomischen und sozialen Katastrophe«. Allein die Verluste an Devisen durch den Import der Hühnchenteile betragen 16 Mio. Euro pro Jahr. Dem Staat entgehen zusätzlich 10,5 Mio. Euro an Steuereinnahmen aus der einheimischen Hühnerwirtschaft. Dem könnten zwar theoretische Zolleinnahmen gegengerechnet werden. Aber hier versickert das meiste in der Korruption, wie oben beschrieben.

Auch die Zulieferbereiche der Hähnchenmäster sind ökonomisch betroffen, allen voran die Mais- und Sojabauern. Sie hatten in den Vorjahren einen guten Teil ihres Absatzes als Hühnerfutter gefunden. Nimmt man die 2003 importierten 22 000 Tonnen Geflügel als Grundlage, so hätten die Maisbauern bei lokaler Produktion 40 000 Tonnen Getreide abgesetzt. Dazu kämen noch andere Futterkomponenten, die dem Mischfutter beigefügt sind, wie z. B. Soja als Proteinquelle. Die Landwirtschaft verlor in Folge der Importe auch den Hühnerkot als eine wichtige natürliche Stickstoffquelle zur Düngung. Der früher verwandte Mist der Geflügelställe muss nun durch teuer zugekauften synthetischen Dünger ersetzt werden. Auch die Korbmacher z. B., die die Transportkörbe der lebend transportierten Hühner flechten, mussten starke Verluste hinnehmen. Oder die Tierärzte, die auch gleichzeitig die Medikamente verkauften. Oder die Leute auf den Märkten, die an Ort und Stelle das Schlachten, Rupfen und Ausnehmen der Lebendhuhnverkäufe besorgten. Oder die einheimischen Transporteure und Zwischenhändler der Binnenmarkthühner.

Laut Berechnungen von ACDIC verschwinden mit jeder importierten Tonne Hähnchenfleisch fünf Arbeitsplätze in Afrika. Bei einer Importmenge von 22 000 Tonnen im Jahre 2003 bedeutet das, dass 110 000 Arbeitsplätze allein in Kamerun zerstört worden sind. Da ein jeder Arbeitsplatz in Afrika bis zu acht Menschen ernährt, ist es nachvollziehbar, warum nach Veröffentlichung dieser Studie eine Welle der Empörung im Lande losbrach.

Das ist der Kern der Geschichte. Nun waren wir gefragt. ACDIC kam auf seine Partnerorganisationen in Europa zu, die ACDIC finanziell fördern, und verlangte von uns Aufklärung und Abhilfe. Gleichzeitig wurde ACDIC auch im eigenen Land und in den Nachbarländern, die Ähnliches erlebten, aktiv (vgl. Kapitel 8.1). Wir mussten erst einmal verstehen lernen, was sich in der Geflügelwirtschaft Europas und der Welt abspielt, damit so etwas möglich wurde. Wie kann es sein, dass die europäische Hühnerbranche, die international selbst nicht konkurrenzfähig ist, weit unter Gestehungskosten und unter den eigenen Inlandspreisen Hähnchenfleisch an die ärmsten Länder der Welt verkauft und dort arme Leute in den Ruin treibt? Schicht um Schicht mussten wir die wahren Zusammenhänge freilegen, bis sich uns das Bild einer globalisierten Hühnerwirtschaft zeigte, über deren Dimension wir selbst erschrocken waren.

Kapitel 2

Wie das Huhn vom Geschöpf zur Ware geworden ist

2.1 Fleischkonsum: vom Eintopf zur Fertigware

DIE HÖHE DES FLEISCHKONSUMS,
EINST EIN GRADMESSER DES WOHLSTANDS,
WURDE IN DER ÖFFENTLICHKEIT ZU
EINEM GRADMESSER
ERNÄHRUNGSBEDINGTER KRANKHEITEN.

ANDREA FINK-KESSLER,
VERBRAUCHERZENTRALE HESSEN[1]

Hühnerdumping in Afrika und die Art des Hähnchenfleischkonsums in Europa (und den USA) hängen eng miteinander zusammen. Beide stehen in einem kulturgeschichtlichen Kontext des Fleischverzehrs. Vor seinem Hintergrund lassen sich Veränderungen der Ernährungsgewohnheiten besser verstehen. Sie bilden die Grundlagen für die Globalisierung der Hühnerwirtschaft. Heute wird mehr Fleisch verzehrt, und auch die Art und Weise, wie wir Fleisch zubreiten und konsumieren, hat sich stark verändert. Megatrends unserer Gesellschafts- und Wirtschaftsentwicklung schlagen direkt auf die Ernährungsgewohnheiten und Ernährungswirtschaft durch. Stark verarbeitete Produkte, bestimmte Fleischteile, aber auch bestimmte Fleischsorten werden bevorzugt. Geflügel ist stark im Auftrieb. Hühner- und Putenfleisch sind bei deutschen Konsumenten hoch im Kurs und haben den Rindfleischverbrauch überflügelt. Offen bleibt, wer wen antreibt: Dirigiert die Konsumnachfrage die Art der Fleischproduktion, oder schafft sich umgekehrt die Fleischwirtschaft geschickt ihren eigenen Absatz?

Traditionelle Nutzung des Huhns

In der Zeit der Jäger und Sammler war Fleisch die Beute der Jagd und Trophäe eines gewonnenen Zweikampfes des Menschen mit einem wilden Tier. »Das Fleisch gebührt demjenigen, der die Position des Raubtiers besetzt.« Darin erkennt die Berliner Kulturwissenschaftlerin Nan Mellinger das Grundmuster von Fleisch als Symbol von Macht und Aggressivität. Angeblich lebt diese vorgeschichtliche Einstellung noch in uns weiter.[2]

Als die Wildnis und das Wild knapp wurden, gingen die Menschen zum systematischen Ackerbau über. Domestizierte Nutztiere gehörten von Anfang an zur Landbewirtschaftung.

Die Nutztiere erfüllten viele Bedürfnisse: Sie dienten als Milch- und Eierlieferanten, dem Kälteschutz des Menschen (Federn, Schafswolle), als Veredler des Abfalls (Dung), als Zugtiere oder für Kleidung (Leder). Als Fleisch verwertet wurde das Tier erst dann, wenn es ansonsten ausgedient hatte. Man schlachtet nicht die Henne, die die goldenen Eier legt. Die alten, unnütz gewordenen Tiere wanderten in die Kochtöpfe des einfachen Volkes. Junges Fleisch war den Reichen vorbehalten.

Fleisch war ein rares und höchst kostbares Nahrungsmittel. Es entstanden strenge kulturelle Regeln der Bewirtschaftung, Haushaltsführung und der Ernährung. Man vermied z. B. Nutzungsformen, die das Tier zum **Ernährungskonkurrenten** des Menschen machte. Alle Hochkulturen erkannten, dass über den Umweg des tierischen Stoffwechsels nur ein Bruchteil der Energie der Futterpflanzen im Fleisch gespeichert bleibt. Das Rind, das Pferd, die Ziege und das Schaf verwerten Gras, Stroh und Laub, für die der Mensch keine andere Nutzung hatte. Huhn und Schwein als Allesfresser mussten sich ihr Fressen unter den Küchenabfallen und den Nebenprodukten des Ackerbaus suchen.

Das **Huhn** war schon immer ein bevorzugtes Nahrungsmittel der feinen Küche. Im alten China wurde Geflügel außerordentlich geschätzt und galt als Leckerbissen. So wird in einem Gedicht aus der Zeit der Zhou-Dynastie (3.-2. Jh. v.Chr.) davon berichtet, dass das Schlimmste am Tod sei, nicht mehr festlich speisen zu können. In der Aufzählung der Genüsse, die einem entgehen, stehen Zubereitungen mit Geflügel obenan. Griechen, Römer und Perser beschreiben ausgefeilte Speisen mit Geflügel, z. B. das »Huhn nach Varianus« aus der Apicus-Küche.[3] Aus chemischen Analysen von keltischen und germanischen Grabfunden um 500 v. Chr. ergibt sich, dass das Huhn schon in dieser Zeit als Nahrungsmittel verbreitet war.[4] Herodot, geboren 485 v.Chr., berichtet ausführlich von seiner Reise nach Ägypten. Dabei kommt die Schilderung der Ess- und Zubereitungsgewohnheiten der Ägypter nicht zu kurz. Rezepte mit Hühnern, Vögeln und Enten werden lobend erwähnt.[5] Bereits aus der Zeit von 2050 v.Chr. gibt es Mosaiken aus ägyptischen Pyramiden, auf denen die Gänsehaltung – besonders die Herstellung von Pastete aus ihren Lebern – eindrücklich dargestellt ist.

In fast allen agrarischen Gesellschaften war Fleischverzehr primär ein **Privileg der oberen Klassen**. Besonders die edlen Stücke vom Rind, Schaf, Schwein und Geflügel und Wild waren für die Noblen reserviert.[6] Im alten Ägypten war der Verzehr von Enten, Gänsen und Hühnern per Gesetz den

Reichen vorbehalten. Die Griechen hatten nach Überlieferung eines Briefes von Seneca eine genaue Rangfolge der Wertschätzung von Fleisch und anderer Nahrung. Die Küche der Armen und die der Reichen war strikt getrennt. In der arabisch-muslemischen Welt gibt es beispielsweise den Brauch, Geflügel nicht ganz durchgebraten zu servieren. Das hatte seine Ursache im Geiz der Sultane. Fettes Geflügel galt als besondere Delikatesse. Beim Braten aber tropft immer etwas Fett weg. Servierte die Küche durchgebratenes Geflügel, verdächtigte man das Personal, das Bratenfett für sich abgezweigt zu haben.[7] Es gilt z. B. auch als erwiesen, dass die Kost der europäischen Armenhäuser in der Zeit von 1790 bis 1850 überhaupt keinerlei tierische Bestandteile kannte.[8]

In den Häusern des einfachen Volkes wurde eine spezielle Fleischmahlzeit allenfalls zu bestimmten Festen oder bei besonderen Gelegenheiten angerichtet. Einem hohen Gast zu Ehren wurde in allen Kulturen Fleisch gereicht, auch wenn es die Familie viel kostete. Das ist bis heute in armen Gesellschaften kaum anders. In Kamerun z.B. hat das Essen eines Huhns eine symbolische Bedeutung, die weit über den reinen Nährwert hinausgeht. Kommt ein besonderer Gast, wird er mit einem Huhn im Topf geehrt. Auch der Verzehr der einzelnen Tierteile ist hochgradig ritualisiert. Der Magen und die Innereien werden vielerorts nur an den Ranghöchsten der versammelten Gesellschaft serviert.

Innerhalb der Familie gab es in Agrargesellschaften meist klare Regeln, wer zuerst und vornehmlich das Fleisch bekommt. Es ist immer der Mann, das Familienoberhaupt. Dieses Ritual half angeblich der ganzen Gemeinschaft, zunächst diejenigen Mitglieder zu versorgen, von denen die Zukunft der Gemeinschaft am meisten abhängt. Diese Regeln spielen sich in vielen Verhaltensmustern wieder, auch wenn sie sich real überholt haben. Beim Sonntagsbraten nahm so bis in die 60er Jahre erst Vater das beste Stück, bevor sich Mutter und Kinder bedienen konnten. Die Gleichsetzung von Muskelfleisch mit Muskelkraft ist dabei ein starkes Image, das nicht aus unseren Köpfen zu tilgen ist. Diese Formel gilt vor allem bei Männern. Fleisch war in fast allen früheren Kulturen eine Herrenspeise. Der Zugang zu Fleisch ist also nicht nur vom Gegensatz arm vs. reich geprägt, sondern auch von dem zwischen Frau und Mann. Auch heute noch essen Männer rund 60% mehr Fleisch und rund 10% mehr Fleisch- und Wurstwaren als Frauen.[9]

Nach der »Kulturgeschichte des Essens und Trinkens« von Gert von Pacensky und Anna Dünnebier kannte das einfache Volk Europas praktisch nur zwei Zubereitungen: Getreidebrei und **Eintopf**. Auf der einzigen Feuerstelle des Hauses konnte der Eintopf auf dem kleinen Feuer langsam vor sich hinköcheln. Mehr Hitze hielten die wenig hitzebeständigen Töpfe nicht aus. Der

Eintopf bestand aus einem Gemisch von Getreide und Hülsenfrüchten. Wenn es genug gab, wurde auch das Fleisch von ausgedienten Tieren zugefügt. So kamen das Huhn, das keine Eier mehr legte, oder Tierteile von der Schlachtung des Nachbarn noch zu Ehren. Die Fleischstücke waren alt und zäh. Nur durch langes, langsames vor sich hin Brutzeln wurden sie genießbar. Der Kessel hing beständig über dem Feuer und wurde nie ganz geleert. Die alte Brühe gab ihren Geschmack an das Nachgefüllte weiter. Wenn es mal ein Stück Fleisch gab, hinterließ dieses für viele Tage seine Spuren im Suppentopf.[10]

Beim Schlachten wurde in Agrargesellschaften nichts weggeworfen, Schlachten war eine Gemeinschaftsaktivität. Alles vom Tier wurde restlos verwertet. Die Verteilung der verschiedenen Stücke des Tieres erfolgte im germanischen Raum nach der Rangstellung im Dorf und in der Familie. Die Oberhäupter erhielten die guten Muskelpartien. Das einfache Volk erhielt die Füße, Kehle, Zunge, Lunge, Leber, Herz, Niere, Hirn, Därme, Kutteln, Hoden, Augen, Bries, Euter, Pansen und Kopf. Zum Teil wurden diese Tierteile im europäischen Mittelalter als Armenkost an die unteren Schichten verschenkt. Auch wenn diese Teile als minderwertig galten, waren sie natürlich bei denjenigen, die sich ansonsten keinerlei Fleisch leisten konnten, heiß begehrt. Wahrscheinlich ist ein gewisser sozialer Dünkel Grund dafür, dass diese Fleischteile heute als anstößig und ekelerregend gelten. Ihnen haftet immer noch der Makel der Armut an. Man kann sich hier und heute besseres Fleisch leisten. Mehr noch: In Europa kann man es sich heutzutage in allen Gesellschaftsschichten leisten, **nur** besseres Fleisch zu essen. Doch in anderen Gesellschaften, wo es noch Arme und Hungernde gibt, sind diese Fleischteile auch heute gefragt.

Noch ein Wort zu **Essenstabus**: In allen Religionen und Gesellschaften gab es Tabus. Jeder Kultur ist die Bevorzugung oder Ablehnung bestimmter Nahrungsmittel eigen, aber beim Fleisch sind solche Haltungen sehr ausgeprägt: Bestimmte Sorten von Fleisch isst man einfach nicht. Die Muslime lehnen Schweinefleisch ab, den Hindus ist das Rind heilig, die Juden essen nur koscher geschlachtetes Fleisch. Die Deutschen essen selten Pferdefleisch, die Europäer insgesamt keine Insekten, Nagetiere, Hunde und Katzen. Vielleicht hatten solche Nahrungstabus ursächlich ihre Begründung in der besonderen Wertschätzung spezieller Tiere in einzelnen Kulturen und/oder in den speziellen hygienischen Bedingungen ihrer Zeit. Aber einmal eingeführt, sind sie auf Dauer verinnerlicht. Diese Nahrungstabus gibt es bis in die heutige Zeit. Kaum etwas ist konservativer als das Ernährungsverhalten.

Am radikalsten ist die völlige Ablehnung von Fleisch durch die **Vegetarier**. Vegetarier in Europa haben seit 150 Jahren eigene Verbände. Mehr als die Hälfte der Bevölkerung Indiens lebt vegetarisch. Es wird als religiös motivierte Enthaltsamkeit geachtete. Bei keinem pflanzlichen Nahrungsmittel gibt es Vergleichbares. Das hat mit dem Image vom Fleisch zu tun. Die Entsagung gilt als Akt der Disziplinierung der eigenen »Fleischeslust«, als Überwindung des Raubtiers in uns, als Friedensakt mit der Natur. Insgesamt haben aber – trotz Fleischskandale – nur 0,2% der Menschen bei uns den Schritt zum Vegetarier vollzogen.

Fleisches Lust aus vollen Zügen

Der **Fleischkonsum explodierte** regelrecht, als Fleisch reichlich verfügbar wurde und jeder es sich leisten konnte. Im Jahr 1810 lag der Fleischkonsum in den meisten Regionen Mitteleuropas weit unter 20 kg/Kopf/Jahr. In Deutschland steigerte sich der Pro-Kopf-Verzehr von 26 kg im Jahr 1950 auf 85 kg im Jahr 2005. Davon waren 54,7 kg Schweinefleisch, 17,7 kg Geflügelfleisch und 12,6 kg Rind- bzw. Kalbfleisch. Und dies, obwohl alte Leute, Babys, Kinder und Vegetarier hierbei – statistisch gesehen – eingerechnet sind. Der durchschnittliche Erwachsene – besonders der Mann – mag es deshalb gut und gerne auf 120 kg im Jahr bringen. Da die Oberschicht schon immer mehr Fleisch gegessen hat, ist dieser gewaltige Anstieg nur durch den Übergang zum Massenfleischkonsum erklärbar. Die früheren Unter- und Mittelschichten, die in der Nachkriegszeit zu einem bescheidenen Wohlstand gekommen sind, haben erst einmal ihren Anteil an tierischen Produkten eingefordert. Innerhalb von 50 Jahren steigerte der durchschnittliche Bundesbürger seinen Fleischverbrauch um das 3,3fache. Das ernährungsphysiologische Optimum liegt wohl eher bei der Hälfte des jetzigen Durchschnitts. Auch die Sättigungsgrenze dürfte lange schon überschritten sein.

Hier sei allerdings angemerkt, dass die Statistik die nicht verwertbaren Teile des Tiers dem menschlichen Konsum mit anrechnet. Die Zahlen drücken also nicht den echten Fleischverzehr aus, sondern den »Tierverbrauch«. Rund ein Viertel des Schlachtgewichts ist aufgrund der vorherrschenden Präferenzen in Deutschland für den menschlichen Verzehr unverkäuflich und wird als **Fleischnebenprodukt** auf andere Weise verwertet. Beim Huhn sind es sogar 40% (vgl. dazu Kapitel 5.1).

Ein hoher Teil der **Kosten des Gesundheitswesens** unserer Gesellschaft wird auf den überhöhten Konsum tierischer Produkte zurückgeführt.[11] Besonders tierische Fette und Cholesterin, die Kohlenhydrate und Kalorienaufnahme sind in Verruf geraten. Die Deutsche Gesellschaft für Ernährung rät dazu, den Verzehr von Fleisch und Wurstwaren auf 300 g bis 600 g pro Woche zu beschränken. Dabei wird von einem Bedarf von 0,8 g Protein pro Körpergewicht ausgegangen.[12] Danach müsste der durchschnittliche Deutsche aus Vernunftgründen seinen jetzigen Fleischverbrauch um mehr als die Hälfte reduzieren. Wie Umfragen bestätigen, wissen die meisten Deutschen sehr wohl von den Zusammenhängen. Bei der Frage nach den »ungesündesten Nahrungsmitteln« führen Fleischwaren die Rangliste an. Trotz des Wissens wird der Fleischkonsum aber nicht eingeschränkt. Es gibt lediglich einen Trend hin zu bestimmten Fleischwaren, die als gesünder gelten.

Das allgemeine **Wirtschaftswunder** in den 50er und 60er Jahren war die erste Voraussetzung für die Befriedigung des Heißhungers auf Fleisch. Eine zweite war, dass man sich Fleisch auch **leisten konnte**. Während um 1900 ein Industriearbeiter rund 50% des Familieneinkommens für Lebensmittel ausgab, sind es heute gerade noch 14%. Damals lagen die Ausgaben für Fleisch und Wurst bei 25-30% des Lebensmittelbudgets einer Familie, heute sind es nur noch etwa 5%. Das konnte erreicht werden, obwohl der Fleischverbrauch heute um so viel höher ist. Musste man in den 60er Jahren für 1 kg Brathähnchen noch zwei Stunden arbeiten, so sind es heute nur noch 13 Minuten. Fleisch ist von einer teuren zu einer billigen Alltagsspeise geworden. Somit hat sich der Übergang von einer vorwiegend vegetarischen zu einer primär tierischen Kost im heutigen Europa vollzogen.

Die günstige Verfügbarkeit von Fleischprodukten ist nicht ohne die **technische Revolution** in den Ställen und in der Fleischwirtschaft denkbar. Die Erträge und das Produktionsvolumen konnten deutlich gesteigert werden. Die Kosten pro Tier wurden gesenkt, und es wurde möglich, die nachgefragten Fleischmengen bereitzustellen. Das sei am Beispiel der Geflügelwirtschaft verdeutlicht. 1923 brauchte ein Broiler (in den USA) noch 112 Tage, um auf ein Gewicht von 1 kg zu kommen, 1953 waren es nur noch 74 Tage, 1970 verringerte sich das (in der BRD) auf 51-55 Tage und 1989 auf 35 Tage. Das Tier konnte 1989 in einem Drittel der zuvor benötigten Zeit zudem ein ungleich höheres Schlachtgewicht von 1,59 kg erreichen. Auch die Futterverwertung wurde viel effizienter: Musste man 1923 noch 4,7 kg Getreide füttern, um 1 kg Fleisch zu erzeugen, waren es 1989 nur noch 1,71 kg Getreide für 1 kg Hähnchenfleisch. Starben 1923 noch 18% der Tiere vor der Schlachtreife, waren es 1973 nur noch 3%.[13] Diese revolutionären Produktivitätsgewinne ermöglichte der technische und organisatorische Fortschritt. Viele Faktoren spielen hierbei eine Rolle: die Züchtung, die Fütterung, die Haltungsbedingungen, die veterinärmedizinische Betreuung, die Betriebsgröße, die Betriebsorganisation usw. Einen großen Teil des Ertragszuwachses hat die Fleischwirtschaft an die VerbraucherInnen durch sinkende Preise weitergegeben.

Kurzum: Eine **effektive Fleischwirtschaft** ist Voraussetzung für die Fleischversorgung in der heutigen Konsumgesellschaft. Schließlich müssen Tiere nicht nur erzeugt, sondern auch geschlachtet, zubereitet (zerteilt), zu verkaufbarer Ware weiterverarbeitet und vertrieben werden. Diese vier Stufen besorgte früher der Metzger an der Ecke. Immerhin gab es 1992 in der Bundesrepublik noch 26 900 Fleischerei-Fachgeschäfte, doch mittlerweile hat in der Fleischbranche ein unvergleichlicher Strukturwandel eingesetzt. Heute werden die meisten Tiere in einigen wenigen Großschlachtbetrieben »am Fließband« geschlachtet. Nur noch 28% des Fleisches bezieht der Bundesbürger vom Metzger, den Rest kauft er in Verbrauchermärkten, beim Discounter und in Supermärkten; bei verarbeiteten Fleischwaren sind es ein wenig mehr, nämlich 31%. Der Einzelhandel wird kaum noch vom Metzger beliefert, vielmehr von Schlachthäusern oder zwischengeschalteten Fleischfabriken.

Nicht in die Berechnung geht der Vertrieb des zunehmenden Anteils von Fleisch ein, der nicht mehr im familiären Haushalt verbraucht wird, sondern »außer Haus« gegessen wird: in der Gastronomie und in Kantinen. Circa 21 Mio. Mahlzeiten am Tag werden hier ausgegeben, mit einem Fleischanteil an den Ausgaben von rund 56%. Es ist nicht bekannt, welchen Anteil dieses Segment am deutschen Fleischabsatz hat; in den USA findet z. B. 40-45% des Hühnerfleischverbrauchs in Schnellimbissketten und Fast Food Restaurants statt. Das hier verwendete Fleisch wird sicher nicht vom Metzger gestellt, sondern vom Großlieferanten. Die Großschlachtereien verfügen über eine größere Effizienz und Logistik, um mit der ungeheuren Marktnachfrage umzugehen. Doch die Zentralisierung der Fleischwirtschaft hat auch ihre gesellschaftlichen Kosten. Sie kann selbst bis zu einem bestimmten Grad gesellschaftliche Trends des Verbraucherverhaltens stärken und mit steuern. Wir werden später auf diesen Punkt zurückkommen.

Das Angebot von Fleisch – wie könnte es anders sein – wird wesentlich von **Megatrends** der allgemeinen wirtschaftlichen Entwicklung beeinflusst. Obenan stehen die Prozesse der Globalisierung und der Standardisierung von Waren und Prozessen. Alle Glieder der Produktions- und Handelskette werden von ihnen geleitet. Zentral dafür sind Techniken, um die großen Mengen zu bewältigen. Das erreicht man nur, wenn die Informationsverarbeitung alles durchdringt.

Die Nachfrage nach Fleisch spaltet die KonsumentInnen in der postmodernen Gesellschaft: Der größte Teil der VerbraucherInnen lässt sich vom Preis leiten. Hier setzen die Billigangebote in den Discountern und Supermarktetheken die Norm. Ein anderer Teil der VerbraucherInnen geht nach Qualität und Frische und sucht **Premiumprodukte** (vgl. auch Kapitel 8.3). Die sind zwar

WIENERWALD AG IN DEUTSCHLAND
EIN HÄHNCHEN SCHREIBT GASTRONOMIEGESCHICHTE

Firmensitz: München (Wienerwald Deutschland), Wien (Wienerwald Österreich)
Internet: www.wienerwald.de (Wienerwald Deutschland), www.wienerwald.at
(Wienerwald Österreich)
Nach dem Verkauf von Wienerwald durch den Unternehmensgründer Friedrich
Jahn und einer Trennung der deutschen und österreichischen Unternehmenstei-
le ist, nach mehreren Besitzerwechseln, Wienerwald Deutschland seit 2001 eine
Aktiengesellschaft. Die Wienerwald AG Österreich kaufte der Gastronom Christi-
an Ziegler im Jahr 2003 von der Investorengruppe Altacon, der auch Wienerwald
Deutschland gehörte.
Angebote (u.a.): Grillhähnchen, Chickenburger, Kiks (Chicken Nuggets), Wraps,
Schnitzel, Snacks und Salate
Angaben über die Herkunft des Geflügelfleisches: keine
Entwicklung der deutschen Wienerwald AG in Zahlen:
1955: Eröffnung des ersten Restaurants in München
1965: 174 Filialen in Europa, 4200 MitarbeiterInnen
1978: Erfolgreichste europäische Fast-Food-Kette
1980: 1600 Filialen weltweit, ca. 27 000 MitarbeiterInnen
1983: Insolvenz der Wienerwald-Holding
1993: Insolvenz des deutschen Unternehmensteils
2003: Erneute Zahlungsunfähigkeit der deutschen Wienerwald AG
2005: Ankündigung neuer Expansion mit dem Vorhaben, auf Platz 10 in der deutschen Gastronomiebranche zu kommen
2006: 68 Filialen in Deutschland, 105 MitarbeiterInnen (456 inklusive der Fran-
chisenehmer). Geplant ist eine Verdopplung der Restaurants bis 2009 unter der
Unternehmensführung des alleinigen Vorstandes Alfons Buhr.

Wienerwald: eine Geschichte des rasanten Auf- und Abstiegs
Die Wienerwaldkette war die erste umfassende Systemgastronomie in Deutschland, ein Vorläufer der Fast Food Ketten, die aber erst 15 Jahre später aus den
USA nach Europa überschwappten. Das halbe Brathähnchen und die urbayrische
Atmosphäre machte das Firmenkonzept aus. Alle Filialen hatten die gleiche Aufmachung und Speisekarte. Kerngeschäft war das Grillhähnchen, serviert mit einigen Zulagen, wie Salat und Pommes Frites. Wienerwald ist für seine turbulente
Unternehmensgeschichte bekannt. Innerhalb weniger Jahre gelang dem in Linz
geborenen Gastronom Friedrich Jahn ein beispielsloser Aufstieg, der mit der Eröffnung eines ersten Restaurants für Hähnchen und Geflügelspezialitäten im Jahr
1955 begann. Mit Hilfe billig aus den USA importierter Hähnchen, welche einen
preisgünstigen Verkauf möglich machte, erreicht die Wienerwald-Restaurantmar-

ke mit österreichisch-gemütlichem Flair unter dem Slogan »Heute bleibt die Küche kalt, wir gehen in den Wienerwald« eine massive Expansion. Als Beispiel für das altbackene Firmenkonzept sei ein Werbespruch erwähnt, der schon zu seiner Zeit deplaziert war. Es hieß: »Sparen Sie die Arbeitkraft ihrer Hausfrau, kommen sie sonntags in den Wienerwald«.

Aus der Restaurantkette wird bis 1982 eine internationale Unternehmensholding mit über 200 Großkonzern-Firmen mit verschiedenen Geschäftsbereichen von Reiseunternehmen über Hotels bis hin zu Weinkellereien und Immobiliengesellschaften. Der Zusammenbruch des Unternehmens lag an dem maßlosen Expansionsdrang des Eigentümers: Die Investitionen in neue Filialen, vor allem auf dem US-Markt, wo innerhalb kürzester Zeit über 800 Wienerwald – Filialen aufgebaut wurden und verschiedene andere Restaurantketten übernommen wurden, führt 1983 zur Zahlungsunfähigkeit und Insolvenz. Nach dem Verkauf des Unternehmens muss sich der deutsche Teil von Wienerwald »gesundschrumpfen«. Anstelle der 1551 Restaurants in 13 Ländern mit täglich 300 000 Gästen Ende der 70er Jahre gibt es im Jahr 2004 keinen internationalen Wienerwald-Markt mehr und noch 65 Restaurants mit 30 000 Gästen – monatlich.

Neustart unter schwierigen Bedingungen

Bis heute hat sich die deutsche Wienerwald AG davon nicht erholen können. Noch immer sind die traditionellen Restaurantbetriebe (»Der Klassiker kommt zurück«) das finanziell ertragreichste Standbein. Um dem Zeitgeist zu entsprechen führte Wienerwald vor einigen Jahren die Geschäftsmodelle Wienerwald eXpress und den an die Express-Standorte angegliederten Lieferservice Hendl@home ein. Sie kommen den neuen Konsumtrends nicht nur mit einer erweiterten Produktpalette in Richtung Fingerfood entgegen, sondern entsprechen mit dem Verkaufstheken-Service einem Schnellrestaurantstil, nach dem die eXpress-Filialen über nur wenige Tischplätze verfügen und die Produkte vor allem als Mitnahmeware anbieten. Als einen vierten Geschäftsbereich werden außerdem seit 2005 verschiedene Wienerwaldgerichte als Tiefkühlware in Supermärkten angeboten. Ziel ist es, Wienerwald auf dem Fastfood-Markt flächendeckend zu etablieren. Wienerwald macht mit der konsequenten Fortführung der Systemgastronomie sowie einer massiven Bewerbung des Franchising Unternehmenskonzepte weiter, für die Friedrich Jahn als Vorreiter in Europa bekannt geworden ist. Das Franchising, bei dem Filialen im Einklang mit den standardisierten Wienerwald-Vorgaben durch rechtlich selbstständige Franchise-Nehmer betrieben werden, ermöglicht nicht nur die Ausbreitung der Wienerwald-Kette auf Geschäftsrisiko der Franchise-Nehmer, sondern bringt Wienerwald finanzielle Erträge durch die »Fünf-Prozent-Umsatz-an-die-Mutter« – Regelung ein, welche das Unternehmen für eigene finanzielle Liquidität dringend benötigt. Über 90 Prozent der Wienerwald-Restaurants werden so derzeit über Franchising betrieben.

teuerer, aber garantieren (angeblich) gewisse Qualitätsstandards, Herkunft, Produktionsverfahren und Sicherheit. Zu dieser Kategorie könnten laut der Arbeit Kristina Glitschs (»Verhalten europäischer Konsumenten und Konsumentinnen gegenüber Fleisch. Eine theoretische und empirische Analyse«) rund 26% der deutschen Verbraucher gehören.[14] Dabei ist nicht gesagt, dass es sich bei den Nachfragern des einen oder anderen Typs um unterschiedliche Personen handeln muss: Viele VerbraucherInnen pendeln zwischen beiden Marktsegmenten hin und her. Je nach Anlass, für den sie das Fleisch wollen, kaufen sie hier oder da. Für das Festessen ist nichts zu teuer, für die alltägliche Mahlzeit und für gewöhnliche Gerichte kann es nicht billig genug sein. Der Mittelbereich des Marktes bröckelt weg. Er war das bisherige Metier des Fleischerei-Fachgeschäfts.

Das dritte große Marktsegment besitzt wahrscheinlich die größte Durchsetzungskraft: so genannte **Convenience Food**. Dazu zählen viele unterschiedliche Warengruppen. Es handelt sich um gekühlte, bratenfertig und portionierte, in Folie eingepackte Fleischteile, um gewürzte, panierte oder marinierte Stücke und Geschnetzeltes für die schnelle Zubereitung, um vorerhitzte und vorgekochte Teile, um tiefgefrorene und stark weiterverarbeitete Fleischfertigessen, aber auch um Finger Food, Fast Food, Ethnic Food und sonstige Raffinessen. Die Fertigware wird paniert und gewürzt für Imbissbuden so angeboten, dass das Küchenpersonal nur die Friteuse auf 180 Grad erhitzen und die Uhr auf 2 Minuten 10 Sekunden stellen muss – fertig ist die Mahlzeit. Diesen unterschiedlichen Produkten gemein ist, dass alle Arbeitsgänge, die sonst in der Küche anfallen, in die Fabrik vorverlegt wurden. Die VerbraucherInnen sparen Zeit bei der Zubereitung, und er erhält eine größere Angebotspalette an Waren. Ob sie einer wirklichen Vielfalt entspricht, mag angezweifelt werden.

Diese Produkte gehen mit einer **Transformation der Esskultur** einher. Sie geben eine Bewegung vor, nach der sich das Essen von seinen zeitlichen und räumlichen Grenzen loslöst. Die Folge ist auch eine Abnahme an Geselligkeit während des Essens. Die Esskultur wird revolutioniert. An die Stelle der rituellen Mahlzeit, bei der der gesamte Haushalt um den Tisch versammelt ist, tritt die Beliebigkeit. Essen wird zu einer futuristischen, kauenden Nebenbeschäftigung. Was, wann, wo und mit wem gegessen wird, entspricht immer weniger herkömmlichen Konventionen. Das gilt inzwischen weitgehend für den Alltag. An Wochenenden oder im Urlaub kann es aber plötzlich ganz anders sein. Da werden oft noch alte Sitten und Bräuche gepflegt. Die Schlachten um Logistik, Märkte, Preise, Technologien und Unternehmenszusammenschlüsse aber werden bei den Waren des Billigsortiments geschlagen. Diese Beobachtungen gelten heute für die meisten Menschen in den Industriestaaten. Eine fortschreitende **Internationalisierung** des Ernährungsverhaltens findet statt.[15] Der Trend geht von der Stadt aus, hat aber auch das Land schon erfasst. Ausgehend von den USA, ist er aber inzwischen mit einer Zeitverzögerung auf Europa übergeschwappt. Was das Verbraucherverhalten anbelangt, sind die US-Amerikaner Trendsetter für Europa. Wollen wir wissen, wohin die Reise geht, müssen wir die nordamerikanischen Märkte und Essgewohnheiten studieren.

Der **Fleischwirtschaft** kommt sowohl der Trend zu den Convenience-Produkten als auch die Internationalisierung der Ernährungsgewohnheiten sehr zugute. Die Wertschöpfungskette des Produkts verlängert sich. Das bedeutet, dass man aus der Rohware »Fleisch« mehr Umsatz und Gewinn herausschlagen kann. Die Internationalisierung eröffnet globale Absatz- und Investitionschancen. Die Märkte wachsen, und damit auch die Möglichkeit einer stärkeren Massenproduktion und internationalen Verflechtung. Es stellt für die globale Logistik der Unternehmen kein Problem dar, auf kleine Besonderheiten regionaler Märkte innerhalb dieses Trends einzugehen. Die allerletzte Anpassung der Ware an örtliche Geschmacksrichtungen kann gut von dem lokalen Geschäftspartner übernommen werden.

Geflügelfleisch liegt voll in diesem Trend. Deshalb ist auch dieser Fleischsektor der Sektor mit der höchsten Wachstumsrate. Während Schweine- und Rindfleischabsatz bei uns stagnieren, setzen Huhn und Pute ihren Siegeszug fort. Gäben die USA tatsächlich den Trend vor, hätte die europäische Geflügelwirtschaft eine brillante Zukunft vor sich.

Aber warum gerade Geflügelfleisch? Das Huhn bietet nicht nur für die Erzeuger erhebliche Vorteile gegenüber Schwein oder Rind, auch die VerbraucherInnen profitieren davon. Das allgemeine Gesundheitsbewusstsein bzw. schlechte Gewissen des FleischkonsumentInnen kehrt sich gegen »rotes Fleisch« und wendet sich hin zum »weißen Fleisch« von Huhn und Pute. Hier sind es vor allem die mageren Brustteile, die gefragt sind. Das Hühnerfleisch ist leicht in der Küche zu handhaben, es ist einfacher zuzubereiten. Flügel und Keule eigenen sich gut als Finger Food und zum Grillen. Sicherlich wirkt auch nach, dass Hähnchen in der Vergangenheit eine Reichenspeise war; ein Teil ist heute Prestigekonsum. Die bequemen und billigen Angebote, die kleinen Portionen und die unglaubliche Vielfalt an Geflügelprodukten tun ihr Übriges.

Der Fleischindustrie gefällt der Trend zum Geflügelfleisch. Das Hähnchen oder Hühnchen lässt sich leichter industriell mästen, denn die Haltung kann »bodenunabhängig« vorgenommen werden; alles Futter wird zugekauft und angeliefert. Die Futtereffizienz vom Huhn ist von der aller Masttiere am größten. Das Fleisch ist leicht fabrikmäßig zu verarbeiten. Da das weiße Fleisch fast geschmacklos ist, kann es gut beliebig gewürzt werden. Die große Unter-

nehmenskonzentration von Zucht, Mast und Verarbeitung macht es einfacher, ein standardisiertes Tier zu entwickeln, das an den Verarbeitungsprozess und die Marktnachfrage optimal angepasst ist. Weil der Verzehr von Hühnerfleisch von keiner Religion weltweit tabuisiert ist, hat sein Fleisch die größte internationale Akzeptanz und Marktnachfrage. Dem Prozess zugute kommt, dass das Huhn wahrscheinlich das Tier ist, das wissenschaftlich am intensivsten erforscht und züchterisch am meisten bearbeitet ist.

Unser Unterbewusstsein ist immer noch geprägt von der Kultur der Knappheit des Fleisches. Wider besseren Wissens verleitet ihn das Urerlebnis »Fleischknappheit« zu einem Fleischüberkonsum. Es gibt die stabile und unbewusst emotionale Bindung an das Fleisch, die eine kulturelle, imaginäre und mystische Begründung hat. Sie ist langfristig kaum zu erschüttern. Daher gibt es heute eine unglaublich reichhaltige Angebotspalette von Fleischwaren, die zum Überkonsum verführen. Vielfältiges Warenangebot muss nicht unbedingt schlecht sein: Die Aufsplitterung des Marktes bietet auch eine Chance zu einem selektiven, gezielten und gesunden Fleischverbrauch. Was aber nötig wäre, sind bewusste Entscheidungen der VerbraucherInnen die alle Faktoren einer Nachhaltigkeit einbeziehen.

2.2 Das Huhn in Kultur und Religion

D A HOB ER AN SICH ZU VERFLUCHEN UND ZU SCHWÖREN: ICH
KENNE DIESEN MENSCHEN NICHT. UND ALSBALD KRÄHTE DER HAHN.
DA DACHTE PETRUS AN DIE WORTE JESUS, DER ZU IHM SAGTE: ›EHE
DER HAHN KRÄHEN WIRD, WIRST DU MICH DREIMAL VERLEUGNEN‹,
UND GING HINAUS UND WEINTE BITTERLICH.

MATTHÄUS 26, VERS 74-75

*Auf der Suche nach dem »Globalen Huhn« machen wir hier einen Kur-
zausflug in die Kultur- und Religionsgeschichte des Huhns. Der Blick in
andere Epochen und Kulturen der Menschheit trägt zum besseren Grund-
verständnis bei. Vielleicht erklärt er uns, wie die Achtung vor dem Geschöpf »Huhn« seiner bloßen Verwendung als entseelte Ware gewichen ist.*

Das Huhn als Haustier

Das Huhn ist wahrscheinlich das älteste aller Haustiere des Menschen. Es war
bei so gut wie allen antiken Hochkulturen verbreitet, bei den Frühkulturen
in China, Indien und Mesopotamien. Auch die frühen Germanen und Kelten
kannten es, die Inka in Lateinamerika und viele afrikanische Völker lange vor
der Kolonialzeit. In vielen Kulturen und Epochen der Menschheitsgeschichte
ging seine Bedeutung weit über den reinen Nutzeffekt hinaus. Als Kleinvieh
waren sein Fleisch und seine Eier von unschätzbarem Ernährungswert. Wie
sehr die Menschern das Huhn wertschätzten, spiegelt sich in vielen Ritualen,
im Volksglauben und in der Symbolik wieder. Die Schönheit seines Gefieders,
der Weckruf des Hahnenschreis und die Lust am Hahnenkampf taten ein Übriges zur Popularität der Gattung Huhn als Haustier.

In vielen **frühgeschichtlichen Religionen** hatte das Huhn – meist der Hahn
– einen festen Platz. Dem germanischen Götterglauben nach sitzt der Hahn in
Walhall neben dem Torwächter. Bei den Griechen entführte Zeus seinen Geliebten Ganymed gemeinsam mit einem Hahn von der Erde. Wahrscheinlich
diente er als Symbol sexueller Potenz. So fand der Hahn Eingang in das Göt-
terreich.[1]

Nach Afrika gelangte das Huhn wahrscheinlich einerseits den Nil aufwärts, andererseits durch die arabischen und malaiischen Seefahrer, die entlang der Ostküste Handel trieben. Das Huhn wurde von vielen afrikanischen Völkern auch deswegen so freudig aufgenommen, weil in weiten Teilen Afrikas keine Rinder gehalten werden konnten. Wegen der Tsetsefliege, die die Schlafkrankheit überträgt, sind sie für Rinderhaltung ausgeschlossen. Neben dem Jagdtier war das Huhn die wichtigste tierische Nahrungsquelle.

Wie sehr afrikanische Gesellschaften das Huhn als Geschenk Gottes an die Menschen betrachteten, drückt sich in der **Schöpfungsgeschichte der Yoruba** aus. Sie waren die Herrscher des alten Reiches der Ife im heutigen Nigeria. Ife ist in ihrer Vorstellung der ursprünglichste Ort der Menschheit. Lolrun, der Gott der Yoruba, ließ seinen Sohn Oduduwa an einer Kette vom Himmel herunter. Er trug einen jungen Hahn mit fünf Krallen bei sich, sowie eine Palmnuss und eine handvoll Erde. Die Erde verteilte er über das Wasser. Sie wurde von dem Hahn gescharrt. Daraufhin wurde sie trockenes Land. In die Erde pflanzte Oduduwa die Palmnuss. Die ging auf und trug 16 Palmwedel. Jeder Wedel stellt einen der 16 Herrscher der Yoruba dar. Tier, Pflanze und Wasser gehören untrennbar zusammen und sind Grundlage für die Existenz und die Entstehung eines großen Reiches.[2]

Religiös sind auch die Vorstellungen vieler Kulturen auf der Welt über die **weissagende Kraft** der Gattung Huhn. Zum Teil hat das seinen Ursprung im Hahnenschrei. Der Hahn kündigt den herannahenden Tag an. Die Perser sollen das Huhn bzw. den Hahn zuerst nur als »Wecker« gehalten haben. Daraus entwickelte sich die sakrale Bedeutung des Hahns als Verkünder des Lichtes. Nach dem persischen Gesetzbuch Bun-Dehesch ist der Hahn ein Feind der Dämonen und Zauberer. Die Stimme des Hahns vertreibt böse Geister.[3]

Die Römer pflegten oft das **Hühnerorakel** anzurufen, wenn es um familiäre und sogar staatsmännische Entscheidungen ging. Je nach Fressverhalten der Hühner wurden Prophezeiungen ausgesprochen. In der Überlieferung ließ der Konsul Publius Claudius Pulcher, der im ersten punischen Krieg in eine Seeschlacht ziehen wollte, tags zuvor die Hühner befragen. Dazu gab man den Hühnern Körner. Aßen sie gut, war das die Voraussage des Sieges. Die Hühner fraßen jedoch die Körner in dieser Geschichte nicht. Daraufhin soll der Konsul sie mit den Worten: »Wenn sie nicht fressen, sollen sie saufen« über Bord der Galeere geworfen haben. Die Schlacht wurde verloren, die Niederlage wurde der Missachtung des Hühnerorakels zugeschrieben.[4]

Mythos Huhn

Die hellseherische Kraft der Hühner spielt auch bei vielen Ethnien im südlichen und zentralen Afrika eine große Rolle. In seinem Standardwerk berichtet der renommierte Anthropologe Evans-Pritchard ausführlich über das Hühnerorakel der Zande (ein Volk im Grenzgebiet der heutigen Staaten Sudan, Zentralafrikanische Republik und Kongo). Krankheit und Unglück wurden auf die bösen Gedanken einer anderen Person in der Gemeinschaft zurückgeführt. Um sich vor dieser Hexerei zu schützen musste man nach einem bestimmten Ritual das Hühnerorakel befragen. Der Geschädigte flößt einem Huhn in Anwesenheit eines Mittlers ein bestimmtes Extrakt einer Schlingpflanze ein. Er nennt den Namen der Person, die er in Verdacht hat, ihn verhext zu haben. Stirbt das Huhn an dem Gift, ist der Verdacht bestätigt. Sodann überbringt der Stellvertreter des Häuptlings der beschuldigten Person einen abgeschnittenen Flügel des toten Tiers. Der oder die Beschuldigte kann nur durch ein vorgeschriebenes Ritual mit dem Tierflügel seine bzw. ihre Unschuld beteuern oder kann den Zauber zurückziehen. Nicht jeder hat gleichen Zugang zu dem Orakel. Nur wer Hühner hat, kann sich ein Giftorakel leisten und sich vor Zauberei schützen. Arme Leute, die noch nicht einmal Hühner besitzen, sind Krankheiten und Unbilden schutzlos ausgeliefert.[5]

Vom europäischen Mittelalter bis in die Neuzeit schrieb man Verhalten und Gackern der Hühner weissagenden Charakter zu. Der Hahn auf dem Mist kann das Wetter voraussagen. In Polen war es Brauch, beim Erntedankfest der Erntekönigin eine Krone aus Stroh zu flechten (vgl. Bild S. 187). Der Bürgermeister setzte einen Hahn darauf, und es gab eine Prozession vom Feld ins Dorf. Krähte der Hahn dabei, galt dies als gutes Zeichen für die Ernte des nachfolgenden Jahres. Verschmähte er es zu krähen, so wurde dies als schlechtes Omen für die nächste Ernte gewertet. Dieser Brauch wurde bis ins 20. Jahrhundert gepflegt.

Hinter diesen Gebräuchen steht die Annahme, dass Hühner oder Hähne übersinnliche, magische Kräfte besitzen. Sie sehen Dinge, die uns verborgen bleiben. Die Bibel greift die Symbolik des Hahnes als Warner auch auf. »Noch ehe denn der Hahn zweimal kräht, wirst Du mich dreimal verleugnen«, prophezeit Jesus Petrus (Markus 14/72). Es handelt sich scheinbar nicht nur um eine reine Zeitansage. Denn an anderer Stelle (Lukas 12/34) heißt es: »Petrus, ich sage Dir: Der Hahn wird heute nicht krähen, ehe denn du dreimal verleugnet hast, dass du mich kennst« (so auch Johannes 13/30). Der Hahn kräht also nicht zufällig, sondern wegen des Verrats.

Das Huhn bzw. der Hahn ist in vielen Kulturen als **Symbol des guten Omens** weit verbreitet. Nicht umsonst ist es heute als Emblem für politische Parteien populär. Das gilt speziell für Länder, in denen ein großer Teil der Wählerschaft Analphabeten ist. Das Huhn kennt jeder, auch die Armen. Für sie ist es ein grundlegendes Symbol unmittelbar aus ihrem direkten Umfeld. Das Huhn bzw. der Hahn ist das Zeichen des Kämpfers, des Mutmachers, der Identifikation mit den Armen. Deshalb gibt man der Partei des Hahnes gerne seine Stimme. Eine ähnliche Wirkung könnte auch der Hahn auf der Kirchturmspitze gehabt haben. Er ist der Mahner gegen den Verrat, der an Jesus verübt wurde. Die Evangelische Studentengemeinde nutzt deshalb einen Hahn als Logo. Sie will ihn so verstanden wissen, dass er uns ermahnt, die vom Evangelium geforderte Solidarität mit den Armen und Unterdrückten nicht zu vergessen.

Hühnerorakel

Das Hühnerorakel kann auch als **Fluch oder Bann** wirken. Will man in weiten Teilen Afrikas einer Person etwas Böses wünschen, versteckt man den Körperteil eines toten Federviehs in der Wohnung der Person. Vorzugsweise werden Eingeweide oder Flügelteile unter dem Bett versteckt. Wenn jeder an den Zauber glaubt, entfaltet er große Angst und Wirkung. Besonders schwarze Hühner sind Symbole des Teufels; sie sind unverzichtbare Bestandteile von Bannritualen, Zauber und Gegenzauber. Das Blut von schwarzen Hühnern kann aber auch eine verhexte Person von dem Bösen befreien. Zum Zwecke der **Teufelsaustreibung** hat dieses Ritual im Voodoo-Kult in Afrika und Lateinamerika zunehmend Bedeutung erhalten. Bei manchen afrikanischen Fußball-Länderspielen soll der böse Zauber der gegnerischen Mannschaft dadurch vertrieben werden, dass die Mannschaft einen Medizinmann beauftragt. Der soll noch vor dem Anpfiff schwarze Hühner schlachten und das Opferblut im Stadion verteilen. Dann ist man vor dem Zauber gefeit.[6]

Ehe Sokrates seinen Giftbecher nahm, ließ er dem Asklepios, dem Gott der Heilkunst, einen Hahn im Tempel opfern (399 v. Chr.). Fast alle Religionen kennen den Altar, auf dem die **Opfer** dargebracht werden. Bei allen stellen gewisse Essensrituale eine Verbindung mit ihrem Gott her. Das ist Danksagung für die Speise, aber auch das Ritual des Geschenks an Gott. Das Christentum bietet Gott nur die Oblate und den Wein beim heiligen Abendmahl an. Bei den meisten anderen Religionen ist die Opferspeise meist eine besondere Nahrung der Gläubigen, eine Speise, die es nicht alle Tage gibt. Fleisch als Opfer bietet sich an, zumal es auch noch mit dem sakralen Akt der Auslöschung eines Le-

bens einhergeht. Ein Rind wäre ein gar zu großes Opfer in armen Gesellschaften. Bei den Griechen opferte die Oberschicht einen Vierbeiner, die Armen opferten nur Hühner. Aus ähnlichem Grund kommt das Huhn als Opfertier in vielen Religionen vor. Aber es muss ein weißes Huhn sein, denn nur das wird als rein von schwarzer Magie betrachtet.[7]

Die Wertschätzung des Huhnes drückt sich auch in dem weit verbreiteten Brauch aus, den Toten auf ihrer Seelenwanderung Hühnerfleisch als Wegzehrung mit ins Grab zu legen. Davon zeugen die Ausgrabungen in Leuna/Sachsen. In den frühgermanischen Gräbern waren die beigefügten Hühner bratengerecht zugeschnitten. Dieser Bestattungskult in spätrömischer Zeit und während der Völkerwanderung ist für unsere Breiten gut bezeugt. In Athen und Sparta wurden den Toten im Altertum Eier mit ins Grab gegeben.

Die meisten der positiven Eigenschaften verband man mit dem Hahn. Durch sein auffälliges Liebespiel wurde der Hahn zu einem erotischen Symbol. In Griechenland war es Mode geworden, dem geliebten Jüngling einen lebendigen Hahn zu schenken. Während der Hahn eher als liebestoller Einfallspinsel galt, wurde die eierlegende Henne mehr zum seriösen **Fruchtbarkeitssymbol** der Griechen. In der jüdischen Tradition wurde ein Hahn und eine Henne vor das Brautpaar getragen.[8]

Auf das Huhn dagegen bezieht man sich meist als »die Glucke«, die beste Muttereigenschaften besitzt. Sie steht eher für Beharrlichkeit, aber auch für übertriebenen Schutztrieb. Andere Bilder, die wir zum Huhn mit uns herumtragen, reichen bis hin zum »dummen Huhn«, das außer Fortpflanzung, Brut und Schutz der Küken keine anderen Ziele verfolgt. Die religiöse Verehrung des Huhns bezieht sich eher auf das Eierlegen oder auf die Henne als Muttertier des Hahns.

In vielen afrikanischen Mythen – aber auch im Aberglaube des europäischen Mittelalters – fand man im Ei den Mutterschoß der Schöpfung, den Ursprung allen Seins. Die eierlegende Henne war Ausdruck der großen Mutter und Göttin des Mondes, Herrscherin allen Wissens. Bei einigen afrikanischen Ethnien führten und geleiteten die Hennen die Seelen der Frauen durch deren Initiationsriten.[9] Schon die ältesten überlieferten Kulturen, in Ägypten, Indien und China, bezeugen den Symbolcharakter des Eis für die Erneuerung des Lebens. Die frühen Christen übernahmen es als Symbol für die Wiederauferstehung Christi. In unseren heutigen Osterzeremonien lebt hier ansatzweise eine Tradition fort.[10] In den Gräbern des germanischen Raums gefundene Hühnereier waren Zeichen des wiedererstehenden Lebens.

Es fällt auf, wie sehr sich die Symbolik ähnelt. Das mag mit der Universalität der Nutzung des Huhns zu tun haben. Bei allem Respekt gegenüber dem

Tier wurde es niemals selbst direkt verehrt, im Gegensatz z. B. zum Rind, das oft angebetet wurde. Nein, das Huhn war nicht heilig! Es war nur Medium zwischen den Menschen und überirdischen Kräften. Die Verehrung hat auch nicht zur Nutzungseinschränkung oder Essenstabus geführt. In allen Religionen ist Hühnerfleischkonsum erlaubt. Trotz übersinnlicher Symbolik hat man es sich schmecken lassen, gleichgültig wofür das Huhn und sein Blut dienten. Man kann auch kaum von seiner religionsgeschichtlichen Betrachtung ethische Regeln für den Tierschutz ableiten. Denn die Opferrituale, wie z. B. die Vergiftung, gingen ja keineswegs schonend mit dem Tier um. Doch was durchgängig ist: Das Huhn galt als eigenständiges Geschöpf und war ein Gegenüber des Menschen, nicht sein Werkzeug und keine entseelte Ware.

Bemerkenswert ist, dass einige Kultrituale immer noch aktuell sind, wie die Nutzung des Huhns im Voodoo-Kult. Der nimmt in Lateinamerika und Afrika eher zu. Man kann den Rückgriff auf das Magische auch als Reaktion auf die Säkularisierung verstehen, die durch die globale Warengesellschaft in alle Lebensbereiche vordringt. Ferner bleiben sicherlich einige Überlieferungen als unterschwellige Vorstellungen bei uns bestehen. Anderes ist rein folkloristischer Natur und eignet sich für Nostalgie: Bilder in der Werbung, in Kinderbüchern und bei Ferien auf dem Bauernhof. Doch in Afrika und anderen armen Gesellschaften spielen kulturelle Faktoren teilweise noch eine prägende Rolle, wenn es um die Verteilungsfragen geht: Wer bekommt welche Teile des Tiers beim Essen? Oder um die Verwaltung der Knappheit und um Gerechtigkeitsfragen unter Armutsbedingungen. Auch bei Entwicklungsmaßnahmen muss man kulturspezifisch und vorsichtig vorgehen, um keine Tabus zu verletzen. So spielt die Farbe der Tiere eine große Rolle bei der Rassenauswahl. Weiße Tiere sind als Nutztiere sehr akzeptabel. Gleichzeitig werden sie aber in der Freilandhaltung am ehesten Beute von Raubvögeln. Hier müssen abgewogene Entscheidungen zwischen Kultur und Effizienz gefällt werden. Kulturelle Faktoren mögen moderne Entwicklung behindern. Sie sind aber meist stark gemeinschaftsfördernd. Wird durch Modernisierung und globale Hühnerwirtschaft die kulturelle Identität zerstört, geht auch ein Teil der Gemeinschaft verloren. Das schwächt auf jeden Fall das soziale Auffangnetz im Überlebenskampf.

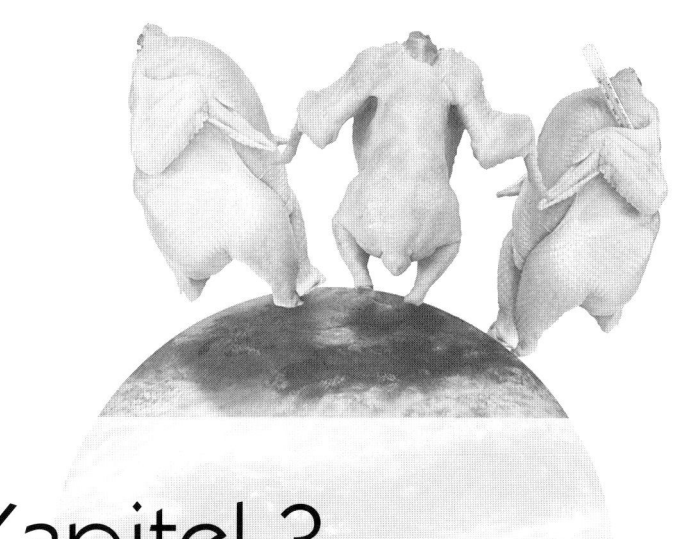

Kapitel 3

Wie das Huhn
die Welt erobert

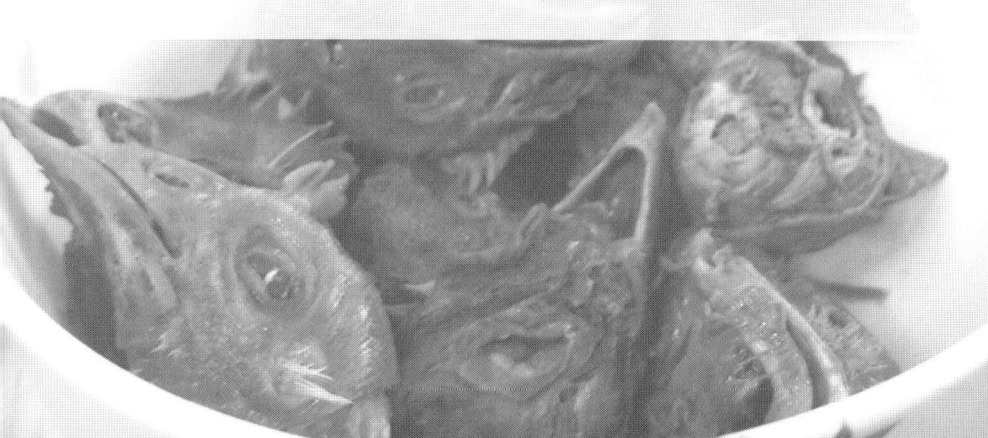

3.1 Händel um den Handel mit dem Huhn

WIE KANN ZUM BEISPIEL EIN ZUBEREITETES
GRILLHÄHNCHEN IM IMBISS
WENIGER KOSTEN ALS EINE SCHACHTEL
VOGELFUTTER?

BUNDESPRÄSIDENT HORST KÖHLER
AM 29.9.2006 ANLÄSSLICH DER VERLEIHUNG
DER ERNTEKRONE IM FRANZÖSISCHEN DOM IN BERLIN[1]

Hähnchen sind nicht mehr bloß Hähnchen, sondern alle möglichen Krea-
tionen von Fleischspeisen, denen man z. T. die Geflügelherkunft gar nicht
mehr anmerkt. Wir mussten lernen, dass der Siegeszug des Hähnchenflei-
sches und die Änderung der Verbrauchsgewohnheiten in den reichen Län-
dern weitreichende Auswirkungen auf die Welthandelsströme haben. Sie
bewirken Formen des Handels, die eine Spur der Zerstörung in den armen
Ländern mit sich bringen. Aber: Kann das nach den Handelsregeln gewollt
sein? Sind die Hähnchenfleischexporte der EU nach Kamerun unfair?
Kann man dagegen angehen?

EU-Geflügelfleischverordnung

Die Welthandelsbeziehungen – das Huhn betreffend – sind wahrlich keine ge-
meinnützige Veranstaltung. Eigentlich ist es logisch: Weil Geflügelfleisch in
allen Ländern so sehr geschätzt wird und weil Hühner nahezu überall gehalten werden, bleiben harte Interessenkonflikte zwischen Ländern und Regionen
über Agrarpolitik und Handelspolitik im Geflügelbereich nicht aus. VerbraucherInnen setzen sich überall für ihre Versorgungsinteressen ein und drängen
eventuell darauf, die billigeren Geflügelfleischwaren vom Weltmarkt zu beziehen. Fast jedes Land hat aber auch eine eigene Geflügelwirtschaft, die sich vor
dem harten Wettbewerb des Weltmarktangebots schützen will. Einige potente
Produzentenländer verfolgen massive Exportinteressen und drängen auf die
Märkte der anderen, allen voran die EU, USA, Brasilien, Thailand und Argentinien. Hühnerhandelskonflikte sind vorgezeichnet.

Die jeweilige nationale Agrarpolitik verfolgt das Ziel, die eigene Geflügelwirtschaft zu fördern und wettbewerbsfähig zu machen. Die jeweilige nationale Handelspolitik dient den wirtschaftlichen Wachstumsinteressen und will den internationalen Warenaustausch ankurbeln. Die Handelspolitik steht zusammen mit den Regeln der WTO unter dem Vorzeichen der Liberalisierung. Danach sollen Zugangsbeschränkungen zu Märkten fallen, der internationale Wettbewerb soll frei sein von Verzerrungen, und agrar- und lebensmittelrechtliche Regelungen sollen Diskriminierung verhindern. Das ist die Theorie. Doch die Praxis sieht ganz anders aus. Die Hühnerhandelsbeziehungen könnten kaum verzerrter und von größerer Schieflage sein. Verlierer sind die armen Länder und die KleinproduzentInnen. Aber was genau ist nach den Handelsregeln als »unfair« zu werten?

Um die Frage zu beantworten, müssen wir uns mit der EU-Geflügelfleischordnung und den WTO-Handelsregeln auseinandersetzen.

Einen Markt mit Billigware zu überschütten wird allgemein als »Dumping« bezeichnet. Das Wort ist schon in den populären Sprachgebrauch übergegangen. Es werden negative Sachverhalte damit identifiziert, wie z. B. das Einbringen von unerlaubten Stoffen in die Umwelt, die Zuschüttung von schwachen Strukturen usw. In der Handelspolitik ist es ein feststehender Begriff. Unter **»Dumping«** wird hier der Verkauf einer Ware auf einem Auslandsmarkt unter den Eigenkosten und/oder unter dem Inlandsmarktpreis verstanden. Das ist nach den Handelsregeln des Allgemeinen Zoll- und Handelabkommens GATT (Artikel VI) »zu verurteilen«. Wenn es zu Schäden in dem Importland führt, ist Dumping einzustellen. Das Importland hat die Möglichkeit, sich durch Gegenmaßnahmen vor Dumping zu schützen.

Wir haben gesehen, dass die EU Hühnerfleisch nach Afrika zu Preisen exportiert, die weit unter den Preisen für vergleichbare Ware in Europa liegen. Die Dumping-Marge liegt bei fast 100%. Die Verkaufspreise in Afrika sind nicht nur niedriger als die Marktpreise in der EU, sondern auch niedriger als die Produktionskosten in der EU. Beide Kriterien der Definition von GATT zu Dumping müssten nach menschlichem Ermessen erfüllt sein. Wir könnten deshalb mit gutem Gewissen behaupten, dass die ruinösen Geflügelexporte nach den GATT-Regeln »unfair« sind.

Nun sind die meisten Geflügelprodukte, die Kamerun importiert, so genannte **»Kuppelprodukte« und/oder Restfleisch** (vgl. genauere Auseinandersetzung mit diesen Begriffen Kapitel 3.4 und 5.1). Diese haben keine zurechenbaren Kosten und vielfach keinen wirklichen Marktpreis im Herkunftsland, weil sie als Nebenprodukte quasi automatisch anfallen und keinen hinreichenden Absatz finden. Überschüssiges und überlagertes Fleisch ist Abfallware, die mit hohen Kosten entsorgt werden muss. Der Handel mit Kuppelprodukten

Großhandelspreise für gefrorene Hähnchen(teile) im innereuropäischem Handel (ab deutschem Schlachthaus) und europäische Exportpreise nach Afrika

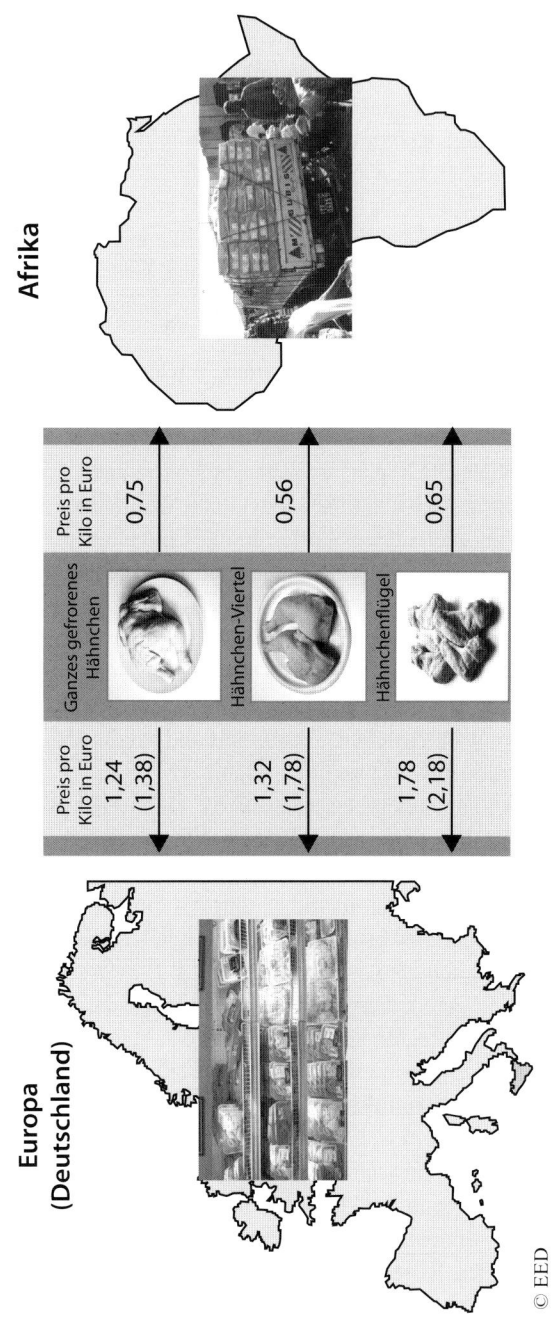

Afrika

Europa (Deutschland)

	Preis pro Kilo in Euro		Preis pro Kilo in Euro
Ganzes gefrorenes Hähnchen	1,24 (1,38)		0,75
Hähnchen-Viertel	1,32 (1,78)		0,56
Hähnchenflügel	1,78 (2,18)		0,65

entzieht sich deshalb grundsätzlich jeglicher Dumpingregel. Wenn Kuppel-produkte eines Landes mit den Primärerzeugnissen eines anderen Landes auf einem Markt in ein Konkurrenzverhältnis geraten, kann es nur zu einem rui-nösen Verdrängungswettbewerb kommen. Der Sachverhalt ist zwar im hohen Maße unfair, aber leider bisher handelsrechtlich nicht zu beanstanden.

Während Dumping im Internationalen Handel generell unzulässig ist, ist **Dumping im Agrarbereich** (Primärgüterbereich) mit GATT-Artikel XVI/3 jedoch eingeschränkt zugelassen. Hier heißt es, dass Exportsubventionen ge-währt werden können, solange das Exportland dadurch nicht einen »unange-messenen Anteil am Weltmarkt des Produkts erhält«. Was ist der »angemesse-ne« Weltmarktanteil der EU für Hähnchenfleisch? Keiner kann das definieren. Da die EU eigentlich mit ihren Produktionskosten für Geflügelfleisch im in-ternationalen Wettbewerb nachweisbar nicht konkurrenzfähig ist (vgl. Kapitel 3.5), müsste ihr »angemessener Weltmarktanteil« bei Null liegen. Er liegt aber tatsächlich bei rund 14,7%. Diese Regel macht jede handelpolitische Debatte über die ethische Einschätzung einer Handelsoffensive zunichte. Praktisch ist im Agrarbereich erlaubt, was in allen anderen Wirtschaftssektoren »unlauterer Wettbewerb« wäre. Das ist skandalös.

Seit 1995 existiert die Welthandelsorganisation **WTO**. Sie ist quasi die Nachfolgeorganisation von GATT. Doch die GATT-Artikel bleiben als eine Art »Verfassung des Welthandels« gültig. Es sei denn, GATT-Artikel werden ex-plizit durch das WTO-Abkommen ersetzt. Das WTO-Abkommen enthält einen Agrarvertrag, der für alle 150 WTO-Mitglieder verbindlich ist. Es gelten kon-krete Regeln in Bezug auf Exportsubventionen. Die mussten (ab 1995) men-genmäßig um 21% und ausgabenbezogen um 36% reduziert werden. Wenn ein Land das getan hat, sind alle Auflagen erfüllt.

Unter »Exportsubventionen« werden hier nur direkte staatliche Trans-ferzahlungen an die Exporteure verstanden. **Private Formen von Transfer-leistungen** zugunsten exportierter Waren sind davon nicht erfasst. Staatliche Subventionen an Erzeuger sind auch nicht eingeschlossen. Nur wenn sie direkt handelsverzerrende Wirkungen haben, müssen sie abgebaut werden. Das gilt z. B. bei Preisgarantie oder Zahlungen, die an Menge, Preise und Waren gebun-den sind. Solche Zahlungen gibt es in der EU für viele Agrargüter, aber kaum für Geflügel. Deshalb greifen auch diese Regeln in unserem Fall nicht. Obwohl Geflügel auf vielfältige Weise indirekt von dem allgemeinen Subventionssys-tem der EU für die Landwirtschaft profitiert, wie z. B. die Investitionsförder-maßnahmen, die Strukturverbesserungsförderung, schlagen diese nach den WTO-Regeln nicht zu Buche.

Unfaire Exportförderung?

Die **Geflügelmarktordnung der EU** kennt zwei Unterstützungsformen: Importzölle und Exportsubventionen (sie nennt es verschleiernd »Erstattung«). Trifft die EU ein Vorwurf, muss die Geflügelmarktordnung verantwortlich gemacht werden können. Betrachten wir zunächst den Fall der Exportsubventionen: Sind solche direkten staatlichen Transferzahlungen für Hähnchenfleischexporte der Grund dafür, dass die EU in Afrika so ruinös billig Hähnchenfleisch anbieten kann? Liegen die Ausgaben und Mengen im Rahmen der WTO-Reduktionsverpflichtungen?

Die EU-Ausgaben für Exportsubventionen im Geflügelbereich betrugen 1993 noch 239 Mio. Euro. Seitdem sind sie stark rückläufig. Von 1997 bis 2003 schwankten sie zwischen 50 und 94 Mio. Euro. Seit 1995 nehmen die Exportsubventionen für Geflügelfleisch stark ab, dennoch nehmen die Exporte der Hähnchenfleischteile nach Afrika stark zu. Folglich können die Exportsubventionen nicht die Ursache für diesen unfairen Handel sein. Es gibt mithin keine Parallele zu früheren Dumpingskandalen der EU-Agrarpolitik in Afrika, wie z. B. die Lieferung von Rindfleisch in die Sahel-Region oder nach Südafrika, Getreidelieferungen nach Kenia usw.

Die EU musste zur **Umsetzung des WTO-Agrarabkommens** die subventionierten Geflügelfleisch-Exportmengen einschränken, so dass nur 286.000 Tonnen Geflügelfleischexporte mit maximal 90,7 Mio. Euro Subventionsausgaben jährlich unterstützt werden dürfen. Die EU-Kommission vergibt die verbleibenden Exportsubventionen nur noch zielgerecht für Exporte in bestimmte Länder und für bestimmte Geflügelprodukte.[2] In Afrika steht im Augenblick nur Angola auf der möglichen Empfängerliste. Der überwiegende Teil der verbliebenen Exportsubventionen – 80% im Jahr 2003 – wurde an französische Exporteure von ganzen Zwerghühnern gezahlt. Die werden speziell in der Bretagne für den Export für den arabischen Markt hergestellt. Insofern hält sich die EU an die WTO-Regeln und erfüllt ihre internationalen Verpflichtungen. Mit dem Argument einer unangemessenen Exportsubvention können wir die EU also nicht haftbar machen.

Allerdings liegt der Verdacht nahe, dass Teile dieser subventioniert exportierten ganzen EU-Hühner im Nahen Osten zerschnitten, umgepackt und umetikettiert und nach Ostafrika reexportiert werden. Dubai ist zu einem Hauptumschlagplatz europäischer Ware für Afrika geworden. Tansania bezieht viel Hühnerfleisch aus den Vereinten Arabischen Emiraten, die selbst Zielland von Exportsubventionen bei Hähnchenfleisch sind.[3] Der Effekt erklärt aber das Hühnerdumping in ganz Afrika nicht.

EU-Geflügelfleisch: Exportmenge mit/ohne Subventionen

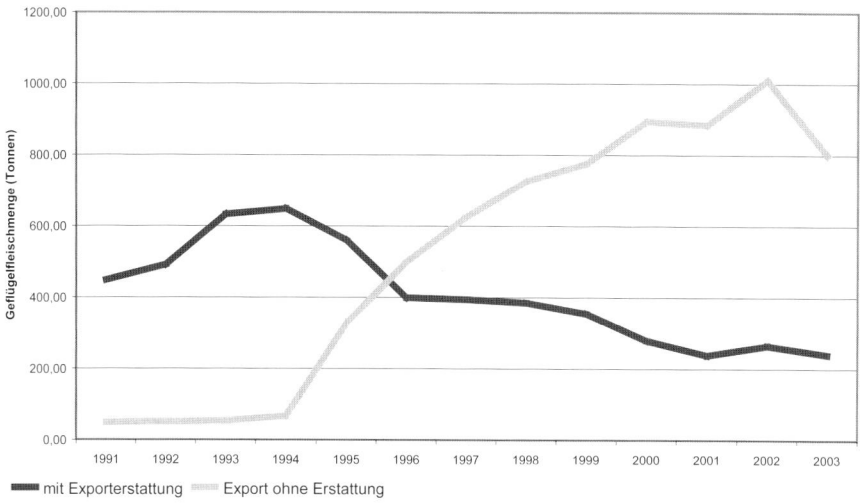

mit Exporterstattung   Export ohne Erstattung

Wenn wir also feststellen, dass Exportsubventionen nur noch eine geringe Rolle für internationales Agrardumping spielen, müssen wir fragen: Wie passiert Dumping, ohne dass Exportsubventionen gezahlt werden müssen? Machen wir uns klar:

Die EU ist erst nach 1993 zum großen Exporteur von Geflügelfleisch geworden, also zu einer Zeit, als die Exportsubventionen bereits stark zurückgingen. Die **Hähnchenfleischexporte der EU** an Drittländer sind von 556 000 Tonnen (1993) auf 1,3 Mio. Tonnen (2003) angestiegen. Davon gingen 26% an Afrika, 27% in den Nahen Osten und 23% nach Russland. Der Anteil der Exporte, die dabei Exportsubventionen erhielten, fiel allerdings im gleichen Zeitraum von 89% auf 30%.

Alle betriebswirtschaftlichen Daten belegen, dass die EU eigentlich bei Geflügelfleisch im internationalen Vergleich nicht wettbewerbsfähig ist (vgl. Kapitel 3.5). Dennoch hat es die EU-Geflügelwirtschaft ab Mitte der 90er Jahre geschafft, sich zu einem wesentlichen Exporteur auf dem Weltmarkt zu mausern. Exportsubventionen waren dafür nicht nötig. Wie war das möglich?

Der Sachverhalt in den USA ist ganz ähnlich. Mitte der 80er Jahre erhielten noch 26% der US-Hähnchenexporte Subventionen aus dem so genannten

Export Enhancement Program, zehn Jahre später waren es nur noch 2%.[4] Beide, USA und EU, haben es scheinbar nicht mehr nötig, die Weltmärkte mit Hilfe von Exportsubventionen aufzumischen, denn sie nutzen offensichtlich andere Mechanismen.

Preisdiskriminierung

Des Rätsels Lösung ist – wie wir feststellen mussten – die Antwort auf die Frage, welche Art von Hähnchenfleisch seitdem vermehrt exportiert wird. Früher erhielten ganze gefrorene Hähnchen Exportsubventionen. Die spielen heute für den Export kaum noch eine Rolle. Die **wichtigsten exportierten Geflügelfleischartikel** sind die in Europa wenig nachgefragten dunklen Fleischteile (Beine, Keule, Separatorenfleisch) und tiefgefrorene Hähnchenviertel mit Schlegel. Diese Teile können auch ohne Exportsubventionen ausgeführt werden, weil sie offensichtlich kaum absetzbare »**Nebenprodukte**« in der hiesigen Geflügelwirtschaft sind. Die Hauptprodukte, wie Brustfilet, Fleisch in Convenience-Produkten oder frische Hähnchenteile, werden zu einem teueren Preis auf dem EU-Binnenmarkt verkauft.[5]

Ein von der EU-Kommission in Auftrag gegebenes Gutachten, das die Aufgabe hatte, die EU-Geflügelfleischordnung zu evaluieren, kommt nach umfangreichen Modellrechnungen zu dem simplen Ergebnis: »Die EU-Exporte an Drittländer sind primär getrieben von der Notwendigkeit, die ungewollten Teilstücke der Hähnchen, für die die Nachfrage auf dem Binnenmarkt gering ist, loszuwerden.«[6] Weiter heißt es: »Interviews mit Vertretern der Geflügelwirtschaft bestätigen, dass diese Exporte **auch ohne Exportsubventionen** weitergehen. Die Exportpreise müssen – nach Abzug der Transportkosten – höher sein als die Kosten der Beseitigung.«[7]

Die in Europa unbeliebten **Teilstücke** werden immer mehr zu Nebenprodukten. Die Geflügelwirtschaft hat Schwierigkeiten, Absatzmöglichkeiten dafür zu finden. Früher ging alles Fleisch, was nach dem Auslaufen des Verfalldatums nicht verkauft war, an die Tiermehlfabrik. Dort wurde daraus wertvolles Eiweißfutter für die Nutztierhaltung hergestellt. Die Reste hatten also einen Absatz und einen Preis. 2002 trat das Verbot der Tiermehlverfütterung in der EU in Kraft. Man wollte damit die BSE-Erkrankung von Rindern (»Rinderwahnsinn«) bekämpfen. Seitdem hat sich das Verwertungsproblem für diese schwer absetzbaren Teile noch einmal verschärft.

Wo auch immer es irgendwo auf der Welt eine Nachfrage nach dieser Art Hähnchenfleisch geben sollte, werden diese Teile ihren Weg auch dorthin finden. Arme KonsumentInnen auf der Welt können sich normalerweise kaum Fleisch leisten. Kleine Portionen aber, die ausgesprochen billig angeboten werden, sind erschwinglich. Wie in einem **System verbundener Wasserrohre** fließt auch die Ware auf den internationalen Märkten dorthin, wo sie noch auf eine effektive Nachfrage stößt.

Gewisse kleine einheimische Absatzmärkte für die wenig nachgefragten Teile gibt es auch in den reichen Ländern, wie für Chicken Wings als Dipp an Kneipentheken, geschickt verpanschte Fleischware wie fertiges Hühnerfrikassee, Döner oder Chicken Nuggets. Die Nachfrage nach dieser Verwertungsart ist jedoch extrem beschränkt und – wie der Ökonom sagt – »preisunelastisch«. In solchen Fällen würde eine Preissenkung auf diesen Märkten kaum zu einem vermehrten Absatz führen. Umgekehrt würde eine Erhöhung der Angebotsmenge einen drastischen Preisverfall bewirken. Für die Fleischkonzerne macht es deshalb durchaus ökonomisch Sinn, wenn sie versuchen, diese Angebotsmengen auf den einheimischen Teilmärkten stark zu begrenzen. Sonst machen sie sich ihre eigenen Preise kaputt. Die »Übermengen« werden deshalb bevorzugt auf Auslandsmärkten »entsorgt«, um die einheimischen Nischenmärkte nicht »zu verderben«. Das gilt selbst dann, wenn die Preise im Export wesentlich geringer sein sollten als die Inlandspreise auf diesen Nischenmärkten. Der Sachverhalt stellt eine private Form von Dumping dar, die nichts mit staatlichen Subventionsmechanismen zu tun hat. Man spricht von **Preisdiskriminierung auf Teilmärkten**. Dieser Sachverhalt beschreibt recht gut, was bei den internationalen Handelsströmen von Hähnchenteilen vor sich geht und warum die Hähnchenteile in Afrika so viel billiger angeboten werden.

Die Preisdiskriminierung basiert auf einer komplizierten **Mischkalkulation** der Geflügelwirtschaft. Der Staat ist daran so gut wie nicht beteiligt. Die Preise für diesen Absatz müssen nicht kostendeckend sein. Die Produktionskosten wurden schon weitgehend von den guten Teilen, die für den europäischen Verbraucher vorgesehen sind, gezahlt. Sie richten sich außerdem an den Kosten einer eventuell einzukalkulierenden Vernichtung gewisser Mengen dieser Fleischteile aus. Je höher die Entsorgungskosten sind, desto niedriger können die Exportpreise sein. Den fleischexportierenden Firmen kann man schlecht einen Vorwurf machen: Sie verhalten sich im marktwirtschaftlichen Sinne korrekt. Im Kern ist das Geschäft »rein«, frei von illegalen Praktiken. Keine Regel schreibt vor, wie Preise bei Kuppelprodukten kalkuliert werden sollen. Wenn das Hauptprodukt im Ertrag sinkt, dann wird das Unternehmen versuchen, dass das Nebenprodukt mehr zur Kostendeckung beiträgt.

Importflut

Vor allem afrikanische Entwicklungsländer – aber auch karibische Staaten, wie Haiti und Jamaika – sind von **plötzlich anwachsenden Importen** von Hähnchenfleisch seit Anfang der 90er Jahre überflutet worden. Die Welternährungsorganisation FAO hat ein umfassendes Studienprogramm aufgelegt, um das Phänomen der so genannten »Importflut« besser zu studieren, das im Agrarbereich weit verbreitet ist.[8] Angeregt wurde sie dazu vom enormen Anstieg dieses Phänomens, seinen destruktiven Wirkungen und der Tatsache, dass der Agrarvertrag der WTO nur höchst unvollkommen darauf eingegangen ist. Das Thema steht bei den WTO-Verhandlungen in Rahmen der Doha-Runde ganz oben auf der Tagesordnung der Gruppe der 90 Entwicklungsländer (so genannte G 90).

Die **massive Steigerung von Importfluten** auf den Märkten der Entwicklungsländer – zumeist den ärmsten Ländern – ist nicht auf Geflügelfleisch beschränkt. Insgesamt hat die FAO in ihren Untersuchungen in der Zeit von 1982 bis 2003 auf der Grundlage der WTO-Definition von »Importflut« 12 167 Fälle ausgemacht. Selbst wenn man eine höhere Schwelle für die Definition ansetzt, errechnet die FAO noch immer 7 132 Fälle von Importfluten; für diese FAO-Messung wurde eine plötzliche Abweichung von 30% von einem gleitenden Dreijahresdurchschnitt der Importmengen oder Importpreise zugrundegelegt. Die FAO berichtet über 669 registrierte Fälle von Importfluten bei Geflügelfleisch. Mit 25,5% aller Agrarimportfluten liegt damit Geflügelfleisch (hinter Zucker mit 27,5%) an der Spitze plötzlicher Handelseinbrüche.[9]

Die Importfluten haben die Eigenproduktion in den Importländern stark zurückgedrängt. In manchen Ländern decken die Importe schon 70-80% des Verbrauchs. Länderstudien[10] widerlegen die Annahme der FAO, dass ein Teil der Importe zugunsten einer Verbrauchssteigerung geht. Aber auch so schätzt die FAO die Folgen der Importfluten negativ ein.[11] Die inländischen Erzeuger seien geschädigt worden, weil trotz hoher Wachstumsraten des Verbrauchs an Hähnchenfleisch die Inlandserzeugung nur um 4% pro Jahr zunahm. Vor allem aber haben die Importe zu einer Veränderung der Konsumgewohnheiten in Westafrika bei Hähnchenfleisch geführt. Die Menschen sind von Lebendtierkauf auf den Verbrauch von Hühnerteilen umgestiegen.[12] Die Untersuchungen belegen auch, dass der internationale Handel mit Hähnchenfleisch von sogenannten **schockartigen Erscheinungen** gekennzeichnet ist. Die Kosten dafür tragen hauptsächlich die Erzeuger in den Entwicklungsländern, vor allem in Afrika. Die Einschnitte sind erheblich, der Schaden enorm und der Handel »unfair«.

Bei der Ursachenanalyse stellt die FAO fest: Die Gründe sind vielschichtig, sie betreffen die Importländer, die Exportländer und liegen auch auf der globalen Ebene. Die Billigimporte konnten nur deshalb die Märkte der Entwicklungsländer überschwemmen, weil die betroffenen Länder **zuvor weitreichende Zollabbaumaßnahmen** durchgeführt hatten. Ihre Geflügelfleischmärkte wurden für die ausländische Konkurrenz weit geöffnet. Die Importe veränderten die Verbraucherpräferenzen, und die eigene Hühnerwirtschaft war nicht imstande, sich der veränderten Situation anzupassen.

Die Fleischhändler der Exportländer haben die Situation geschickt ausgenutzt. Sie haben gezielt neue Märkte durch preisdiskriminierende Maßnahmen erschlossen. Die **Globalisierung** hat mit der Weiterentwicklung der Produktions-, Verarbeitungs- und Transporttechnologien im Fleischbereich die Voraussetzungen für eine billige weltweite Logistik geschaffen. Die Globalisierung hat auch die Synchronisierung der selektiven Verbrauchsgewohnheiten der reichen und der armen Teile der Weltbevölkerung erreicht: für die einen das weiße Fleisch, für die anderen das dunkle Fleisch. Für Tansania machte die FAO noch einen anderen Globalisierungsaspekt aus: Die dortige Zunahme von Direktinvestitionen von ausländischen Supermarktketten und Tourismusunternehmen ging mit dem Aufbau einer Tiefkühlkette einher. Dieses Marktsegment konnte dann von tiefgekühlten importierten Hähnchenteilen bedient werden.[13]

Der Motor, der die Importfluten aber im Wesentlichen antreibt, sind die Geschehnisse auf dem Hähnchenmarkt in den Industriestaaten, allen voran in der EU. Während sich die afrikanischen Länder einer Öffnung ihrer Märkte unterziehen mussten, passierte das Gegenteil in den reichen Ländern: Auf diese Weise manifestiert sich eine totale Schieflage des Handelssystems!

Importregime in der EU

Der Preis des Hauptproduktes vom Hähnchen in der EU hängt auch stark von der Importkonkurrenz im EU-Binnenmarkt ab. **Zugangsbeschränkungen zum Binnenmarkt der EU** führen zu höheren Preisen bei Weißfleisch. Je höher der Preis ist, desto geringer fallen die Verkaufserlöse bei den dunklen Fleischteilen aus. Die Frage nach Importzöllen und -bestimmungen für Hähnchenfleisch in die EU hängt also mit dem Exportdumping der EU zusammen.

Die EU-Kommission interveniert nicht auf die gleiche Art und Weise auf dem Geflügelmarkt, wie auf vielen anderen Agrarmärkten. Die EU-Agrarpolitik ist bei anderen Marktordnungen von Preisgarantieren, Exportunterstützung, Interventionskäufen und direkten Subventionen an die Ernährungswirtschaft geprägt. Die Binnenmarktpreise bei Geflügelfleisch sind frei, und es werden keine Subventionen an die Erzeuger aus Mitteln des Agrarhaushalts gezahlt. Die Preisbeeinflussung geschieht allerdings indirekt, über die Importzölle. Durch hohe **Zölle auf Geflügelfleischimporte** werden billige Importe aus dem Ausland abgehalten und die Inlandspreise hoch gehalten. Das ist Teil der Geflügelmarktordnung aus dem Jahr 1967.[14]

Die EU schützt den internen Binnenmarkt für Geflügelfleisch mit einem festen Wertzoll von 29,9 Euro pro 100 kg bratfertig gefrorenem Hähnchenfleisch. Das entspricht einem Zollsatz von circa 30% auf den EU-Schwellenpreis[15]. Mit 10,24 Euro pro 100 kg von gefrorenem Rohfleisch entspricht das einem Wertzoll von 50%.[16] Zusätzlich wendet die EU die schon erwähnte »spezielle Schutzklausel« mit variierenden Zöllen an. Die Zollmauer hat nach Meinung der Gutachter dazu geführt, dass 52% der Importe, die sonst pro Jahr (für 2000 bis 2002) die EU erreicht hätten, verdrängt worden sind. Diese Mengen, die die EU nicht abnimmt, drücken anderswo auf die Märkte, vor allem bei den Ländern, die recht offene Grenzen für Hähnchenfleischimporte haben. Gleichzeitig steigen die Fleischpreise in der EU. Die Gutachter schätzen den Steigerungseffekt der Importrestriktion auf die Inlandspreise für 2000 bis 2002 auf 11,5%; vor zehn Jahren lag er sogar noch höher. Heute ist er wieder leicht angestiegen und liegt bei 13,1%.[17]

Nicht nur die EU belegt Hühnerfleisch mit einem Zoll. Die USA als größter Exporteur erhebt einen Zoll von 12,5% auf tiefgefrorene Geflügelimporte. Insgesamt sind aber die **Zollmauern bei Geflügel** im Vergleich mit anderen Agrarprodukten moderat. Die Industriestaaten sind zugleich die größten Exporteure und Importeure. Alle anderen Länder kamen unter Druck und senkten ihre Geflügelimportzölle. Senegal z. B. musste 2000 seine Zölle auf importierte Hähnchenteile von 60% auf 20% herunterfahren; ähnlich erging es allen anderen Mitgliedern der Westafrikanischen Wirtschafts- und Währungsunion WAEMU. Das geschah unter Druck der Kreditvergabe der Weltbank. So nahmen in Senegal bis 2003 die Importe um das 11fache gegenüber 1999 zu, in Ghana um das 8fache.[18]

Man sollte die bestehenden **Handelsschranken** der EU nicht klein reden, was Verbandsvertreter gerne tun. 50% und mehr sind nicht gerade eine geringe Zollrate, wenn andere nur 20% Zollschutz haben. Doch auch das Instrument des Zollschutzes erklärt nicht allein den Protektionismus im Handel mit Hühnerfleisch. Vielmehr sind es Direktsubventionen, Handelklassenverordnungen, Hygienebestimmungen und Seuchenvorbeugung. Diese Instrumente werden von den Industriestaaten reichlich angewandt, während die Entwicklungsländer kaum auf sie zurückgreifen können.

Die Vertreter der Geflügelwirtschaft werden einwenden, dass die **Preise auf dem Binnenmarkt** der EU stark gefallen sind. Das stimmt und ist auf die Marktmacht der Discounter und Supermarktketten zurückzuführen. Als große Aufkäufer können sie die Preise drücken. Dennoch: Gäbe es die hohen Importzölle nicht, dann wären die Inlandspreise noch viel niedriger. Weniger Fleisch würde erzeugt, folglich würde auch weniger Billigfleisch nach Afrika verramscht. Gleichzeitig stünde weniger Geld für die Quersubventionie-

---

AGRARUNTERSTÜTZUNG IN DEN REICHEN STAATEN

Es verwundert nicht, dass die globale Geflügelwirtschaft eine Branche im internationalen Agrarhandel ist, die mit am stärksten geschützt, unterstützt und handelpolitisch umstritten ist. Die **OECD**, der ökonomische Think Tank der 25 reichsten westlichen Länder der Erde, veröffentlicht jedes Jahr Berechnungen über die Agrarunterstützung ihrer Mitglieder. Die Methode, die den Berechnungen der OECD dabei zugrunde liegt, weicht vom herkömmlichen Verständnis von »Subventionen« stark ab, und auch von der WTO-Berechnungsformel.

46% der Erlöse der Geflügelwirtschaft der EU gehen nach diesen Berechnungen der OECD auf staatliches Handeln zurück.[19] Der Hauptfaktor dürften die Importzölle sein, die die EU-Geflügelpreise weit über den Weltmarktpreis heben. Die EU unterstützt danach die eigene Geflügelwirtschaft rein rechnerisch mit 5,5 Mrd. Euro. Der Betrag ergibt sich hauptsächlich aus dem Unterschied, den die VerbraucherInnen im Vergleich zum Weltmarktpreis für Geflügelfleisch zahlen müssen.

Die 25 OECD-Länder greifen alle zusammen ihren Geflügelsektor im Jahr 2004 mit 7,5 Mrd. Euro unter die Arme. Die Unterstützung erfolgte auf verschiedene Art und Weise. 20% der Einkommen der Erzeuger der Geflügelwirtschaft dieser Länder geht auf staatliche Intervention in das Marktgeschehen zurück. Die Erzeuger erhalten im Inland einen Preis für ihre Fleischwaren, der 23% über dem Importpreis (vor der Zollabfertigung) liegt. Die Transfers zugunsten der Geflügelwirtschaft werden fast ausschließlich von den VerbraucherInnen getragen. D. h. es handelt sich nicht um staatliche Subventionen, sondern um staatlich verteuerte Preise. In den Jahren 1986-88 lag dieser Transfer bei nur 4,3 Mrd. Euro, d. h. die Unterstützung ist mächtig gestiegen.[20] In den USA sind es 932 Mio. US-Dollar und 4% der Einkommen der US-Geflügelwirtschaft.

rung des Exports bzw. Preisdiskriminierung zur Verfügung. Trotz der hohen Importzölle konnte die EU die Zunahme der **Geflügelfleischimporte** in den letzten Jahren nicht verhindern. Diese sind von 83 000 Tonnen (1993) auf 387 000 Tonnen (2002) angestiegen.[21] Sie kamen hauptsächlich aus Brasilien und Thailand. Ein großer Teil der Importe erfolgte als vertraglich festgelegte Zollkontingente gemäß dem Agrarvertrag der WTO. Ein weiterer Teil kam durch Lücken in den Zollbestimmungen ins Land, die die EU später zu schließen versuchte. Ein zunehmender Teil gelangt inzwischen auch unter Zahlung der regulären Importzölle auf den europäischen Binnenmarkt. Dass sich das lohnt beweist, um wie viel konkurrenzfähiger die Erzeuger in einigen Exportländern inzwischen geworden sind. Es zeigt aber auch auf, wie attraktiv der Absatz von bestimmten Hühnerteilen in der EU ist. Die EU importiert vor allem gefrorenes und gekochtes Hähnchenfleisch für die Weiterverarbeitung und für Großküchen.

Als Folge davon konzentriert sich die Binnenmarktproduktion umso mehr auf den Fleischfrischmarkt und auf die wertvollsten Fleischteile. Die Importe führen dadurch indirekt auch zu einer **Zunahme der Nebenprodukte**. Das hat auch damit zu tun, dass die Geflügelfleischzölle mit zunehmendem Weiterverarbeitungsgrad abnehmen (sog. Deeskalation der Zollstruktur). Darauf bezieht sich der Dachverband der Europäischen Fleischwarenindustrie CLITRAV, wenn er z. B. beklagt, dass die Zollstruktur andere Länder dazu ermutigen würde, ihr Exportfleisch, das sie in der EU absetzen, selbst weiterzuverarbeiten, statt der EU Rohfleisch zu liefern, das hier weiterverarbeitet werden würde.[22] Entwicklungspolitisch ist eine solche Zollstruktur eher zu begrüßen.

Indirekte Formen von Dumping

Immer wieder wird die These vertreten, die EU fördere ihre Hähnchenproduktion indirekt, weil die **Preise für Getreide** in der EU aufgrund der Reformen seit 1992 um über 30% zurückgegangen sind. Da 40-60% der Kosten der Hähnchenproduktion Futtermittel ausmachen, habe dadurch die EU-Geflügelwirtschaft einen Kostenvorteil erlangt.

Der Sachverhalt stimmt. Aber er erklärt nichts in Bezug auf die Außenhandelsposition der EU. Die massive **Getreidepreissenkung** in der EU in den 90er Jahren sorgte nur für eine Heranführung des administrierten EU-Getreidepreises an den Weltmarktpreis. Die Konkurrenten, wie die brasilianische und US-Geflügelwirtschaft, profitierten schon zuvor von den Vorteilen eines niedrigen Weltmarktpreises für Futtergetreide. Insofern bedeutete dieser

Schritt lediglich, dass eine spezielle Benachteiligung der europäischen Hähnchenproduzenten gegenüber ihren Konkurrenten zurückgenommen wurde. Er verschaffte europäischem Fleisch aber keinen Wettbewerbsvorteil. Außerdem wurde von der Getreidepreissenkung als Folge der EU-Agrarreform nur ein Bruchteil an die Geflügelmäster in Form von billigerem Fertigfutter weitergegeben. Der Preis für Geflügelmastfutter – zum großen Teil aus Getreide bestehend – ist von 1993 bis 2003 nur um 11,7% gesunken. Andere Kostensteigerungen haben den Vorteil schnell zunichte gemacht, z. B. der Preisanstieg von Soja oder das Verbot der Verfütterung von Tiermehl. Zudem nimmt der Anteil der Geflügelmäster, die noch ihr eigenes Getreide verfüttern, beständig ab. Inzwischen mischen die Mäster kaum noch eigenes Kraftfutter, sondern beziehen es als Fertigfutter von der Kraftfutterindustrie. Wie viel europäische Getreidebestandteile das Geflügelkraftfutter enthält, ist außerhalb der Kontrolle und des Wissens der Bauern.

Schnell kommt man im Rahmen dieser Argumentationsschiene in eine kontroverse Diskussion über die **Wettbewerbsfaktoren** im internationalen Vergleich: Was sind gerechtfertigte und was ungerechtfertigte Kosten und Erträge in der Broilerproduktion? In Europa sind aufgrund hoher Tierschutz-, Lebensmittelhygiene- und Umweltauflagen die Produktionskosten höher als in den USA oder Brasilien. Viele weitere erhöhte Kosten sind durch die dichte Besiedlung in Europa bedingt. Sie führt bei uns – im Vergleich zu unseren ausländischen Konkurrenten – zu höheren Auflagen im baurechtlichen und Emissionsschutzbereich. Exportsubventionen sind immer wieder damit gerechtfertigt worden, dass sie diese Benachteiligungen im internationalen Handel ausgleichen sollen. Nach den Regeln der WTO gibt es für einen solchen Ausgleich keine Rechtfertigung. Wo fangen natürliche Standortnachteile an und wo muss man sie als künstliche Handelsbenachteiligung werten, die man ausgleichen darf? Eine Antwort auf diese Frage liefert die internationale Handelsordnung nicht.

Es handelt sich um erhebliche Beträge, die die reichen Staaten direkt oder indirekt in ihre Geflügelwirtschaften pumpen. Die **Geflügelwirtschaft der armen Länder** erhält keine Subventionen und Unterstützung. Sie wird allenfalls von Importzöllen geschützt. Doch die kommen schnell an ihre Grenzen. Erzwungene Liberalisierung durch politischen Druck von außen und durch die Auflagen des internationalen Währungssystems führen dazu, dass viele afrikanische Staaten noch nicht einmal die erlaubten Maximalzölle voll ausnutzen, die sie bei der WTO hinterlegt haben. Der Staat unterstützt seine Bauern in den meisten Entwicklungsländern so gut wie nicht. Eher plündert er seine Landwirte auf vielfältige Weise durch Abgaben und Steuern im Vermarktungsbereich. Die eigentliche Ungerechtigkeit liegt in dieser ungleichen Behandlung von Landwirten in der Welt, die aber auf den gleichen globalen Märkten miteinander konkurrieren müssen.

Handelskonflikte

Handelskonflikte über Hähnchenfleisch begleiten die Weltwirtschaft seit geraumer Zeit. 1962, als die Europäische Wirtschaftsgemeinschaft (EWG) ihre Geflügelmarktordnung mit hohen Importzöllen auf Geflügelfleischimporte einführte, kam es zu einem Handelskonflikt mit den USA. Auslöser war der deutsche Markt, den die US-Geflügelwirtschaft vorher zu 40% belieferte. Mit der EWG-Gründung ging dieser Absatz plötzlich stark zurück. Der Streit steht stellvertretend dafür, dass die USA die gesamte EWG-Agrarpolitik hinterfragten. Dementsprechend grundsätzlich war er. Die Auseinandersetzung wurde vor dem GATT-Schiedsgericht geführt, dem Vorgänger des WTO-Schiedsgerichts. Der Streit ging als »**Hähnchenkrieg**« in die Geschichte der internationalen Handelsordnung ein. Erst nach vielen Jahren wurde der Fall schließlich beigelegt. Er endete für die EWG mit einem Schuldspruch durch das GATT-Schiedsgericht. Die EWG musste den USA Zollkontingente für einen Teilmarkt im Geflügelbereich einräumen und für einen »entgangenen Handel« mit Hähnchenfleisch Strafzölle auf deutsche LKWs und andere Waren hinnehmen.[23]

Einen unfairen Handel mit Hähnchenteilen als Nebenprodukte hat es nicht nur zwischen Westafrika und der EU gegeben. Auch die USA überschwemmen die Welt seit geraumer Zeit mit Hähnchenbeinen. In Korea soll die einheimische Hähnchenwirtschaft durch die US-Hähnchenbeine einen Rückgang um 30% erlitten haben. Eine Reihe von Handelskonflikten brachte US-Hähnchendumping ans Licht der Öffentlichkeit.

Das bevorzugte Absatzland für US-Hühnerschenkel ist **Russland**. Auch die EU entsorgt fleißig Teile auf dem russischen Markt. Die Entwicklung hin zum globalen Huhn hat viel mit dem Zusammenbruch der Sowjetunion und der Globalisierung des Kapitalismus zu tun. Die russische Fleischwirtschaft lag nach dem Zusammenbruch danieder, die eigene Hähnchenfleischproduktion war um die Hälfte zurückgegangen. Gleichzeitig fiel der Markt für ein Viertel der auf dem Weltmarkt gehandelten Hähnchenteile aus, weil Russland nicht mehr importieren konnte. Der Nachfrageausfall führte zu einem drastischen Preisverfall auf den internationalen Märkten. Die Exportpreise für Hähnchenteile in den USA fielen um 32% auf nur 0,487 US-Dollar pro kg. Bei diesem Niedrigpreis fiel es der US-Hähnchenwirtschaft leicht, neue Absatzmärkte zu erschließen. Die Hähnchenteile wurden gewinnbringend umgelenkt, z. B. nach

Dumping in der US-Geflügelwirtschaft

Ein wenig anders verhält es sich mit einem Sachverhalt, den eine Studie für die US-Geflügelwirtschaft offen legt. Nach Ansicht der Wissenschaftler enthält der Mechanismus der nationalen US-Agrarpolitik eine ungerechtfertigte Bevorteilung der dortigen Geflügelwirtschaft.[21] Die Studie berechnet die indirekten Subventionen, welche die Broilerindustrie der USA dadurch erhält, dass die Futtermittel subventioniert werden. Die Mais- und Sojabauern erhalten dort vom Staat eine Einkommensstützung, wenn die Preise unter das Weltmarktniveau sinken. Diese Subventionen bewirken, dass der Futtermittelpreis um 21% niedriger ist, als wenn die Getreide- und Sojafarmer ihre vollen Kosten aus den Markterlösen hätten erzielen müssen. Man kann hier nicht mehr nur – wie bei der EU-Getreidepolitik – von einem Ausgleich eines Wettbewerbsnachteils reden. Vielmehr bezieht die US-Geflügelmast ihre Futtermittel billiger als ihre Weltmarktkonkurrenten, aufgrund staatlicher Subventionen an die futtermittelerzeugenden Landwirte. Die Autoren berechnen die Vorteile für die US-Broilerindustrie auf Einsparungen von 1,25 Mrd. US-Dollar pro Jahr seit 1996. Da 60% aller Kosten der Broilerindustrie Futtermittel sind, sind die Produktionskosten für Hähnchenfleisch 13% niedriger als der Vollkostenpreis. Die 5 Mrd. US-Dollar jährlich an Subventionen, welche die Maisbauern in den USA erhalten, und die 3 Mrd. US-Dollar für die Sojabauern, kommen zu einem erheblichen Teil der Geflügelwirtschaft zugute. Da die USA sehr viel Hähnchenfleisch exportieren, können sie entsprechend billiger auf dem Weltmarkt anbieten und ihre Konkurrenten ausstechen.[24]

Haiti und Ghana, deren Hähnchenmärkte seitdem stark US-bestimmt sind. Das Beispiel zeigt, wie in der Globalisierung der Marktschock in einem entfernten Land – hier Russland – über umgelenkte Handelsströme Importfluten in einem anderen Land auslösen und dadurch eine einheimische Wirtschaftsbranche nachhaltig ruinieren kann.

Als sich Russland langsam erholte, nahm die Nachfrage nach importierten Hähnchenvierteln schnell wieder zu. Die Schwäche des ehemaligen Feindes wurde weidlich ausgekostet. Auch wenn Russland schon 1990 anfing, sich gegen Billighähnchenimporte zu wehren, florierte das Geschäft mit den Hähnchenschenkeln. Der offene Streit begann, als in Russland US-Lieferungen von Hähnchenfleisch entdeckt wurden, deren Verfallsdatum abgelaufen war. Ganze zehn Jahre dauerte die sich daran anschließende Auseinandersetzung. In der

Zwischenzeit stiegen die US-Exporte nach Russland immer weiter an. Sie erreichten mit 1,36 Mio. Tonnen Hähnchenfleisch im Jahr 2000 ihren Höhepunkt. 50% des russischen Geflügelverbrauchs machten seinerzeit »**Bush-Beinchen**« aus, so bezeichnete der Volksmund die transatlantischen Hähnchenschlegel, benannt nach dem Vater des heutigen US-Präsidenten, der damals an der Macht war. Unter seiner Regierung nahm der Konflikt seinen Lauf. Erst unter dem heutigen US-Präsidenten George W. Bush kam es kürzlich zu einer Einigung. Diese kam aber nur deshalb zustande, weil Russland den USA weit entgegenkam. Russland wollte die US-Regierung wohlwollend stimmen, denn es ging auch um die Konditionen des Beitritts Russlands zur WTO. Doch der Streit um Hähnchen war damit nicht beendet. Weil die USA die Aufnahme Russlands in die WTO verzögerten, drohte Russland im August 2006 damit, das bilaterale Geflügelfleischhandelsabkommen mit den USA zu kündigen. Das Ultimatum lief: Wenn die USA Russland nicht bis Oktober 2006 den Weg zum WTO-Beitritt freimachte, würden die Hähnchenfleischimporte gestoppt, so die Drohung.[25] Im Oktober gab die USA dem WTO-Beitritt Russlands statt.

Eigentlich ging es in dem Streitfall um die marktzerstörerischen Effekte des Handels. Man einigte sich auf eine Mengenbeschränkung von 744 000 Tonnen Hähnchenfleischimporte Russlands aus den USA. Diese Mengenbeschränkung konnte nur mit Hilfe eines Tricks durchgesetzt werden: die Russen hinterfragten die hygienischen Bedingungen dieser Lieferungen. **Gesundheitliche Aspekte** liefern einen einfacheren politischen Hebel, um rein protektionistische Interessen im internationalen Handel durchzusetzen. US-Schlachthäuser und Erzeuger, die Hühnerfleisch an Russland liefern dürfen, müssen sich deshalb heute einer Kontrolle durch russische Tierärzte und Inspektoren unterwerfen.

2002 wiederholte sich der Fall mit der **Ukraine**. Diese hat die Bush-Beinchenimporte kurzerhand verboten. Auch **China** kam durch Bush-Beinchen in Bedrängnis und hat als Gegenmaßnahme Teilverbote an Importen erlassen. Die billigen Preise machen die Bush-Beinchen unschlagbar, selbst wenn die Qualität angeblich zu wünschen übrig lässt: Sie sollen hart wie Gummi sein.

Große Volkswirtschaften können sich gegen unfairen Handel der USA und EU offensichtlich wehren. Doch ist es **für ein kleines Land** wie Kamerun kaum denkbar, einen Handelsstreit mit den USA oder der EU zu wagen. Ist es vorstellbar, dass Kamerun eine Veterinärinspektion nach Europa schickt, um hier die Schlachthöfe daraufhin zu kontrollieren, ob sie hygienische Bedingungen entsprechend den Gesetzen Kameruns einhalten? Wohl kaum. Die Absatzmengen nach Kamerun fallen nicht ins Gewicht für die EU-Geflügelwirtschaft; für Kamerun aber sind die Importmengen existenziell.

Nicht nur Russland hat den politischen Hebel so genannter »**nichttarifärer**

Handelshemmnisse« entdeckt, um seine Eigenproduktion vor ausländischer Konkurrenz zu schützen. Die großen Handelsmächte – und selbst das sonst so liberalistisch eingestellte Australien – machen reichlich Gebrauch von einseitig erklärten Standards als Vorbedingung für Importe. Nirgendwo sind die Missbrauchsmöglichkeiten von Standards als protektionistischer Hebel größer als im internationalen Fleischhandel. Das ist wohl begründet, denn hier sind auch die realen Gesundheitsgefahren im Vergleich zu allen anderen Lebensmitteln am höchsten. Es ist jedoch sehr schwierig abzuwägen, wo Anforderungen gerechtfertigt sind und wo sie als Vorwand genutzt werden, um sich unliebsame ausländische Konkurrenz vom Leib zu halten. Entwicklungsländer, die meist kein effizientes und international anerkanntes Hygienesystem und/oder Handelsklassenverordnungen eingeführt haben, sind häufig bei ihren Exporten von Handelsbeschränkungen der reichen Länder betroffen. Sie können sich bezüglich ihrer eigenen Importe schlecht mit diesem Instrument zur Wehr setzen. Diese strukturelle Ungleichheit des Welthandelssystems wächst, weil parallel mit der abnehmenden Bedeutung der Zölle die Anforderungen an Produkteigenschaften, Produktqualitäten und Produktionsmethoden im Welthandel zunehmen.[26] Die Handelskonflikte, die sich daraus ergeben, sind schwerer zu lösen, als wenn es nur um Zollsätze ginge, denn angeblich geht es um Verbraucherschutz.

Ein Beispiel für einen solchen Handelskonflikt mit Hähnchenfleisch ist der jüngste WTO-Streitfall, den die EU mit Brasilien austrug. Die EU versuchte im August 2002 mit einer Gesundheitsmaßnahme den enormen Anstieg **brasilianischer Hähnchenfleischimporte einzudämmen**. Nachdem in den 18 Monaten zuvor die Importe um das Doppelte angestiegen waren, wurde eine Null-Toleranz gegenüber Antibiotika und Wachstumsförderern im Hühnerfleisch ausgesprochen. Das wurde möglich, weil kurz zuvor neue, sehr empfindliche Geräte zum Einsatz kamen. Sie konnten winzige Spuren nachweisen. Geringste Rückstände wurden im brasilianischen Hähnchenfleisch gefunden. Sofort wurden Lieferungen nach Holland und Deutschland unterbunden. Doch die brasilianischen Firmen hatten sich bald auf die neuen Anforderungen eingestellt.

Die EU versuchte die Lücke in ihren Importbestimmungen mit einem anderen Trick zu schließen, welche sich die brasilianische und thailändische Geflügelwirtschaft zuvor zunutze gemacht hatten. Für »**gesalzenes Hähnchenfleisch**« braucht man nur ein Drittel des Zollsatzes beim Import in die EU zu zahlen wie bei normalem Fleisch. Also schickten Brasilien und Thailand jede Menge leicht gesalzenes Hähnchenfleisch in die EU. 2002 definierte die EU neu, was sie unter »gesalzen« versteht, und setzte den notwendigen Mindestsalzgehalt von 1,2% auf 3% hoch. Das ist so hoch, dass dieses Fleisch kaum noch für den normalen Verbraucher verwertbar ist. Dadurch fielen die brasilianischen Exporte in die EU schlagartig um 80%. Brasilien und Thailand riefen das WTO-Schiedsgericht an. Die EU reagierte verärgert und machte die Angelegenheit zum Gegenstand der derzeit unterbrochenen Verhandlungen der EU mit Mercosur, dem gemeinsamen Binnenmarkt des südlichen Lateinamerikas[27], über ein bilaterales Handelsabkommen.

Brasilien und Thailand erhielten im Juni 2006 bei der WTO Recht. Die einseitige Erhöhung der Definition von »gesalzenem Hähnchenfleisch« durch die EU sei ein ungerechtfertigter und protektionistischer Akt. Die EU ging in Berufung, die sie wiederum verlor. Nun ist sie aufgefordert, den alten Zustand wieder herzustellen. Dazu hatte sie eine Frist bis zum 27. Juni 2006 bekommen. Was hat die Gemeinschaft gemacht? Sie hat zwar Ende Juni 2006 ihren Zollsatz auf gefrorenes Hühnchenfleisch mit einem Salzgehalt von 1,2% bis 3% von rund 50% auf 15,4% gesenkt; gleichzeitig führte Brüssel aber eine mengenmäßige Importbeschränkung für dieses zollreduzierte gesalzene Importfleisch ein. Bei den zwei Klägern, Brasilien und Thailand, sorgten diese Pläne für einen Aufschrei. Die EU will die angeblich großzügig bemessenen Importquoten als »Kompensation« verstanden wissen.[28] Brasilien erhielt dann eine Einfuhrquote für gekochtes Hühnchenfleisch von 250 953 Tonnen bei einem Zollsatz von 8%. Im Gegenzug hat Brasilien der EU einen geringfügig besseren Marktzugang für Autos und Dienstleistungen im Rahmen der Mercosur-EU-Verhandlungen in Aussicht gestellt.[20] Thailand erhielt 160 033 Tonnen Einfuhrquote. Für gering gesalzenes Geflügelfleisch erhalten die beiden 264 245 Tonnen zum Zollsatz von 15,4%.[30]

Erst mit der Beilegung des Hähnchenhandelskonflikts ist der Weg für weitere Verhandlungen zwischen der EU und Mercosur über ein generelles Freihandelsabkommen frei geworden. Es ist davon auszugehen, dass erneut große Mengen brasilianischen und thailändischen Hähnchenfleischs auf den europäischen – und vor allem deutschen – Markt strömen. 1,2% Salzgehalt ist so niedrig, dass dieses Fleisch für die meisten Verarbeitungsprodukte noch gut genutzt werden kann.

Immer wieder versuchen die einschlägigen Interessengruppen, mit hygienischen Maßnahmen den Handel zu unterbinden. Oft sind diese vorgeschoben. Eine **Inspektionsreise von EU-Fleischfachleuten** im Herbst 2004 nach Brasilien sollte die Schlachtbetriebe mit Lizenz, die in die EU liefern dürfen, durchleuchten. Der Inspektionsbericht kam zu dem Ergebnis, dass keine wesentlichen Mängel festzustellen waren und alle EU-Auflagen erfüllt worden sind. »Die zuständigen brasilianischen Behörden haben in positiver und vorwiegend angemessener Weise auf Empfehlungen reagiert«, so der Bericht.[31] Dennoch hat der Deutsche Bauernverband diese und andere Berichte auf seine Weise interpretiert und behauptet, die Verhältnisse in den Schlachtbetrieben und bei der staatlichen Fleischaufsicht in Brasilien seien katastrophal und würden einen Importstopp aus gesundheitlichen Gründen rechtfertigen.[32]

Ähnlich pauschale Anschuldigungen gegenüber angeblich gesundheitsgefährdendem Importfleisch machte auch ein **CDU/CSU-Antrag** im Deutschen Bundestag. Dort wird von der Bundesregierung gefordert, sich für eine Kennzeichnung des Herkunftslandes auch für weiterverarbeitetes Geflügelfleisch einzusetzen und die Kontrollen über Rückstände zu verschärfen.[33] Dieser Antrag wurde kurz nach der EU-Fleischinspektionsreise nach Brasilien eingebracht, die nichts zu beanstanden fand. Die Initiative fand auch zu einer Zeit statt, in der ein völliges Importverbot gegenüber südostasiatischen Ländern aufgrund der Vogelgrippe galt. Aktuell war also nichts zu befürchten. Die Sorgen scheinen pauschal vorgeschoben zu sein.

»Das globale Huhn« umgeht geschickt die Fairnessregeln der Welthandelsordnung und macht das massive Verramschen von Hähnchenteilen auf dem Weltmarkt – Wesensmerkmal seiner internationalen Handelsbeziehungen – unangreifbar. Importfluten, Dumping und Preisdiskriminierung sind die Methoden. Entwicklungsländer sind den Importen schutzlos ausgeliefert. Die Industriestaaten leugnen eine Mitverantwortung. Gleichzeitig findet die Hähnchenwirtschaft in Europa und den USA Mittel und Wege, um mit staatlichem Schutz und Unterstützung ihre Position auszubauen, ohne handelsrechtlich angreifbar zu werden. Hähnchen haben in Vergangenheit und Gegenwart für viel Zündstoff in den internationalen Handelsbeziehungen gesorgt. Solche weltwirtschaftlich bedeutenden Ereignisse wie die EU-Mercosur-Verhandlungen und der Beitritt Russlands zur WTO standen wegen dreister Praktiken auf der Kippe. Die eigene Branche hat die Hühnerwirtschaft globalisiert, steht aber gleichzeitig der allgemeinen Globalisierung der Weltwirtschaft im Wege, weil es um die Verteidigung ihrer branchenegoistischen Interessen geht.

3.2 Hühnerhandel im Wandel

AUCH EIN BLINDES HUHN
FINDET 'MAL 'N KORN.
DOCH DAS TOTE HUHN
TUT, WAS SONST NICHT HÜHNER TUN,
ES SCHIEBT SICH GANZ NACH VORN.

RUDOLF BUNTZEL

Auf unserer Recherchereise haben wir entdeckt: Das Huhn ist in kürzester Zeit vom »lokalen« Huhn zum »globalen« Huhn mutiert. Hühnerfleisch ist international das meistgehandelte Fleisch. Die Zunahme des Güteraustauschs mit dem Hähnchenfleisch allein macht noch keine Globalisierung. Das »globale Huhn« offenbart sich da, wo der internationale Handel die internen Strukturen von nationalen Hühnerwirtschaften durchdringt und sie in Richtung Weltmarktintegration umpolt. Dem Handel folgen Investitionsströme, Verbrauchergewohnheiten, Managementsysteme und Technologien, so dass sich auch die Hühnerfleischkonzerne globalisieren. Zugute kommt diesem Hühnerhandel, dass die Geschmäcker auf der Welt für unterschiedliche Hühnerteile unterschiedlich sind. Auf diese Weise werden die nationalen Teilmärkte in einer Art und Weise international ineinander verschachtelt, wie es kein anderes Beispiel auf der Welt gibt. Europa – und auch Deutschland – mischen fleißig im Welthühnerhandel mit.

Entwicklung des internationalen Hühnerfleischmarktes

Das Huhn hat eine steile Karriere als Lieferant von **Weltmarktfleisch** gemacht. Zwar wird noch immer 90% des Hühnerfleisches auf der Welt lokal verzehrt. Aber mit 40% Anteil führt das Huhn seit dem Jahr 2000 den internationalen Fleischhandel vor Schwein und Rind an; 1981 lag der Anteil erst bei 17%.[1] Stolze 6,9 Mio. Tonnen Hühnerfleisch haben 2005 nationale Grenzen überschritten. So konstatieren auch Marktanalysten anerkennend: Der Konsum entwickelt sich weltweit »robust«, also langfristig stetig nach oben, mit kleinen saisonalen Schwächen.

Anteile an Weltgeflügelproduktion 2005

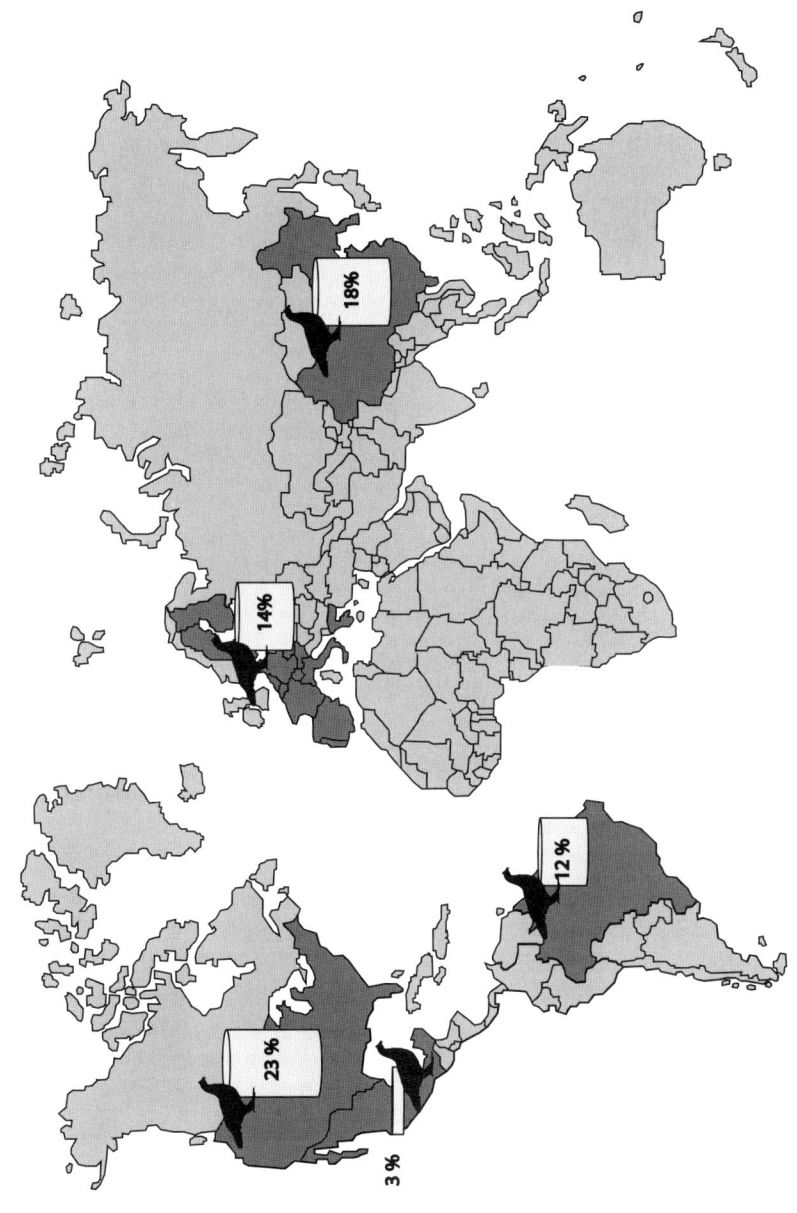

18%

14%

23 %

3 %

12 %

© EED

Quelle: Michael Heiden, Institut für Marktanalyse und Agrarhandelspolitik, Forschungsanstalt für Landwirtschaft; Datenbasis: FAOSTAT 2006

Die Schaffung eines globalen Hühnerfleischmarktes ist recht neu. Noch vor zehn Jahren wurde nur eine winzige Menge Hähnchenfleisch weltweit importiert. Diese Zunahme kann im Vergleich zu anderen Agrarmärkten durchaus als »**spektakulär**« bezeichnet werden.

Der Dioxinskandal, verschiedene Seuchen wie Geflügelpest und Vogelgrippe haben in den Handelsbilanzen der wichtigsten Exporteure ihre Spuren hinterlassen. Nach der BSE-Krise 2001 in Europa nahm weltweit der Trend zum Geflügelfleisch noch einmal deutlich zu, der Aufschwung wurde aber aufgrund von Fleischskandalen, die auch die Hühnerwirtschaft betreffen, gebremst. Die Auswirkungen des aus Südostasien stammenden Geflügelpestvirus H5N1 auf die globale Geflügelwirtschaft waren immens. Rund 35 Mio. getötete Tiere, Einfuhrbeschränkungen und eine rückläufige Verbrauchernachfrage hatten Verluste in Milliardenhöhe bewirkt (vgl. Kapitel 6.1). Obwohl die Vogelgrippe in Deutschland noch nicht wirklich zum großen Ausbruch kam, ging kurzfristig die Verbrauchernachfrage um 40% zurück. Die Vogelgrippe lenkte auch Handelsströme um. Was dem einen die ärgste Pein, ist dem anderen gerade fein. Brasilien profitierte beispielsweise zunächst enorm von der Seuche in Asien. Später verlor auch Brasilien Exportmengen, weil der Effekt des Nachfrageschwunds größer war als der Handelsumlenkungseffekt. Doch die Branche ist frohen Mutes: Für das **krisengeschüttelte Vogelpestjahr** 2006

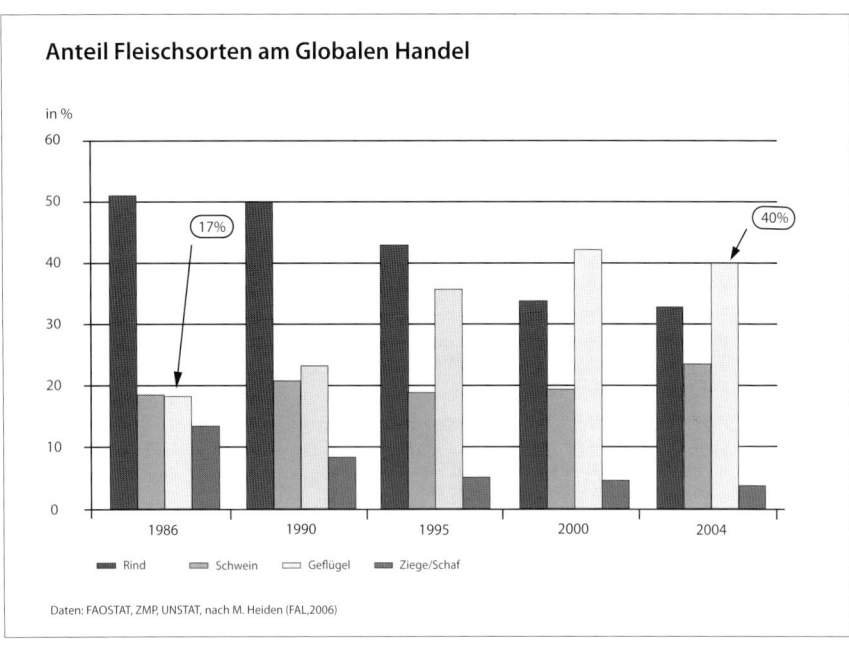

Anteil Fleischsorten am Globalen Handel

Daten: FAOSTAT, ZMP, UNSTAT, nach M. Heiden (FAL,2006)

rechnen die Experten der FAO mit einem Zuwachs des grenzüberschreitenden Verkehrs mit Hähnchenfleisch gegenüber 2005 um 7% auf insgesamt 7,46 Mio. Tonnen.[2]

Das »weiße Fleisch« des Huhns erfreut sich international ungebrochener Beliebtheit. Die Branche boomt, und weltweit kommt die Produktion kaum der **explodierenden Nachfrage** hinterher. Dabei expandiert die Nachfrage in Entwicklungsländern wesentlich schneller als in den Industriestaaten, wo sich Anzeichen des Erreichens einer gewissen Sättigungsgrenze andeuten. Jedes Jahr muss die Produktion in Entwicklungsländern um mindestens 2,5 Mio. Tonnen Geflügelfleisch zulegen, um die Nachfrage zu befriedigen. Das verlangt Investitionen bei den Hähnchenhaltern in der Größenordnung von jährlich 750 Mio. US-Dollar und bei der Fleischwirtschaft von rund einer Mrd. US-Dollar.[3]

Broiler stellen rund 83% des international gehandelten Geflügelfleisches dar, 12% ist Putenfleisch. Der **Internationalisierung der Geflügelwirtschaft** kommen verschiedene Faktoren zugute. Geflügelfleisch ist das einzige Fleisch, das von allen Kulturen und Religionen gleichermaßen akzeptiert wird. Es wird schon seit alters her überall verzehrt. Ein weiterer Vorteil ist, dass die Inputs und Technologien für die moderne Intensivproduktion weltweit gehandelt werden und leicht verfügbar sind (vgl. Kapitel 4.3). Die input- und technikversorgenden Firmen haben kein Interesse, den Zugang zu ihren Waren zu beschränken, denn sie wollen verkaufen und nicht die Märkte kontrollieren. Nur bezüglich Hybridhühner gibt es nutzungsbeschränkende natürliche »Patente«. Wie noch zu sehen sein wird, sind die Technologien des modernen Hühnersektors in allen Hauptexportländern auf ähnlichem Stand (vgl. Kapitel 3.5). Die unterschiedliche Konkurrenzfähigkeit geht auf andere Faktoren als auf technische Voraussetzungen zurück. Deshalb ist auf Dauer mit einem stark wachsenden Angebot und einer harten Konkurrenz zu rechnen. Der Globalisierung des Huhns zugute kommen auch die hohe Futterverfügbarkeit (Soja und Mais) und die flächenunabhängige Erzeugung.

Was den Boom anbelangt, gab es vor ein paar Jahren jedoch auch eine kurze Phase der **Ernüchterung** für das Geflügelimperium. Die Wachstumsraten der Produktion an Hühnerfleisch verzeichneten einen leichten Rückfall, von durchschnittlich 6-7% in den 90er Jahren auf nur 1,5% im Jahr 2003. Die Gewinnmargen wurden schmaler, weil die Futtermittel- und Energiepreise anzogen. Weil aber die Nachfrage weiter wuchs, zogen die Weltmarktpreise für Hähnchenfleisch schnell wieder an: von 0,34 US-Dollar pro kg und Keule auf 1 US-Dollar pro kg, also um 200%. Die neue Weltmarktlage hatte bedeutende Verschiebungen zur Folge: Die Exporte Brasiliens nahmen schlagartig

EU Handel mit Geflügelfleisch 2005 – Exporte und Importe (in 1000 Tonnen)

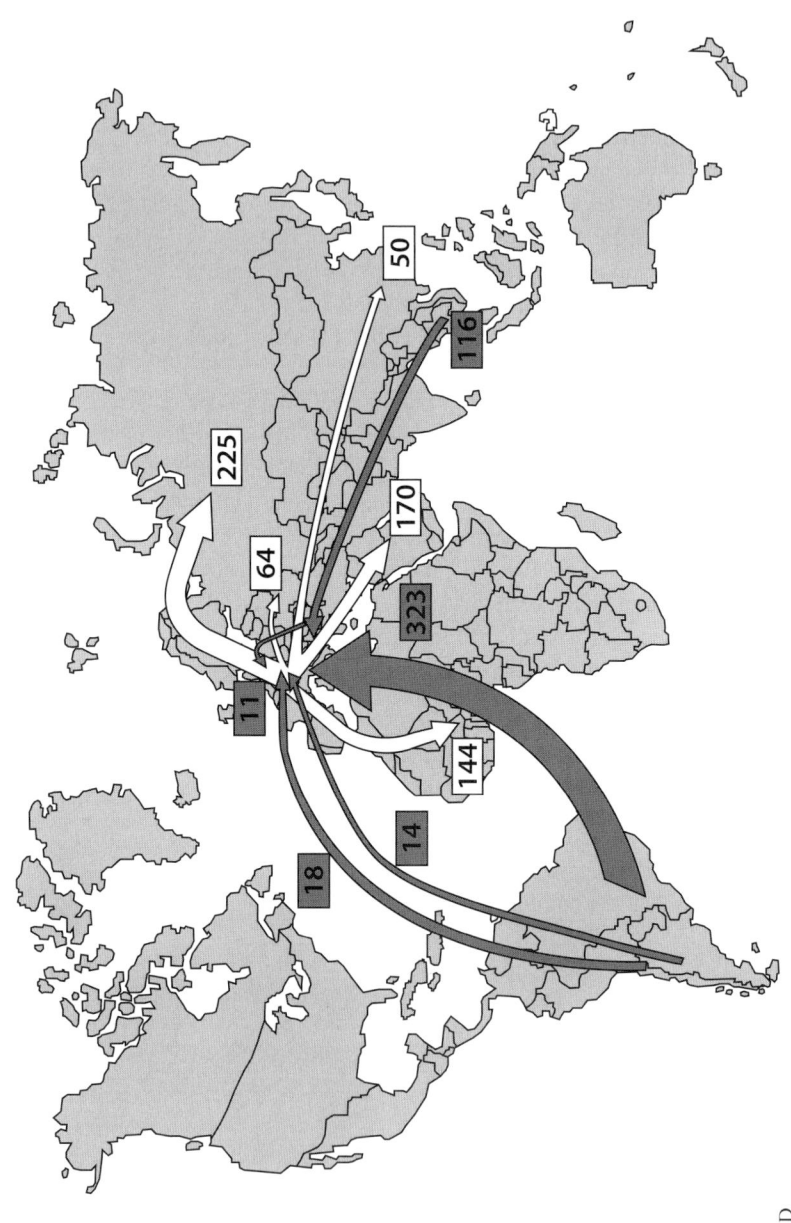

Quelle: Michael Heiden, Institut für Marktanalyse und Agrarhandelspolitik, Forschungsanstalt für Landwirtschaft; Datenbasis: FAOSTAT 2006

um 18%, die der USA sogar um 30% zu. Thailand und China versuchten, die vogelgrippebedingte Importsperre gegen ihr Rohfleisch mit allen Mitteln zu umgehen, indem sie in großem Stil in die Weiterverarbeitung von Geflügelfleisch einstiegen. Vorgekochte Fleischteile, Grillfleisch, Vakuumverpacktes und fertig etikettierte Ware haben also der südostasiatischen Hühnerbranche aus der Krise herausgeholfen und sie in eine noch größere Wettbewerbsfähigkeit getrieben. Die Welt des globalen Huhns scheint wieder im Lot, wenn nur die lästige Vogelgrippe nicht wäre.

Ein wahres Phänomen im internationalen Hähnchenhandel ist **Brasilien**. Wie Phönix aus der Asche entstand hier plötzlich ein Hähnchengigant. Erst vor wenigen Jahren haben die Brasilianer die EU als drittgrößten Produzenten von Geflügelfleisch abgelöst. Derzeit sind sie auf dem besten Wege, auch an den Chinesen vorbeizuziehen, die mit 10,5 Mio. Tonnen den zweiten Platz hinter den USA belegen (16,3 Mio. Tonnen). Ähnlich der Hähnchenwirtschaft Chinas und der USA wird die Produktion überwiegend im eigenen Land konsumiert (70%). Brasilianer haben eigentlich den Ruf, viel und gerne Rindfleisch zu essen. Es mag erstaunlich anmuten, dass mit 35,7 kg pro Kopf in Brasilien mit am meisten Geflügelfleisch auf der Welt – und national mehr Huhn als Rindfleisch – gegessen wird. Durch den massiven Ausbau neuer Kapazitäten setzt die brasilianische Geflügelwirtschaft jetzt vor allem auf den Export; 35% der Weltexporte sind brasilianisch. Europäische Fleischunternehmen, wie die französische Firma Doux, haben sich neuerdings in Brasilien eingekauft. Viele Schlachtbetriebe erzeugen dort Hähnchenbrüste für den europäischen Bedarf; die Restteile werden auf dem Inlandsmarkt, in Japan oder auch in Afrika verramscht. 64% der Exporte Brasiliens sind tiefgefrorene Teilstücke; die ganzen Exporthähnchen gehen fast ausschließlich in die arabischen Länder, ähnlich wie bei der EU.

Die Angst aller Hühnerkonzerne vor der ungeheueren **Konkurrenzfähigkeit brasilianischen Geflügels** sitzt tief. Hier sind äußert flexible Strukturen entstanden, die auch kurzfristig Angebotslücken überall auf der Welt schließen können. So erhöhten die Brasilianer ihre Exporte nach Japan zu Beginn des Jahres 2005 um 35% (im Vergleich zum Vorjahr). Sie ersetzten damit die Lieferungen aus Südostasien, die wegen des dortigen Ausbruchs der Vogelgrippe mit einer Importsperre belegt waren. Sie können auch damit punkten, dass sie garantiert gesundheitlich unbedenkliche Frischware liefern. Hatten die USA im globalen Handel mit Hähnchenfleisch noch vor fünf Jahren einen Marktanteil von 45%, liegt dieser heute bei nur mehr 34%. Umgekehrt haben die Brasilianer ihren Marktanteil seit 2002 auf 40% fast verdoppelt.

Während Brasilien relativer Gewinner der Vogelgrippe war, hat vor allem die **Geflügelwirtschaft Südostasiens** stark unter ihr gelitten. Importsperren, staatlich angeordnete Massentötungen von Tieren in Thailand und China – ohne oder nur mit unzureichender Entschädigung – und ein drastischer Preisverfall für Rohfleisch haben viele kleine Produzenten in den Ruin getrieben. Man rechnet zwar mit einer Erholung von der Krise in wenigen Jahren. Die Strukturen werden sich dann aber krass verändert haben. Indonesien und Vietnam haben Ähnliches durchgemacht. Die Entwicklung in Südostasien ist für den Welthühnermarkt entscheidend, denn hier ist der größte Nachfragezuwachs zu verzeichnen. Diese Region war in den 90er Jahren ausschlaggebend für den rapiden Anstieg der Broilerproduktion, und auch in Zukunft sind hier die politischen Rahmenbedingungen für die Hähnchenwirtschaft »stabil und marktorientiert«.[4] Aber nicht zu vergessen: Hier ist auch die Brutstätte für die Vogelgrippe sowohl des harmloseren als auch des – neuerdings – gefährlicheren Typs.

In Brasilien, Indonesien, Thailand und China ist für den **Export eine eigene Produktionslinie** aufgemacht worden. Während auf den Inlandsmärkten die Lebend- und Frischvermarktung ganzer Hähnchen vorherrscht, sind die Exportprodukte tiefgefroren und kleinteilig. Daher kann in diesen Ländern der Export nur wenig von der bestehenden Logistik und Infrastruktur des Binnenmarktes für Geflügelfleisch profitieren. Kritiker der Entwicklung in Südostasien sind der Meinung, dass die Exportorientierung der dortigen modernen Hähnchenwirtschaft auf Kosten der Versorgung des Binnenmarktes mit preiswertem Hähnchenfleisch gegangen ist.[5] In den USA dagegen wird zwar auch 95% des Fleisches frisch konsumiert, aber zu 83% als Teilstücke vom Tier. Damit stellt auch die Exportware, welche primär aus tiefgefrorenen Teilstücken besteht, keine zusätzlichen Anforderungen an die bestehende Logistik.[6]

Ein Indikator für eine Globalisierung ist auch, dass die Anzahl der Länder, die Hähnchenfleisch vom Weltmarkt beziehen, stark zugenommen hat. Waren es noch vor zehn Jahren erst vier Länder, bezogen 2005 schon allein zehn Länder 89% der Weltimporte; den Rest teilt sich eine unbekannte Anzahl von weiteren Ländern. Es ist abzusehen, dass die **Anzahl der geflügelimportierenden Länder** in den nächsten Jahren wachsen wird.

Dass auch eine Vertiefung der **internationalen Arbeitsteilung** innerhalb der Hühnerwirtschaft stattgefunden hat, erkennt man u. a. daran, dass einige Hauptexporteure gleichzeitig Hauptimporteure sind. Bestimmte Produkte gehen raus, und andere Produkte kommen zurück. Dazwischen liegt eine wie auch immer gestaltete Weiterverarbeitung im Ausland. Das wird am Beispiel des Hühnerhandels Deutschlands mit den Niederlanden deutlich (siehe nächster Abschnitt). So importiert der größte Hühnerfleischproduzent und -konsument China 300 000 und exportiert gleichzeitig 360 000 Tonnen. Ähnlich die EU: Als viertgrößter Weltproduzent und drittgrößter Weltkonsument importiert die EU zwar 460 000 Tonnen Hühnerfleisch, vertreibt aber trotzdem 780 000 Tonnen Geflügelartikel in die ganze Welt. Damit ist die EU hinter Russland und Japan Dritter in der Weltrangliste der Hähnchenfleischexporteure. Hier deutet sich an, dass Teile vom Huhn, die im Lande produziert werden, auf dem Binnenmarkt keinen Absatz finden. Gleichzeitig werden andere Hähnchenteile oder Qualitäten, die im Inland stark nachgefragt werden, in diesen Mengen nicht hinreichend (preisgünstig) selbst erzeugt.

Deutschland ist ein Paradebeispiel für die internationale Hühnchen-Scharade. 2005 hat Deutschland 437 000 Tonnen Jungmasthühnerfleisch (Industriehuhn) importiert und 237 000 Tonnen exportiert. 76% der Importe sind hochverarbeitete Hühnerprodukte, wie entbeintes Fleisch, grill- oder bratfertige Teile, Geflügelfleischzubereitungen.[7] Die Exporte bestanden hingegen zu 54% aus Lebendhühnern, die zum Schlachten und Zerteilen in die EU-Nachbarländer Holland, Dänemark, Belgien, Frankreich und Großbritannien gebracht wurden. Von denen wurden hierzulande die guten Teile auch wieder eingeführt, und der Rest ging von dort aus in den Export an Drittländer.[8] Von Drittländern selbst hat die deutsche Hühnerwirtschaft eher Rohware bezogen, die tiefgefroren oder gekocht für die Weiterverarbeitung z. B. im Catering geeignet ist. Die inländische Geflügelfleischwirtschaft zieht sich zurück auf frische Hochpreisware, z. B. Brustfilet. Obwohl die deutsche Broilerindustrie ein gewichtiger europäischer – und jetzt auch Global Player geworden ist – handelt es sich insgesamt um eine recht kleine Branche: der Gesamtumsatz beträgt nur 850 Mio. Euro.

Unbedingte Erwähnung finden müssen auch **die Niederlande**, welche für den internationalen Geflügelhandel eine besondere Rolle spielen. Holland ist mit 605 000 Tonnen Geflügelfleischexporte der größte EU-Exporteur, noch vor Frankreich. Die Hälfte davon wurde allerdings nicht in Holland selbst produziert, sondern vorher importiert. Es sind große Mengen Lebendhühner dabei, die in Holland geschlachtet und zerlegt werden. Die verschiedenen Teile werden an die jeweilig lukrativsten Märkte auf der Welt weitergeleitet. Die Niederlande sind damit der große Umschlagplatz für Hühnerfleisch. Ihr Joker sind ihre exzellenten Schlachthäuser und ihre Logistik. In den hochtechnisierten Schlachtanlagen werden nicht nur Lebendhühner aus ganz Europa, sondern auch aus Brasilien und Thailand zu Fleischstücken für den gesamten Weltmarkt verarbeitet. Ein weiteres besonderes Geschäft der Holländer sind außerdem die Suppenhühner, die 10% des Exports ausmachen und in die verschiedensten Verwertungsrichtungen und Exportmärkte vertrieben werden.

Die größten Steigerungsraten der Produktion innerhalb der EU hat derzeit die deutsche Geflügelproduktion zu verzeichnen. Die Herstellung stieg zwischen 1995 und 2001 um 46,7% (im Vergleich in der EU: 13,6%).[9] Der **deutsche Selbstversorgungsgrad** mit Hähnchenfleisch wuchs demzufolge stetig von Jahr zu Jahr, von 64% im Jahr 1990 auf 94,4% im Jahr 2004. Die deutschen Geflügelfleischimporte sind 2005 um 12,5% (auf 437 000 Tonnen) gesunken und die Exporte um 6% gestiegen. Gegenüber dem Stand von 2000 bedeutet das Exportergebnis von 2005 eine Zunahme um 90%. Damit belegte Deutschland – traditionell ein großes Importland – 2005 den fünften Platz als Exportland von Hähnchenfleisch. Die deutsche Geflügelwirtschaft profitierte damals stark davon, »gesalzenes Hühnerfleisch« aus Brasilien vorerst von ihrem nationalen Markt zu verdrängen (vgl. Kapitel 3.1).[10] Trotzdem bleiben Frankreich und die Niederlande mit über 50% der europäischen Exporte noch immer die beiden größten in der EU.

Auf der Seite der Importeure hält Russland die Spitze, gefolgt von Japan, Saudi Arabien, der EU, Mexiko und China. Diese sechs Länder vereinen auf sich 74% aller Hühnerfleischimporte. Afrika taucht in den gängigen Statistiken nur mit der Südafrikanischen Republik auf, die 160 000 Tonnen (2005) importierte. Das restliche **Afrika** importierte aber immerhin 500 000 Tonnen im gleichen Jahr und stellte damit 8% der Weltimportnachfrage; für 2006 rechnet die FAO zudem mit einer Steigerung auf 726 000 Tonnen (9% des Weltmarktes).[11]

Welche **Hühnerfleischprodukte** sind überhaupt international handelsgeeignet? Frischfleisch ist kaum transportfähig, es sei denn es ist besonders präpariert. So gut wie alles international gehandelte Geflügelfleisch ist tiefgefroren. Das meiste sind Hähnchenteile, vor allem Hähnchenviertel und andere Nebenprodukte für die Märkte der Exportländer. Doch zunehmend wird unter den Industrie- und Schwellenländern auch vorfabriziertes Fleisch gehandelt, wie z. B. verpacktes Material, Vorgekochtes, speziell Gewürztes und Zubereitetes. Der Trend auf den Märkten der Reichen geht einerseits in Richtung Frischware, was den internationalen Handel in seiner Bedeutung schmälert; dafür wächst aber die Bedeutung der direkten Auslandsinvestitionen und internationalen Firmenzusammenschlüsse. Anderseits bedeutet der Trend zu stark verarbeiteten Artikeln und Catering-Ware auch eine Verstärkung der Trends zum internationalen Handel mit Tiefgefrorenem. Das globale Huhn nimmt viele unterschiedliche Gestalten an.

Auch wenn der Handel mit Hühnerfleisch weltweit boomt: Die meisten Hühnerfleischexporteure haben (noch) eine solide Binnenmarktorientierung. Und hier spielt Lebend- und Frischvermarktung noch eine Rolle. Im Laufe der Zeit dringt der Welthandel in die Binnenmärkte vor und löst diese Dualität auf. Das Huhn als ganzes und homogenes Produkt verliert an Bedeutung. An seine Stelle tritt der Welthandel mit verschiedenen Hühnerteilen und Fleischqualitäten. Das hat tiefgreifende Auswirkungen auf die Strukturen in den Importländern. Deutschland ist ein wichtiger Mitspieler im internationalen Hähnchenfleischhandel, sowohl auf der Import- als auch auf der Exportseite. Es ist zunehmend mit der deutschen Hühnerwirtschaft als Exporteur zu rechnen. Auch Afrika spielt – als Importeur – im internationalen Handel mit Hühnerfleisch eine geringe, aber definitive Rolle.

3.3 Das Huhn zerstückelt, gefrostet und global verschoben

»Je wärmer, desto ärmer«

bezieht sich auf die Art der Hühnerfleischvermarktung

Die Geschichte Kameruns ist eingebettet in einen Siegeszug des »globalen Huhns«, der eine Erfolgsgeschichte im Weltagrarhandel ist. Wie war das möglich? Offensichtlich gab es viele Faktoren, die den internationalen Hühnerkonzernen entgegenkamen und von denen sie geschickt Gebrauch machten.

Einkommenselastizität der Nachfrage

Unbestreitbar wird das **globale Marketing** wesentlich von der Kaufkraft der jeweiligen Verbraucherschichten geleitet. Die Hähnchenwirtschaft hat genaue Vorstellungen darüber, wo Zukunftsmärkte auszumachen sind. Die Einkommenshöhe bestimmt auch wesentlich, welche Art von Hühnerfleisch gekauft wird. Denn nichts liegt für die Hühnerwirtschaft näher, als das Huhn in seine unterschiedlichen Bestandteile zu zerlegen und es zerstückelt irgendwo auf der Welt abzusetzen – nach den Bedürfnissen der VerbraucherInnen. Dort, wo die Hähnchenteile die besten Preise erzielten, da gehen sie hin. Das nennt sich »globales Marketing«, streng marktwirtschaftlich gedacht und gehandelt. Das ganze Huhn als homogenes Produkt hat in der Globalisierung keinen Bestand.

Die US-Amerikaner sind für das globalisierte Huhn die Orientierungsmarke. Sie gehen voraus, alle anderen sollen folgen. Hier ist der Pro-Kopf-**Verbrauch von Hähnchenfleisch** mit 45,2 kg im Jahr Spitze. Deutschland liegt mit 9,4 kg Hähnchenfleisch pro Bundesbürger in einem eher unterentwickelten Bereich und hat aus Sicht der Amerikaner noch viel aufzuholen. Ganz niedrig liegen einige Entwicklungsländer wie Indien mit 1 kg oder Afrika mit 4,6 kg/Kopf[1]. Gäbe es tatsächlich die Tendenz der globalen Annäherung des Hähnchenverbrauchs, was sich die Broilerindustrie so schön ausmalt, wären da draußen in der Welt immense Schätze unausgeschöpfter Märkte zu heben.

Die Deutschen bevorzugen Schweinefleisch und sind mit 54,6 kg pro Jahr seine weltweit größten Liebhaber. Aber auch die US-Bürger haben früher sehr viel mehr Rind und Schwein gegessen, bevor Hähnchen und Pute alles andere überflügelten. Das »**weiße Fleisch**« von Geflügel liegt im Gesundheitstrend. Außerdem hat kein anderes Nutztier einen derartigen technischen Wandel miterlebt. Dadurch ist Hähnchenfleisch im Vergleich zu anderen Fleischsorten sehr billig geworden. Hinzu kommt noch, dass die Hühnerwirtschaft es besser als das Metzgereigewerbe verstanden hat, den Trends der Verbraucherwünsche nachzukommen und immer neue innovative Produkte herauszubringen.

Die fleischverarbeitenden modernen Technologien waren die Voraussetzung für die weltweit aufkommenden Fleischmärkte. Allen voran natürlich die Gefriertechnik und ozeanübergreifende geschlossene Tiefkühlsysteme. Die modernen Kommunikationstechniken machten das Bestellsystem, die Warenspekulation und Just-in-Time-Lieferungen möglich. Die Informationstechniken revolutionierten die Logistik und reduzierten die Preise des Transports. Von diesen Umwälzungen profitierten alle Fleischsorten. Dass das Hähnchenfleisch andere Fleischsorten auf- und überholte, hat etwas mit seinem besonderen Charakter zu tun.

Vieles spricht für die Unterstellung, dass es den Mensch zum Fleische drängt. Mit zunehmendem Einkommen, wird ein wachsender Anteil für Fleisch ausgegeben. Der Ökonom nennt das **Einkommenselastizität** der Nachfrage[2]. Das ist eine wichtige Maßzahl für alle Marketingstudien. Diese ist für Hühnerfleisch unbestreitbar groß, aber nur bei den unteren vier Fünfteln der Einkommensbezieher auf der Welt. Wer erst einmal an ein wenig Einkommen herankommt, investiert zunächst in bessere Nahrungsmittel. Fleisch ist äußerst begehrt bei Menschen, die es sich kaum leisten können. Das Phänomen hatten wir in Deutschland nach dem Krieg; »Fresswelle« wurde es genannt. Dass Vergleichbares in allen Kulturen geschieht, kann man besonders gut bei den Entwicklungsländern nachvollziehen, die einen Aufschwung erleben. Aber auch im Abschwung zeigt sich das wahre Ausmaß dieser Einkommenselastizität des Huhns. Das war 1997 bei der ökonomischen Krise in Indonesien gut zu beobachten. 13% Rückgang des Bruttosozialprodukts in einem Jahr hat zu einer Schrumpfung des Hähnchenabsatzes von 50% geführt. Zwei Jahre später, als die Wirtschaft wieder wuchs (5%), stieg die Nachfrage nach Huhn wieder um 20%. China ist das Paradebeispiel dafür, wie die Nachfrage nach Fleisch in einer boomenden Wirtschaft geradezu explodiert. Unter allen Fleischarten ist Geflügel der Renner in Asien. Kommen die VerbraucherInnen in obere Einkommensgruppen, ist die Nachfrage nach undifferenziertem Hühnerfleisch bald gesättigt. Hier setzen Absatzprobleme ein, die nur mit Hilfe der Weckung neuer Bedürfnisse nach andersgearteten Fleischartikeln zu überwinden sind.

Angeblich gibt es so etwas wie ein natürliches Phasenschema der **Entwick-
lungsstufen von Hähnchenfleischvermarktung**.[3]

1. Es beginnt mit der Lebendvermarktung; das ist die einfachste und sicherste
   Vermarktungsform unter Armutsbedingungen.
2. Die nächste Phase ist die Vermarktung »kochfertiger Hühner«; hierbei handelt es sich um ganze Hähnchen, denen die Beine, der Kopf und die Eingeweide entfernt wurden. Diese Phase hielt in den USA bis ungefähr in die
   60er Jahren vor, in Europa noch mindestens zehn Jahre länger.
3. Dann kam die Zerlegung des Huhns auf. Zunächst in der Form, dass alle
   Teile auseinandergenommen werden, aber gemeinsam auf einem Plastik-
   tablett unter Folie verkauft werden.
4. Eine Stufe weiter – aber auch parallel dazu – startete die gesonderte Vermarktung von unterschiedlich stark nachgefragten Einzelstücken des
   Hähnchen, vor allem der Brust und der Keule. Diese Entwicklung kann
   man leicht an den USA nachvollziehen. Das ganze Hähnchen als Verkaufs-
   artikel verlor rapide Marktanteile. Während es noch die Hälfte des Geflü-
   gelmarktes in den 80er Jahren ausmachte, fiel sein Anteil auf 19% in den
   90er Jahren. Diese Entwicklungsstufe erreichte Europa rund zehn Jahre
   später. In Deutschland lag z. B. der Anteil zerteilter Ware im Jahr 2000 bei
   51%, im Jahr 2005 dagegen schon bei 74%.

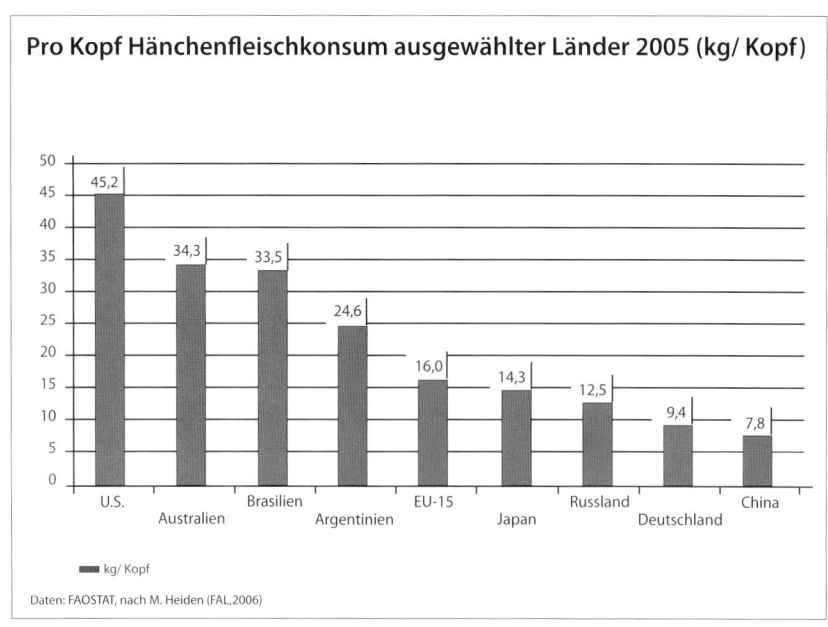

Pro Kopf Hänchenfleischkonsum ausgewählter Länder 2005 (kg/ Kopf)

Daten: FAOSTAT, nach M. Heiden (FAL,2006)

5. Den höchsten Entwicklungsstand erreichte die Huhnvermarktung mit der Erfindung ganz neuer Fleischprodukte, McDonald's mit seinen »Chicken McNuggets« einen Meilenstein. In den Hamburger-Ketten nahm ab Ende der 80er Jahre der Geflügelanteil stark zu. Die Fast Food-Industrie forcierte die Entwicklung des Wunsches nach mundgerechten kleinen Portionen, die als Finger Food geeignet sind, wie z. B. Flügel, Keule, entbeinte und neu zusammengesetzte Fleischbällchen, Würste oder phantasievolle Aufmachungen wie Chicken Pops.

Entsprechend der Einkommensunterschiede gab es bisher große Differenzen in der Art der Fleischvermarktung. Als Faustregel gilt: »**Je wärmer, desto ärmer**«. Die ganz Armen verzehren lebendig vermarktete Hühner, weil es an Methoden der Fleischkonservierung für den Handel fehlt. Mit zunehmender Einkommenshöhe sinkt die Temperatur der Ware im Vermarktungswesen. Als frisches Hühnerfleisch gilt, wenn die Ware zu keinem Zeitpunkt tiefer gekühlt war als minus drei Grad. Wenn diese Temperatur in Behältern mit Eis, über eine Zeitspanne gehalten werden kann, kann die Ware fünf bis acht Tage überstehen. Diese Technik wäre in den Städten der Entwicklungsländer für einen gehobeneren Verbrauch noch machbar. Ist die Ware gut verpackt ist, kann sie bei solchen Temperaturen sogar 10 bis 14 Tage genießbar bleiben. Eine Tief-

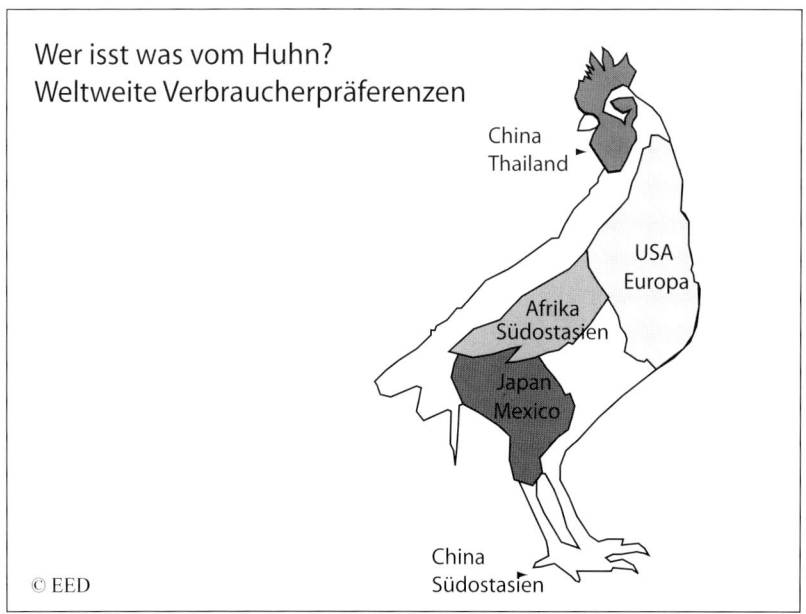

Wer isst was vom Huhn?
Weltweite Verbraucherpräferenzen

China
Thailand

USA
Europa

Afrika
Südostasien

Japan
Mexico

China
Südostasien

© EED

kühlung bei permanent minus 17 Grad, was eine Lagerungsdauer von vielen Monaten oder sogar Jahren möglich macht, setzt eine geschlossene Kühlkette voraus. Das erfordert eine perfekte Logistik. Nicht nur funktionierende Tiefkühltruhen und Transporter mit Tiefkühleinrichtung, sondern auch eine verlässliche Stromversorgung. In weiten Teilen von Afrika kann das überhaupt nicht vorausgesetzt werden. Weltweit besitzen nur die reicheren Regionen und Konsumenten die Einrichtungen und Sicherheitssysteme, um mit den Voraussetzungen der Tiefkühltechnik fertig zu werden.

Der Faustregel entspricht auch die eigenwillige, recht nüchterne Sicht der Dinge aus der Warte der Broilerindustrie. Sie teilt die Weltverbraucher und -verbraucherinnen in fünf Einkommensgruppen auf:

Das **unterste Fünftel** der EinkommensbezieherInnen auf der Welt verdient 1 US-Dollar und weniger am Tag; sein Hühnerkonsum liegt bei weniger als 1 kg pro Kopf und Jahr. In Afrika gehören 40% der Menschen zu dieser Gruppe. »Die Vermarktung von Hähnchenfleisch an diese Menschen ist aus offensichtlichen Gründen schwierig. Die einzige Gelegenheit, diesem Fünftel Chicken nahe zu bringen, ist durch den Verkauf von Hähnchenfleisch an Organisationen, die Nahrungsmittelhilfe vergeben.«[4] Weniger als 1 Mio. Tonnen Hähnchenfleisch wird von diesem Fünftel verzehrt.

Das **zweite Fünftel** hat weniger als 2 US-Dollar am Tag zur Verfügung. Diese Leute leisten sich manchmal den Luxus einer Fleischmahlzeit. Das Huhn erstehen sie auf den Lebendmärkten oder ziehen es selbst groß. Sie sind für billige Schlachtnebenprodukte äußerst aufgeschlossen. Die Gruppe verzehrt durchschnittlich 3 kg im Jahr und konsumiert insgesamt 3 Mio. Tonnen pro Jahr. »Diese Gruppe würde normalerweise kein gekühltes oder tiefgefrorenes Hühnerfleisch nutzen, weil sie keine Kühlschränke besitzt.« Doch für den unmittelbaren Verzehr tiefgefrorener billiger Teilstücke hat sich unter ihnen doch ein neuer Markt aufgetan.

Das **dritte Fünftel** verdient rund 8 US-Dollar am Tag (3 000 US-Dollar im Jahr) und konsumiert acht kg Huhn pro Jahr. Hierunter befinden sich viele ehemalige Arme in Entwicklungsländern, die ein wenig von dem Aufschwung profitieren konnten, wie z. B. viele Menschen in China, Indien, Lateinamerika oder auch neue Mittelschichten in Afrika. Dieses Segment investiert recht viel von seinem Einkommen in Fleisch – insbesondere in Hähnchen. Sein Verbrauch an Chicken macht insgesamt 10 Mio. Tonnen aus. Da diese Menschen ebenfalls keinen Kühlschrank besitzen, müssen sie von der Hand in den Mund kaufen. Wenn gekühlte Ware in Frage kommt, muss diese fertig portioniert und für den schnellen Verzehr zubereitet sein.

Das **vierte Fünftel** verdient 19 US-Dollar am Tag (7 000 US-Dollar im

Jahr) und hat normalerweise Zugang zu einem Kühlschrank. Es umfasst die Mehrzahl der Bevölkerungen Russlands, Osteuropas, obere Mittelschichten in Afrika, Asien und Lateinamerika und die unteren Schichten in Westeuropa und Nordamerika. An diese Gruppe kann man sowohl Produkte der Tiefkühlkette als auch frische Hähnchenware verkaufen. Diese Leute essen überdurchschnittlich viel Chicken, 17 kg im Jahr, insgesamt 20 Mio. Tonnen. Sie sind an Niedrigpreisprodukten interessiert, wie Hähnchenviertel, kleine ganze Hühnchen, Suppenhühner, Hähnchenrumpf, Sterz usw.

Schließlich gibt es noch das **Fünftel der oberen EinkommensbezieherInnen** auf der Welt, die 25 000 US-Dollar/Jahr im Durchschnitt verdienen. Ihr Chicken-Konsum ist mit 22 kg pro Kopf nicht viel höher als der des vierten Fünftels. Allerdings lassen sich diese Menschen ihre 22 kg sehr viel mehr kosten, weil sie nur sehr stark verarbeitetes Fleisch und Waren höchster Qualität zu sich nehmen. Die 25 Mio. Tonnen Hühnerfleisch, die an diese Gruppe abgesetzt werden, werden hochgradig international gehandelt. Die Konkurrenz um diese Märkte ist groß.[5] Hier hat das »Globale Huhn« seine Basis, denn es ist der interessanteste Absatz, bei dem durch die Wertschöpfungskette am meisten zu verdienen ist. Die Nachfrage ist stabil und reagiert wenig auf Einkommens- und Preisänderungen.

Die Bedienung der Nachfrage der unteren vier Gruppen ist eine abgeleitete Funktion von der Nachfrage-Angebot-Situation im obersten Einkommenssegment. Die **Neben- und Restprodukte** des Marktes des oberen Einkommensfünftels werden an die Märkte der anderen weitergereicht. Das hat auch ein wenig damit zu tun, dass die großen Hühnerexportfirmen ihre Basis in den reichen Staaten haben oder primär für den Export in reiche Staaten produzieren (Thailand und China für den japanischen Markt, Brasilien für den europäischen und nordamerikanischen Markt).

Die Broilerindustrie vertritt die Ansicht, dass sich die Verbrauchsgewohnheiten jeder dieser fünf Einkommensgruppen auf Dauer annähern. Sie redet von »**Konvergenz**«. Die Einkommensunterschiede sind letztlich ausschlaggebender für die Art der Nachfrage als die kulturellen und regionalen Unterschiede. Innerhalb jeder Einkommensgruppe besteht eine große länder- und kontinentsübergreifende Ähnlichkeit hinsichtlich ihrer Huhn-Essgewohnheiten.

Die Märkte jedes Segments werden **zunehmend globaler**. Das hat mit der schnelleren und billigeren Kommunikation und Logistik zu tun. Globalisierung bei den untersten Einkommensbeziehern geschieht dadurch, dass billige Teilstücke in das Nachfragesegment der Armen, die bisher von der Lebendvermarktung versorgt wurden, eindringen können.

Die Antriebskräfte für die Globalisierung der Konsumgewohnheiten sind die gleichen wie die für die Globalisierung des Angebots. Die **weltweit führenden Firmen der Hühnerwirtschaft** haben ihre Basis in wenigen Staaten. Sie sind vielseitig tätig: als nationale Erzeuger von Hühnerfleisch, im Export und durch Direktinvestitionen im Ausland. Sie betreiben das internationale Marketing, die Werbung und das Produktdesign. Durch die heutigen niedrigen internationalen Transport- und Kommunikationskosten reagieren sie sehr schnell auf jegliche Preisbewegungen auf der Welt. Beispielsweise können sie die zerstückelten Teile des »Globalen Huhns« jederzeit ihrer optimalen Verwertung zuführen. Sie sind in der Lage, die komplizierte Logistik der Sicherung einwandfreier Hygiene auf allen Stufen der internationalen Produktions- und Vermarktungskette zu steuern.

Die kommenden Märkte sind die der aufstrebenden Ökonomien Südasiens, Südostasiens, Lateinamerikas und – wenn auch begrenzt – Afrikas, denn hier sind die Wachstumsraten der nationalen Volkswirtschaften die höchsten. Außerdem ist die Steigerungsrate für Chicken-Absatz durch den sozialen Aufstieg vom zweiten zum dritten und vierten Einkommensfünftel enorm. Der ökonomische Aufstiegsprozess wird den Heißhunger der bisher nicht kaufkräftigen Armutsgruppen freisetzen. Nicht nur die Wachstumschancen, auch die Größenordnung dieses Marktes sind immens hoch. Der **wirtschaftliche Aufschwung und die Armutsbekämpfung** in den Schwellenländern schwemmen Millionen in die Kasse der internationalen Hähnchenwirtschaft. Das Nachfragewachstum wird noch zusätzlich dadurch einen mächtigen Schub bekommen, dass die hier nachgefragten Mengen unmöglich von der Hinterhofhaltung mit Lebendvermarktung befriedigt werden können. Die Bedürfnisse artikulieren sich folglich in kommerziellen Bahnen, von denen das »Globale Huhn« besonders profitiert. Nicht zuletzt passt die Art der Nachfrage bestens in das Schema der Entsorgung der weniger nachgefragten Huhnteile in Europa.

Die Theorie der **Konvergenz der Hähnchenessgewohnheiten** auf der Welt hat einen Haken: Sie unterstellt, der internationale Handel sei in erster Linie von der unterschiedlichen Nachfrage zwischen Einkommensgruppen induziert, nicht aber von der Art der Nachfrage zwischen Regionen.

Diese These kann jedoch nur teilweise die Dynamik der vergangenen und heutigen Welthandelströme erklären. Den eigentlichen Aufschwung des internationalen Chickenhandels hat die US-Geflügelwirtschaft einer kulturell bedingten Zufälligkeit zu verdanken. Während die VerbraucherInnen Nordamerikas in den 80er Jahren ihre Vorliebe für Hähnchenfleisch entdeckten – und dann ausschließlich für das »weiße Fleisch« – blieben die AsiatInnen bei ihrer Vorliebe für die **dunklen Fleischpartien** des Huhnes. Das passte den Konzernen gut. Die Brust und das Filet bleiben in Amerika; die Beine, die Keulen, der Rumpf und das Hinterteil wandern nach Asien. So findet das zerstückelte Huhn dann doch wieder als ganzes seinen Absatz. Die EuropäerInnen, Spätentwickler auf dem Hühnchenmarkt, bekamen die gleichen Absatzprobleme zu einem Zeitpunkt, als die Auslandsnachfrage der AsiatInnen nach braunem Hühnerfleisch schon durch die US-Konzerne gedeckt war. Die europäischen Hühnerkonzerne versuchten daraufhin ihr Glück mit dem russischen und – später – dem afrikanischen Markt. Die großen Chicken-Exporteure Brasilien, Thailand und China haben im Vergleich zu Europa und den USA einen Vorteil: Sie können dem anspruchvollen Exportmarkt die Brustfilets liefern, und gleichzeitig verwerten sie die braunen Fleischteile unter den Schichten der niedrigen Einkommensbezieher im eignen Land oder in der Region. Gleichzeitig verkaufen sie aber auch noch jede Menge Hähnchenbeine an Japan.

Die Bedienung spezifischer Bedürfnisse mit Nebenprodukten ist legitim und wünschenswert. Dass arme VerbraucherInnen stärker Waren nachfragen, die unter reichen VerbraucherInnen keinen oder nur geringen Wert haben, ist unvermeidbar. So gehen viele gebrauchte Artikel als »**Second Hand Ware**« in Entwicklungsländer. Es ist auch nichts dagegen zu sagen, dass wenig begehrte Fleischteile, die bei uns keiner essen mag, weil wir es uns leisten können anspruchsvoll zu sein, ihren Weg zu den Armen finden. Auf diese Weise können auch Bezieher niedriger Einkommen zu dem begehrten Fleisch Zugang finden.

In Kapitel 8.2 untersuchen wir näher, inwieweit sich Kamerun gegen die destruktiven Elemente dieser Handelsströme wehren kann. Hier nur so viel: Der Handel mit Nebenprodukten im Fleischbereich muss bestimmte Grundvoraussetzungen erfüllen: Zum einen natürlich die der **Lebensmittelsicherheit**. Das Fleisch muss einwandfrei sein, d. h. gesundheitlich sicher und nicht ekelerregend. Die Importeure müssen die Gewähr bieten, mit Tiefkühlware »sicher« umgehen zu können. Die Gesetze der EU erlauben zwar nur den Export von Fleisch für den menschlichen Verzehr, das auch unseren eigenen Sicherheitsstandards entspricht. Ob es diesbezüglich bei allen Exporteuren mit rechten Dingen zugeht, ist allerdings fraglich. Es gibt aber keinerlei Gewähr dafür, dass das Fleisch während des Vermarktungsprozesses im Importland sachgerecht behandelt wird. Leider haben unsere Prüfungen ergeben, dass man europäische Exportfirmen juristisch nicht zur Verantwortung dafür ziehen kann, dass die Vermarktung im Importland nicht ordnungsgemäß vonstatten geht (vgl. Kapitel 8.2).

Zum anderen ist der Aspekt des »**zusätzlichen Konsums**« zu prüfen. Wird eine Nachfrage bedient, die aus eigener Produktion nicht zu befriedigen ist, stellen die Importe keine Verdrängung einheimischer wettbewerbsfähiger Erzeugung dar. Ist das nicht der Fall, sind sie wirtschaftlich »destruktiv« und sollten zurückgedrängt werden.

Der dritte Fragenkomplex bezieht sich auf den Handel mit den »Nebenprodukten«: **Geht es hier mit rechten Dingen zu?** Selbst unter der Annahme, dass das verkaufte Fleisch für die einzelnen KonsumentInnen gesundheitlich unbedenklich ist: Wie sind die Preise kalkuliert? Haben an sich wettbewerbsfähige Strukturen in den Entwicklungsländern eine Chance, gegen diese Importe anzukommen? Was ist überhaupt »Wettbewerbsfähigkeit« im internationalen Hähnchenhandel, wenn hier mit so vielen Überschüssen, Neben- und Restprodukten gehandelt wird?

Globales Marketing des zerstückelten Huhnes hat die Hähnchenwelt erobert. Damit sind die Verzehrgewohnheiten aller Marktbeteiligten auf der Welt miteinander verstrickt, ihre kulturell bedingten Vorlieben und ihre kaufkraftbedingten Präferenzen. Was die einen nicht essen, wird den anderen zu äußerst günstigen Bedingungen aufgetischt. Die Armen sind Mitesser am Hühnertisch der Reichen geworden. Das Huhn der Reichen wird billiger für sie, weil die Armen ihre Reste verzehren und auch noch etwas dafür bezahlen.

3.4 Globale Hühnerkonkurrenz: Hahnenkampf ohne Ende

»Alektorophobia«:
eine krankhafte Angst
vor Hühnern. Symptome sind
atemlosigkeit, Schwindel, trockener Mund,
starkes Schwitzen, Unfähigkeit zu sprechen
oder klar zu denken.[1]

Wir erfuhren während unserer Recherche, dass ausgerechnet Europa Afrika mit unschlagbar billigen Hähnchenteilen überschüttet. Gleichzeitig erkannten wir, dass das »Globale Huhn« der Hühnerwirtschaft überall auf der Welt Angst einjagt. Das hat damit zu tun, dass es sich nicht um einen Wettbewerb von Leistungen handelt, sondern um Preisbestimmungsmechanismen, die wenig mit der realen Konkurrenzfähigkeit zu tun haben.

Konkurrenzfähigkeit

Die **Härte der Konkurrenz** kommt auch von der Macht der Aufkäufer, den großen Supermarktketten, Discountern, Fast Food Ketten und Catering Firmen. Die Bedingungen, die sie den Schlachthäusern bzw. Fleischfabriken stellen können, wird nach unten an die schwächsten Glieder der Kette weitergegeben: an die Arbeiter und Landwirte, an die Zulieferer, an die kleinen Firmen der Branche. Die Härte wird auch vom Druck der Auslandskonkurrenz bestimmt. Potente neue Global Player in Brasilien, Thailand und China drängen auf die Binnenmärkte. Weltweit gibt es einen Hang zu Überkapazitäten und Überschüssen, die auf den Weltmarktpreis drücken. Billige Teilstücke, die keiner soliden Kostenpreiskalkulation unterliegen, überfluten den Weltmarkt. Außerdem muss sich die Branche beständig mit neuen gesellschaftlichen Anforderungen auseinandersetzen, die meist erst einmal als Zumutung zurückgewiesen werden: Tierschutz, Umweltschutz, Verbraucherschutz, Seuchenschutz.

Dabei ist nicht jede nationale Geflügelbranche gleich gut aufgestellt. Trotz erheblicher Kosten- und Preisunterschiede wissen die großen Player sich sehr wohl zu behaupten. Erstaunlich, wie z. B. Europa – obwohl eigentlich kaum wettbewerbsfähig – selbst als Exporteur seine Position halten kann. Unter die Räder kommen die Schwachen. Afrika ist Opfer Nummer Eins. Die Preispolitik der Exporteure deutet auf einen bewusst offensiven Charakter des Handels hin. Die Märkte werden erobert, nicht nur Nachfrage wird gestillt.

Der internationale Chickenhandel gilt als einer der liberalisiertesten Agrarmärkte überhaupt, obwohl – wie gesehen (vgl. Kapitel 3.1) – noch immer viele Zugangsbeschränkungen vor allem zu den Märkten des Nordens bestehen. Die protektionistischen Hürden bieten aber keinen absoluten Schutz vor der Auslandkonkurrenz. Das gilt für alle Länder. Die Handelsströme fließen, sie können teilweise die Zollmauern überwinden und nichttarifäre Hindernisse durchdringen. Die politische Kraftanstrengung, Handelshemmnisse weiter abzubauen, ist ungebremst, auch wenn gerade die Doha-Runde bei der WTO oder die bilateralen Freihandelsgespräche der EU mit Mercosur in einer Krise stecken. Langfristig ausschlaggebend unter dem Globalisierungsdiktat ist nur eines: die **internationale Konkurrenzfähigkeit**. Das freilich ist ein schillerndes Konzept, ein Vergleich von Äpfeln mit Birnen, denn die Verhältnisse in den unterschiedlichen Produktionsländern sind gar zu unterschiedlich. Letztlich zählt nach den Bedingungen der Weltwirtschaft nur, wer zu welchem Preis noch liefern kann. Gesellschaftliche Belange kommen dabei unter die Räder.

Wie konkurrenzfähig ist die europäische Hähnchenproduktion überhaupt? Die europäischen Hähnchenmäster erzielten in den letzten sechs Jahren zwischen 0,68 und 0,79 Euro/kg Lebendgewicht (LG) auf dem Markt. Dagegen lag der vergleichbare **Erlös** in Brasilien bei 0,54 Euro/kg.[2] Für die europäischen Bauern deckt der Preis knapp die **Kosten**, die im Durchschnitt bei 0,62 Euro/kg (in Deutschland) und 0,77 Euro/kg (in GB) lagen.[3] Brasilien gilt mit 0,48 Euro/kg als der weltweit kostengünstigste Anbieter, gefolgt von den USA mit 0,52 Euro/kg; Thailand liegt zwischen den USA und Europa. Danach ist klar, dass Europa im internationalen Vergleich Hähnchenfleisch rund 30% zu teuer erzeugt und eigentlich nicht konkurrenzfähig ist. Wie die Tabelle (S. 93) zeigt, kann Europa sich vor dem billigerem US- und brasilianischen Fleisch nur durch seine hohen Importzölle retten. Nach dieser Quelle produziert Brasilien das Hähnchenfleisch sogar 260% billiger als der effektivste europäische Produzent, die Niederlande.

Der **Verdienst der Landwirte** an jedem Masthähnchen beträgt in allen Ländern nur ein paar Cent, wenn überhaupt ein Verdienst herausspringt. Reich werden die Bauern an den Hähnchen in Deutschland nicht, denn das Risiko und die enormen Investitionskosten lasten schwer. Um auf ein vergleichbares

Einkommen zum Industrielohn zu kommen müssen sie schon 100 000 und mehr Hähnchen pro Jahr verkaufen.

Was verursacht die **hohen Kosten der Erzeugung** von Masthähnchen in Europa? Eine Weltbankstudie, die zwar schon zehn Jahre alt ist, aber dennoch die relative Struktur auch von heute wiederspiegelt, bescheinigt, dass sich die technischen Indikatoren und ökonomischen Leistungen der Hähnchenmast zwischen Frankreich, den Niederlanden, USA und Brasilien kaum unterscheiden; China und Thailand reichen nicht ganz an den Standard heran.[4] Die niedrigeren Kosten einiger Länder gehen primär auf die hohen **Futtermittelkosten** hierzulande zurück. Da das Futter ungefähr 60% aller Direktkosten bei der Mast ausmacht, ist dessen Beschaffungspreis ausschlaggebend. Europa muss all sein Soja importieren. Die Hauptkonkurrenten, wie Brasilien, USA, Thailand und Argentinien, sind selber große Futtermittelgetreideerzeuger, vor allem von Mais und Soja. Deshalb beziehen ihre Hähnchenmäster das Fertigfutter wesentlich günstiger als die europäischen Mäster.

Tabelle: Produktionskosten der Hähnchenmast in Deutschland und Brasilien im Vergleich

€/kg LG und in Prozent	BRD absolut	BRD Prozent	Bras. Absolut	Bras. Prozent
Vollkosten	0,76	100 %	0,54	100 %
Davon: Futter	0,39	52 %	0,34	63,2 %
Küken	0,16	21,6 %	0,10	17,9 %
Sonstige Direktkosten	0,08	10,8 %	0,05	8,5 %
Arbeitserledigung	0,03	3,4 %	0,02	3,8 %
Gebäudekosten	0,07	8,8 %	0,02	3,8 %
Sonst. Gemeinkosten	0,03	3,4 %	0,02	2,8 %

Quelle: Windhorst/Bitter, Vechta 2005, Tab. 56, S. 108

Ein weiterer Punkt sind die **Lohnkosten**. Während die monatlichen Arbeitskosten in Deutschland mit 1 304 Euro zu Buche schlagen, liegen sie in den USA bei 1 074, in Brasilien bei 230 Euro und in Thailand bei 115 Euro. In den USA sind die Arbeitskosten trotz des höheren allgemeinen Lohnniveaus niedriger

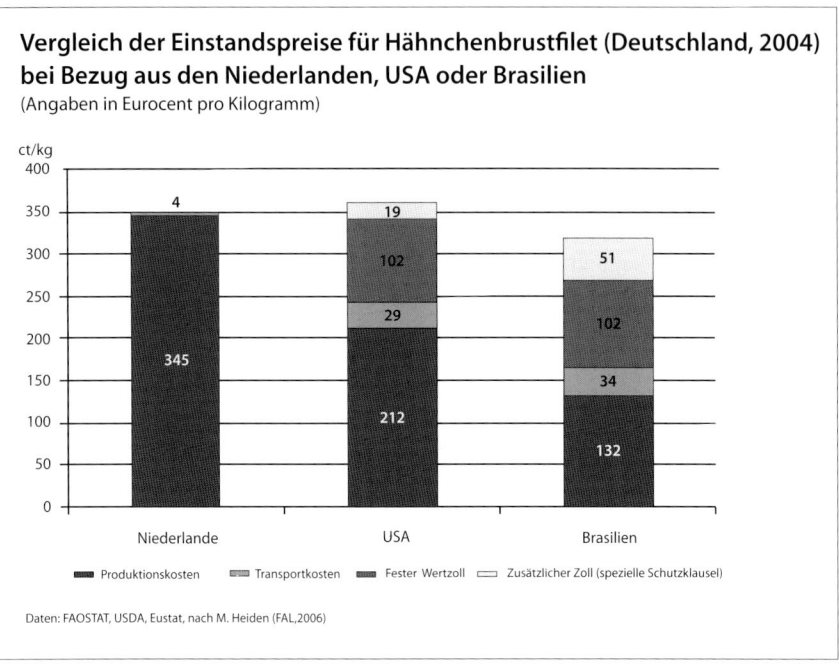

Vergleich der Einstandspreise für Hähnchenbrustfilet (Deutschland, 2004) bei Bezug aus den Niederlanden, USA oder Brasilien
(Angaben in Eurocent pro Kilogramm)

ct/kg

Niederlande: 4, 345

USA: 19, 102, 29, 212

Brasilien: 51, 102, 34, 132

■ Produktionskosten   ■ Transportkosten   ■ Fester Wertzoll   ☐ Zusätzlicher Zoll (spezielle Schutzklausel)

Daten: FAOSTAT, USDA, Eustat, nach M. Heiden (FAL,2006)

als in Europa, weil der Anteil der illegal und halblegal beschäftigten ausländischen Arbeitskräfte in der Hähnchenwirtschaft besonders hoch ist.[5] Die Arbeitsbedingungen und Löhne im Schlachtereibereich gehören in allen Ländern mit zu den schlechtesten in der Wirtschaft überhaupt (vgl. auch Box 12, S. 134).[6] Dennoch ist es erstaunlich, wie wenig ausschlaggebend die Arbeitskosten beim Vergleich Deutschland – Brasilien sind (vgl. Tabelle S. 93).

Der dritte wesentliche Kostenfaktor sind die **Gebäudekosten** in Europa. Sie sind aufgrund unseres rauen Klimas und der staatlichen Umweltschutzauflagen besonders hoch. In den Erzeugerregionen der USA, Brasiliens, Chinas und Thailands kann leicht und offen gebaut werden, denn hier gibt es in den Haupterzeugergebieten keinen kalten Winter. Es hat auch mit der hohen Bevölkerungsdichte in Europa zu tun. Die Genehmigungsverfahren für die Errichtung neuer Ställe werden immer komplizierter und die Auflagen sind hoch. Lebendhähnchen dürfen zur Schlachterei nicht über einen längeren Zeitraum transportiert werden, weil die Stresssymptome kurz vor dem Schlachten die Fleischqualität negativ beeinträchtigen. Deshalb müssen die Mastbetriebe in räumlicher Nähe zu den Schlachtereien liegen. Das ist der Grund für die starke regionale Konzentration der Hähnchenmast auf bestimmte Gebiete.

In Deutschland konzentriert sich die Broilerhaltung besonders stark auf die Weser-Ems-Region, in Frankreich auf die Region der Bretagne.

Die europäische Hähnchenmast zeichnet sich durch ein recht hohes **Leistungsniveau** aus. Hier profitieren die Bauern von den ausgezeichneten Tiergesundheitsdiensten, vom gut organisierten Qualitäts- und Sicherheitsmanagement, den Vorteilen der Kommunikationstechnik und von der Infrastruktur und vom hohen Ausbildungsstand der Landwirte.

Beim genetischen Ausgangsmaterial bestehen international zwischen den modernen Hähnchenmastsektoren keine wesentlichen Unterschiede, denn die Rassen und die Küken sind universell; die multinationalen Züchterfirmen haben das gesamte moderne Wirtschaftsgeflügel erfolgreich durchdrungen (vgl. Kapitel 3.3). Es ist davon auszugehen, dass die Produktivitätsvorsprünge Europas bei der hohen Geschwindigkeit des internationalen Technologietransfers schwinden werden. Auch China, Thailand und Indonesien werden aufholen.

Das »Globale Huhn« ist weit mehr als nur die Rohware, als nur das schlachtreife Tier. Für die Konkurrenzfähigkeit ist vielmehr die Effizienz der **gesamten Produktionskette** ausschlaggebend. Vor allem die Leistungsfähigkeit der Vermarktungslogistik, zu der die Schlachtereien und die Fleischverarbeitung zählen. Die US-Broilerindustrie setzt hierbei für alle den Maßstab. Ihre Geflügelindustrie ist die am längsten bestehende, sie ist technologisch am besten entwickelt, es existiert eine perfekte Logistik. Der US-Binnenmarkt ist riesig, die Konzentration ist bis zu einer optimalen Betriebsgröße fortgeschritten, alle Betriebsgrößenvorteile sind voll ausgeschöpft und die Konzerne haben viel Durchsetzungsfähigkeit. Als großer Futtermittelexporteur ist der nationale US-Markt ein guter Indikator für die Weltmarktpreise. Die Umweltauflagen sind hier gering, weil die umweltbelastende Mast in dünn besiedelten Außenbereichen stattfindet. Die globale Entwicklung wird durch die organisatorischen und technologischen Vorgaben der US-Geflügelwirtschaft geprägt. Hier sind die Konzepte und Techniken zur »integrierten Produktion« entwickelt worden: vom genetischen Zuchtmaterial bis zur Ladentheke, alles unter einem steuernden Zentralmanagement innerhalb eines Konzernbereiches. Obwohl zweitgrößter Exporteur nach Brasilien, ist die US-Broilerindustrie aber nicht hauptsächlich auf die Weltmärkte ausgerichtet, denn der eigene Binnenmarkt bietet große Absatzmöglichkeiten. Nur bei den Hähnchenteilen, für die sich im Inland keine Abnehmer finden lassen, gehen die US-Amerikaner offensiv auf dem Weltmarkt vor. Die US-Konkurrenz hinsichtlich des Fleisches ist folglich nur eine eingeschränkte. Der Maßstab wird dennoch durch sie gesetzt, und zwar durch den Export ihrer Managementsysteme und Technologien.

Bei der **Weiterverarbeitung von Fleisch** spielen die Kosten der Arbeit eine entscheidende Rolle. Trotz Mechanisierung der Fabrikanlagen ist noch viel Handarbeit zu erledigen. Niedriglohnkostenländer, wie in Asien und Brasilien, haben einen Vorteil. Das allgemeine Lohnniveau und der hochregulierte Arbeitsmarkt in Europa machen es nur eingeschränkt möglich – wie etwa in den USA – illegale oder nicht versicherte Erwerbstätige zu beschäftigen. Die Fleischskandale der letzten Zeit in Deutschland haben allerdings offenbart, dass unausgebildetes, schlecht bezahltes Personal aus Osteuropa in deutschen Gammelfleischbetrieben in großem Ausmaß beschäftigt wird.[7]

Die EU-Geflügelwirtschaft verliert aber dennoch an Boden im internationalen Wettbewerb. Sie kann das nur durch einen Mix der Hähnchenfleischartikel auszugleichen versuchen, der seinen Schwerpunkt auf innovative und gehobene Waren setzt. Die Nähe zu den eigenen anspruchsvollen Märkten kommt ihr hierbei zugute. Je stärker sie sich diesen Märkten zuwendet, eben weil sie bei Rohwaren nicht konkurrenzfähig ist, desto selektiver wird das Schlachttier verwertet, desto größer sind die Anteile, die anderweitig beseitigt werden müssen. Der Export von billigen Teilen nach Afrika findet demnach nicht deswegen statt, weil das europäische Wirtschaftsgeflügel so konkurrenzfähig ist, sondern gerade, weil es das nicht ist.

Preiswettbewerb

Wir haben gesehen, dass sich beim Hähnchen eine Ausdifferenzierung **des Marktes** vollzogen hat: in Hauptprodukte für den Markt der Reichen einerseits, und Nebenprodukte anderseits, die aus den Teilen des Huhns bestehen, die bei den reichen Verbrauchern nicht so gut ankommen (vgl. Kapitel 3.1).

Diese Spaltung der Märkte gibt es sowohl auf den Binnenmärkten der großen Erzeugerländer als auch auf dem Weltmarkt. Hühner, die ausschließlich aus Brustfilet bestehen, können nicht gezüchtet werden. Deshalb bilden sich auf dem US- und EU-Markt Überschüsse an gewissen Fleischteilen, die sich kaum absetzen lassen. Für andere Erzeugerländer kann das heißen, dass eine Produktion noch so effizient und kostengünstig sein mag, sie kann nicht bestehen, wenn sie mit solchen »**Kuppelprodukten**« konkurrieren muss. »Ein Kuppelprodukt (hier: Fleischreste) ist die bewusste oder unbewusste Erzeugung von Nebenprodukten während eines Produktionsprozesses. Fallen Kuppelprodukte an, so ist nicht nur deren Verwertung, sondern auch die Zuordnung der Produktionskosten auf Haupt- und Nebenprodukt problematisch«;[8] folglich: auch die Preisgestaltung.

Normalerweise werden die Kosten der Beseitigung oder die Erlöse des Verkaufs eines Kuppelproduktes der **Kosten-Ertrags-Kalkulation** des Hauptprodukts einfach zugeordnet. Jeder positive Ertrag des Kuppelprodukts führt zu einer Kostensenkung des Hauptprodukts. Ist das Kuppelprodukt absetzbar, ist der Anbieter bereit bei einem bestimmten Preis des Hauptprodukts eine größere Menge davon anzubieten. Indirekt wird damit auch die Menge des Nebenprodukts erhöht. Der Preis des Nebenprodukts ist praktisch frei schwebend, unabhängig von seinen Produktionskosten. Ein fairer Wettbewerb mit Rest- oder Nebenprodukten ist nicht denkbar.

Es sind zwar tatsächlich züchterisch viele Versuche gemacht worden, das stärker gefragte Brustfleisch beim lebendigen Tier zu erhöhen. Bald zeigten sich jedoch die Grenzen einer solchen künstlichen Kreatur. Ihre Standfestigkeit litt erheblich, und der Kreislauf machte nicht mehr mit. So muss die Hühnerwirtschaft damit leben, dass es **Absatzprobleme für überschüssige Nebenprodukte** gibt.

Der Prozess und das Ergebnis der **Verkaufsoffensive** von den Nebenprodukten verursacht eine strukturelle Ungleichgewichtigkeit auf der Welt. Die wenig entwickelte Hähnchenwirtschaft der meisten Entwicklungsländer hatte der Flut der billigen Teilstücke nichts entgegenzusetzen. Sie sind dieser Unterwanderung ihrer Märkte schutzlos ausgeliefert. Wenn die ganzen einheimischen Hühner mit importierten Hühnerbeinen im Wettrennen um Märke mithalten sollen, ist von vornherein klar, wer gewinnt: die Restprodukte der Reichen. Das läuft innerhalb eines Binnenmarkts genauso ab wie auf den Weltmärkten: Wenn die moderne Broilerproduktion für einen reichen Exportmarkt oder für die reichen Supermärkte des eigenen Landes Brustfilet erzeugt und die Restteile bei den Armen im eigenen Land absetzt, hat die Hühnerhaltung der Armen keine Chance. Das findet auch im großen Stil innerhalb Brasiliens, Thailands und Indonesiens statt.

Hühnerdumping nach Afrika

Wenden wir uns dem Aspekt des **Dumpings durch Hähnchenteile nach Afrika** zu. Nur 1% dieser Exporte ist Brustfleisch, 76% sind so genannte Hähnchenviertel, d. h. Schenkel mit Rücken, ein in Europa nicht besonders marktgängiges Fleischstück, und Flügel. Diese Ware wurde durchschnittlich zwischen 0,67 Euro/kg (2005) und 0,96 Euro/kg (1996) nach Westafrika verkauft. Artikel vergleichbarer Qualität werden auf dem europäischen Binnenmarkt zwischen durchschnittlich 1,51 Euro/kg (2001) und 1,38 Euro/kg (2005) gehandelt. Das entspricht in etwa auch den anteiligen Produktionskosten des Huhns, würde

man die zu gleichen Teilen auf die Gewichte der unterschiedlichen Teile auf-
teilen. Der Verkaufspreis (Abgabepreis an die Großhändler) in Afrika macht
damit lediglich 50% bis 70% vom europäischen Verkaufspreis aus. Zieht man
noch die Kosten des Transports (cif) ab, die auch von den afrikanischen Erlö-
sen getragen werden müssten, vergrößert sich die Differenz noch.

Nach unseren eigenen Berechnungen zeigt sich in allen Fällen, dass die
Exporteure die Ware in Afrika wesentlich billiger verscherbeln, als sie diese in
Europa anbieten. Die Preise decken noch nicht einmal die durchschnittlichen
Aufkaufpreise, die die Schlachthäuser in der EU für das Lebendgewicht den
Bauern zahlen. Damit ist klar, dass diese Exporte Dumpinggeschäfte darstel-
len. Die Preise werden indirekt »subventioniert« durch eine private Mischkal-
kulation.

Die durchschnittlichen Exportpreise der EU nach West- und Zentralafrika
liegen weit unter den effektiven Produktionskosten von Hähnchen in Afrika.
Die Produktionskosten pro Tier in Afrika liegen ein wenig höher als die in
Europa, womit Afrika eigentlich im Weltmarktmaßstab nicht konkurrenzfähig
ist. Das ist aber kein hinreichender Grund, die afrikanische Hühnerhaltung zu
ruinieren. Wie die Fakten in Westafrika beweisen, führen diese Importe nicht
zu einem Extrakonsum an Hähnchenfleisch, sondern sie unterbieten die Eigenproduktion in Afrika und ersetzen diese.

Das Verramschen der europäischen Hühnerteile in Afrika schadet auch den
europäischen VerbraucherInnen. Sie profitieren nicht von den niedrigen
Preisen. Aber für die Branche macht es durchaus Sinn, überschüssige Teile lieber im Ausland zu einem niedrigen Preis abzugeben, als auf dem Binnenmarkt
den »vernünftigen« Preis für eine Teilmenge zu gefährden (vgl. Kapitel 3.1).

Die Vorliebe der global reichen VerbraucherInnen (außer Asien) für weißes
Geflügelfleisch hat die Märkte stark bestimmt. Der Preis für knochen- und
hautfreie Bruststeaks von Hähnchen in den USA hat sich dem Preis von Rin-
derfilet oder Schweinefilet angenähert. In Europa macht der Brustkorb, dem
das beste Fleisch entnommen wird, nur 14% (Brustfilet) des Schlachtgewichts
eines Huhns aus. 60% des Tieres werden als Teile betrachtet, die schwerer zu
verkaufen sind, und 37% gelten als Schlachtabfälle. Das Brustfilet verlässt das
Schlachthaus für 5,32 Euro/kg, für Keule ohne Rückenstück (frisch) muss der
Großhandel 2,10 Euro/kg zahlen, also nur 39% des Preises vom Besten. Für
die Restteile erhält man höchstens 0,30 Euro/kg oder sie erzielen gar keinen
Preis. Der **Erlös dieser 14% Brustfilet kommt für 40% der Einnahmen** für
das ganze Tier auf.

Nicht alles Fleisch wird als Teile verkauft. In Deutschland werden schon
fast 30% des Geflügelfleisches für die Verarbeitung von »neuen Hähnchen-

fleischartikel« verwendet. Beim Chicken Nugget schmeckt der Verbraucher nicht heraus, wenn es zu 100% aus **Separatorenfleisch** besteht. So können auch die »minderwertigeren« Teile durch Weiterverarbeitung zu attraktiven Produkten für die Reichen werden. Diese Erzeugnisse werden zunehmend neben dem Brustfilet zu den Hauptprodukten der Geflügelfleischproduktion.

Der Absatz deckt einen Großteil der Kosten und Erlöserwartungen der Geflügelwirtschaft. Die Trennung in Haupt- und Kuppelprodukt ist daher mit dem Aufkommen dieser neuen Artikel nicht mehr so eindeutig. Ihr Absatz ist aber – im Vergleich zu den Mengen, die anfallen – begrenzt.

SEPARATORENFLEISCH: WAS IST DAS?

Hierbei handelt es sich um Erzeugnisse aus sog. »Restfleisch«, das nach dem Entbeinen durch maschinelles Abtrennen des frischen Fleisches von Knochen gewonnen worden ist. Es wird unter den englischen Bezeichnungen »mechanically separated meat« oder »mechanically recovered meat« international geführt.

Ein weiterer Trend beherrscht mehr und mehr die Restfleischthematik: das **tiefgefrorene Fleisch**. Die moderne VerbraucherIn hat es gerne frisch. Und einmal eingefroren ist der Weg zurück zum Frischfleisch laut Gesetz versperrt. Da im Einzelhandel inzwischen schon 75% der Ware frisch angeboten werden, schrumpft der Markt für einmal eingelagertes Gefrierfleisch. Gefrierhähnchenfleisch wird zunehmend zu einem schwer verkäuflichen Nebenprodukt. Frischfleisch, das nicht rechtzeitig abgesetzt werden kann, wird zu Tiefkühlware.

Was wird aber aus der eingelagerten gefrorenen Ware, wenn der Absatz stockt? Es ist sicher kein Zufall, dass der Export gefroren eingelagerter Teile immer dann eine überproportionale Steigerung erfährt, wenn die Wirkungen von Fleischskandalen nachlassen. Zum Beispiel verdoppelte sich die nach Kamerun exportierte Menge im Jahre 2002 im Vergleich zu 2000 nach dem großen Verbrauchseinbruch 2001 in Europa wegen eines Dioxinskandals, ausgelöst durch Funde des Giftes in Tierfutter in Belgien. Die Lager in Europa waren voll. Kühlung und Betrieb kosteten viel Geld. Kaum hatten die Länder ihre Importverbote 2001 wieder aufgehoben, wurden sie durch Billigexporte, z. B. nach Afrika, geleert. Wie schnell die Lager voll werden, zeigte sich im Frühjahr 2006, als binnen weniger Wochen 200 000 Tonnen Geflügelfleisch wegen des Verbrauchsrückganges aufgrund der Vogelgrippeangst eingelagert

Vergleich der Einkaufspreise für europäische und afrikanische VerbraucherInnen
(pro Kilo in Euro)

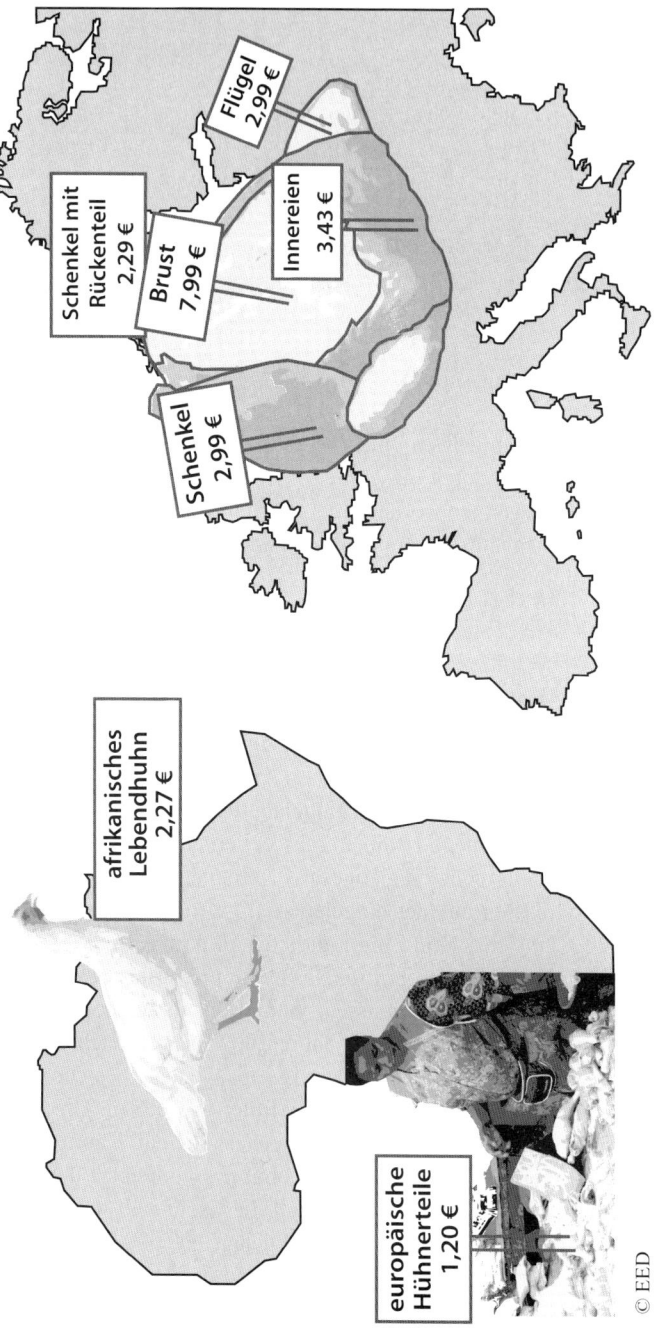

Flügel
2,99 €

Schenkel mit
Rückenteil
2,29 €

Brust
7,99 €

Innereien
3,43 €

Schenkel
2,99 €

afrikanisches
Lebendhuhn
2,27 €

europäische
Hühnerteile
1,20 €

© EED

werden mussten. Nur zehn bis zwölf Monate ist das Fleisch lagerfähig, dann muss es beseitigt werden.

Diese Art des Dumpings ist keinesfalls auf Hähnchenfleisch beschränkt. Es ist ein weit verbreitetes Phänomen im Agrarhandel, das stark zunimmt. Überall auf den Agrarmärkten breiten sich die Standardisierung der Produkte und Qualitätsmanagementprogramme aus. Diese Programme sind weitestgehend privater Natur, organisiert von den an Handel und Erzeugung beteiligten Firmen. Die Ausdehnung des Anteils der Supermärkte an der Lebensmittelvermarktung hat den Prozess mächtig vorangetrieben. Supermärkte kaufen nur von solchen Zulieferern ein, die sich den hohen Qualitätsanforderungen, Dokumentationspflichten, Rückverfolgbarkeitskonditionen und Etikettierungsauflagen unterwerfen.

Die Reisen der Hähnchenkeulen und ihr Preis (p.kg)

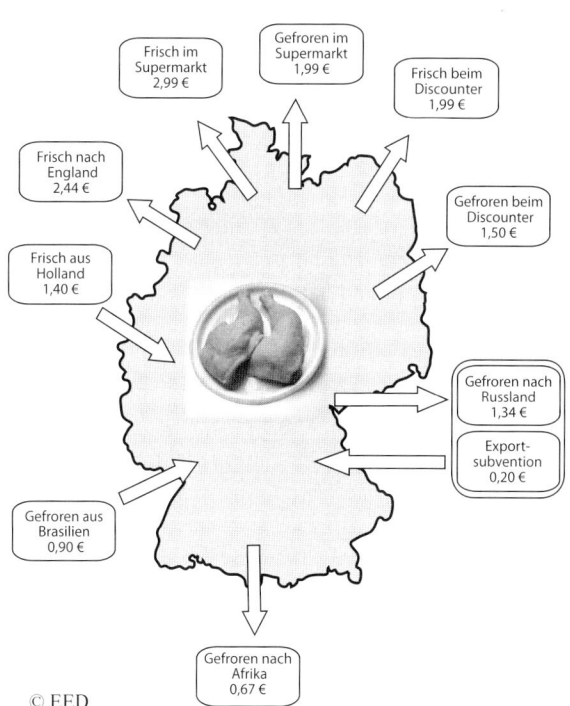

Frisch im Supermarkt 2,99 €

Gefroren im Supermarkt 1,99 €

Frisch beim Discounter 1,99 €

Frisch nach England 2,44 €

Gefroren beim Discounter 1,50 €

Frisch aus Holland 1,40 €

Gefroren nach Russland 1,34 €

Export-subvention 0,20 €

Gefroren aus Brasilien 0,90 €

Gefroren nach Afrika 0,67 €

© EED

Das Vordringen der multinational operierenden Supermarktketten auf den Binnenmärkten Asiens und Lateinamerikas überträgt das gleiche Qualitätsmanagement auch dorthin und infiltriert die dortigen Binnenmärkte.[9] Immer wird sich nur ein Teil der Produktion für die hohen Qualitätsstandards qualifizieren; ein nicht unerheblicher Rest ist Unterstandardware. Während es für das Qualitätssegment vernünftige Marktpreise gibt, wird die »Unterstandardware« auf einem nationalen oder internationalen Restmarkt abgesetzt. Hier konkurriert sie mit den Erzeugnissen der Produzenten, die keinen Zugang zu den Qualitätsmärkten haben. In der Landwirtschaft sind das in der Regel ressourcenarme, gering verdienende Bauern. Während diese Erzeuger von den Restmärkten leben müssen, dienen die Restmärkte den Qualitätsproduzenten lediglich zur Verwertung der überschüssigen Ausschussware. Diese Erzeuger leiden folglich doppelt: Sie werden aus den formalen eigenen Märkten ausgeschlossen und sind zusätzlich Opfer von Dumping. Weit fortgeschritten ist diese Marktspaltung schon bei vielen Obst- und Gemüsesorten, besonders wenn sie international gehandelt werden.[10] In diesem Bereich wurde der breit akzeptierte Standard von EUREGAP (agrarwirtschaftliches Qualitätssicherungssystem)[11] eingeführt. Fallstudien aus verschiedenen Regionen der Welt belegen den Sachverhalt.[12]

Die EU hat keinen nennenswerten dualen Binnenmarkt, in dem ein reiches Segment seine zurückgewiesenen Unterstandardqualitäten auf einem arme-Leute-Markt absetzen kann. Das ist in Asien und Lateinamerika noch anders, weil dort duale Strukturen koexistieren. Hier finden die Nebenprodukte der Hähnchenwirtschaft der Reichen innerhalb der gleichen Volkswirtschaft auf den Märkten der Armen ihren Absatz. Das zerstört zwar auch dort die Hinterhofhaltung, aber das Dumping passiert im eigenen Land. Europa braucht Afrika dafür, während die USA ihren riesigen Junk-Food-Absatzmarkt im eigenen Land hat.

Während Europa Afrika offene Hähnchenfleischmärkte und Konkurrenzfähigkeit predigt, tut es selbst gerade das Gegenteil. Seine Hähnchenwirtschaft ist im Vergleich zu der seiner Hauptkonkurrenten nicht wettbewerbsfähig. Wenn es dennoch Dumping betreibt, dann weil es keinen eigenen arme-Leute-Hähnchenmarkt hat und weil sich die Hähnchenwirtschaft nur durch den Export seiner Kuppelprodukte vor der Importkonkurrenz schützen kann.

3.5 Wirtschaften zwischen Mast und Markt

KOPF AN KRALLE AUFGEREIHT,
WÜRDEN DIE HÄHNCHEN, DIE ALLEIN VON
KENTUCKY FRIED CHICKEN JÄHRLICH
WELTWEIT VERKAUFT WERDEN, EINE STRECKE
VON 442.720 KM AUSMACHEN. DAS ENTSPRICHT
EINER 11FACHEN ERDUMRUNDUNG AM ÄQUATOR.[1]

Das »Globale Huhn« vermittelt seinen Charakter nicht nur durch die globalen Handelsströme des Hühnerfleischs. Entscheidend für Globalisierung ist es, dass die Hühnerwirtschaft immer stärker durch globale Unternehmens- und Marketingstrategien, Technologien und Standards geprägt ist. Dabei spielt nicht die Größe oder der multinationale Aktionsrahmen der Firmen selbst eine Rolle, sondern ihr Verhalten im Rahmen der Weltmarktkonkurrenz. Was spielt sich in der Branche ab? Wie sehen die Verhältnisse in der deutschen und weltweiten Broilerindustrie wirklich aus? Wer sind hier die wesentlichen Mitspieler? Das Augenmerk fällt primär auf die Fleischwirtschaft als das zentrale Bindeglied zwischen Mast und Markt. Die Hähnchenfleischwirtschaft ist einen eigenen Weg der Fleischbranche gegangen.

Marktführer

Das Huhn ist das wohl am stärksten industrialisierte und am besten erforschte Nutztier der Welt. Es ist einen weiten Weg gegangen: von einem für Unterschichten unbezahlbaren Luxusfleisch zu einer alltäglich gewordenen Proteinquelle, bezahlbar für alle. Die agrarwissenschaftliche Revolution, die das ermöglicht hat, sorgte aber auch gleichzeitig für eine wirtschaftliche Konzentration, die ihresgleichen im Ernährungsbereich sucht. Die Firmen der Geflügelbranche haben die Erzeugungskette in einem außergewöhnlichen Ausmaß unter ihre Kontrolle gebracht und die völlige Abhängigkeit der paar verbliebenen Bauern erzeugt, die sich auf Hähnchenfleisch spezialisiert haben. Sie hat aber auch gleichzeitig zu einer Marktentwicklung von Geflügelfleischprodukten geführt, die einzigartig für die Fleischwirtschaft ist. Diese Prozesse waren eingebunden in weltweite Vorgänge.

Ein zentraler Faktor der Globalisierung der Hühnerwirtschaft war – wie die Weltbank betont – die hervorragende internationale Kooperation der Wissenschaft. Die World Poultry Science Association ist ein internationaler Verband, der den weltweiten Austausch von neuesten Forschungserkenntnissen auf allen Gebieten des Huhns stets gewährleistet hat. Die wissenschaftlichen Institute, die zum Huhn forschen, erfreuen sich einer soliden Finanzierung, primär durch die beteiligte Industrie und private Geber, seltener durch staatliche und unabhängige öffentliche Gelder. Diese Institute arbeiten sehr nahe an den Interessen der Privatwirtschaft.

Die Geflügelwirtschaft hat viel auf die schnelle Auswertung und gute Weitergabe der praktischen Forschungsergebnisse an die wirtschaftlichen Akteure gegeben. Wie die Weltbank bescheinigt, funktionierte der Austausch hervorragend und die internationale Verbreitung von neuestem technischen Wissen in der Sparte war schnell und durchgreifend.[2] Dieser hohe Stand der technischen und wissenschaftlichen Durchdringung der Hühnerwirtschaft ist sowohl Folge des hohen Konzentrationsgrads in der Branche, hat aber auch die Konzentration, das Auslandsengagement von Firmen und die internationale Verflechtung gleichzeitig mit beschleunigt.

Die Zeiten, als das Huhn noch mit dem Beil auf dem Hackklotz des Bauern geköpft wurde und dann wohlmöglich ohne Kopf dem Schlächter noch entwischte, sind Vergangenheit. Bis weit ins 20. Jahrhundert war die **Hausschlachtung** üblich, beim Huhn erst recht. 1907 gab es in Deutschland 110 007 Fleischereibetriebe mit Schlachtlizenz; 1992 hat sich das auf 2 900 schlachtende Betriebe reduziert.[3] Nur 72 Geflügelschlachtbetriebe sind heute in Deutschland zugelassen. Gerade mal 9% dieser Betriebe (Anzahl: 11) bündeln 62% der vorhandenen Schlachtkapazitäten; die 22 größten schlachten 85% aller Masthähnchen.[4]

Schlachthäuser sind inzwischen riesige Fabriken mit vollautomatisierten Anlagen. Am Fuß lebendig aufgehangen, tunkt eine vollautomtisch betriebene Kette die Tiere in ein Wasserbad, wo sie unter Gleichstrom betäubt werden. Dann wird die Halsschlagader durchtrennt. Maschinen rupfen die Tiere und nehmen sie aus. Dann zerlegen Messer sie in Flügel, Brust und Keule. Übrig bleiben nur die Füße, die schließlich noch an der Kette hängen. Und die gehen nach China. Das Kernstück – die Hühnerbrust oder gar das Filetstück aus der Brustkappe – bleibt hier. Es wird auch heute noch mit der Hand herausgeschnitten. Jedes einzelne Tier muss nach den gesetzlichen Bestimmungen »beschaut« werden. Diese Fleischinspektion geschieht mit Hilfe einer computergestützten Bilderkennung. Schlachtkörper mit Blutergüssen oder anderen sichtbaren Fehlern werden erkannt und automatisch ausgesondert. Kein Wunder also, dass die Schlachterei – Zentrum der Fleischwirtschaft – fest in der Hand von Konzernen ist.

In den Ländern, in denen es eine starke **Broilerindustrie** gibt, wird die Geflügelwirtschaft meist von einem Marktführer dominiert, der – so kann man sagen – doppelt so viel erwirtschaftet wie sein direkter Konkurrent; die drittgrößte Firma ist meist ein traditionelles Familienunternehmen, das den lokalen Markt bedient. In den USA ist der Marktführer Tyson Food, in Frankreich Doux, in Holland Plukon, in Großbritannien Hillsdown, in Deutschland PHW, in Australien Inghams, in Brasilien Sadia, in Spanien Bourgoin, in Thailand C.P. (Charoen Pokphand) und in Ungarn die Tetra-SL Gruppe. Türkei, Ungarn und China sind an der Schwelle, ebenfalls wichtige Mitspieler im Handel mit dem globalen Huhn zu werden. Vielfach handelt es sich in den Newcomer-Staaten um »Joint Venture« einer starken Inlandsfirma mit einer der ganz großen im internationalen Geschäft, wie z. B. in China, wo der thailändische Hühnermulti C.P. eine wichtige Rolle spielt, oder in Ungarn, wo der holländische Geflügelzüchtkonzern Hendrix eingestiegen ist. In den meisten Ländern ist die zweigrößte Firma ein harter Konkurrent zum Marktführer. Wir haben es in der Broilerindustrie typischerweise eher mit Oligopolen als mit Monopolen zu tun, was – von der Theorie her – den höchsten Grad an Wettbewerb bedeutet. Die Verbindungen zwischen Broilerindustrie und Legehennenindustrie ist inzwischen recht schwach. Stärker ist die Verbindung zur Putenwirtschaft. Meist halten die ganz Großen im Broilergeschäft auch große Anteile im Putengeschäft.

Früher war die Hähnchenindustrie stark mit der **Futtermittelindustrie** verbunden, wie z. B. in den USA und in Deutschland. Mit Ausnahme der Firma Lohmann in Deutschland, die Geflügelfutter und Broilerzucht miteinander verbindet und ihre starke Stellung in Deutschland behauptet, ist das heute anderswo nicht mehr der Fall. In den USA begann die Industrialisierung der Hähnchenmast im großen Stil in den 50er Jahren. Erst versorgten die Futtermittelkonzerne die Bauern mit Krediten und integrierten sie vertraglich in ein vertikales, striktes Produktions- und Vermarktungssystem. In den 60er Jahren aber kam es zur Überproduktion und Krise der Branche. Deshalb stieg die Futtermittelwirtschaft aus der Hähnchenmast aus und die **Fleischwirtschaft übernahm** die Organisation der Verbundsysteme. Die Futtermittelwirtschaft war zu weit von den Anforderungen einer Fleischvermarktung entfernt und konnte den Schritt zur starken Weiterverarbeitung und dem notwendig gewordenen Marketing für Geflügelfleisch nicht mehr leisten. Um den Absatz zu

erhöhen, mussten maßgeschneiderte Produkte auf den Markt. Die Fleischindustrie gestaltete daraufhin die vorgelagerten Stufen entsprechend den neuen
Kundenanforderungen an neue Fleischprodukte. Da die Gewinnmargen auf
jeder Stufe minimal waren und die Risiken groß, konnten nur große Firmen
überleben und die Umstrukturierung der Branche bewältigen.[5]

Der Entwicklungspfad, den die US-Broilerindustrie vorgegeben hat, wurde in allen anderen Ländern kopiert. Die **USA hatten einen komparativen
Vorteil**, der die Entwicklung global prägte: die organisatorischen und technologischen Konzepte und das Fleischmarketing. Nach Uli Petchow und Anita
Idel war die Beziehung der Vernetzung zwischen der Tierzucht, der technologischen Entwicklung und der Marktnachfrage nach Fleisch – vermittelt über
die Fast Food- und Supermarktketten – entscheidend.[6] Der Erfolg gab dem
US-Konzept Recht. Setzte die US-Geflügelwirtschaft 1970 erst 2,5 Mrd. US-

Dollar mit Hähnchenfleisch (ab Fabrik) um, waren es 43 Mrd. US-Dollar im Jahr 2004 – die atemberaubende Steigerung von etwa 1 700 Prozent. Allein 21 Mrd. US-Dollar davon gingen an die Mäster.

Der gleichzeitig stattfindende **Konzentrationsprozess in der US-Broilerindustrie** verlief langsam aber stetig. Erzeugten 1990 die zehn größten US-Fleischkonzerne noch 62,5% des gesamten Hähnchenfleisches, waren es 2002 71,3%. Jede Krise der Branche, ausgelöst meist durch Tierepidemien oder Marktüberschüsse, führte zu einschneidenden Umstrukturierungsprozessen, wie z. B. jüngst 2002 mit der Übernahme einer ganzen Reihe von Firmen durch die größten der Branche.[7]

GEFLÜGELUNTERNEHMEN IN DEN USA

Tyson Foods Inc. ist der größte US-Fleischproduzent von Geflügel und auch der größte der Welt. Er stellt 23,5% des verbrauchsfertigen Geflügelfleisches der USA her. Der zweitgrößte, Gold Kist, Inc., kommt gerade auf 9%, gefolgt von Pilgrim's Pride, ConAgra und Perdue Farms, die alle ungefähr ähnlich viel herstellen wie Kist. Tyson ist der Erfinder vieler neuer Hühnerprodukte und Pionier bei der Erschließung des Fast Food-Bereichs durch Hähnchenfleisch. Tyson ist auch der Besitzer von Cobb-Vantress, dem weltweit größten Zuchtunternehmen für das Hybridhuhn, und von Avian Farms, dem zweitgrößten, wiederum verflochten mit der PHW-Gruppe aus Deutschland (mehr dazu vgl. Box 9). Dadurch hat Tyson Foods eine strategisch einzigartige Position: Das Unternehmen erschließt die Märkte gleichzeitig von der Hähnchenproduktionsseite und von der Fleischverarbeitungsseite her. In Partnerschaft mit Kentucky Fried Chikken und McDonalds wurde im Verbund die Nachfrageseite aufgerollt.

In der Branche ist viel Bewegung. Beispielsweise legte im Sommer 2006 die Nummer drei auf dem US-Markt, Pilgrim's Pride, eine feindliche Übernahmeofferte für den zweitgrößten US-Geflügelkonzern, Gold Kist, vor. Sollte es zum Zusammenschluss kommen, würde das neu entstehende Unternehmen vom Umsatz her nahe an den Marktführer Tyson Foods heranrücken.

Marktstrategen in Deutschland

Auch in **Deutschland** kommt der Fleischwirtschaft eine große Bedeutung bei der Erschließung des Huhnes für die Industrialisierung und Globalisierung zu. Unter dem Druck der Nachfragekonzentration durch die »discountierenden« Handelsunternehmungen mussten sich die Schlachthöfe in den letzten Jahren zu großen Unternehmenseinheiten zusammenschließen. Unter der Marktmacht der Discounter, Verbrauchermärkte und Supermarktketten, die Fleischangebote als Lockvogel nutzen, um Kunden anzuwerben, fand ein preisaggressiver Wettbewerb statt, der zu einem **massenhaften Schlachthofsterben** und einer Unternehmenskonzentration sondergleichen in der Fleischbranche geführt hat. Einen weiteren Todesstoß erhielten viele lokale Schlachthöfe und Metzger durch die EU-Rechtsvorschriften für die fleischverarbeitende Industrie, wie z. B. das Geflügelhygienegesetz vom 7. Juli 1996. Viele kleine Schlachtbetriebe konnten das erforderliche Investitionsvolumen zum Einhalten der Bestimmungen nicht aufbringen und gaben auf. Das entgültige Aus für viele kam dann mit dem Marktstrukturgesetz, das staatliche Investitionsbeihilfen für Zerlegung, Kühlung, Verpackung und Versand von Fleisch auf Investitionsvorhaben ab der Größenordnung von 1,25 Mio. Euro begrenzt. Damit wurde ein Strukturwandel im Fleischergewerbe eingeleitet, der keine Rücksicht mehr auf das handwerkliche Fleischereigewerbe, auf regionale Gegebenheiten und auf lokale Vermarktung nahm.[8] Die Großen wurden großzügig bedient, und die Kleinen gingen leer aus. Jeder vierte Betrieb, der 1989 noch schlachtete, war vier Jahre später verschwunden. So entstanden im Zuge dieser Entwicklung – teilweise aus genossenschaftlichen Strukturen heraus – die drei großen Aktiengesellschaften der deutschen Fleischwirtschaft: Vion, der größte, ein niederländischer Genossenschaftsbetrieb, gefolgt vom Privatunternehmen Tönnies und Westfleisch AG. Die ehemaligen genossenschaftlichen Fleischkonzerne Nordfleisch, Südfleisch, sowie Moksel und Lutz wurden von Vion geschluckt.

Noch allerdings sind die Riesen der **deutschen Fleischwirtschaft** bei Geflügel nicht eingestiegen. Der Geflügelbereich ist jedoch von den Trends zur Konzentration nicht ausgespart geblieben. Nur diejenigen Geflügelschlachtereien in Europa haben eine Zukunft, die mindestens 16 Mio. Tiere im Jahr schlachten. Diese Größenordnung macht es neuen Firmen praktisch unmöglich, in die Branche einzusteigen. Die Investitionskosten für Geflügelschlachtereien sind enorm. Zwar sind in Deutschland noch 72 Geflügelschlachtbetriebe zugelassen, doch die vier größten von ihnen bündeln 94,6% des Angebots. Der größte Verarbeiter von Hähnchenfleisch ist das Unternehmen Wiesenhof von Paul-Heinz Wesjohann (PHW-Gruppe) aus Rechter-

Die PHW-Gruppe

»Mit der Wahrheit machen wir die besten Geschäfte und unsere Kunden erfolgreich. Derzeit haben wir aber eine ideologisch begründete politische Präferenz für ökologische oder biologische Produkte. (...) Wie ich schon sagte, bieten wir die Alternativen an, weil wir den Verbraucher auch nach Haltungsformen entscheiden lassen wollen – wenn er denn den Mehrpreis dafür bezahlt. Diese Praxis beweist am allerbesten, wie theoretisch politische Anforderungen sein können.«   *Paul-Heinz Wesjohann*[9]

Sitz: Rechterfeld/ Niedersachsen; Internet: www.phw-gruppe.de; 100%iger Familienbesitz; Tochterfirmen: 35 Unternehmen; Umsatz: 1,27 Mrd. Euro (2007/02); MitarbeiterInnen: 4 240 (2007)[10]

Profil: 1998 teilte sich die bis dato gemeinsam von den Brüdern Paul-Heinz und Erich Wesjohann geführte Firmengruppe Lohmann-Wesjohann in den von Erich Wesjohann geführten Bereich der Legehennenzucht »Lohmann Tierzucht« (Weltmarktanteil ca. 42,5%) und in die PHW-Gruppe auf, deren Name aus den Initialen des Bruders und PHW-Inhabers Paul-Heinz besteht. Das 100%ige Familienunternehmen PHW gehört zu den bedeutendsten Unternehmen Niedersachsens, zu den wesentlichsten Unternehmen der Agrar- und Ernährungswirtschaft in Deutschland und hält Platz fünf der deutschen Fleischunternehmen inne.

Neben seinem stärksten Standbein, dem Geflügelfleischunternehmen Wiesenhof (gut 60% des Umsatzes von PHW 2003/2004), ist ein weiterer großer Geschäftsbereich der Vertrieb von Tiernahrung und Veterinärpharmazeutika (ca. 27% Umsatzanteil). Die PHW-Gruppe ist einer der führenden Mischfutterhersteller in Deutschland mit einer Produktion von 750 000 – 800 000 Tonnen Mischfutter pro Jahr. Das Tierfutter wird unter dem Namen MEGA vertrieben. Auch der Unternehmensbereich »Vermehrung und Aufzucht« (ca. 4% Umsatzanteil) gehört in das Tätigkeitsfeld der Tierwirtschaft. 5,5% seines Gesamtumsatzes macht PHW allerdings auch mit humanmedizinischen Produkten: So ist die PHW-Tochter »TAD Pharma«, eines der 100 umsatzstärksten pharmazeutischen Unternehmen in Deutschland, auf die Produktion von Generika für die Bereiche Herz/Kreislauf/Stoffwechsel, Urologie und Neurologie spezialisiert; und mit der »Nutrilo Gesellschaft für Lebensmitteltechnologie« ist PHW auf dem Markt der Vitaminpräparate aktiv.

Die internationale Ausrichtung der Unternehmensgruppe manifestiert sich durch die Exportorientierung: Produkte der verschiedenen Unternehmen gehen nach China, Japan, in den gesamten Nahen Osten, nach Russland und in die mittelasiatischen Staaten sowie nach Europa und Nord- und Südamerika. In Polen strebt PHW langfristig die Marktführerschaft in der Geflügelwirtschaft an: Nachdem der polnische Geflügelverarbeiter Drobimex bereits länger im Hauptbesitz von PHW ist und als fünfter Geschäftsbereich von PHW immerhin 3,27% des Gesamtumsatzes der Unternehmensgruppe ausmacht, hat PHW zusätzlich seit einiger Zeit eine 50%ige Beteiligung an der Nummer 2 des polnischen Putenmarktes, BOMADEK, erworben.

Der Aufbau der Geflügelprodukte als »Marke Wiesenhof« gilt als einzigartig für den Fleischmarkt – bisher ist es keinem Fleischvermarkter gelungen, einen vergleichbaren Markenbekanntheitsgrad zu erreichen. Kernelement der Unternehmensstrategie ist die geschlossene Produktionskette von Elterntierfarmen bis zur Fleischvermarktung und einer beispiellosen Qualitätskontrolle, welche Wiesenhof durch die Vermarktung mit den Qualitätskennzeichen der 3 Ds (dreimal Deutschland: in Deutschland gemästet, in Deutschland geschlachtet, in Deutschland vermarktet) bekannt machte. Die vollständige Kontrolle geht auf Kosten der Transparenz: Als zusätzliche Sicherheitsmaßnahme hat das Unternehmen ein absolutes Besuchsverbot in allen Ställen verhängt, in denen Wiesenhof-Geflügel gehalten wird, und z. B. eine automatische Reifendesinfektion bei den Farmen installiert. Die Geflügelfleischwirtschaft, Kerngeschäft und umsatzstärkster Unternehmensbereich, weist für PHW sowohl im Inland als auch fürs Auslandsgeschäft noch immer riesige Potentiale auf. Im Inland versucht PHW mit dem Unternehmen Wiesenhof über den Weg von Convenience-Produkten sowie über den Einstieg in die Systemgastronomie unter dem Markennamen »Chicken's Inn« die beherrschende Marktposition weiter auszubauen. Ziel ist dabei nicht alleine eine starke Marktstellung, sondern auch den absoluten deutschen Pro-Kopf-Verbrauch an Geflügelfleisch zu erhöhen, der europaweit eher im unteren Mittelfeld liegt. Auch im Ausland sollen sich die Geflügelprodukte der PHW-Gruppe von anderen Anbietern abheben: PHW plant, durch das Erreichen vertikal integrierter Produktionsprozesse den Ruf eines herausragenden Qualitätsmanagements zu erlangen.

feld/Vechta in Niedersachsen, mit einem Marktanteil von 41,6% (vgl. Box 9), gefolgt von Stolle (20,3%), Rothkötter (19,5%) und Sprehe (13,2%). Bei den **deutschen Geflügelunternehmen** handelt es sich um kleine Großbetriebe, die den mittelständischen Bereich gerade verlassen haben. Wiesenhof z. B., der größte, beschäftigt 4 000 Mitarbeiter und macht 786 Mio. Euro Jahresumsatz. Die vier großen deutschen Geflügelkonzerne sind alle noch unabhängig von ausländischen Firmen und großen Investoren aus anderen Branchen. Nur die Firma Frikifrisch, mit einem deutschen Marktanteil von 1,6%, gehört dem größten holländischen Geflügelkonzern Plukon. Insofern hinkt – bis auf die Wesjohann-Gruppe – Deutschland weit hinter einer europäischen Entwicklung her, nach der sich die Großen der Branche internationalisiert haben, rechtliche Verbindungen und Beteiligung mit Unternehmen im Ausland eingegangen und in einen globalen Prozess von gegenseitigen Firmenübernahmen eingeschlossen sind.

Da die Erlöse für Rohfleisch sehr niedrig, die für innovative Fleischprodukte dagegen recht hoch sind, kommt es sehr auf die Produktpalette des Unternehmens an, ob Gewinne erzielt werden. Im Gegensatz aber zu einer Genossenschaft, die ihre Gewinne aus der Weiterverarbeitung und Vermarktung zu einem gewissen Anteil an die Genossen – die beteiligten Bauern – weitergibt, sind die Vertragsgeber bei Geflügelfleisch **nur private Firmen**. Sie wirtschaften auf eigene Rechnung und beteiligen die Landwirte so gut wie nicht an ihren Gewinnen der intelligenten Produktpalette. Das genossenschaftliche Engagement in der Broilerindustrie ist weltweit gering. Hierin ist auch ein deutlicher Unterschied zu anderen Fleischmärkten, wie etwa beim Rind oder Schwein. (siehe in Deutschland Süd-, West- und Nordfleisch). Wir haben es beim Huhn mit einem rein privatwirtschaftlichen Sektor zu tun.

Größter EU-Hähnchenproduzent und -exporteur ist die **französische Firma Doux** mit 1,1 Mio. Tonnen Geflügelfleischverarbeitung. Doux verkauft seine Produkte in mehr als 130 Länder, hat einen Jahresumsatz von 1 347 Mrd. Euro, beschäftigt 14 000 Menschen in vielen Ländern, besitzt 35 Fabriken, davon zwölf im Ausland, und ist mit dem Kauf von Frangosul in die brasilianische Erzeugung eingestiegen (vgl. Box zu Doux). Sein Marktanteil am geschlachteten Geflügel in Europa übersteigt allerdings keine 5%. Das zweitgrößte Geflügelunternehmen in Europa ist LDC, ebenfalls französisch, mit 8 000 Mitarbeitern und einem Jahresumsatz von 1,2 Mrd. Euro. Wiesenhof/Wesjohann kommt gerade mal auf Platz fünf in Europa.

Auch Strukturveränderungen in der Geflügelfleischbranche sind **in Europa** inzwischen an der Tagesordnung. So verkaufte kürzlich der niederländische Nahrungsmittelkonzern Nutreco wegen der Unsicherheiten in dem Geflügelgeschäft die Pingo Poultry Tochter an Plukon Royale, der Nummer acht auf dem europäischen Ranking. Plukon ist als Teil der Cebeco-Gruppe wieder mit Friki-Geflügel in Storkow/Deutschland verflochten. Damit ist ein wichtiger Global Player in Europa aufgestiegen. In den Niederlanden führen die Firmen Cebeco (Plukon), Storteboom und GPS. Die Firma Astenhof hat sich 2006 aus der Geflügelmast zurückgezogen und ihre Mastbetriebe in Deutschland an das Unternehmen Sprehe verkauft. In Frankreich haben die zwei Firmen Gastronome und Unicopa erhebliche Marktanteile. In Italien führen AIA (drittgrößter europäischer Konzern) und Amdori. Bei der Nennung der ganz Großen fehlt nur noch das Unternehmen Two Sisters aus GB.

Die vier großen **brasilianischen Geflügelunternehmen** sind: Sadia und Perdigao mit je 12% Marktanteil, Seara (im Besitz vom US-Konzern Cargill) mit 7% und Frangosul, letztere jetzt im Besitz von Doux aus Frankreich, mit 6,5%. Der mächtige Konzern Sadia hat beste Beziehungen zur Regierung Präsident Lula da Silvas. Der jetzige Minister für Entwicklung, Industrie und Handel, Luis Fernando Furlan, ist Hauptaktionär von Sadia und früherer Firmenchef. Das »soziale Engagement« von Sadia, vor allem die Vertragsgestaltung mit den Landwirten, hat ihm die guten Beziehungen zur Arbeiterpartei eingehandelt.

Die hier erwähnten Schlachthäuser bzw. Fleischverarbeiter verkaufen teilweise direkt an den Großhandel, die Catering Firmen, Fast Food Ketten und die Supermärkte, teilweise aber auch an zwischengeschaltete **Händler von Fleisch.** So ist bekannt, dass die niederländischen Firmen Storteboom und Van der Meer ihre schwer verkäuflichen Teile direkt nach Afrika exportieren. Die Masse der Teile wird aber an internationale Fleischhändler verkauft, die ihrerseits wieder nach Afrika exportieren. Der größte Exporteur von Hähnchenfleisch nach Afrika ist die niederländische Firma Heitz+Kühne, im Besitz von Cebeco und GPS. Heitz+Kühne ist ein großer Lebensmittelexporteur nicht nur in Europa, sondern auch in den USA, im Fernen Osten und hat eine eigene Niederlassung in Togo; er handelt mit allen Fleischsorten, mit Meerestieren, Milchprodukten und Früchten. Auch die zwölf anderen holländischen Exporteure von Hähnchenfleisch verkaufen nicht nur holländisches Fleisch, sondern auch Fleisch ausländischer Schlachthäuser nach Afrika. Die Transporte müssen dabei nicht unbedingt über holländische Häfen abgewickelt werden.[11]

Die Macht der Hähnchenfleischkonzerne beruht nicht nur auf ihrem Marktanteil im Fleischbereich, sondern auf ihrer Kontrollfunktion der ganzen Kette durch die **vertikale Integration** mittels Verträgen auf allen Produktionsstufen: mit den Bauern, den Zulieferern, der Futtermittelwirtschaft, den Schlachthäusern sowie den zerlegenden und verarbeitenden Betrieben (mehr dazu vgl. Ka-

pitel 4.2). Dies dient einerseits der Qualitätssicherung, anderseits aber auch der Angebotssteuerung. Dadurch ist jede Facette der Hühnerwirtschaft unter der Kontrolle des »vertragsgebenden Unternehmens«, welches fast immer die Fleischkonzerne sind. Zuerst sind sie lediglich »Integratoren« der Verbundsysteme. Doch zunehmend werden die Fleischunternehmen zu Mischkonzernen, die sich mit den verschiedenen beteiligten Sparten verflechten. Zur PHW-Gruppe gehören z. B. auch Kraftfutterwerke, ein Unternehmen für Tierpharmazeutik und eines für tierische Impfstoffe, aber auch eines zur Verarbeitung der Schlachtabfälle zu Tierfutter (GePro). Die größte Machtzusammenballung findet statt, wenn die Zuchtfirmen der Broilerrassen mit den Fleischherstellern verflochten sind. Das ist so im Fall der PHW-Gruppe, die über den Bruder Erich Wesjohann mit einem der ganz großen Geflügelzüchter verbunden ist; hier gibt es auch eine transatlantische Verquickung. Die Tyson Foods Gruppe mit Cobb-Vantress als weltgrößter Hühnerzüchter ist eine andere ganz »dicke« **internationale Agrarholding**. Ein drittes Hühnerimperium ist in den Niederlanden um die Firma Hendrix entstanden (mehr dazu vgl. Kapitel 4.3).

Interessant ist, dass die Konzerne keine **Marktnische** auslassen. So offerieren Wiesenhof oder Doux auch Hähnchenfleisch von biologischen Betrieben. Doux ist zudem der Besitzer des Markenzeichens für alternativ gezüchtete Broiler, dem »Lable rouge« (vgl. Kapitel 8.3). Dabei macht es den Firmen offensichtlich nichts aus, auch die Kritik an ihrem eigenen Tun, die in der alternativen Geflügelzucht verkörpert ist, noch gewinnträchtig zu vermarkten. Tyson Foods rühmt sich seiner Nachhaltigkeit, seiner besonderen Firmenethik und gibt sich als großer Sponsor der Nahrungsmittelhilfe an arme US-Bürger ein soziales Image.[12]

Die FAO beurteilt die **Rolle der kommerziellen Hühnerhaltung für die Armutsbekämpfung** skeptisch. Weil fast drei Viertel der kommerziellen Geflügelproduktion von Industrieunternehmen kontrolliert werden, und hier nur ein paar Unternehmen die Wertschöpfungskette beherrschen, seien die Spielräume für die kleinbäuerliche Beteiligung an den wachsenden Märkten eng.[13]

Das »Globale Huhn« hat seine Unschuld verloren. Es kommt als starker Agrarkomplex daher. Die Hühnerkonzerne haben von der Produktion bis zu den Märkten alles im Griff. Bei der Befriedigung der stark wachsenden Nachfrage nach Hähnchenfleisch geht kein Weg an ihnen vorbei. Selbst die alternativen Marktnischen wurden von ihnen besetzt.

Kapitel 4

Wie das Huhn dem System angepasst wird

4.1 Vom Wildhuhn zum Hybridhuhn – Haustierwerdung und der genetische Aneignungsprozess des Huhns

WOHER EIGENTLICH WUSSTE DAS HUHN,
WIE GROSS ES DAS EI LEGEN MUSSTE,
DAMIT ES IN UNSERE EIERBECHER PASST?
DIESE FRAGE IST WEITAUS SPANNENDER
ALS DIE EWIGGLEICHE FRAGE
NACH DEM SINN DES LEBENS.

DIETER CHRISTIAN OCHS

Wie bei allen Nutztieren und Pflanzen steht die Frage nach der Rasse bzw. Sorte vorne an. Wenn es um Globalisierungsfragen geht, schließen sich folgende Fragen unmittelbar an: Wie vielfältig ist das genetische Material der genutzten Tierrassen auf der Welt? Wo kommt das Huhn her? Gibt es ein Zentrum der genetischen Vielfalt? Ist die Vielfalt bedroht? Welche Rolle spielt die Züchtung im Verdrängungsprozess? Gibt es einen freien Zugang zu den genetischen Ressourcen und Züchtungstechniken? Wie verändern Züchtungen die Landwirtschaft?

Haustierwerdung, Verbreitung und vormoderne Züchtung

Auch Charles Darwin, der Begründer der Evolutionstheorie, hat sich mit der **Herkunft des Haushuhns** beschäftigt. 1859 schrieb er: »Nachdem ich fast alle englischen Rassen von heute lebendem Geflügel gehalten, sie gezüchtet und mit ihnen gekreuzt und ihre Skelette untersucht habe, erscheint es mir fast sicher, dass alle von dem nordischen Wildhuhn Gallus bankiva abstammen.«[1] Das Bankiva-Huhn kommt immer noch wild als scheues Dschungelhuhn in einem riesigen asiatischen Gebiet vor, das von Westindien über Südchina bis

Indonesien reicht. Es soll zuerst von den Malaien domestiziert worden sein. Mit der malaiischen Seefahrt gelangte es in andere asiatische Hochkulturen.[2] Doch später kamen Zweifel an Darwins Theorie auf. Mindestens drei weitere Ursprünge wurden ausgemacht: das Ceylonhuhn, das Sonnerath-Huhn vom indischen Dekkan-Hochland und das Gabelschwanzhuhn vom Malaiischen Archipel. Alle angenommenen Ursprünge liegen im asiatisch-pazifischen Raum.

Von dort aus **verbreitete sich das Huhn über die Erde.** Die ältesten belegten Zeugnisse davon, dass das Huhn als Haustier gehalten wurde, haben wir 2600-1800 v. Chr. in der Industal-Kultur in Indien. Neuere Funde legen nahe, dass Chinesen vielleicht schon einige Jahrtausende früher Hühner hielten; die These ist aber nicht abgesichert.[3] Zu ihnen gelangte das Huhn wahrscheinlich über die Burmastraße. Die Chinesen sollen die Ersten gewesen sein, die große Sorgfalt in der Züchtung auf Fleisch- und Eierertrag gelegt haben. Auch die Malaien haben sich züchterisch betätigt. Ihr Interesse galt vornehmlich dem Kampfhahn. Ihre Wettleidenschaft hat dazu verholfen, nach Tieren zu selektieren, die den Wildtieren im Kampf überlegen waren. Von China wanderte das Huhn westwärts nach Vorderasien und wurde von der nomadischen Welt der Araber und Perser aufgenommen. Mit den persischen Eroberungszügen und den arabischen Händlern verbreitete es sich nach Mesopotamien, Ägypten, Ostafrika und Griechenland. Die Griechen, die das Huhn sehr schätzten, nannten es den Persischen Vogel. Über das Römische Reich ging es weiter in den ganzen Mittelmeer- und in den germanischen Raum. In Großbritannien war es schon vor den römischen Truppen angekommen. Julius Caesar berichtete, dass er dort das Huhn schon vorfand. Wie und wann das Huhn in vorkolumbischer Zeit nach Lateinamerika gelangte, ist nicht aufgezeichnet. Wahrscheinlich zog es mit Seefahrern aus Polynesien über den Pazifik nach Amerika.

Der **Siegeszug des Huhns** in der Erdgeschichte beruht auf seiner erstaunlichen Anpassungsfähigkeit und auf den vielfältigen und unterschiedlichsten Nutzungsmöglichkeit als Kleinvieh. Der Hahn war beliebt für den Kampfsport, zur Belustigung und Wette. Man schätzte ihn wegen seiner Federpracht, die von indigenen Völkern genutzt wurde. Die Henne war wegen ihrer Eier beliebt. Hühnerfleisch wurde allseits gepriesen. Für die Perser war der Weckruf des Hahnes besonders wichtig. Die Griechen ließen es sich schmecken, nutzten es aber auch ausgiebig als Opferhuhn. Bei den Römern galt es als Reichenspeise und diente für das Orakel. Für die Germanen war es unter anderem Grabbeilage. Im katholischen Mittelalter gewannen Eier als zulässige Speisen während der Fastenzeit und am Freitag eine große Bedeutung. Als Kleinvieh hatte das Huhn den Vorteil, dass man es überall halten konnte, fast unabhängig von vorhandenem Land. Es wurde auf den Schiffen als Notreserve mitgenommen.

Jeder Haushalt im antiken Athen – besonders auch die armen Leute – hielt sich Hühner zur Ergänzung der Ernährung. Hühner hielt man in der Stadt und auf dem Land. Reiche und arme Leute hielten Hühner. Lebendhühner waren leicht zu transportieren und zu vermarkten.

Zur Popularität des Huhns kam hinzu: **Züchterisch** ließ es sich leicht bearbeiten. Hühner haben eine hohe Fruchtbarkeit und die Generationsintervalle sind kurz. Die Merkmale der Zuchtergebnisse sind leicht ablesbar. Das genetische Ausgangsmaterial für phantasievollste Kreuzungen war über die Welt breit verteilt und leicht zugänglich. In vielen Gebieten gab es auch kreuzungsfähige Wildrassen, wie z. B. in Thailand und Vietnam das »rote Kammhuhn«. Die Selektion und Kreuzungstechnik waren offensichtlich. Jeder – auch arme Haushalte – auf der Welt konnte seine eigene Hof- und Landrasse weiterentwickeln. Das ist wahrscheinlich noch heute der Grund dafür, warum sich die meisten Hobbyzüchter mit der Gattung Huhn auseinandersetzen.

Viele tausend Jahre Kulturgeschichte in vielen Teilen der Welt haben zu einer ungeheueren **Vielfalt an Rassen** von Hühnern geführt. Farbe, Größe, Form, Charaktereigenschaften, Brutverhalten, Verteidigungsfähigkeit, Futteransprüche und klimatische Angepasstheit variieren stark. Im Gegensatz zu vielen wichtigen Nutzpflanzen des Menschen gibt es aber kein ausgemachtes Zentrum der genetischen Vielfalt für Hühner. Die Ursprungsorte sind auch nicht durch besondere ursprüngliche Rassen gekennzeichnet. Eher dort, wo die Hinterhofhaltung zu Selbstversorgungszwecken noch vorherrscht, gibt es noch sehr ursprüngliche Landrassen, wie z. B. in China, Indien oder Afrika.

Züchtungsfortschritte in der Geschichte verliefen nicht geradlinig. Die Römer waren in der Züchtung des Huhns schon recht weit gediehen. Davon zeugen lateinische Dokumente zur Zuchtanleitung und dem hohen Niveau der Haltung.[4] Doch mit dem Zusammenbruch des Römischen Reiches gingen das Wissen und die gezüchtete Vielfalt verloren. Im Spätmittelalter (13.-15. Jh.) erlebte die Hühnerzucht im germanisch-römischen Raum eine zweite Blüte. So sollen die meisten modernen Hühnerrassen auf Landhuhnrassen des späten Mittelalters zurückgehen, wie z. B. das Aufkommen von Haubenhühnern, das Leghorn-Huhn, Barthühner, Rheinländer, Altsteirer oder Paduaner.[5] Auch diese Entwicklung fand mit einem geschichtlichen Ereignis ein plötzliches Ende: dem 30-jährigen Krieg. Davon erholte sich die Hühnerwirtschaft nur langsam. Zuletzt fand im 19. Jahrhundert eine größere Unterbrechung statt. Die einsetzende Knappheit von Getreide zu Beginn der Industrialisierung führte zu einer generellen Vernachlässigung der Tierzucht. Das gilt auch für die zu dieser Zeit gerade entstehenden ersten Agraruniversitäten in Deutschland.[6]

Ursprünge der modernen Hühnerwirtschaft

Heute ist das Huhn das am stärksten erforschte und züchterisch bearbeitete Nutztier. Doch das war nicht immer so. Lange wurden die Hühner von Politik und Wissenschaft nicht ernst genommen. Es gab in Europa vor dem Zweiten Weltkrieg keine spezialisierten Hühnerbetriebe. Die Hühnerhaltung passierte auf den Höfen eher nebenbei. Sie war eine Beschäftigung für Frauen und Kinder. Die Eier dienten vornehmlich der Ernährung der Familie, das Fleisch war Nebenprodukt der Eiererzeugung und die Haltung erfolgte extensiv, das bedeutet mit wenig Aufmerksamkeit, Investitionen und Zusatzfütterung.

Die so genannte **Hinterhofhaltung**, die heute noch in Entwicklungsländern weit verbreitet ist, war auch in Europa bis in die 50er Jahre vorherrschend. Die Hühnerrassen waren meist wilde Kreuzungen, so genannte Landrassen. Sie dienten sowohl der Fleischgewinnung als auch dem Eierlegen. Dies nennt man »Zweinutzungsrassen«. Die männlichen Küken wurden gemästet, die weiblichen als Hennen gehalten. Der Hahn lief mit den Hennen frei herum und befruchtete sie. Die Hennen brüteten die Eier aus. Hahn, Henne und Küken

---

LEBEN AUF DEM LAND IN DEN **50**ER JAHREN

Der Autor R. B. erinnert sich an das Leben auf dem Land Ende der 40er, Anfang der 50er Jahre: Großmutter, die im Altenteil des Hofes lebte, hielt 20-30 Hühner mit mehreren Hähnen. Einmal die Woche kam der Kaufmannswagen auf den Hof. Großmutter schickte uns Kinder aus, um Nester zu suchen und Eier zu sammeln. Vom Gackern der Hühner, wenn sie Eier gelegt hatten, wussten wir schon ungefähr, wo sich Nester in Heu und Stroh befinden könnten. Zum Teil mussten wir tief in den Schober einsteigen und zwischen Wand und Heuhaufen den Gängen nachspüren, die sich die Hühner gewühlt hatten. Stolz brachten wir Großmuter die Funde, die uns sehr dafür lobte. Die Großmutter nutzte die Eier, um damit die wenigen Dinge zu kaufen, die sie nicht selbst auf dem Hof hatte, wie Zucker, Tee oder Gewürze. Eier waren in der Nachkriegszeit eine gute Währung. Das Ei hatte schon damals fast den Preis, den es bis vor kurzem noch hatte: 20 Pfennig das Stück. Das war damals viel Geld. Man konnte sich dafür drei Brötchen kaufen. Heute reicht der Preis des Eis nicht einmal mehr für ein einziges Brötchen. Als Belohnung für unsere Eierfunde kaufte Großmutter uns Kindern auch ein paar Bonbons beim Kaufmann.

suchten sich ihr Futter im wesentlichen selbst; nur gelegentlich erfolgt eine Zufütterung. Die Haltung erforderte wenig Aufmerksamkeit, Kapital oder Ressourcen vom Hof. Selbst ein Stall war nicht zwingend notwendig. Die Verhältnisse entsprachen weitgehend denen, die man heute noch in Entwicklungsländern vorfindet (vgl. Kapitel 7.1).

Mit dieser **Idylle einer hauswirtschaftlich ausgerichteten Hühnerhaltung** war es bald vorbei. Beginnend mit der Verknappung der Arbeitskräfte in den 50er Jahren setzten tiefgreifende Modernisierungsprozesse in der Landwirtschaft ein. Anfang der 60er Jahre gab es noch die letzten Auseinandersetzungen über die Frage, ob die Hühnerhaltung eher bäuerlich oder eher kommerziell sein sollte. Streit- und Angelpunkt der Auseinandersetzung waren etwa die folgenden Fragen:

1. Was ist die optimale Bestandsgröße der Hühnerschar: Sollten es 20 bis 50 Tiere pro Hof oder 100 bis 500 oder 4000 bis 5000 sein?
2. Wo kommen die Küken her? Sollte jeder Bauer eigene Nachzucht betreiben oder sollten ständig speziell gezüchtete, hochleistungsfähige Küken nachgekauft werden?
3. Wie sehr sollte sich der landwirtschaftliche Betrieb auf die Hühner- bzw. Hähnchenhaltung spezialisieren? Wie sehr sollte er sich auf eine allgemeine Arbeitsteilung in der Hühnerwirtschaft einlassen?[7]

Die Macht der Realitäten hatte den Streit über die beiden Leitbilder bald beendet. Amerikanische Technologie, Zuchtrassen und Organisationsformen breiteten sich in den 60er Jahren in der europäischen Geflügelwirtschaft schnell aus, so dass die kleinbetriebliche gegenüber der großbetrieblichen Hühnerwirtschaft verlor. Über den Atlantik kamen drei Neuerungen, die nach dem Krieg die Entwicklung der Geflügelwirtschaft in Europa bestimmen sollten:

1. die Trennung von Hähnchenmast und Legehennenhaltung,
2. das Hybridhuhn und
3. die vertikale Integration der Hühnerwirtschaft.

1. Die **Trennung von Fleisch- und Eiererzeugung**: Man erkannte, dass sich eine gute Legeeigenschaft und eine gute Fleischproduktion bei Hühnern praktisch ausschlossen. Entweder setzte eine Rasse schnell Fleisch an, oder die Hennen legten viele Eier. Deshalb entstand eine getrennte Züchtung – und auch eine getrennte Haltung – von Rassen für die Eierproduktion und Rassen für die Fleischproduktion. Das wurde erst möglich, als man ein Verfahren entwickelte, um das Geschlecht von Eintagsküken zu bestimmen, denn in der Legehennenhaltung sind die männlichen Tiere überflüssig. Sie werden sofort

120

nach dem Schlüpfen getötet, damit Kosten für eine ineffiziente Aufzucht entfallen. Bei der Aufzucht von Broilern sind die Verhältnisse etwas komplizierter. Hier können Hähnchen oder Hühnchen gleichermaßen gemästet werden. Die so genannten »Grillhähnchen« sind in Wirklichkeit ebenso Grillhühnchen. Aber man brauchte ständig neue und billige Küken als Masthähnchen. Die Elterntiere der Masthähnchen müssen deshalb auch eine gewisse Fähigkeit der effizienten Vermehrung aufweisen. So züchtete man Broilerrassen, bei denen die mütterliche Seite gute Legeleistungen erbringt, die väterliche Linie aber vergleichsweise schnelles Jugendwachstum aufweist. Die Anforderungen an die Eigenschaften der jeweiligen Hühnerrasse wurden so komplex, dass sich eine hochgradig arbeitsteilige Kükenzuchtindustrie entwickelte. Die Züchtung der Großeltern- und Elterngeneration lag in einer Hand, die Erzeugung von Bruteiern, Brütereien, Vertrieb von Küken übernahmen zum Teil unabhängige Firmen. Es kam zur weltweiten Konzentration dieses Wirtschaftsbereiches. Die Bauern als unabhängige Hähnchenhalter wurden in eine global agierende Kükenindustrie eingebunden.

2. **Das Hybridhuhn**: 1940 kam in den USA schon das erste Hybridhuhn auf den Markt. Es dauerte aber bis in die 60er Jahre, bis es sich in Europa durchgesetzt hatte. Es handelt sich dabei um eine Züchtungstechnik, die schon vorher erfolgreich bei Mais entwickelt wurde. Grundlage ist der so genannte »Heterosis-Effekt« (vgl. Erklärung Box 11). Durch diese spezielle Technik erreichte man Zuchtlinien von Tieren, die in ihren Eigenschaften allen anderen Züchtungen weit überlegen waren. Die Leistungssteigerung war eindeutig. Beim Broiler bedeutete Leistung vornehmlich sowohl eine Steigerung der Geschwindigkeit der Fleischzunahme im frühen Wachstumsstadium, als auch eine Senkung der Sterblichkeit in der Aufzucht.

Die Technik bedingt allerdings, dass der Bauer (Mäster) ständig neue Küken zukaufen muss, denn er kann keine eigenen Küken aus diesen Rassen ziehen. Die guten Eigenschaften dieser Rasse brechen in der nächsten Generation sogleich in sich zusammen. Folglich wird der Bauer völlig abhängig von Zuchtunternehmen und Kükenvermehrern. Das Zuchtunternehmen hütet umgekehrt die genetische Herkunft seiner Küken wie ein Top-Betriebsgeheimnis. Den Heterosis-Effekt kann man sich wie einen eingebauten Kopierschutz vorstellen. Niemals würde der Züchter seine Urgroßelterngeneration aus der Hand geben. Durch den Besitz dieser Linien hat das Zuchtunternehmen ein eingebautes Patent, das ihm niemand streitig machen kann. Die Einzigartigkeit der Leistungen der Hybridhühner führte dazu, dass heute nur noch vier international agierende Zuchtunternehmen bei Broilern und vier Zuchtunternehmen bei den Legehennen die ganze Welt mit Küken beliefern. Jeder dieser Konzerne hat vielleicht eine handvoll verschiedener Rassen im Angebot. Millionen von Hybridhühnern werden jeden Tag von den Zuchtunternehmen bis ins letzte Dorf der Welt verteilt. Die Anforderungen an Management und Logistik sind enorm. Nur starke Firmen können im Wettbewerb mithalten (mehr dazu siehe Kapitel 4.3).

DER HETEROSIS-EFFEKT

Das Grundprinzip des Heterosis-Effekts ist einfach: Man entwickelt zwei genetisch weit voneinander entfernte Inzuchtlinien mit unterschiedlichen, gewünschten Eigenschaften, die man degenerieren lässt. Die Kreuzung dieser Inzuchtlinien führt schließlich in der nächsten Generation zu einer extrem starken Ausprägung der gewünschten Eigenschaften. Doch das hält nur für eine Generation an.

Die praktische Anwendung ist jedoch weitaus komplizierter. Für die kommerzielle Geflügelzucht wurde eine Methode entwickelt, mit der sich der Heterosis-Effekt speziell auf die leistungssteigernden Eigenschaften ausrichten lässt. Hierbei werden für ein Kreuzungszuchtprogramm mindestens zwei Linien benötigt, an denen jeweils 30 bis 50 oder mehr Familien (Paarungsgruppen aus einem Hahn und 10 bis 15 Hennen) beteiligt sein können. In der nächsten Generation werden die Nachkommen bestimmt, mit denen man weiterarbeiten will. Sie werden auf die reinlinigen Hähne und Hennen zurückgeführt, die für jeden Zuchtkandidaten zur Verfügung stehen müssen. Aus vier Inzuchtlinien mit guter Kombinationsfähigkeit werden die Kreuzungsprodukte entwickelt, aus denen dann letztlich die Hybridhühner hervorgehen. Eine genügende Anzahl von leistungsfähigen Inzuchtlinien ist für den züchterischen Erfolg entscheidend.

In dieser ursprünglichen Form wird der Heterosis-Effekt in der modernen Hühnerzüchtung schon nicht mehr angewandt. Jeder Konzern hat seit langer Zeit seine Hybridhuhn-Herkünfte, die das Kapital der Firma darstellen. Mit ihnen wird Kreuzungszüchtung unternommen, die wiederum zur Entwicklung noch leistungsstärkerer Hybridhuhn-Herkünfte führen. Das sind dann die Grundlagen von Linien- oder Rassenkreuzungen.
Vgl. dazu: Idel, u.a., 2004, S. 25

3. **Vertikale Integration**: Alle Glieder dieser sehr arbeitsteiligen Produktionskette (von der Zucht über die Küken, Mast, Schlachtung, Zerlegung, Weiterverarbeitung des Fleisches und Vertrieb) werden in eine einzige vertragliche Beziehung eingebunden. Die beteiligten Unternehmen behalten zwar ihre juristische Freiheit, organisatorisch sind sie jedoch in ein zentral verwaltetes Management integriert. Das Unternehmen, das an der Spitze steht und alle anderen unter Vertrag nimmt (das so genannte »integrierende Unternehmen«), kann der Züchtungs- oder der Fleischkonzern sein. Das strategisch wichtigste Element in der Kette bleibt allerdings die Zucht (mehr dazu siehe Kapitel 4.2).

Züchtung, Zuchtziele und genetische Vielfalt

Das Hybridhuhn kann seine maximale Leistung nur in Kombination mit **anderen landwirtschaftlichen Betriebsmitteln** erreichen. Zentral sind veterinärpharmazeutische Mittel, die leistungsbezogene Fütterung mit speziellem Kraftfutter und Zusatzstoffen, wie künstliche Vitamine, die Stalltechnologie und die genaue Kontrolle der Temperatur, Feuchtigkeit und Luft usw. Umgekehrt hat die Züchtung es auch geschafft, die Gattung Huhn optimal an ein widriges, fabrikmäßiges Haltungssystem anzupassen.

Dennoch ist es erstaunlich, dass auch unter anderen Bedingungen die Leistung des Hybridhuhns meist besser abschneidet als die anderer Rassen. So nutzt auch die biologische Landwirtschaft und die Hinterhofhaltung das Hybridhuhn im großen Stil. Ob es für weniger intensive Haltungsbedingungen jedoch **alternative Rassen** geben würde, ist nicht auszumachen. Eine alternative und unabhängige Züchtungsforschung gibt jedenfalls es nicht (siehe dazu Kapitel 8.3).

Was hat das Hybridhuhn nun tatsächlich gebracht? Es ist schwer zu sagen, welche **Leistungssteigerungen** ihm direkt zuzuordnen sind. Seit seiner massenhaften Einführung in den 60er Jahren sind die Erträge jedenfalls enorm gestiegen. Die Masthähnchen werden heute in fast der Hälfte der Zeit (30 bis 33 Tage) auf ungefähr das gleiche Gewicht von 1,6 kg getrimmt. Aus 1,6 kg Futter wird 1 kg Fleisch erzeugt. Die Futterverwertung ist in den letzten 20 Jahren um gut 20% verbessert worden, in den letzten 80 Jahren um 247%. Damit erzeugt die Hähnchenmast im Vergleich zu allen anderen Nutztierarten das Fleisch am futtereffizientesten. Die Tierverluste in der Mast liegen nur noch bei 5%. Bei den Legehennen ist der Fortschritt ähnlich drastisch: 300 bis 319 Eier pro Jahr und Tier sind keine Seltenheit mehr. Im Vergleich: Das »rote Kammhuhn« – Ursprungsrasse in Vietnam – hat es nicht über 36 Eier pro Jahr gebracht. Besonders entscheidend für den kommerziellen Erfolg einer Rasse ist, welche Fleischpartien am Tier am kräftigsten entwickelt sind. Nicht jeder Teil des Tieres wird zum gleichen Preis verkauft. Marktführer in Europa ist Brustfilet. Die am weitesten verbreiteten Rassen Cobb 500 und Ross 308 haben den Anteil von Brustfleisch erheblich vermehren können. Dazu hat man auf asiatische Rassen kräftiger Kampfhähne zurückgreifen können. Sie haben stärker ausgeprägte Brustmuskeln. Man musste ihnen aber die Aggressivität abzüchten. So profitiert die moderne kommerzielle Züchtung also von tiergenetischen Ressourcen, die vor langer Zeit für ganz andere Zwecke auf einem entfernten Kontinent entwickelt wurden.

Die kommerzielle Züchtung könnte – wenn sie wollte und es darauf ankäme – auf einen großen **Genpool** von Rassenvielfalt in der Welt zurückgreifen. **Hobbyrassezüchter** entwickeln und erhalten Hühnerrassen, die primär ästhetischen Gesichtspunkten folgen. Rund 150 reine Rassen sind in Deutschland verzeichnet. Weltweit soll es 200 Speziallinien und mehr als 600 Rassen mit besonderen Spielarten geben. Es ist umstritten, ob die vielen existierenden Landkreuzungen oder Rassetiere von Hobbyzüchtern wirklich jemals von kommerziellem Wert sein werden Die Hobbyzüchter sind davon überzeugt, dass es für die Menschheit wichtig ist, alte Huhnrassen nicht aussterben zu lassen. Sie sollen künftigen Generationen erhalten bleiben. Es könnten ja mal wieder Zeiten anbrechen, in denen die Hybridhühner ausgedient haben und ganz andere Eigenschaften von Hühnern gefragt sind. So gesehen verstehen sich die Hobbyhühnerzüchter als Wärter einer lebendigen Genbank für Hühner.

Für die kommerziellen Züchter sind die Landrassen von den Anforderungen an das moderne Wirtschaftshuhn genetisch viel zu weit entfernt. Ein züchterischer **Rückgriff auf diesen Genpool** wäre sehr aufwändig und teuer. Deshalb experimentieren die Konzerne lieber mit ihren eigenen hochentwickelten Linien. Die moderne Bio- und Gentechnologie beim Tier könnte aber bald den Rückgriff auf das Rassehuhn stark vereinfachen. Die Hybridhühner hätten zwar weltweit Landrassen im großen Ausmaß verdrängt, aber noch seien die genetischen Ressourcen auf der Welt bei Hühnern nicht gefährdet, so Hartmann.[8]

Werden die modernen Zuchtkonzerne möglicherweise einmal auf den Genpool ursprünglicher Rassen angewiesen sein? Die **Zuchtziele** waren einseitig auf Leistung ausgerichtet. Das hatte schwerwiegende Folgen. Zum Beispiel war bisher die Erhöhung des Muskelfleischanteils oberstes Zuchtziel. Mit dem Ergebnis, dass vornehmlich dickere, jedoch nicht mehr Muskelfasern entstanden sind. Darunter leiden das Safthaltevermögen und die Zartheit des Fleisches.

Eine Alternative wäre, die Mastdauer wesentlich zu erhöhen und das Fleisch ausreifen zu lassen, wie es beispielsweise in der ökologischen Landwirtschaft passiert (vgl. Kapitel 8.3). Auch die Stressanfälligkeit des Hybridtiers ist prekär, denn Stresssymptome kurz vor dem Schlachtvorgang führen zu einer Minderung der Fleischqualität. Eine Qualitätssteigerung des Fleisches und gesündere Tiere würden neue Zuchtziele erforderlich machen.[9] Es gibt noch eine Reihe weiterer Nachteile, welche die derzeitigen Hybridrassen zeigen, die aber zur Zeit kaum ins Gewicht fallen: eine erhöhte Ansteckungsgefahr, geringe Widerstandsfähigkeit gegenüber bestimmten Krankheiten wie Leukose und Kokzidien, Verfettung und Beinschäden durch Überzüchtungen der Tiere, und generell eine mangelnde Anpassungsfähigkeit an unterschiedliche Umwelt- und Haltungsbedingungen.[10] Solange der Verbraucher die Qualitätseinbußen nicht wahrnimmt, und solange die höhere Gefährdung der Tiere durch preisgünstige Tierarzneimittel ausgeglichen werden kann, wird sich allerdings kaum etwas ändern. Es ist absehbar, dass der Markt in Zukunft tiergerechtere Haltungsformen verlangt. Auf die sei die Hybridzüchtung allerdings nicht gut vorbereitet, so Hartmann.[11]

Inwieweit Hybridhühner verschiedener Unternehmen sich untereinander genetisch ähneln, weiß niemand, denn ihre Herkunft und **genetische Bandbreite** sind Unternehmensgeheimnis.[12] Aber bereits die derzeitige Konzentration der Zuchtunternehmen auf wenige Rassen birgt eigene Gefahren. Es wäre beispielsweise eine Katastrophe, wenn ein auf die Rasse »Ross 308« spezialisierter Erreger in den Ställen ausbrechen würde. Für die Geflügelwirtschaft ist die Seuchengefahr die größte Bedrohung. Keine Rasse ist vor Seuchen gefeit. Bei genetisch einseitigen Hühnern sind die Gefahren allerdings wesentlich größer. Die globale Ausdehnung und Konzentration des genetischen Kükenmaterials führen dazu, dass die Ausbreitungsgefahr und die ökonomischen Auswirkungen bei einer Seuche sehr groß sind. Beispielsweise haben sich die Hybridhühner der Firma Peterson Poultry Breeders 1972 extrem anfällig gegen die Newcastle-Seuche erwiesen, und die von der Firma Hubbard gegenüber der Marek-Seuche. Die Geflügelwirtschaft versucht das Risiko durch Sicherheitssysteme zu managen (vgl. dazu das Kapitel 4.2).

Obwohl das Huhn seinen Ursprung höchstwahrscheinlich in Asien hat, gibt es kein ausgeprägtes Ursprungszentrum oder gar Zentrum der genetischen Vielfalt. Das Huhn wurde schon in der Antike auf der ganzen Welt als Haustier genutzt. Die Nutzung des Huhns durch den Menschen hat im Laufe der Jahrtausende unterschiedlichste Gestalten angenommen.

Die Züchtung für die vielen Funktionen in den verschiedensten Epochen und Erdteilen hat zu einer großen Rassenvielfalt auf der Erde geführt, die regional weit gestreut ist. Doch die vielseitige globale Ausdehnung des Huhns steht im Widerspruch zu dem, was heute das »Globale Huhn« ausmacht. Eine systematische züchterische Gestaltung des Tieres diente schon früh dazu, es den Interessen des Menschen besser anzupassen. Aber die völlige Unterordnung des Tieres unter die Interessen einer industriellen Ausbeutung nahm ihren Anfang erst mit der Erfindung des Hybridhuhns in den USA. Bei keinem anderen Tier war der züchterische Fortschritt offensichtlicher als beim Huhn. Einige wenige Rassen haben die Welt erobert. Damit wurden die Besitzer der Hybridzüchtungen zu globalen Hühnerbaronen. Nur vier Konzerne beliefern heute die gesamte Erde mit ihren Bruteiern und Küken. Das Huhn spielt bei der Globalisierung der Tierzüchtung eine Vorreiterrolle.

4.2 Postmoderne Hühnerhaltung – Landwirtschaft nach Rezept

»Wachsen oder weichen – get bigger, or get out«

Weit verbreitetes Glaubensbekenntnis zum landwirtschaftlichen Strukturwandel

Der typische Bauer auf eigener Scholle hat wenig gemein mit dem heutigen Betriebsleiter einer Hühnermast. Zur international operierenden Fleischwirtschaft gehört eine durchrationalisierte Geflügelmast. Auch diesbezüglich ist das Huhn Vorreiter in der Agrarentwicklung. Kein anderer landwirtschaftlicher Erwerbszweig hat bei uns einen so radikalen Struktur- und Wesenswandel in so kurzer Zeit erlebt. Kein anderer Agrarbereich ist so fest eingebunden in ein Agrobusiness-Modell und hat seinen »bäuerlichen« Charakter« fast verloren. Die Branche der Hähnchenmäster ist der Bereich unserer Landwirtschaft, der am besten durchorganisiert und völlig kontrolliert ist. Die vertikale Integration und die Vertragslandwirtschaft haben die individuellen Mäster fest im Griff. Das dient der Wettbewerbsfähigkeit, der Durchsetzung auf einem globalen Markt und der Seuchen- und Qualitätskontrolle. Mit der Folge aber, dass die erwerbsmäßigen Broiler-Bauern überall auf der Welt ihre Unabhängigkeit verloren haben. Entscheidend ist nicht die Größenordnung des Betriebs, sondern die Software, d. h. das exakte Management, die Beherrschung eines Systems und die Informationsaufarbeitung.

Nahrungsmittel auf Rezept

Der Chefökonom der deutschen Hühnerwirtschaft, Professor Hans-Wilhelm Windhorst, Direktor des wissenschaftlichen Forschungsinstituts ISPA (Institut für Strukturforschung und Planung in agrarischen Intensivgebieten), angesiedelt in Vechta, im Herzen der deutschen Geflügelmastregion, muss es am besten wissen. Er prophezeit der deutschen Landwirtschaft wieder und wieder ein Konzept für die Zukunft, das er in Anlehnung an Thomas N. Urban »**prescription food system**« nennt.[1] Windhorst bezieht sich damit auf keinen geringeren als den ehemaligen Vorstandssprecher und Geschäftsführer des großen Pflanzenzüchtungskonzerns Pioneer Hi-Breed International Inc. und jetzigen Präsidenten der »Carnegie Institution National Forum for Agriculture«, einer der Industrie nahe stehenden Stiftung. Es ist folglich eine Sichtweise direkt aus dem Exzellenzzentrum des US-Agrarbusiness. Der Begriff ist doppeldeutig: Zum einen verweist er auf »prescription« als »das Rezept« für Medikamente; zum anderen bedeutet er aber auch »Vorschrift«. Was wollen Windhorst und Urban damit sagen?

Ihrer Meinung nach werden Lebensmittel in Zukunft so gehandelt, wie es beim Einsatz von Medikamenten selbstverständlich ist: mit Zertifikat, Gütesiegel, unter schärfsten Sicherheitsvorkehrungen und mit Beipackzettel. Um dahin zu kommen, muss die ganze Erzeugungskette von Nahrungsmitteln in ein engmaschiges Netz von Kontrollen, Qualitätssicherungsprogrammen und geschlossenen Systemen zur Wahrung der biologischen Sicherheit eingespannt werden. Um die Dimension dieser Vision zu dokumentieren, zitiert Windhorst öfters Folgendes:

»Während der kommenden fünfundzwanzig Jahre wird sich ein Produktionssystem für Nahrungsmittel entwickeln, das gegenwärtig vorhandene Systeme als primitiv, unorganisiert und ungeregelt erscheinen lassen wird. Für viele von uns, die in den heutigen Systemen tätig sind, ist dies schwer zu glauben, aber sowohl der wissenschaftliche Fortschritt als auch die Ansprüche der Konsumenten drängen das System in diese Richtung.« (Thomas Urban, zitiert bei Windhorst, a.o.O.)

Was steht dem Ernährungswesen bevor? Um das zu verstehen, muss man das **Wirtschaftssystem des Masthähnchens** studieren, denn hier ist vorweggenommen, was in Zukunft angeblich einmal der ganzen Landwirtschaft und Ernährungswirtschaft blühen wird: vorgeschriebene Landwirtschaft und verschreibungspflichtige Nahrungsmittel.

Dreh- und Angelpunkt sind die hohen Risiken, die mit der modernen, **industrialisierten Erzeugung** und Vermarktung von Fleischprodukten für die Gesundheit der Tiere und Menschen verbunden sind. Auf der einen Seite sind die Kundinnen die treibende Kraft, VerbraucherInnen und Lebensmittelhändler. Sie verlangen Garantien und Transparenz hinsichtlich der Sicherheit und der Qualität der Produktionsprozesse. Auf der anderen Seite ist es das Agrobusiness, das alle vor sich her treibt. In der Massentierhaltung, der industriellen Verarbeitung und der zentralisierten Vermarktung muss alles daran gesetzt werden, systemimmanente Risiken einzudämmen. Das betrifft nicht nur den Schutz eines hochempfindlichen biologischen Systems vor Tierkrankheiten, sondern auch Schutz vor fragwürdigen Machenschaften beim Handel mit Fleisch und vor Imageverlust der Branche.

Neuartige Zumutungen von VerbraucherInnen an die Branche verstärken den Trend zur strikten Zertifizierung von Waren und dem Einhalten von Qualitätsmanagementsystemen noch zusätzlich. Darunter fallen Transparenz über umweltgerechte Produktionsmethoden, über Regionalität, GVO-Freiheit (gentechnisch veränderte Organismen), über Tierschutz und über Fairness im Handel. Die gleichzeitig gültigen **Verbraucherwünsche** nach billigen und qualitativ hochwertigen Lebensmitteln spielen dem **Agrobusiness** voll in die Hände. Nur die Macht, das Kapital und das Können potenter Unternehmen der Wirtschaft sind in der Lage, die anstehenden Aufgaben gemeinsam zu bewältigen: billig, ethisch und gut. Ein riesiger Datenberg an Informationen auf allen Ebenen der Produktions- und Vermarktungskette muss jeder Zeit übersehen und verwaltet werden, natürlich zu möglichst niedrigen Kosten.

So sorgt die industrialisierte Landwirtschaft für ihren eigenen **Teufelskreis**: Weil sie für schwer kalkulierbare Risiken und Entgleisungen sorgt, muss sie sich systemimmanent immer mehr perfektionieren, um die Risiken zu beherrschen und den möglichen Entgleisungen vorzubeugen. Auch den VerbraucherInnen fällt in ihrer Ratlosigkeit nichts Besseres ein, als nur nach »mehr« Kontrolle zu rufen, also den Teufel mit dem Belzebub zu bekämpfen. Jeder neue Fleischskandal, jede neue Seuchengefahr und jede neue Verbraucherbesorgnis führt zu Problemlösungen, die der bäuerlichen Landwirtschaft hergebrachten Typs den Garaus machen, obwohl es eine Alternative jenseits des Agrobusinesss gäbe. Geschickt wird die Freiheit des individuellen Bauern, der freie Auslauf der Hühner und das freie Spiel des vollkommenen Marktes – »Polypol« in der ökonomischen Fachsprache genannt – als »primitiv, unorganisiert und ungeregelt« (vgl. obiges Zitat) dargestellt und als großes Hindernis gesehen, das den Verbraucherwünschen und der Gesundheit von Tier und Mensch entgegensteht. Das »Natürliche, Spontane, Vielfältig, Atomisierte« wird zum Feind, und das »Künstliche, Kontrollierte, Durchorganisierte, Monopolistische« zur Lösung aller Probleme.

Windhorst hat wahrscheinlich sogar Recht: Alles deutet darauf hin, dass die Entwicklung seinen vorgezeichneten Weg zu gehen scheint. Das zeigt uns das Huhn ganz deutlich. Aber: Nur wenige Firmen, Landwirte, Länder und Hühnerrassen haben die Chance, diesem Pfad zu folgen. Es ist die Vision der weltweiten Konzentration und des massenhaften Ausschlusses.

Landwirtschaftlicher Strukturwandel
in der Hühnerhaltung

Noch in den 50er Jahren geschah die Hühnerhaltung in Deutschland vorwiegend in ähnlicher Weise, wie wir es heute von der Hinterhofhaltung in Entwicklungsländern kennen: Sie passierte nebenbei, es wurde nicht viel investiert, das Futter wurde vom Speicher geholt, gewerbliche Mäster waren so gut wie nicht vorhanden (vgl. Kapitel 4.1). Doch dann **setzte ein Wandel ein**. Das Brathähnchen wurde populär. Nichts markiert diesen Wandel besser, als das Entstehen der ersten Kette in der europäischen Systemgastronomie Anfang der 60er Jahre, die Wienerwald Restaurants.

Die gemischten Agrarbetriebe von früher entwickelten kein sonderliches Interesse für das Hähnchen. So mussten spezialisierte Betriebe entstehen, die hier eine Marktlücke entdeckten. Mit dem **Aufkommen der Hähnchenmast als Haupterwerbszweig** in unserer Landwirtschaft ging auch schnell die Anzahl der Halter von Masthähnchen zurück: von 1955 bis 1962 um 22%.[2]

Die Broilerproduktion ist in Deutschland (Europa, USA und selbst in Brasilien) noch vornehmlich in der Hand von **landwirtschaftlichen Kleinbetrieben**, zum großen Teil noch Familienbetrieben, mit höchstens einigen wenigen zusätzlichen Lohnarbeitskräften. Rationelle Masthähnchenproduktion findet heute vornehmlich in Beständen zwischen 20 000 und 40 000 Tieren statt; ein Drittel kommt aber auch aus Beständen mit mehr als 200 000 Tieren. Das ist eine Größenordnung, die gewerblich ist und nichts mehr mit bäuerlicher Landwirtschaft zu tun hat. In den USA und Holland geht man davon aus, dass eine Arbeitskraft bis zu 50 000 Tiere betreuen kann; bei sechs Durchgängen pro Jahr im Stall zählt also die Mast von 300 000 Broilern pro Betrieb und Jahr als Vollerwerbsgrenze. Was darüber liegt ist nur mit der Anstellung einer Hilfskraft vorstellbar; was darunter liegt gilt als Teilzeiterwerb.

Die kapitalkräftigen Unternehmen der Fleischwirtschaft oder andere Investoren haben sich nur in wenigen Fällen selbst in der Mast von Hähnchen engagiert. Eine Ausnahme ist die Hühnerwirtschaft im brasilianischen Bundesstaat Goias, wo riesige Stallanlagen mit durchschnittlich 650 000 Tieren entstanden sind, während in Südbrasilien – dem Kernland der brasilianischen Hühner – der Durchschnitt bei 100 000 Stallplätzen liegt. Das Geschäft der Mast gilt den Kapitalanlegern als zu risikoreich, zu betreuungsintensiv und erfordert landwirtschaftliches Einfühlungsvermögen. Deshalb ziehen sie es vor, die **Hähnchenhaltung auszugliedern** und kleineren landwirtschaftlichen Betrieben zu überlassen.

Nun ist ein System mit vielen kleinen Produzenten unberechenbar. Deshalb werden die Familienbetriebe der Hähnchenmast überall in ein engmaschiges Netz vertraglicher Regelungen eingebunden. Der Vertragsgeber ist in der Regel die »aufkaufende Hand« der Hähnchen, also die Schlachthäuser bzw. Fleischindustrie. Man spricht von einer »**vertikalen Integration**«, stromabwärts entlang der Verarbeitungs- bzw. Vermarktungskette. Der Vertraggeber kennt die Marktsituation gut. Er kann entsprechend das Angebot genau steuern. Der notwendig enge räumliche Verbund zwischen Mast und Schlachtung bei Hähnchen sorgt für eine weitere Enge der Beziehungen; regional hat meist ein Schlachthof ein Monopol. Nur in einigen wenigen Gebieten der Welt, in denen die räumliche Konzentration besonders hoch ist, wie z. B. Weser-Ems, Bretagne oder in Süd-Brasilien (Paraná), gibt es regional Schlachthöfe verschiedener Firmen. Hier hätten theoretisch die Landwirte die Alternative, bei der einen Firma aus- und bei der anderen einzusteigen. Im Gegensatz zu Großviehschlachtung gibt es bei der Broilerproduktion kaum staatliche oder genossenschaftliche Schlachthöfe, die unabhängig sind und Tiere aller Bauern schlachten müssen.

Die **Vertragsbestimmungen** zwischen den Landwirten und der Fleischwirtschaft gleichen sich in allen Ländern (vgl. Box 12, S. 134). Die Bezahlung erfolgt pro abgeliefertem Tier; bei guter Leistung gibt es Zuschläge. Der Vertragsgeber stellt die Eintagsküken, das Futter und die Beratung. Die Landwirte stellen die Arbeit, die Ställe und die anderen Voraussetzungen zur Haltung von so vielen Tieren auf engem Raum, wie z. B. die Entsorgung des Hühnermistes, Hygienemanagement in den Ställen. Die Tiere selbst verbleiben meist im Besitz des Vertragsgebers, vom Brutei über das fertige lebendige Masthähnchen bis hin zum zerlegten Fleischteil im Großhandel. Alles ist genau vorgegeben: welche Rasse, welche Küken, welches Futter, welche tiermedizinische Versorgung, nach wie vielen Tagen der Abtransport zum Schlachthof erfolgt, welche Technik im Stall zum Zuge kommen darf, worauf der Landwirt zu achten hat. Da alle Betriebsmittel aus einer Hand kommen, ist alles unter Kontrolle des integrierenden Konzerns. Dadurch soll ausgeschlossen werden, dass über unkontrollierte Betriebsmittel Krankheitskeime eingeschleppt werden. Gleichzeitig ist die vollkommene Rückverfolgbarkeit gewährleistet für den Fall, dass doch eine Störung auftritt. Teilweise sind die zuliefernden Betriebe, wie Zuchtbetrieb, Brüterei, Futtermittelwerk, Veterinärdienst, Transportfirma usw., im Besitz des vertragsgebenden Unternehmens. Doch die komplette **Unternehmensverschmelzung** ist nicht entscheidend. Entscheidend ist vielmehr, dass in einer vertraglichen Bindung alle Mengen, Preise und Qualitäten fest gebündelt sind. Die Zulieferfirmen – genauso wie die Landwirte – können rechtlich unabhängig bleiben, solange sie sich in ein zentral verwaltetes Kontrollsystem integrieren. Die Macht des Komplexes lässt sich folglich nicht an der Größe einer beteiligten Firma ablesen, sondern manifestiert sich durch die Art der vertraglichen Vereinbarungen, die freilich vertraulich sind, und natürlich auch dadurch, wie viele Akteure eingebunden sind.

Warum begeben sich die beteiligten Landwirte durch so enge Verträge dermaßen in die **Abhängigkeit von einem einzigen Aufkäufer**? Im Vergleich zum unregulierten Markt profitieren sie von einem garantierten Absatz zu einem vorher bekannten Preis. Sie brauchen keine Energie in die Vermarktung ihrer Hähnchen zu investieren. Die Landwirte werden beraten, produktionstechnisch auf dem höchsten Stand gehalten und mit ihren Produkten auf die aktuelle Marktnachfrage ausgerichtet. Sie sind von kurzfristigen Preisausschlägen an den Warenmärkten geschützt, die früher für Hähnchenfleisch heftig waren. Die Verlustraten auf den Transportwegen, die schwer zu Buche schlugen, sind minimiert worden. Die vertikale Integration bindet sie in eine Qualitätskontrolle ein und sichert den Standard. Die Zusammenfassung standardisierter Ware und ihr gemeinsamer Verkauf erhöht die Marktmacht gegenüber dem Lebensmittelhandel. Teilweise verschaffen die Konzerne den Landwirten auch Zugang zu den neuesten Stalltechnologien, zu Krediten und zu Know-how.

Welche Entscheidungen bleiben den Landwirten überhaupt? Es hat den Anschein, als ob dem Landwirt keine **unternehmerische Funktion** mehr zufällt, wenn Mengen, Preise, Technik, Ein- und Verkauf vorentschieden sind. Man könnte denken: Die integrierte Produktion macht die Bauern dumm. Doch weit gefehlt. Wo die Gewinnspanne pro Huhn von Cents abhängt, entscheiden winzige Abweichungen über den Betriebserfolg. Es ist der Perfektionsgrad der Systembeherrschung, der den guten von dem weniger erfolgreichen Landwirt unterscheidet. Das wiederum ist weitgehend eine Frage der Informationsaufbereitung und -überprüfung auf den Betrieb und der exakten Koordination mit dem Vertragsnehmer. Es ist alles eine Frage der Dokumentierung und elektronischen Steuerung. Die Qualifikationen, die vom Hüter des »Globalen Huhns« gefordert werden, sind ganz andere, als die des herkömmlichen Bauern. Darüber hinaus hat der Landwirt – wenn auch nur in abgeschwächter Form – durchaus noch Einfluss. Er kann eventuell durch eigenes Zutun die Effizienz der Futterverwertung steigern, die Sterberate im Stall drücken, die Tiere beobachten, um der Qualitätskontrolle mehr Aufmerksamkeit zu widmen und für die effektivere Entsorgung des Dungs sorgen.

Betriebsvergleiche bei Hähnchenmästern in Niedersachsen zeigen, dass trotz enger Vertragsbeziehungen erhebliche Ertragsunterschiede zwischen beteiligten Landwirten bestehen. Die Landwirte (25%), die am erfolgreichsten gewirtschaftet haben, schließen zum Teil mit einem 100%ig besseren Betriebsergebnis ab, als diejenigen 25%, die am wenigsten erfolgreich waren. Eine Aufschlüsselung der Direktkosten zeigt, dass die besseren Betriebe konsequent zu niedrigeren Kosten wirtschaften. Sie warten mit mehr Durchgängen, kürzeren Mastzeiten, einer besseren Futterverwertung, niedrigeren Verlusten und höheren Verkaufspreisen auf. Die Erklärung besteht nicht in Betriebsgrößenvorteilen, sondern – laut der Studie »Geflügelmast in Deutschland« von Bitter und Windhorst – in der besseren Unternehmerfähigkeit[3]. Viele Betriebe am unteren Ende leben von der Substanz, mit einem Deckungsbeitrag des Betriebes von rund 32 000 Euro; die 25% besten dagegen erwirtschaften einen Deckungsbeitrag von durchschnittlich 56 000 Euro. Von diesen Beträgen müssen die Gemeinkosten der Betriebe und die kalkulatorischen Kosten für betriebseigene Arbeit und Kapital abgezogen werden.[4] Nur die erfolgreichsten Landwirte erzielen echte Gewinne, und selbst die reichen kaum aus, um der Familie einen guten Lebensstandard zu bieten. Obwohl die Untersuchungsbetriebe mit 42 000 Stallplätzen im Durchschnitt zu den großen in Deutschland gehören, voll in das Vertragssystem integriert sind und modernste Technik aufweisen, können sie von der Hähnchenmast kaum leben. Bei geringsten Gewinnmargen tragen die Bauern aber große Risiken. Ein Fehler oder eine Krankheit im Stall, und sie sind ruiniert.

Das System des »Globalen Huhns« gewährt den beteiligten Landwirten nur eine sehr enge Gewinnmarge pro Masthähnchen, die zwischen 0,13 Euro und 0,25 Euro pro Tier liegt. Es ist insgesamt auf einen **extremen Kostendruck** ausgelegt. Der wird in großem Stil an die Landwirte weitergegeben. Es sind eben nicht die einzelnen Landwirte, die von der »intelligenten Produktpalette« ihres Schlachthofs profitieren.

Der Landwirt braucht eine gewisse Betriebsgröße, um überhaupt davon leben zu können. So geht das System der vertikalen Vertragslandwirtschaft eng einher mit einem enormen **landwirtschaftlichen Strukturwandel**, auch wenn der sich innerhalb des Sektors der Familienlandwirtschaft abgespielt. Die Anzahl der landwirtschaftlichen Betriebe in Deutschland, die Masthähnchen halten, ist von 45 370 (1990) auf 11 580 (2003) um gut 75% geschrumpft.[5] Gleichzeitig ist die durchschnittliche Bestandgröße pro Betrieb von 26 703 Stallplätzen auf 35 646 angestiegen. Damit befindet sich Deutschland im EU-Vergleich, der bei 19 301 Stallplätze/Betrieb liegt, im oberen Betriebsgrößenbereich. Allerdings sind die Betriebsgrößen Schwedens, Großbritanniens und Dänemarks wesentlich größer.[6] Kleine Betriebe mit unter 10 000 Mastplätzen haben die Produktion nahezu aufgegeben. Der Rest sind Mischbetriebe, die von Selbstvermarktung oder Alternativprodukten leben (vgl. Kapitel 8.3).

VERTRAGSLANDWIRTSCHAFT BEI DER FRANZÖSISCHEN FIRMA DOUX IN BRASILIEN

Für die brasilianischen Landwirte haben sich die Vertragsbedingungen verschlechtert, als die französische Firma Doux die brasilianische Firma FRANGOSUL übernahm. Sie erhalten heute vorweg keinerlei Informationen über die Preisgestaltung. Viele sind integriert, aber ohne schriftliche Verträge. Die Anforderungen an die Produktionsstandards wurden wegen der starken Exportkonzentration des neuen Besitzers immer weiter erhöht. Bisher nicht gekannte Bedingungen, die für die Bauern sehr aufwändig sind, wie z. B. die Erneuerung der Bodenunterlage im Stall nach jedem dritten bis vierten Durchlauf, wurden eingeführt. Die Anwendung von neuen Insektiziden wurde vorgeschrieben. Die Nichteinhaltung von Vertragsbedingungen führt umgehend dazu, dass die Tiere den Landwirten nicht mehr abgenommen werden. Die Bauern werden dazu gedrängt, weitere Kredite aufzunehmen, um ihre Stallkapazitäten zu erhöhen. Ihnen ist jede Nebenproduktion untersagt.

Die Bauern erhalten heute durchschnittlich einen Festpreis von 0,49 Euro/kg Lebendgewicht (im Vergleich: Landwirte in Niedersachen erhalten im Durchschnitt 0,71 Euro/kg LG), ohne Leistungs- und Qualitätsaufschlag. Der Preis ist seit 1991 real kaum erhöht worden und die Preisgestaltung bleibt für die Mäster nicht nachvollziehbar. Auch die Futter- und Kükenpreise werden von Doux diktiert und sind nicht transparent. Der Landwirt ist vertraglich gezwungen, die Betriebsmittel bei Doux zu kaufen. Die Futtermischung ist genau auf die Kükenrassen von Doux abgestimmt. Die Preise für die Betriebsmittel stiegen kontinuierlich, wie z. B. im Staat Rio Grande do Sul, wo die Futtermittelpreise sich um durchschnittlich 170% (1999 bis 2004) erhöhten. Gleichzeitig erhielten die Bauern auf ihre Tiere nur eine Preiserhöhung von 50%, während die allgemeine Inflation im Land in diesem Zeitraum 91% betrug.

Dieser Kostendruck, der die Konkurrenzfähigkeit Brasiliens auf dem Weltmarkt begründet, geht zu Lasten der brasilianischen Geflügelbauern, ohne dass sie eine Vermarktungsalternative hätten. Doux zahlt schlechtere Preise als die beiden anderen großen brasilianischen Schlachthäuser, wie beispielsweise die Firma Perdigao.

Das einseitige Vertragsverhältnis nennt sich zynischerweise »Partnerschaftsvertrag«. Gerichtsort ist der Firmensitz, wo die Richterschaft meist den Interessen der Firma und größten Arbeitgebers wohl gesonnen ist. Versuche des Bauernverbands, zumindest einen festen Abnahmepreis durchzusetzen, sind bisher gescheitert. Ein 20-Punkte Forderungskatalog von 2001 wurde von Doux niedergeschmettert. Mehr noch: Wer bei Doux auf die Tarifautonomie pocht, muss mit Schikanen rechnen. Die Schlachtereien rächen sich, indem sie einfach mit fadenscheinigen Qualitätsgründen einen ganzen Stalldurchlauf ablehnen oder einseitig den Vertrag kündigen. Das führt unweigerlich zum Ruin des Bauern. Umgekehrt kann ein Bauer nicht einfach den Vertrag beenden und eine andere Schlachterei beliefern. Er ist dazu verpflichtet, mindestens sechs bis zwölf Monate Wartezeit einzulegen, bevor er neue Küken für jemand anderen einstallt. Die Schlachtereien informieren sich gegenseitig, welche Bauern bei ihnen aufgehört haben und wie lange sie dafür »bestraft« werden.

Ein weiterer Grund, warum Doux in Brasilien produzieren lässt, sind die sehr niedrigen Löhne in den Schlachtbetrieben. Rund 110 Euro verdient ein Beschäftigter durchschnittlich dort im Monat. Die Schlachthäuser befinden sich alle in ländlichen Regionen, wo die Löhne niedrig und die Gewerkschaften schwach sind. Die Arbeitsbedingungen sind miserabel und der Krankenstand ist hoch. Gerade das monotone Zerlegen der Hühner in einer stark gekühlten Umgebung führt zu schmerzhaften Schäden an den Gelenken.

Aus der Studie von DESER, Oliveira, 2005[7]

Die Hähnchen werden fast nur mit angekauftem Fertigfutter ernährt. Deshalb ist ihre Haltung »**bodenunabhängig**«, d. h. die Betriebsgröße kann nicht in Hektar gemessen werden. Theoretisch braucht der Mäster gar kein Land nachzuweisen. Wenn er allerdings über eine gewisse Anzahl von Tiereinheiten pro Hektar kommt, zählt er nicht mehr als landwirtschaftlicher, sondern als Gewerbebetrieb. Das hat eine Reihe von Konsequenzen für die steuerliche Behandlung, die Bezuschussungsmöglichkeiten, das Baurecht im Außenbereich von Flächennutzungsplänen und die immissionsrechtliche Behandlung.

Früher konnten noch viele Ställe auch in den **Intensivregionen Niedersachsens** mit staatlicher landwirtschaftlicher Investitionshilfe gebaut werden. Das ist seit einigen Jahren aus Umweltgründen eingestellt worden. Reichte es früher lediglich, dass ein Landwirt beim Bau eines Hühnerstalls Verträge über Ausbringungsrechte für die vorgeschriebene Fläche nachwies, um die ordnungsgemäße Verbringung des Hühnermists zu gewährleisten, so langt das in Niedersachsen heute nicht mehr. Jetzt muss der Hühnermäster Eigenflächen beim Neubauantrag belegen und nachweisen, dass er die Exkremente auf eigenem Land vollständig verwerten kann, ohne mit der Nitratrichtlinie oder anderen Immissionsschutzauflagen in Konflikt zu kommen. Auch Raumnutzungskonflikte und die Gefahr der Atemwegserkrankungen durch die Immissionen der Stallabgase erzeugen immer wieder lokale Konflikte. Technische Lösung für die Notwendigkeit, dass die lebenden Tiere nicht zu weit bis zum Schlachthof transportiert werden können, sind nicht in Sicht. Das »Globale Huhn« kommt definitiv in einigen Gegenden Europas an die Grenzen der räumlichen Konzentration.

Die Konzentration in der Branche auf die vertragsgebenden Unternehmen setzt den freien **Marktmechanismus außer Kraft** und kann auf allen Stufen zu erheblichen Preisverzerrungen führen. Wer will verhindern, dass mit dem Zwangsinstrument des Verkaufsvertrags keine überhöhten Preise für die Betriebsmittel erzwungen werden? Die vertikale Integration führt zu höheren Preisfluktuationen auf dem Restmarkt für diejenigen Hähnchenhalter, die nicht vertraglich gebunden sind. Für die VerbraucherInnen kann das bedeuten, dass ihre Präferenzen und ihr Einkaufsverhalten beeinflusst werden. Weil die Konkurrenz nicht mehr funktioniert, setzen sich eventuell nicht mehr die besten Produkte durch, sondern die Produkte, die die mächtigen Vertragskomplexe am Markt am meisten pushen.

Das »Globale Huhn«, das sich weltweit seinen Weg mit Hilfe liberalisierter Märkte bahnt, basiert auf einem Produktionssystem, das die Ausschaltung von Wettbewerb und die freie Unternehmerinitiative wesentlicher Beteiligter geradezu zur Tugend erhebt. Sehr schön bringt es der Experte Windhorst auf den Nenner: »offene Agrarmärkte verlangen geschlossene Produktionssysteme«.[8] Es ist eine Sache der bloßen Macht, die darüber entscheidet, wer hier »öffnet« und wer gegenüber was »schließt«. Das System des »Globalen Huhns« basiert auf dem Ausschlussprinzip. Ein Marktsegment hat es weltweit geschafft, sich durchzusetzen und seine Logik der »integrierten Produktionskette«, Vertragswirtschaft und der völligen Kontrolle über alle Aspekte der Produktion zur bestimmenden Logik zu machen.

4.3 Wer das Huhn mächtig macht

HERR WESJOHANN, IHR IMPERIUM IST SEHR GROSS.
LEG DEINEN EINFLUSS AUF DIE HÜHNERZÜCHTUNG,
UND AUF DEN MÄRKTEN LASS DIE PREISE LOS.
BEFIEHL DEN NEUEN HYBRIDEN GUT ZU TUN;
GIB IHNEN NOCH WENIGER REIFETAGE,
DRÄNGE SIE ZUR VOLLENDUNG HIN UND JAGE
DIE UNERWÜNSCHTEN TEILE AUS DEM HUHN.

GEDICHT FREI NACH RAINER MARIA RILKE

Das »Globale Huhn« wäre nicht das, was es geworden ist, stammte es nicht aus den Zuchtanstalten einer kleinen Gruppe von multinational operierenden Unternehmen. Diese wiederum sind stark verschmolzen mit Konzernen nahverwandter Branchen, primär der Fleischwirtschaft. Neben dem Komplex der Vertragslandwirtschaft sind die international extrem konzentrierte Züchtung des Wirtschaftshuhns und der international dazugehörige Vertrieb von Elterntieren, Bruteiern und Küken die markanten Merkmale der Hühnerglobalisierung.

Es liegen Welten zwischen dem stolzen Hahn auf dem Mist und der modernen Züchtung und Vermehrung des Hochertragshuhns einer global operierenden Fleischwirtschaft. Früher war der Gockel Herrscher über eine Schar von Hühnern auf dem Hof. Aufmerksam bewachte er seine Hennen und befruchtete sie im »Natursprung«. Die wiederum zogen sich in versteckte Nester zurück, legten dort ihre Eier und tauchten dann irgendwann mal wieder als Glucke mit einer Gefolgschaft von sechs, acht Küken auf. Mehr war nicht dran an der **Nachzucht**. Diese Idylle herrscht heute noch bei einem großen Teil der Hinterhofhaltung.

Doch beim Wirtschaftsgeflügel ist alles anders, denn 40 Mrd. Masthähnchen auf der Welt wollen jedes Jahr kommerziell gemästet werden. Dazu braucht es etwa 233 Mio. Elterntiere (bei 171 Eiern pro Elternpaar pro Jahr), die nichts anderes tun, als befruchtete Eier zu legen. Um die Eltern zu reproduzieren bedarf es 4,3 Mio. Großelterntiere und 85 900 Urgroßelterntiere.[1] Den Bruttrieb hat man den Broilerrassen jedenfalls gründlich abgezüchtet; das übernehmen fabrikmäßig Brütereien. Bei einem Kükenpreis von rund 1,40 Euro/Stück pro Elternküken und 0,18 Euro (Europa) bzw. 0,30 Euro (Afrika) für Mastküken, sorgt die **Kommerzwelt des Kükennachwuchs** für den erklecklichen Weltumsatz von 8 Mrd. Euro. Kein Wunder, wenn ein Markt dieser Größenordnung Begehrlichkeiten des Agrobusiness weckt. Ihn zu versorgen und vollständig zu kontrollieren ist ihm gründlich gelungen. Ihn teilen sich heute weitgehend vier Zuchtkonzerne, die die ganze Welt mit lebendigem Tiermaterial beliefern. Bei den Legehennen sieht es nicht anderes aus.

Das Geschäft ist sehr arbeitsteilig organisiert und hierarchisch strukturiert. An der **Spitze der Pyramide** stehen die vier Hybridhuhnzüchter auf der Welt. Sie müssen gar nicht groß sein. Ihre Macht basiert nicht auf ihren Kapitalinvestitionen oder ihrer Belegschaftszahl, sondern auf dem züchterischen Können, auf dem Besitz des genetischen Ausgangsmaterials, das sie sich über die Firmengeschichte hinweg aufgebaut haben, und auf ihrer perfekten Logistik. Ihre Macht ist ihr Betriebsgeheimnis und ihre Kontrolle über die Zuchtlinien, besonders die Herkünfte und die Kombination der Urgroßvater- und Urgroßmutterlinie. Die Urgroßeltern geben sie niemals aus der Hand. Auch die Großelterngeneration behalten sie in der Regel lieber für sich und vergeben allenfalls Brutlizenzen über die Elterngeneration. In einigen Fällen großer nationaler Märkte lagern sie auch die Erzeugung der Großelterngenerationseier aus und lassen die Bruteier unter strengen Lizenzverträgen durch Vertragsnehmer vor Ort vermehren.[2] Das ganze System und die **Macht der Zuchtkonzerne** sind nur vorstellbar, weil es sich um Hybridhuhnrassen handelt. Für die Vermehrung bedarf es notwendig des Nachschubs an den Kreuzungseltern; die Unternehmen haben ein eingebautes biologisches Patent auf ihre Hühnerrassen, das nicht geknackt oder umgangen werden kann (vgl. Box 11, S. 122).

Auf der nächst niedrigeren Ebene der Hierarchieleiter befinden sich die **Vermehrungsbetriebe**, die in Lizenz für die Zuchtunternehmen die Elterntiere halten und mit ihnen die Bruteier für die Mast vermehren. Ihnen sind wieder die **Brütereien** nachgeordnet, die die befruchteten Eier in Wärmeöfen ausbrüten und die geschlüpften Eintagsküken an die Mäster verkaufen. Die Brütereien sind meist in der Hand der Fleischkonzerne, die die Verträge mit den Hühnerzüchtern abschließen.

Der Verkauf der Küken muss in Windeseile passieren, denn die Überlebensdauer der Eintagsküken ohne spezielle Stall- und Futterbetreuung überschreitet keine 24 Stunden. Deshalb muss die Versorgung der Welt mit den Küken der wenigen Hybridhuhnrassen sehr rationell vonstatten gehen. Die Logistik der Vermarktung der Bruteier und Küken ist eines der Kernstücke des Unternehmenskapitals. Trotz starker Auslagerung der Vermehrung und des Brutgeschäfts werden noch immer riesige Mengen an Eintagsküken kreuz und quer in der Welt verschickt. Bei Lufthansa-Cargo z. B. macht der Transport von Eintagsküken eine der ganz großen Warenkategorien aus.[3]

Jedes Hybridhuhn besteht in der Regel aus einer Kombination von vier verschiedenen Inzuchtlinien. Jede dieser Linien bringt eine gewisse Eigenschaft mit sich, die miteinander gekreuzt werden und durch den Heterosis-Effekt (vgl. Box 11, S. 122) geradezu »explodieren«, um in der nächsten Generation zu implodieren. Wollte man dieses so entstandene Huhn selber weiterziehen, dann verfallen sofort die überlegenen Eigenschaften. Die Linien, die man hier kombiniert, stellen einen Kompromiss dar zwischen guten Legeeigenschaften, die man schließlich für die Vermehrung braucht, und guten Masteigenschaften. Die sich **widersprechenden Zuchtziele** müssen gut miteinander ausbalanciert werden. Das ist das Betriebsgeheimnis der Zuchtkonzerne.

Die Zuchtkonzerne sind »**Zentren der Exzellenz**«. Sie sind sehr forschungsintensiv; ihre Entscheidungen bestimmen die Richtung des technischen Fortschritts »stromabwärts« entlang der ganzen Produktionskette. Sie müssen die Herausforderungen der Zukunft gut antizipieren. Um mit einem wirklich neuen Huhn auf den Markt zu kommen, braucht der Züchter einen Vorlauf von vielen Jahren, fast eine Dekade. Die Zuchtfirmen müssen also heute schon erahnen, wo in zehn Jahren auf den Märkten und von der Technikentwicklung her die Musik spielt. Sie müssen wissen, welche Eigenschaften vom Huhn besonders gefragt sein werden. Fragen der Marktentwicklung beim Hühnerfleisch spielen genauso eine Rolle wie Fragen der Widerstandsfähigkeit gegen zukünftige bedrohliche Krankheiten, Anpassung an eine betriebswirtschaftlich verbesserte Technik der Schlachtung oder neue Tierschutzaspekte. So ist das bisherige Hybridhuhn nicht optimal an eine Freilandhaltung angepasst, die aber mit der stärker werdenden Kritik an der Käfig- und Stallhaltung mehr und mehr verlangt wird. Und immer noch machen beim Federvieh leider die Federn Sorgen; es geht darum, eine Linie zu entwickeln, die sich leichter maschinell rupfen lässt, ohne Spuren am Fleisch zu hinterlassen.

Die Zuchtkonzerne müssen zusammen mit den Hühnerrassen auch **technische Unterstützung** auf allen Ebenen anbieten. Ein High-Tech-Hähnchen vom Typ Ross 308, dem Huhn, das global in Führung gegangen ist, verlangt exakte Behandlung, wenn es seine Eigenschaften voll entwickeln soll. Deshalb wird es zusammen mit einem Handbuch für die Landwirte ausgeliefert. Die Bedienungsanleitung umfasst allein 100 Seiten. Hybridhuhnhaltung geht heutzutage nicht mehr einfach so. Der Tagesablauf ist genauestens geregelt – die Temperatur, Luftfeuchtigkeit, Licht, Futterzufuhr und die medizinische

Behandlung. Die Vertragsgeber der Integration (Fleischunternehmen) machen diese Bedienungsanleitungen meist zum Standard der »guten fachlichen Praxis«, deren Einhaltung für die Mäster obligatorisch ist (vgl. Kapitel 4.2). Auf diese Art und Weise nimmt das Züchterunternehmen Einfluss auf alle Abläufe im weltweiten Imperium seines optimierten Broilers. Vieles hängt zwar auch vom Vorgehen des Vertraggebers ab, doch lässt sich darüber streiten, ob nicht die eigentlichen technischen Berater die Zuchtunternehmen sind. Natürlich müssen sie in einem engen gemeinsamen Kontakt mit den Schlachtereien und Fleischfabriken stehen, um das Feed Back von der Marktentwicklung zu bekommen.

So ist es nicht verwunderlich, dass starke Verschmelzungen der Geflügelfleischindustrie mit den Zuchtbetrieben zu beobachten sind. **Zwei große Züchterfirmen** sind in einem beispiellosen Konzentrationsprozess der Branche übrig geblieben und teilen den weltweiten Markt mit den Hybridbroilern zu fast 75% unter sich auf. Es sind die Unternehmen Cobb-Vantress, der größte mit rund 40% Weltmarktanteil am Hybridhuhn, und Aviagen mit rund 33%.[4] Wer sind die beiden Giganten, die am Anfang einer langen Nahrungsmittelkette die Hähnchenmast so stark bestimmen?

DIE US-FIRMA AVIAGEN

Aviagen wurde im April 2005 von dem deutschen Unternehmer Erich Wesjohann aufgekauft. Zuvor hatte Aviagen eine aufregende Firmengeschichte. Die Investmentgesellschaft Advent International hatte 2003 die Aviagen-Gruppe übernommen. Sie wollte ein Imperium der Life-Science aufbauen. Der Traum hat nicht lange angehalten. Aviagen ist der Zusammenschluss von drei Unternehmen mit ihren sehr erfolgreichen Broilerlinien: Arbor Acres, die britische Firma Ross Breeders mit der Rasse »Ross 308« als Weltmarktführer und Indian River. Ross Breeders hatte 1997 die US-Firma Indian River übernommen, an die zuvor die deutsche Firma Lohmann Tierzucht – zu 100% im Besitz der Wesjohann-Brüder – ihre Broilerzucht abgegeben hatte. Aviagen vermarktet noch die Masthähnchenrasse L.I.R. und ist in der Putenzucht – mit Aufkauf von Britsch United Turkeys – die Nummer eins in der Welt. Aviagen hat Niederlassungen in Europa, Lateinamerika, Südafrika und Asien. 250 Vermehrer (Brutfabriken) auf allen Kontinenten haben enge Lizenzkontrakte mit Aviagen.

Deutschland verfügt über keine eigene Masthähnchenzucht mehr, mischt aber über die Wesjohann-Brüder international im Masthähnchenzuchtimperium als Besitzer von Aviagen mächtig mit. Erich Wesjohann sitzt im Aufsichtsrat von Aviagen und hatte vorher schon eine Minderheitsbeteiligung an Aviagen. Seine Legehennenzuchtfirma Lohmann Tierzucht ist eng verbunden mit dem Unternehmen seines Bruders Paul-Heinz Wesjohann, der so genannten PHW-Gruppe, Deutschlands größter Hähnchenfleischverarbeiter (vgl. Kapitel 3.5 und Box 9, S. 109). Früher gab es die Firma H&N, die das berühmte Legehuhn LSL weltweit vermarktete. Ihre Lizenz für das Huhn wurde 1959 vom Futterhändler Lohmann übernommen, der wiederum von Paul Wesjohann & Co GmbH aufgekauft wurde. Lohmann gab 1997 seine Mastflügelzucht an die US-Firma Indian River ab, die von Ross Breeders übernommen wurde. Ross Breeders – bis vor zehn Jahren einer der ganz großen Züchter – wurde von Aviagen geschluckt. Aviagen wurde 2005 von Erich Wesjohann Agrarholding übernommen. Die Broilerzucht kommt jetzt also über Umwege und nach einigen Jahren zurück zum Wesjohann Hühnerkomplex.

Die Firma Lohmann Tierzucht

Der frühere Futtermittelhändler und späterer Unternehmer – mit Sitz in Cuxhaven – wurde 1987 von der Paul Wesjohann & Co. GmbH aufgekauft. Die Firma ist der Weltmarktführer für Legehennenrassen mit weißen Eiern (68% Marktanteil) und hält 17% Marktanteil an Rassen, die braune Eier legen. Er ist durch die Übernahme von Nummer zwei (ISA) durch Nummer drei (Hendrix) auf dem Legehennenzuchtmarkt mit zusammen jetzt 32% Marktanteil bei weißen und 80% bei braunen Eiern auf Platz zwei verwiesen worden.[7] Lohmann operiert im Diskreten. Kaum jemand kennt die Firma, Informationen werden nicht herausgegeben. Trotz seiner marktbeherrschenden Stellung bezeichnet sich Lohmann Tierzucht als mittelständisches Untenehmen, weil es nur 140 Mitarbeiter hat.

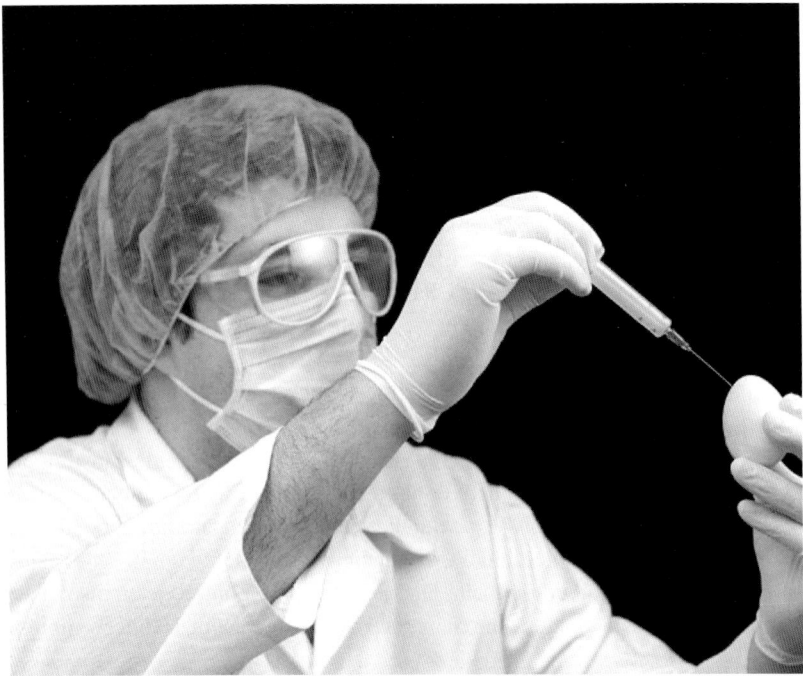

Es gibt noch viele Verflechtungen zwischen **Legehennen- und Broilerzucht-unternehmen**, wie z. B. über ISA (Institute de Selection Animale), das jetzt zu Hendrix gehört. Das US-Traditionsunternehmen Monroe Bacock aus Ithaca/N.Y. (auch mit Masthähnchenzucht) wurde schon vor einem Jahrzehnt an ISA verkauft. Vorher hatten Rhone Poulenc und Merck, zwei Pharmakonzerne, ihre Tierzucht zusammengelegt und mit dem Namen Merial in ISA integriert. Zu der neuen Agrarholding Hendrix gehört jetzt folglich auch die Tierarzneimittel- und Impfstoffproduktion der früheren Pharmariesen, die es so inzwischen auch nicht mehr gibt.

Wie war es möglich, dass einige westliche Zuchtunternehmen mit ihren Superhühnern die weltweite Masthähnchenhaltung so nachhaltig durchdringen konnten? Selbst in einem Land wie China, das mit 15 Mrd. Hühnern der größte Produzent von Hähnchenfleisch auf der Welt ist, sollen angeblich 90% der Tiere westliche Hybridhühner sein. Die Vermehrung passiert hier mittels einheimischer Unternehmen, die Joint Venture mit den Zuchtkonzernen eingegangen sind. Die kommerzielle Hähnchenerzeugung in Westafrika benutzt ebenfalls ausschließlich US-Hybride. Selbst die Hinterhofhaltung auf den meisten Kontinenten weist teilweise einen starken Anteil importierter Rassen aus den westlichen Zuchtfabriken auf.

Die Welteroberung der Zuchtkonzerne basiert zum einen auf dem Hybridhuhn. Es hat eine unschlagbare Produktionseffizienz, einen biologischen »Kopierschutz« und verhindert den Quereinstieg von Newcomern in die Branche. Alle Hybridhuhnzuchtunternehmen haben eine lange Firmentradition. Ihr Wissen beruht auf ursprünglich soliden handwerklichen Züchterfähigkeiten. Zum zweiten bauten sich diese Firmen systematisch einen Genpool über die Jahrzehnte hin auf und sammelten und kreuzten vielversprechende Linien. Spätestens dieser Genpool verschafft ihnen einen nicht einholbaren Wettbewerbsvorsprung. Doch die Konzentration der früher einmal vielseitigen Branche geht auf feindliche Übernahmen zurück, gegen die sich die kleinen, mittelständig organisierten Züchter nicht wehren konnten. Die Kontrolle haben jetzt die kapitalkräftigen Unternehmen der benachbarten Hähnchenfleischbranche.

An dem Hin und Her der **Firmenübernahmen und Verflechtungen** in der Hühnerzuchtbranche zeigt sich, wie strategisch zentral die Zucht und Kükenvermarktung ist, und welche heiß begehrten Objekte die verbliebenen Zuchtfirmen für die Fleischindustrie geworden sind. Wer die genetische Information kontrolliert, kontrolliert die ganze Produktkette. Hier sitzt die Intelligenz, die von den kleinsten Teilen aus – nämlich den genetischen Informationen – das ganze Imperium steuert. Die Fremdinteressen, die durch die Firmenkonsortien heute in die Zucht mit hineinspielen, verraten nichts Gutes für die Vielfalt der

Züchtungsziele. Wenn eine pharmazeutische Sparte beteiligt ist, werden Absatzinteressen für die eigenen Tierarzneimittel über die Zuchtziele mitmischen. Bestimmt wird auf die Weiterentwicklung der natürlichen Widerstandskraft der Tiere nicht der höchste Wert gelegt. Oder wenn Futtermittelwerke im Konsortium mit integriert sind, dann besteht wenig Interesse an der Entwicklung eines Huhnes, das genügsame Ernährungsansprüche hat. Die Interessen der Fleischwirtschaft, die auch mit im Spiel sind, drängen auf einen möglichst hohen Anteil der gutgehenden Fleischteile des Tieres. Hühner mit zu viel Brustanteil bekommen Kreislaufschwierigkeiten, Fußprobleme und Gleichgewichtsstörungen. All diese Fremdbestimmungen wirken sich zum Nachteil der Mäster aus, die noch das Wenigste zu sagen haben.

Für die Züchter ist Globalisierung wichtig. Sie müssen sich **Standorte** ihrer Züchtung und Vermehrung in vielen Teilen der Welt aufbauen. Wenn irgendwo eine Hühnerepidemie ausbricht, sperren die importierenden Staaten sofort ihre Grenzen gegen Lebendhühner (und Hühnerfleisch) aus dem Land mit Infektionsherd. Für die Zuchtkonzerne muss dann ein anderer Standort die Märkte übernehmen, oder sie sind gänzlich weg vom Markt. Das ist die betriebswirtschaftliche Logik des globalen Krisenmanagements. Die beiden übrig gebliebenen globalisierten Zuchtunternehmen haben jedoch keine wirkliche Antwort auf die zunehmende biologische Gefährdung ihres Tuns. Mit ihren insgesamt vielleicht sechs weltbeherrschenden Zuchtlinien ist die Population des »Globalen Huhns« genetisch äußerst einseitig. Ein Virus, der den genetischen Code einer dieser Zuchtlinien knackt, kann eine ökonomische Verwüstung in der weltweiten Hühnerwirtschaft anrichten, die in ihren Ausmaßen unvorstellbar ist. Diese Gefahr wird noch dadurch akzentuiert, dass die globale Konzentration der Zucht und teilweise auch die der Vermehrung zu einem riesigen weltweiten Handel mit Bruteiern und Küken führt. Das sind ideale Verbreitungswege für die Globalisierung von Krankheiten.

Es liegt im Interesse der Zuchtkonzerne, die Vermehrung und Brüterei zu

144

dezentralisieren und auf die wichtigsten Märkte auszulagern. So ist der Import Chinas von deutschen Importhybridlegehühnern 2004 von 60% auf 16% zurückgegangen, weil chinesische Firmen Verträge abschließen konnten und die Großeltern der Hybridhühner zur Verfügung gestellt bekamen, um ihre eigenen Bestände zu vermehren. Dennoch werden täglich noch Abermillionen befruchtete Bruteier und **Eintagsküken international verschifft**. Allein Europas zweitgrößte Brüterei, die türkische Firma Hastavuk, exportiert jährlich 100 Mio. Küken in alle Herren Länder. 2004 sind aus Deutschland 4,8 Mio. weibliche Zuchtküken exportiert und 2,3 Mio. importiert worden. Die EU hat insgesamt 10,1 Mio. Küken von Mastrassen exportiert.[8] Zahlen über den internationalen Handel mit Küken liegen uns leider nicht vor.

Fraglich ist, ob der biologische Fortschritt des Hybridhuhns immer so weitergeht. Die Hühnerexpertin und Kritikerin des Zuchtgeschehens Anita Idel prophezeit, dass das Hy-

bridhuhn wissenschaftlich ausgereizt sei. Das Wissen sei so sehr an die wenigen Zuchtkonzerne übergegangen, dass es kaum noch eine öffentliche Forschung gibt. So wurden regionale, vielversprechende Hühnerrassen niemals für **andere Zuchtziele** ernsthaft wissenschaftlich bearbeitet. Das wirft die Frage auf, ob es Alternativen gibt. Man kann nur sagen: Eine jahrzehntelange Züchtungsforschung unter der Dominanz einseitiger kommerzieller Interessen hat bestehende mögliche Optionen gar nicht erst aufkommen lassen. Heute wäre es äußerst mühselig, eine alternative Wirtschaftshuhnrasse aufzubauen, die mit dem überzüchteten Hybridhuhn konkurrieren könnte. Das alternative Huhn kann gegenwärtig nur in Nischen wirtschaftlich überleben (vgl. Kapitel 8.3).

Schon aus **Geschmacksgründen** gibt es eine leichte Gegenbewegung in so gut wie allen Ländern, die aber nicht nennenswert die internationalen Geschäfte der Zuchtkonzerne durchkreuzt. Bisherige Zuchtstrategien haben ungewollt dazu geführt, dass die Muskulatur in den wertvollen Teilstücken einer Muskelhypertrophie unterworfen wurde. Das bedeutet eine Vergrößerung des Durchmessers der Muskelfaser und ist mit einer prekären Stoffwechselsituation der Fasern verbunden. Die Sauerstoffversorgung der Fasern ist bei dicken Fasern offensichtlich erschwert. In Belastungssituationen führt dies zu gravierenden Veränderungen des Stoffwechsels und letzten Endes zu pathologischen Stoffwechselzuständen und einer Minderung der Fleischqualität. Mit Erhöhung des Muskelfleischanteils müsste also das Zuchtziel einhergehen, mehr anstatt dickere Muskelfasern zu entwickeln. Damit würde sich die Fleischqualität verbessern, besonders das Safthaltevermögen und die Zartheit. Das wäre eine große Herausforderung für die Zuchtkonzerne. Schaffen sie es innerhalb des Fabrikhuhnsystems? Wenn nicht, wird es hoffentlich zu neuen Entwicklungen in der Züchterlandschaft kommen, und das Hybridhuhn wird sich mit einer neuen Spezies »Alternativhuhn« messen müssen.

Das Huhn, das unscheinbare Tier, das keiner so richtig ernst nehmen will, wovon die vielen Sprüche über das »dumme Huhn« bis zum »eingebildeten Gockel« zeugen, ist in der Hand von großen Konzernen zum Zentrum von Firmenimperien geworden, die die ganze Welt mit ihren Zuchtlinien versorgen. Der heiß umkämpfte und globalisierte Markt für Hähnchenfleisch ist von den Konzernen über die genetischen Eigenschaften der Zuchtlinien aufgerollt worden. Dass die ganze Welt von im Grunde nur noch zwei großen Zuchtunternehmen mit Kükenmaterial beliefert wird, die zudem von spartenfremden Interessen beherrscht werden, kann für die Vielfalt der Hähnchenzucht keine gute Nachricht sein. Globalisierter und zentralisierter Handel mit Bruteiern und Küken weniger Rassen stellt eine genetische Homogenität dar, die anfällig ist.

Kapitel 5

Wer isst den Rest?

5.1 Restfleisch und seine Verwertung

Das »Globale Huhn« besteht aus dem zerstückelten Huhn mit stark begehrten Teilen und den Resten, die nicht so gut zu verkaufen sind. Diese »Reste« vagabundieren. Verzweifelt wird nach einer – wenigstens noch einigermaßen lukrativen – Verwertung gesucht. Reste fielen früher, als noch das ganze Hähnchen auf den Tisch kam, kaum an. Alles wurde im Haushalt verwertet. Später fanden die verwertbaren Teile ihren Absatz als Tiermehl, das ein wertvolles Proteinfutter in der Intensivtierhaltung war. Mit dem BSE-bedingten Tiermehlverfütterungsverbot entfällt diese Möglichkeit. Es gibt einfach zu viel von den weniger nachgefragten Fleischteilen. Da die Exportregelungen schwach sind, fließt ein Teil davon in die Entwicklungsländer ab, wo es bei den Armen eine kauffähige Nachfrage nach Billigfleisch gibt. Als willkommener Restmarkt spielt dieser Absatz eine kleine Rolle für die Fleischindustrie der Industrieländer. Die Versuchung ist groß – wie bei Witwe Bolte – auch Fleisch, das als »nicht mehr für den menschlichen Verzehr geeignet« deklassifiziert ist, wieder in den Nahrungsmittelkreislauf zurückzuschleusen.

Tierische Nebenprodukte

In der Zeit vor der modernen, industrialisierten Tierhaltung gab es die **Problematik der Fleischreste** fast nicht. Das geschlachtete Tier wurde hofnah vollständig genutzt. Was der Mensch nicht als Fleisch aß, wurde als Suppe ausgekocht. Die gar nicht mehr verwendbaren Reste wurden den Schweinen verfüttert. Das war beim Huhn genau so. Selbst die Federn wurden noch für Bett- und Kissenbezüge genutzt.

Auch noch zu Zeiten, als das ganze gefrorene Huhn den Handel dominierte, war es Sache der Privathaushalte, die Reste zu entsorgen. Erst mit dem vermehrten Aufkommen der Vermarktung von Teilstücken fiel eine Problematik der **Resteverwertung in den Schlachthäusern** an. Die moderne Fleischindustrie war zwar äußerst findig bei der Verwertung der schwer absetzbaren Teile des Huhns für den menschlichen Verzehr. Aber in den Mengen, in denen heute die Reste anfallen, sind auch die Kreativsten überfordert.

Die Industrie spricht nicht gerne von Fleischresten oder Ausschuss, weil das nach Abfall klingt. Was vom Tier in den Schlachthäusern übrig bleibt und nicht direkt oder über eine Verarbeitung in die Lebensmittelkette wandert, wird als **tierisches Nebenprodukt** bezeichnet. Was Haupt- und was Nebenprodukt ist, ist starken gesellschaftlichen Einflüssen unterlegen. Gestern galten viele Innereien der Tiere noch bei uns als größte Leckereien, wie z. B. Leber, Kutteln (im Schwäbischen), Niere (in England: Kidney Pie), (Pfälzer Sau-) Magen, Kalbsbries (Hirn) usw. Unter echten Gourmets sind die »inneren Werte« der Tiere noch immer hoch im Kurs. Doch hierzulande werden Innereien inzwischen verabscheut, ähnlich dem Schweinebraten in Mekka.[1] Der Markt wird gemacht, mit völlig unbegründeten Meinungen darüber, was angeblich ekelig ist. Versuchen Sie mal, ein Stück Kalbskopf oder Schweineohren zu kaufen. Ist alles vom Markt verschwunden. Wo landen diese Schlachtnebenprodukte? In einem teuren und verschwenderischen Verwertungsprozess.

Um diese »tierischen Nebenprodukte« kümmern sich spezielle Entsorgungsfirmen, die die entsprechenden Tier- und Fleischreste abholen. Für diesen Service müssen die Schlachthäuser, Gastronomie oder Einzelhandel zahlen. 2005 kostete die **Fleischentsorgung** circa 100 Euro pro Tonne. Wenn ein Tier auf dem Bauernhof stirbt, muss neuerdings auch der Landwirt einen Teil der Kosten tragen (25%). Früher hat der Staat die Kosten der »Tierkörperbeseitigung« ganz übernommen. Das wurde von der EU aber als unerlaubte Subvention betrachtet.[2]

Die Schlachthäuser sind naturgemäß daran interessiert, dass möglichst wenig tierische Nebenprodukte anfallen. Um sie kommerziell zu verwerten, hat sich die Fleischindustrie vieles einfallen lassen. Haut und Innereien dienen z. B. als Geschmacksverstärker für Geflügelwurst. Die Knochen und das Gerippe werden mit Druckluft von »Restfleisch« gesäubert, das für allerlei Zwecke als »**Separatorenfleisch**« genutzt wird. Wir finden es z. B. in Chicken Nuggets. Manche Teile, die wir nicht essen mögen, können exportiert werden, so Hühnerfüße nach China oder ein gewisser essbarer Fleischmix von Schlachtabfällen als »Hühnerklein« nach Afrika (siehe Kapitel 1). Genannt werden diese Produkte allerdings »genießbare Schlachtnebenerzeugnisse«.

Trotz dieser Absatzwege gibt es Entsorgungsschwierigkeiten. Bei 38 Mio. Tonnen Fleisch, die in der EU 2004 produziert wurden[3], fielen 14 Mio. Tonnen (36%) Restfleisch an, das keine **kommerzielle Verwertung** in der europäischen Lebensmittelindustrie fand.[4] In Deutschland waren es 2005 1,9 Mio. Tonnen. Beim Huhn sind es 40% seines Lebend-, bzw. 32% seines Schlachtgewichtes, das macht für Deutschland immerhin rund 160 000 Tonnen aus. Beim Rind bleiben so circa 460 000 Tonnen und beim Schwein 1,3 Mio. Tonnen nicht für den menschlichen Verzehr geeignete Fleischreste übrig.[5] Wenn es also heißt, dass wir in Deutschland ungefähr 10 kg Hähnchenfleisch pro Kopf pro Jahr verbrauchen, dann sind es tatsächlich nur circa 7 kg, die wir wirklich verzehren; der Rest sind Nebenprodukte.

Die Restfleisch-Kategorien

Konnte bis zur BSE-Krise noch aus allen tierischen Resten Tiermehl produziert werden, das als Tierfutter einen guten Preis erlangte, wird nun streng unterschieden, um welche Art von Fleisch- und Tierresten es sich handelt. Die tierischen Nebenprodukte mit dem höchsten Risiko werden als **Kategorie 1** bezeichnet. Das sind vor allem Kadaver von Tieren, die an Krankheiten verendet sind. Auch Tiere, bei denen man unerlaubte Medikamentenrückstände oder Umweltgifte (Dioxin) gefunden hat, werden als Kategorie 1 eingestuft. Diese Kadaver dürfen überhaupt nicht weiter genutzt werden. Sie sind wirklich Abfall und müssen restlos verbrannt oder auf Deponien verbracht werden. Unter die **Kategorie 2** fallen Tiere, die als Vorsichtsmaßnahme gegen die Ausdehnung von Tierseuchen »gekeult« wurden (Fachausdruck; staatlich verordnete Vernichtung), wie z. B. Geflügel aus den Sperrzonen, in denen ein Vogel mit dem Vogelgrippevirus gefunden wurde. Alle anderen Reste, nämlich die von gesunden Tieren, werden einer **Kategorie 3** zugeordnet.

Wichtig sind diese Zuordnungen, weil sich aus ihnen nach dem Gesetz unterschiedliche **Möglichkeiten der Weiterbehandlung** ergeben. Aus Kategorie 1 und 2 dürfen seit der BSE-Krise auch keine Futtermittel mehr hergestellt werden. Material der Kategorie 2 kann nur zur Biogaserzeugung, zur Düngemittelherstellung oder für Industriefette verwendet werden.[6]

Beim Geflügel ist die Hauptmenge dieser »tierischen Nebenprodukte«, fast 80%, Material der Kategorie 3. Um dieses K 3-Material sind heftige Diskussionen entfacht. Höchst kontrovers ist, welche Fleischteile nicht mehr **zum**

menschlichen Verzehr geeignet sind, selbst wenn sie von gesunden Tieren stammen. Dafür gibt es bei Geflügel keine klare Regelung. Die Schlachthäuser selbst entscheiden, was nicht mehr in die Nahrungskette kommt. Einziges Kriterium ist die Wirtschaftlichkeit. Findet sich niemand mehr, der Hautreste, Hälse oder Füße kommerziell aufkauft, dann müssen diese Fleischteile eben als K 3-Material deklariert und als solche minderwertig entsorgt werden. K 3-Material muss lizenzierten Betrieben zugeführt werden. Nur diese dürfen dieses Material verwerten. Manche dieser Betriebe sind Tochterfirmen der Schlachtunternehmen. Einmal als K 3-Material eingestuft, gibt es kein zurück mehr. Es kann allenfalls noch weiter heruntergestuft werden. Für den menschlichen Verzehr gilt es als unbrauchbar.

Die EU-Regulierung sieht auch vor, dass das Material unterschiedlicher Kategorien in getrennten Anlagen vernichtet bzw. behandelt werden muss. Jeder Betrieb, der tierische Nebenprodukte verarbeitet, braucht dazu eine **Genehmigung**. Die Betriebe und ihre Anlagen werden aufs Genaueste inspiziert. Die Listen werden veröffentlicht.

Was wird aus diesen Fleischresten hergestellt?

Die Palette der Verwertungsmöglichkeiten von **K 3-Materialien** ist lang. K 3-Fleischreste können z. B. zu Gelatine verarbeitet werden, es werden Medikamente damit beschichtet oder es wird als Bindemittel benutzt. Dafür eignen sich Haut, Knochen und Sehnen. Diese Art der Verwertung für die Rückführung in den menschlichen Verzehr macht ca. 30% aus. Ein großer Anteil der Abfälle wird als ausgeschmolzenes Fett und tierisches Eiweiß separiert. Diese Rohstoffe werden wiederum anderen Lebensmitteln, Kosmetika und Arzneimitteln zugesetzt.

Wie in so vielen Bereichen der Tierverarbeitung hat die **BSE-Krise** auch bei der Behandlung der Fleischresten vieles verändert. Die wahrscheinlichste Ursache für das Aufkommen des Rinderwahnsinns, der in Großbritannien seinen Ausgang nahm, ist nach wie vor die Verfütterung von Tiermehl an Wiederkäuer. Als besonders problematisch gilt der »Kannibalismuseffekt«, also Tiermehl an die gleiche Tierart zu verfüttern, von der es stammt. Wie heute das Lebensmittelrecht überhaupt, werden auch die Bestimmungen zur Behandlung dieser tierischen Nebenprodukte auf europäischer Ebene geregelt. Tiermehl, das bis zum Jahr 2001 noch ausgiebig zur Verfütterung an Nutztiere verwandt wurde, darf heute nicht mehr als Tierfutter genutzt werden. Es wird jetzt meist verbrannt oder dient als Düngemittel.

Das **Verfütterungsverbot von Tiermehl** ist zum Streitpunkt zwischen der Ernährungswirtschaft und den europäischen bzw. nationalen Politikern geworden. Die Befürworter des Verfütterungsverbots kommen zunehmend in Erklärungsnot, warum es diese rigorose Bestimmung so noch gibt, warum das Verfütterungsverbot ohne Unterschied für alle Tierarten gilt und warum die »sichere Technik« der Behandlung von Tierresten nicht ausreicht. Nachdem jetzt jahrelang kein BSE-Fall mehr bekannt geworden ist, entspannt sich die Lage hinsichtlich der Risikoeinschätzung. Bekanntlich kann Geflügel nach heutigem Kenntnisstand weder selbst an BSE erkranken, noch kann es die Krankheit übertragen; das gilt ebenso für Schweine. Die Branchenvertreter der Fleischnebenproduktverwertung wollen wenigstens für diese Nutztierarten das Verfütterungsverbot aufgehoben wissen.

Auch Geflügelzüchter fragen sich mit einiger Berechtigung, warum nicht zumindest Tiermehl der Kategorie 3 wieder an Geflügel verfüttert werden darf. Das klingt vernünftig, wenn ausgeschlossen werden kann, dass das Tiermehl aus Geflügelmaterial erzeugt wurde, damit dem – von der Verordnung vorge-schriebenen – »Kannibalismusverbot« entsprochen wird. Mit anderen Worten: kein Tiermehl aus Geflügelresten für die Geflügelmast. Durch die in der EU jetzt vorgeschriebene durchgängig getrennte Verarbeitung der Abfälle nach tie-rischer Herkunft könnte das ausgeschlossen werden.

In die politischen Prozesse zur **Lockerung des Tiermehlverfütterungs-verbots** ist Bewegung gekommen. Die EU-Kommission kündigte in ihrem Arbeitsbericht zu BSE (und TSE)[7] an, dass sie mit den Mitgliedsländern Ge-spräche aufnehmen will, um statt des strikten Verbots eine Toleranzschwelle für Tiermehl in Futtermitteln einzuführen.[8] Zuvor hatte schon der Bericht des Umweltausschusses des Europaparlaments sich dafür ausgesprochen, »die Verfütterung von aus Tieren gewonnenen Proteinen auf Antrag eines Mit-gliedslandes zuzulassen«, sofern entsprechende technische Voraussetzungen erfüllt sind, wie z. B. die Einhaltung des Kannibalismusverbots.[9]

Die Vorsitzende des Agrarausschusses des Deutschen Bundestages, Ulrike Höfken – ebenfalls Grünen-Politikerin, wie der Berichterstatter des Europa-parlaments in dieser Sache – ist allerdings völlig gegen eine Lockerung. Sie meint, dass die Futtermittelkette nicht ausreichend kontrolliert werden kann, eine Spezifizierung hinsichtlich der Herkunftsart nicht praktikabel und das Ri-siko aus diesen Gründen nicht beherrschbar sei.[10]

Wichtig ist die Diskussion vor allem deswegen, weil dieses hochwertige proteinhaltige Futter durch pflanzliches Futter – in erster Linie durch Soja – er-setzt werden musste. Aufgrund des Verbots der Tiermehlverfütterung mussten rund 3 Mio. Tonnen Sojaschrot pro Jahr mehr eingeführt werden. Selbst eine

Firma wie Wiesenhof, die damit wirbt, dass alle Produktionsschritte deutschen Ursprungs sind, muss **Soja** in Brasilien zukaufen. Es fällt Wiesenhof schwer, preisgünstig gentechnikfreies Sojaschrot zu erwerben, denn Wiesenhof wirbt auch explizit damit, dass die Firma auf gentechnisch verändertes Soja verzichtet. Dieser Art der Qualitätsproduktion von Hähnchenfleisch wäre viel geholfen, wenn »sicheres Tiermehl« wieder verfüttert werden dürfte.

Die **Sojaimporte aus Entwicklungsländern** – vor allem aus Brasilien, Argentinien und Bolivien – sind Kern der Problematik. Die Anbauflächen für Soja wurden enorm ausgedehnt, um bei uns vernichtetes hochwertiges Futter in den Tiertrögen zu ersetzen. Das ist entwicklungspolitisch und ökologisch umstritten. »Mit der Ausweitung des Anbaus von Ölsaaten für den Export (...) wächst die Gefahr, dass für die Deckung des Bedarfs an Grundnahrungsmitteln für die eigene Bevölkerung riesige Flächen entzogen werden (...) Soja wird zur Frucht für Großbetriebe, führt zur Monokultur und hat z. T. katastrophale Auswirkungen auf die Umwelt, denn es geht mit rücksichtsloser Abholzung von Wäldern und hohem Pestizideinsatz einher.«[11]

Die **»Nulltoleranz bei Tiermehlverfütterung«** ist angesichts der vielen Skandale von Futterkontamination in Europa verständlich. Außerdem ist kaum kontrollierbar, welches Tiermehl in den Betrieben bei welchen Tieren zum Einsatz kommt. Zu oft haben »schwarze Schafe« innerhalb der Branche dafür gesorgt, dass »Nulltoleranz« für Politiker als einziger Ausweg blieb. Hier sind die Geflügelwirtschaft und ihre Partner der Fleischnebenproduktbranche in der Nachweispflicht. Aber nicht zuletzt eben auch die Tierfutterindustrie. Es bleibt nachvollziehbar, wenn Verbraucherorganisationen und Gesetzgeber gegenüber einer Aufhebung skeptisch bleiben.[12] Allerdings ist auch jetzt schon jede Menge Missbrauch möglich, da sich Tiermehl als Düngemittel im Verkehr befindet. Die Größenordnung der verkauften Mengen lassen Zweifel an der ausschließlichen Verwendung als Dünger aufkommen.

Für die Wiederzulassung der Tiermehlverfütterung spricht auch ein technisches Argument. Die deutschen Betriebe für tierische Nebenprodukte arbeiten alle nach dem technischen Verfahren der so genannten »Methode 1« der EU-Verordnung. Schlachtabfälle werden danach mit dem Verfahren der **Druckluftsterilisation** behandelt, bei 130 Grad mit 3 Bar Druck 20 Minuten lang erhitzt. So werden sie dekontaminiert und gelten als sicher, von allem bakteriellen und virilen infektiösen Material befreit.[13] Zusätzlich wird das Material in Deutschland zur besseren Entkeimung ständig umgerührt, was nach der EU-Verordnung noch nicht erforderlich ist.

Weil für die K 3-Entsorgung keine vernünftigen Erlöse zu erzielen sind, ist die Versuchung für die Fleischindustrie groß, jede Art der kommerziellen

Verwertung von Fleischresten im Nahrungsmittelsektor auszuschöpfen. Offensichtlich mit einem gewissen Erfolg. Die Menge der als K 3-Material deklarierten Fleischreste ist seit 2001 um 35% gesunken.[14] Gleichzeitig ist seit dem Jahr 2000 der **Export von Hähnchenteilen** der Zollnummer 020707ff (»genießbarer Abfall«) vor allem nach Afrika gestiegen.[15] Damit bestätigt sich, was schon 2001 auf dem Höhepunkt der BSE-Krise befürchtet wurde: »Die Schlachthäuser werden alles daran setzen, die Schlachtabfälle abzusetzen, und (...) in armen Ländern stellen viele unserer Schlachtabfälle gefragtes Billigfleisch dar«.[16] Aber nicht nur »genießbare Schlachtnebenerzeugnisse« werden exportiert. Eine Veröffentlichung des »Verbandes der Betriebe tierischer Nebenprodukte« konstatiert: «Der Export von Schlachtnebenprodukten in weniger begüterte Länder beeinträchtigt dort die lokale Fleischproduktion. Schlachtprodukte sind Lebensmittel. Schlachtnebenprodukte, insbesondere von Geflügel und Schweinen, werden entweder über den Weg der tierischen Proteinmehle verbrannt oder exportiert. In den importierenden Ländern können diese Waren starke Destabilisierungen der Märkte hervorrufen.«[17]

Die Regelung ermöglicht, Fleischreste in Entwicklungsländer zu exportieren, die wir noch nicht einmal als Tiermehl unseren Hühnern zumuten wollen. Nach den Gammelfleischskandalen in Deutschland herrscht Skepsis darüber, ob die staatlichen Kontrollen bei der Fleischverwertung effektiv sind. Selbst diese haben versagt, obwohl das Inspektionssystem eng ist. Bei der Dokumentationspflicht für Verbrauchsfleisch sind Fortschritte zu verzeichnen. Bei Schlachtabfällen gibt es jedoch im Schlachthaus **keine Aufzeichnungspflicht**.

»In den Schlachthöfen muss fast alles bis ins kleinste Detail dokumentiert werden, etwa, wie viel ein Tier vor dem Schlachten wiegt und wie viel Kilo Keule, Nacken und Steak daraus geschnitten wurden. Doch in einem Punkt wird nicht Buch geführt: über die Schlachtabfälle der so genannten Kategorie 3.« Niemand weiß daher, wie viel Abfälle ein Schlachthof genau produziert. Das ist das Einfallstor für die Gammelfleischhändler[18] (siehe Kapitel 5.2).

Insofern ist der Markt für Fleischnebenprodukte – obwohl hier tendenziell gefährdetes Material gehandelt wird – schwächer reguliert, als der für Verzehrswaren. Das Nachsehen haben besonders Konsumenten von Importstaaten. Erst wenn das K 3-Material von den Verwertungsbetrieben abgeholt wird, taucht es statistisch wieder auf und kann kontrolliert werden.

Das Tiermehlverfütterungsverbot stellt auch ein **internationales Wettbewerbsproblem** dar. Auch in den anderen großen Produktionsländern fallen seit der »Zerlegung des Huhnes« jede Menge Hühnchenrestteile an, die zu Nebenprodukten werden. Was jedoch in Europa verboten ist, wird zum Standortvorteil anderer Länder: Weder in den USA, noch in Brasilien oder China ist es verboten, Tiermehl aus »K 3-ähnlichem Material« zu verfüttern; selbst kannibalistische Fütterung ist dort legal. Der Wert des Tiermehls als proteinreiches Futtermittel verbilligt die Fleischverarbeitung unserer Konkurrenten im Ausland. Mit den Hähnchenbrüsten aus Brasilien kommt das so gefütterte Geflügel dann doch noch auf unseren Tisch. Der Schutz unserer Verbraucher vor BSE ist also durch entsprechende Importe wieder in Frage gestellt. In China werden viele Tierteile gegessen, die für unseren Geschmack nicht verzehrbar sind und bei uns Abfall wären, wie Hühnerfüße, Innereien, selbst Hühnerköpfe. Trotzdem fallen auch in China so große Mengen an Schlachtabfällen an, dass die Geflügelwirtschaft nicht mehr weiß wohin damit. Tiermehlverfütterung von Geflügelresten an Geflügel ist gang und gäbe. Die gefährliche Variante der Vogelgrippe stammt aus China. Es gibt Vermutungen, dass sich hier die Geschichte von BSE bei Hühnern wiederholt (vgl. Kapitel 6).

Ein weiteres Problem beim Fleischabfall ist die Regelung für das **Mindesthaltbarkeitsdatum**. Im Lebensmittelhandel werden Fleischstücke mit abgelaufener Mindesthaltbarkeit normalerweise nicht mehr verkauft. Die häufige Annahme, dass daraus automatisch K 3-Material würde, stimmt so nicht. Der Gesetzgeber erlaubt sogar ein Umetikettieren, falls ein Labor feststellt, dass das Fleisch immer noch einwandfrei ist.[19] Daher kaufen Firmen dieses Fleisch noch auf. Nur Hackfleisch, das aus Geflügelfleisch herzustellen in Deutschland nicht zugelassen ist,[20] hat ein Verbrauchsdatum, danach ist es wirklich nicht mehr für den menschlichen Verzehr verwertbar. Ob und wie viel legal umetikettiert wird, ist nicht bekannt. Die Gammelfleischskandale haben aber illegale Machenschaften ans Licht der Öffentlichkeit gebracht.

Die Problematik **abgelaufener Haltbarkeitsdaten** erstreckt sich auch auf den Exporthandel. Wenn Hähnchenteile kurz vor dem Ablauf des Mindesthaltbarkeitsdatum ganz legal noch schnell umetikettiert auf den langen Weg nach Afrika gebracht werden, mag das Fleisch zu Beginn des Transportes noch nicht abgelaufen sein. Wenn das Schiff aber fünf afrikanische Häfen anläuft und die Ladung nach sechs Wochen Fahrt endlich gelöscht wird, ist es überfällig. Trotz Kühlcontainer kann es dann kaum noch als selbstverständlich sicher eingestuft werden.

Selbst **K 3-Fleisch**, das für den menschlichen Verzehr als ungeeignet deklassifiziert wurde, darf – im Gegensatz zu K 1- und K 2-Fleisch – **exportiert werden**. Die Importeure müssen nur dokumentieren, dass sie wissen, worum es sich handelt, und dass ihr Land keine Einwände gegen den Import erhebt. Sie müssen auch bestätigen, dass sie es ordnungsgemäß verarbeiten werden. Was mit dem Material dann wirklich passiert, unterliegt nur noch der Verantwortung der Behörden des Importlandes. Es ist höchst fraglich, ob die meisten

Entwicklungsländer die gleichen Bestimmungen hinsichtlich der Behandlung von Fleischabfällen haben wie die EU, wonach solches Material nicht wieder in die Nahrungskette gelangen darf. Noch viel fragwürdiger ist, ob das wirklich überprüft wird. In Gesellschaften, in denen Hühnerfüße, Nacken oder Sterze Delikatessen oder Billigfleisch für die Armen bedeuten, wird das, was für uns Abfall ist, eine höchst begehrte Ware.

Wie ein **Bumerang** kann es auf unsere Teller zurückkommen, falls solche Importländer auch Exporteure von verarbeitetem, abgekochtem Fleisch sind, wie das z. B. der Fall mit der Türkei ist. Was in so mancher importierten Wurstdose ist, sollten wir besser nicht wissen.

Es tut dringend Not, **internationale Regelungen** festzulegen, die den Handel mit Fleischresten, Fleischnebenprodukten und Fleischabfällen ordnen. Dazu gehört etwa: Was ist Restfleisch? Wie muss es behandelt werden? Was darf davon wieder in den menschlichen Verzehr gelangen? Welche Gewähr muss das Importland dem Exportland geben, dass hier hinreichend kontrolliert wird?

Wenn Katzen wüssten ...

Kritik wird selbst von den Haustierhaltern am Umgang der **Heimtierfutterindustrie** mit K 3-Material geübt. Immerhin wird 16% des K 3-Materials[21] an Hunde und Katzen verfüttert. Nach dem Tiermehlverbot bemühte sich die Branche der »Verwerter der tierischen Nebenprodukte«, diesen Anteil zu erhöhen. Da es sich nach der Definition von K 3 um »Fleischreste von gesunden Tieren« handelt, ist nichts dagegen einzuwenden. Jedoch wachsen in den Foren der Tierhalter die Sorgen. Sowohl das Erhitzen des Materials (Vitaminverluste), um es zu dekontaminieren, als auch die Zusammensetzung lassen bei den Haustierbesitzern Zweifel aufkommen, wie gut das Futter aus der Dose eigentlich ist, das sie ihren Lieblingen kredenzen. Auch im Trockenfutter ist selbstverständlich K 3-Material. Die Angabe auf den Futterdosen von z. B. »mindestens 4% Geflügel« ist irreführend, wenn als Inhalt Muskelfleisch unterstellt wird. K 3-Material enthält aufgrund des Kostendrucks immer weniger »richtiges« Fleisch, stattdessen fleischähnliche Reste von Tieren, wie Haut, Knochen und Knorpel.

Es ist dringend erforderlich, dass K 3-Material beim Export wie Risiko-abfall behandelt wird und Exporteure in die Verantwortung genommen werden, damit der Verbleib im Ausland ordnungsgemäß geschieht, so wie es gesetzlich im Inland geregelt ist. Darüber hinaus ist eine qualifizierte Lockerung des Tiermehlfütterungsverbots zu fordern, damit die Fleisch-reste im Inland wieder Verwertung finden. Die Bedenken, die man dagegen einwenden könnte, ließen sich durch technische Verfahren und einer nach Tierart getrennten Vermahlung mit Zertifizierung und Kennzeichnung des Tiermehls umgehen.

5.2 Eine höchst unappetitliche Geschichte: Gammelfleischhandel

DER HANDEL MIT ILLEGALEM FLEISCH
HAT GRÖSSENORDNUNGEN
VON ILLEGALEM WAFFENHANDEL
UND DROGENHANDEL.

SINNGEMÄSS NACH HEIKE HASENSTEINER, DIE PRESSE, 6.7.2006[1]

Fleisch ist in Verruf gekommen. Schuld daran sind die Funde ekelerregender Fleischwaren in Kühlhäusern und im Handel. Dutzende Skandale um verdorbenes Fleisch haben in den Jahren 2005/2006 offengelegt, dass zu viele unverkäufliche Fleischreste vagabundieren. Und jetzt wissen alle: Es lassen sich irrwitzige Gewinne mit Fleisch machen, das »überlagert« ist. Bevor es mit viel Geld in Tierkörperbeseitigungsanstalten vernichtet werden muss, ist die Versuchung immens, es doch noch irgendwo versteckt zum annehmbaren Preis dem menschlichen Verzehr zuzuführen. Offensichtlich existieren große Lücken im staatlichen Überwachungssystem, die einigen dubiosen Händlern das Geschäft leicht machen. Immer, wenn es um Gammelfleisch geht, ist Geflügel mit dabei. Die Branche redet von »Einzeltätern« und »schwarzen Schafen«. Die Politiker pflichten dem bei und haben nur das Gewirr der behördlichen Zuständigkeiten mit seinen Lücken im Kopf. Handelt es sich hier lediglich um kriminelle Einzelfälle, oder steckt eine Struktur dahinter, für die die offengelegten Fälle nur die Spitze des Eisbergs sind?

Der Skandal trifft den gesamten Fleischmarkt

Das Problem mit Gammelfleisch ist **nicht nur ein deutsches Problem**. Hin und her wird das Fleisch gefahren, bis kein Zöllner mehr weiß, was sich eigentlich in den Kühlcontainern wirklich befindet. Geflügelfleisch lässt keinen der Skandale aus; wo es um falsch deklarierte Fleischimporte aus Drittländern ging, spielte es sogar die Hauptrolle. Gammelhandel ist globaler Handel.

Alle Fleischsorten sind von den Skandalen um verdorbenes Fleisch betroffen: Rind, Schwein, Schaf, Huhn, Wild und sogar Känguru. Egal, ob teures

Filet, edler Rehrücken, billiger Döner oder Schlachtabfälle vom Huhn, wenn einmal zu alt, muss das Fleisch dem menschlichen Verzehr entzogen werden. Da alle Tierarten einbezogen sind, trifft es den gesamten Fleischmarkt. Denn die VerbraucherInnen können nun nicht mehr von einer Fleischsorte auf die andere wechseln. Bei anderen Fleischskandalen oder Tierseuchen ist das gängige Praxis. Hat das Huhn Dioxin, wird das Rind gesund sein; hat dieses BSE, wird Schwein verzehrt. Und wenn das Schwein die Pest hat, haben wir das Dioxin beim Huhn schon wieder vergessen.

Die **Vorschläge aus Politik und Wirtschaft** ähneln dem Krisenmanagement anderer Lebensmittelskandale: mehr staatliche Lebensmittelkontrollen, höhere Strafen und eine bessere Selbstkontrolle der Fleischwirtschaft. Nach den Ursachen wird so gut wie nicht gefragt. Kaum sind die Skandale aus den Schlagzeilen verschwunden, verläppert sich auch schon die Umsetzung selbst der dürftigen Selbstverständlichkeiten. Kompetenzgerangel, mangelnder politischer Wille und personelle Unterbesetzung bilden das Ambiente, in dem die illegale Fleischpraxis ungestört ihren Geschäften nachgehen kann. Beherzt packte Verbraucherschutzminister Horst Seehofer Mitte 2006 ein neues Verbraucherinformationsgesetz und eines zum Dumpingverbot an. Noch ehe sie in Kraft sind, haben sie schon ihren Saft verloren. Kein Fachkundiger macht sich über ihre Wirksamkeit Illusionen.

Lagerung und Vertrieb von Fleisch hat zu allen Zeiten Schwierigkeiten bereitet. Einmal geschlachtet, muss Fleisch schnell und sicher konserviert werden. Früher wurde es dazu getrocknet, gepökelt oder geräuchert, damit es eine gewisse Zeit hielt. Frisches Fleisch verdirbt innerhalb weniger Tage, Geflügelfleisch schon innerhalb weniger Stunden. Vielerorts auf der Welt, wo Kühlanlagen fehlen, wird auch heute noch am frühen Morgen nur soviel »rotes« Fleisch geschlachtet, wie voraussichtlich an dem Tag verkauft werden kann. Geflügel und Hasen werden lebendig nach Hause getragen und erst Stunden vor dem Zubereiten geschlachtet. Der große Gewürzbedarf der europäischen Oberschichten bis zum 19. Jahrhundert ist unter anderem auch darauf zurückzuführen, den Geschmack und den Geruch von nicht mehr ganz frischem Fleisch zu überdecken.

Von der Sorge, verdorbenes Fleisch zu kaufen, schienen die VerbraucherInnen in den reichen Staaten mit dem Aufkommen der Kühltechnik befreit zu sein. Tiefkühlung ermöglicht es, dass man Fleisch länger lagern und auch sicher transportieren kann. Solange das Fleisch beim **Metzger an der Ecke** gekauft wurde, war klar, an wen man sich wenden konnte, wenn das Fleisch nicht schmeckte oder schlecht roch. Doch dann begann die Erfolgsgeschichte der Supermarkt-Fleischtheken und des Tiefkostfleisches, abgepackt und portioniert beim Discounter. Zunächst wurde dort lediglich Fleisch in Dosen angeboten. Das gefrorene Hähnchen war das erste tiefgefrorene Fleischstück im Supermarktangebot überhaupt. Die Fleischerbranche selbst hatte daran Schuld, denn Metzgereien wollten mit Kleinvieh möglichst nichts zu tun haben. Schon bald folgten die Theken mit Frischfleisch in den Supermärkten. Das war der Beginn vom Ende der unabhängigen kleinen örtlichen Fleischerei. Fleisch wurde zu einem anonymen Massenprodukt. Plötzlich war auch niemand mehr da, der als Person glaubhaft dafür einstehen konnte, wie gut das Fleisch war oder woher es kam. Das Vertrauen in die Person des Metzgers musste irgendwie ersetzt werden.

Auch aus den 70er und 80er Jahren sind viele Fälle dokumentiert, in denen Fleischwaren im Lebensmittelhandel beanstandet wurden. Beim Geflügel ging es dabei immer um **Salmonellenbefall**, der meist bei gefrorenen Hähnchen auftauchte. Immer wieder kam es zu Darmerkrankungen durch Salmonellen, die durch unhygienische Verarbeitung der Ware im Haushalt und durch Berührung mit der Auftauflüssigkeit zustande kamen.

Die BSE-Krise und andere Fleischskandale haben bewirkt, dass die **Lebensmittelsicherheit der gesamten Kette** vom Feld bis zur Fleischtheke in den Blick kam. Die Sicherheitsstandards (meist HACCP) sind hoch und durch die Marktkonzentration im Einzelhandel auch einheitlich. Auch die Großgastronomie oder großen Fast Food-Ketten versprechen zunehmend, nur streng kontrollierte Ware zu verarbeiten. Zu den Sicherheitssystemen kamen noch Qualitätssysteme dazu, von denen es inzwischen eine große Zahl gibt. Den KonsumentInnen soll das Gefühl vermittelt werden, dass jetzt ein abstraktes, verwaltetes Kontrollsystem das Vertrauen verdient, das er früher dem Metzger an der Ecke gab. Es spricht nicht gerade für diese von der Fleischbranche selbst verwalteten Siegelinitiativen, wenn sich unter den entlarvten Gammelfleischhändlern auch solche Unternehmen befinden, die nach diesen Siegeln zertifiziert sind.

Selbst wenn wir an der Fleischtheke sicheres Fleisch erhalten sollten, gibt es doch anscheinend riesige »Fleischmengen«, die sich den vermeintlich sicheren Qualitäts- und Sicherheitsstandards entziehen. Ab und zu gelangen sie auf geheimnisvollen Wegen und gegen das Gesetz in die Lebensmittelkette. Dieses **Restfleisch** stammt von ganz normalen, gesunden Tieren. Nur wird es nicht in der Menge, in der es erzeugt wird, von den anspruchsvollen VerbraucherInnen auf dem Binnenmarkt nachgefragt. Es ist schlichtweg überflüssig. Wohin damit?

Vor 2001 gingen alle Schlachtabfälle, Restfleisch und Tierkadaver in die Tiermehlfabrik, wo seine Nährstoffe zu proteinreichem Tierfutter aufbereitet wurden. Die **Tierkörperbeseitigungsanstalt** war ein getrennter Produktionsvorgang mit eigener staatlicher Zulassung, in dem gestorbene und kranke Tierkörper entsorgt wurden. Dieser Weg ist seit der BSE-Krise verstopft, denn Tiermehl darf nicht mehr verfüttert werden. Damit haben die Reste – wozu auch das Fleisch gehört, dessen Haltbarkeit abgelaufen ist – keinen Markt mehr. Heute bleibt nur noch die Beseitigung als Fleischabfälle, was viel Geld kostet. Es wird daraus Tiermehl hergestellt, das verbrannt oder in Beton eingebaut wird.

Der Fall Deggendorfer Frost

Aus diesen beiden Quellen, Schlachtabfälle und überlagertes Fleisch, speist sich das Gammelfleisch. So geschehen z. B. beim **ersten großen Skandal** im Jahre 2005. Die Firma Deggendorf Frost aus Niederbayern hatte sich jahrelang auf das Schmutzgeschäft mit Restfleisch spezialisiert und nahm Schlachtereibetrieben in ganz Europa zum Teil kostenlos Schlachtabfälle ab. Indem sie diese Reste zu K 3-Material deklarierten, hatten sich die Schlachtereibetriebe ihrer Verantwortung entledigt. Die Fa. Deggendorfer Frost hatte aber keine Lizenz zur Behandlung von K 3-Material. Hätten die Schlachterein ihr Restfleisch einem zur Vernichtung zugelassenen Betrieb zugeführt, hätten sie Entsorgungsgebühren bezahlen müssen. Nachgefragt haben die Schlachtereien nicht, warum ihnen jemand das Material kostenlos abgenommen hat. Die Firma Deggendorfer Frost deklarierte kurzerhand das K 3-Material um und machte daraus so genannte »Schlachtnebenerzeugnisse«. Die sind weiterhin für den menschlichen Verzehr zugelassen. Den Unterschied erkennt man mit bloßem Auge kaum. So wurden diese Reste zu leckeren Geflügelkarkassen aus Österreich oder delikaten Schweineschwarten aus Italien umgewandelt. Dafür bekam Deggendorfer Frost sogar noch 30 Eurocent pro Kilo. Europaweit wurde der Gammel an Firmen verkauft, die daraus zusammengepanschte Fleischprodukte fabrizierten, wie z. B. Chicken Nuggets oder Döner.[2]

Ein solcher Schwindel ist mit Hilfe von neuen **Techniken der Fleischverarbeitung** möglich geworden. Wo die Rohware einheitlich und unzweifelhaft ist, hilft die Verarbeitung, um eine Produktdifferenzierung zu erreichen. Mehr und mehr marinierte, panierte und vorerhitzte Fleischartikel kommen auf unsere Teller. Fleischliche Rohstoffe werden in einer Lake gebadet, die die Ansprüche an die Qualität der Rohware übertüncht. Phosphate und Enzyme werden eingesetzt, weil sie das Fleisch zart machen. Für die VerbraucherInnen münden solche Produkte über die gewünschten geschmacklichen Eigenschaften hinaus in den allgemeinen Convenience-Trend ein, weil sie auch leicht zuzubereiten sind. Als besonders profitabel hat sich die Möglichkeit erwiesen, kleine und ansonsten nicht hochwertig zu vermarktende Teilstücke und Fleischfetzen in große Stücke zu binden. Das Enzym Tansglutaminase, unterstützt durch Fremdeiweiß – wie z. B. Milcheiweiß – ist in der Lage, Fleischstücke auch im Frischezustand so zusammenzukleben, dass sie einen Zusammenhalt von Steakware erreichen können. Ähnlich wirken Plasmathrombin, Fibrinogen und Alinat. Dadurch kann man Fleisch wie am Reißbrett entwerfen. Food Design nennt sich das vornehm. Auch vorerhitzte Fleischmasse lässt sich einem solchen Segment leicht untermischen. Man kann die Produkte in jede beliebige Richtung hin würzen und so auch regionale Spezialitäten vortäuschen; das nennt sich dann Ethnic Food (z. B. thailändische, indische, pakistanische Geschmacksrichtungen). Der Manipulationsmöglichkeiten sind keine Grenzen gesetzt. Diese Techniken haben einen bislang nicht erahnten Markt für Restfleisch eröffnet. Es ist dieser neue Markt, der auch für illegales Fleisch einen idealen Nährboden darstellt. Weil man es der Ware nicht ansieht oder herausschmeckt, aus was sie besteht, können dubiose Fleischteile untergemischt werden.

Erst beim Export über ein Nicht-EU-Land kam man den skrupellosen Händlern auf die Spur. Der Schweizer Zoll bemerkte, dass die LKWs kurz nach der Grenze anhielten und die Packungen umetikettierten. Dadurch wurde der **Skandal öffentlich**. Die Ladung wurde präpariert, um sie bei der Einreise in Italien als genusstaugliches Seperatorenfleisch einzuführen. Bei früheren Kontrollen der Lagerhäuser dieser Firma in Deutschland wurde nie etwas beanstandet. »Wenn die Firma Frost die Ware nur innerhalb der EU geliefert hätte, wäre das niemandem aufgefallen«, kritisierte Adi Sprinkart, Abgeordneter der Grünen im bayerischen Landtag.[3]

Der Fall wurde zur Grundlage eines Untersuchungsausschusses im bayerischen Landtag, wo auch Experten des Zolls und Kontrollbehörden gehört wurden. Die gesamten Schwächen bei den Lebensmittel- und Zollkontrollen lagen damit 2006 dokumentiert vor.

Im September 2006 eskalierten die Entdeckungen. Gammelfleischfunde bei Ansbach, im Rhein-Lahn-Kreis, in Speyer, Heinsberg, Frankfurt, Dillingen, Thüringen, Gotha, Niedersachsen. Angesichts immer neuer Funde von verdorbenem Fleisch und illegalen Fleischmachenschaften hat Kanzlerin Merkel den **Verbraucherschutz zur Chefsache** erklärt.[4] Staatssekretär Gerd Müller vom Verbraucherschutzministerium zeigte sich überrascht: »Die Dimension des gesetzeswidrigen Verhaltens ist von der Bundesregierung nicht derartig großflächig eingeschätzt worden.«[5]

Auch andere in der gleichen Zeit entdeckte Gammelfleischfunde bestätigten, dass der **internationale Handel mit Schlachtabfällen** bzw. K 3-Material die besten Möglichkeiten bietet, den auf Kreisebene angesiedelten Inspektoren zu entwischen. Ein Fall handelt von ungenießbarem Geflügelhackfleisch aus Dänemark, was eigentlich als Lebensmittel in der EU nicht zugelassen ist. Das »Gehackte« landete in Döner, Wurst und Fertigprodukten. Der Verkäufer soll angeblich ausdrücklich darauf hingewiesen haben, dass das Fleisch verdorben ist. Aber wer für 15 Eurocent das Fleisch einkauft und dann 45 Eurocent für genussfähiges Fleisch erhält[6] wird diese 200%ige Gewinnmarge kaum verschmähen wollen, solange die Gefahr einer Entdeckung so gering ist. »Auf die wachsenden globalen Wirtschaftsströme haben wir uns nur bedingt eingestellt«, sagt in diesem Zusammenhang Christian Grugel, Leiter des Bundesamts für Verbraucherschutz.[7]

Das Aufkaufen von Fleisch, dessen **Mindesthaltbarkeit abgelaufen** ist, verspricht beste Gewinnaussichten. Dieses Verzehrfleisch ist von dem Zeitpunkt an, wenn es vom Lebensmittelhandel nicht mehr verkauft werden darf, K 3-Material (vgl. Kapitel 5.1). Im Sonderfall ReWe hat der Handel selbst illegal umetikettiert. Sonst kommen meist Zwischenhändler zum Zuge, die das abgelaufene Fleisch aufkaufen und es manchmal sehr lange in angemieteten Kühlregalen öffentlicher Kühlhäuser lagern. Am dreistesten trieb es eine Firma aus dem niedersächsischen Lastrup, die vergammelte, gefrorene Hähnchen auftaute und als frische weiterverkaufte. Das Auftauchen von Jahre altem Fleisch, das in irgendwelchen Kühlhäusern lagert und dann noch als »genussfähig« wieder in den Verkehr kommt, ist das Grundmuster fast aller 2006 entdeckten Gammelfleischfunde.

Im Gefolge dieser »Entdeckungen« wurde plötzlich möglich, was vorher politisch nicht ging: Die Verabschiedung des **Verbraucherinformationsgesetzes** im Deutschen Bundestag. Das Gesetz macht die Veröffentlichung der bei Kontrollen erwischten Betriebe möglich. Die Liste ist lang, denn immerhin gestand das Verbraucherministerium ein, dass die Inspektoren bei einer staatlichen Überprüfung von 300 Kühlhäusern in 50 fündig wurden.[8] Bei den Kontrollen bei Gastronomie, Handel und Schlachtereien sind es über ein Drittel der überprüften Unternehmen, die auffällig waren. Die Forderung nach Veröffentlichung der Namen der beanstandeten Firmen wird vor allem von den Verbraucherschutzorganisationen erhoben. Sie wird aber auch von der Fleischbranche und dem Bauernverband unterstützt. In der Hoffnung, dass es wirklich nur »schwarze Schafe« sind, die den Rest der Branche in Verruf bringen. Sie öffentlich an den Pranger zu stellen soll zu einer Art Selbstreinigung führen. Doch das Gesetz hat so viele Lücken und die Liste würde so lang, dass zweifelhaft ist, ob das Veröffentlichen der Namen ein geeignetes Instrument ist. Exporteure sind auch hier nicht eingeschlossen.[9]

Ob man noch von vereinzelten »**schwarzen Schafen**« reden kann, wenn 20,2% aller entnommenen Proben der Lebensmittelkontrolle bei Fleischwaren zu beanstanden waren, ist höchst zweifelhaft.[10]

In der gesamten Fleischbranche gehen Veränderungen vor sich, die wir schon länger von der Geflügelfleischbranche her kennen: eine enorme Konzentration, ein Verbrauchertrend hin zu den »besseren« Teilen der Tiere und damit die selektive Nutzung der Schlachtkörper mit der Folge, dass zunehmend Fleischreste anfallen. Ein anderes Problem stellt die immer weniger berechenbare Konsummenge dar. Preiskriege der Supermarktketten werden gerne mit großen Rabattaktionen für bestimmte Fleischteile geführt. Dafür müssen große Mengen dieser Fleischteile bevorratet werden. Es ist schwierig, solche Mengen »just in time« zu produzieren. Je größer die Tiere, desto schwieriger ist es. Also muss dafür Fleisch vorgelagert werden. Wenn aber die Aktion nicht so gut läuft, bleiben große Mengen in den Kühlhäusern liegen.

Wie verhalten sich VerbraucherInnen?

Die VerbraucherInnen glauben den Fleischpanschern aus dem Weg zu gehen, indem sie zunehmend frisches Fleisch kaufen. Ein solches Verbraucherverhalten kann die gesamte Logistik der Branche auf den Kopf stellen. So erging es der Geflügelwirtschaft: Weil die VerbraucherInnen gefrorene Hähnchen verschmähten, musste man das Angebot auf Hähnchenfleischteile als Frischeware umstellen.

Frisch heißt inzwischen laut EU-Recht, dass es nicht vorher tiefgefroren war; Kühlung ist aber möglich. Einmal frisch angeboten, lohnt es sich kaum die **nichtverkaufte Frischware** zu lagern und einzufrieren. Dieses Gefrierfleisch geht nur noch für die Fleischverarbeitung, die Großgastronomie oder den Export. Paradoxerweise ist das Frischfleisch bis zu 50% teurer als Gefrierfleisch, obwohl mit dem Gefriergang zusätzliche Kosten verbunden sind. Die Mehrkosten tragen einen Teil des Risikos des Nichtabsatzes. Dennoch ist es ein willkommener Zusatzgewinn, wenn die Übermengen nicht nur weggeworfen werden müssen.

Die Fleischindustrie selbst hat alles dazu beigetragen, die **Verbrauchernachfrage** nach Teilstücken zu verstärken. Dem Konsum von Fleischteilen wie der Hähnchenbrust wurde ein bestimmtes Image verpasst: hochwertigeres Fleisch, Fitnessfleisch, Wellnessprodukte. So gut die Geschäfte mit die-

sen Teilen auch liefen, wurden damit die anderen Teile automatisch entwertet. An den vielen neuen Köstlichkeiten lässt sich gut verdienen. Doch es reicht nicht ganz, weil mit der Brust allein das ganze Huhn noch nicht bezahlt ist. Auch der Wunsch nach Frischfleisch ist nicht ohne Zutun der Industrie vom Himmel gefallen. Um sich von den Discountern abzusetzen haben gerade die Markenketten zusammen mit Marken-Geflügelherstellern dem frischen Hähnchenbrustfilet, dem Porsche unter den Fleischteilen, ein Image von unerreichter Güte angedeihen lassen. Dieses »Porschefleisch« kann bis 10 Euro pro kg kosten, im Gegensatz zu 3 Euro pro kg für den Schenkel gleicher Marke. Das Marketing für Frischfleisch war für die Supermärkte so erfolgreich, dass vor zwei Jahren auch die Discounter, die für gefrorenes Fleisch schon zwei Drittel des Marktes erobert hatten, angefangen haben, Frischfleisch anzubieten. Die Geflügelbranche segelt voll vor dem Wind in die **Restfleischabsatzkrise**.

Dabei ist die **Gesetzeslücke**, durch die das Gammelfleisch rutscht, bekannt. Während von der Kükenaufzucht, über die Schlachtung bis zum Wareneingang im Supermarkt jedes einzelne Fleischstück peinlichst kontrolliert und dokumentiert wird, gibt es diesen Mechanismus weder für Schlachtabfälle noch für Warenrückläufer. Niemand weiß, wie viel eines Huhnes von einem Schlachthaus zu K 3-Material deklariert wird oder wie viel unverkauftes Fleisch, wo, wie lange lagert oder vom Lebensmittelhandel nach Ablauf der Haltbarkeit unverkauft bleibt. Daher weiß auch niemand, wie viel davon wieder in die Lebensmittelkette zurückkehrt.

Auch wenn es der ausländischen Presse schwer fiel, das deutsche Wort »Gammelfleisch« zu übersetzen, offenbart sich zunehmend die **internationale Dimension des Problems**. Diese Sichtweise stand bisher nicht so sehr im Mittelpunkt der Diskussion, führt uns aber wieder direkt zum »Globalen Huhn«. Im erwähnten bayerischen Untersuchungsausschuss wurde aufgezeigt, dass auf der einen Seite unser Gammelfleisch ins Ausland abgeschoben wird und uns von da vielleicht wieder als illegal umdeklariertes Genussfleisch oder als legale Wurstdose erreicht. Auf der anderen Seite führen unsere verworrenen Standards und Preise, die in Teilen besonders hoch und anderen Teilen besonders niedrig sind, dazu, dass andere Länder bei ihren Fleischexporten in unser Land mehr als tricksen. Herr Günther Herrmann vom bayerischen Zoll beschrieb bei seiner Anhörung im Untersuchungsausschuss des bayrischen Landtages den ganzen Umfang der internationalen Fleischmafia. »Gammelfleisch« aus Asien – deklariert als eingefrorene Kartoffeln für den ungarischen Lebensmittelhandel – wird von einem deutschen Händler eingeführt; Kängurufleisch wird als Wildfleisch für deutsche Spezialitätenrestaurants getarnt; Importe von verbotenen Geflügelschlachtabfälle werden als chinesische Spezialitäten ausgegeben. Er berichtete auch von einem anderen Schlupfloch, nämlich von der legalen Einfuhr von Tierfutter für Katzen und Hunde. Es genügt, wenn die Herkunftsländer bestätigen, dass es als solches dort deklariert wurde und – wenn es aus Südostasien kommt – keine Geflügelreste enthält. Einmal bei uns, prüft niemand mehr den Verbleib, ob es wirklich zu Hund oder Kater oder in die menschliche Nahrungsmittelkette gelangt.[11]

Gammelfleisch ist die logische Konsequenz einer international operierenden Fleischwirtschaft, die sich ihre eigenen Überschüsse schafft. Es gibt einfach zu viele Fleischreste, die noch einen realen Wert darstellen, aber bei uns auf dem Markt unter ihrem Wert behandelt werden. Gerade der am meisten globalisierte Teil der Fleischbranche, die Geflügelproduktion, zeigt, wie schwierig es ist, einen solchen Markt an Restfleisch zu kontrollieren. Wo auf jeder Produktions- und Handelsebene auch noch das letzte Stück des Produkts weltweit gehandelt wird, ist eine effektive Kontrolle schwer möglich. Jedes abstrakte Regelwerk, von der privaten Wirtschaft selbst verwaltet und kontrolliert, hat seine Lücken. Es bedarf überschaubarer regionaler Produktions- und Handelswege, um sicher sein zu können, woher das Produkt stammt.

Kapitel 6*

Wie die Natur
sich wehrt:
Vogelgrippe

* Dieses Kapitel basiert auf einem Gutachten von Frau Dr. Anita Idel, das im Auftrag des EED geschrieben wurde.

Globalisierung und Tierseuchen

»AUCH EIN KRANKES HUHN KANN NOCH EIN EI LEGEN.«

AUS EINER ÜBERSCHRIFT DER *FAZ* ZUR VOGELGRIPPE

Der Ausbruch der Vogelgrippe mit dem Erreger H5N1 in Asien ist zur globalen Bedrohung geworden. Alle Haltungsformen sind existentiell betroffen. Teile des globalen Fleisch- und Hühnerhandels kommen unter der Last seuchenpolitisch begründeter Importverbote zum Erliegen bzw. werden umorientiert. Wird die Seuchengefahr nicht gebannt, brechen auch die schönsten Sicherheitskonzepte von integrierter Produktion wie ein Kartenhaus in sich zusammen. Bevor das jedoch geschieht, wissen die Großen der Branche sich Dank ihrer politischen Macht zu wehren. Sie verweisen auf die unhygienischen Verhältnisse der Hühnerhaltung der kleinen Leute als die eigentliche Brutstätte der Pest und drängen auf Standards, die der Hinterhofhaltung den Garaus machen würden. Es ist ein mächtiger Verteilungskampf entbrannt: Wem ist die Schuld an dem Entstehen, der Verbreitung und der Nichtausrottbarkeit dieses Virus zu geben? Die frei herumlaufenden Hühner der Armen in Asien und Afrika sind jedenfalls Zielscheibe der Seuchenbekämpfung geworden, angeführt von der Panikmache der Weltgesundheitsorganisation und ausgeführt durch die anderen Organisationen des globalen Seuchenregimes, allen voran das Internationale Tierseuchenamt (OIE)[1]. Verzweifelt versuchen Entwicklungsorganisationen der Kampfansage an die »kleine-Leute-Hühnerhaltung« mit Gegenprogrammen zu begegnen.

Seuchenpolitik ist Gesellschaftspolitik

Neben der technischen Dimension der Ursachenklärung und dem Streit über die beste Bekämpfungsmethode hat eine Seuche, die unter Nutztieren ausbricht, immer eine **hochpolitische Dimension**: Wie werden Seuchen verschwiegen bzw. aufgedeckt? Wem wird für Entstehung und Ausbreitung die Schuld gegeben? Wer hat die Hauptlast gewisser Gegenmaßnahmen zu tragen? Welche Mythen und Verbrämungen werden propagiert? Von Seuche zu Seuche lässt sich immer das gleiche Muster ausmachen, das man auch von anderen

Lebensmittelskandalen her kennt: Die Konzerne und Verbände der betroffenen Branche versuchen so lange wie möglich, die Existenz und Gefahr der Seuche zu vertuschen. Wenn Leugnen nicht mehr hilft, dann übernehmen sie die Interpretationsmacht.

Das Muster hält an, auch wenn es durchaus Wirtschaftsbranchen gibt, die an einer Epidemie verdienen, wie z. B. Teile der Pharmaindustrie. Sie fördern wiederum gerne eine Panikmache, um angeblich wirksame Medikamente gegen die Seuche, wie Tamiflu im Vogelgrippefall, massenhaft zu verkaufen. In Deutschland war das Medikament zu Beginn des Jahres 2006 ausverkauft und für strategisch wichtige Berufsgruppen im Falle einer Pandemie vorbehalten.

Jede Seuche führt zur Stärkung von hochtechnischen Sicherheitsmaßnahmen. Die KleinproduzentInnen können nicht nachziehen und werden erfolgreich aus dem Rennen geworfen. Die industrialisierte Tierhaltung geht schließlich gestärkt und als Sieger hervor, obwohl sie vielleicht der Verursacher war.

Globalisierung birgt erhebliche Risiken für die Tiergesundheit. Waren früher Tierepidemien eher regionaler Natur oder zumindest auf wenige Länder begrenzt, verbreiten sie sich heute schnell transkontinental. Nirgends lässt sich das besser studieren als bei BSE. So wurde BSE durch die Tiermehlexporte in die ganze Welt verschleppt, die Vogelgrippe wahrscheinlich wesentlich durch den internationalen Kükenhandel verbreitet.

Klassische Tierseuchen, wie Maul- und Klauenseuche, Afrikanische Schweinepest, Rinderpest oder klassische Geflügelpest, schienen in der EU bereits ausradiert zu sein. Nun tauchen sie wieder auf, bringen der Branche wie im Fall der Schweinepest 2006 zweistellige Milliardenverluste. Erst vor wenigen Jahren mussten zehn Mio. Schweine in Deutschland, Belgien, Holland gekeult werden. Trotz internationaler Tierseuchenstandards – gesetzt und umgesetzt von der OIE, dem Internationalen Tierseuchenamt – kommt es immer wieder zu einem **Influx von Seuchen aus anderen Ländern**. Hauptursache ist der grenzüberschreitende Verkehr mit allen möglichen tierbezogenen Materialien, die zudem oft falsch deklariert sind. Dazu gehören auch illegale tierische Produkte und Lebendtiere. Die Vogelgrippe soll eine weitere globale Ausbreitungsursache haben: die Zugvögel.

Neue Seuchen sind nicht wirklich neu, aber die Viren mutierten und haben einen neuen Charakter angenommen. So gibt es etwa 1 400 bekannte **Erreger, die dem Menschen gefährlich werden** könnten. Die Hälfte davon lebt in Tieren und hat sich da über Jahrtausende entwickelt. Plötzlich erleben wir neue Krankheiten, die den Menschen befallen und die seit Jahrtausenden schlummerten. Da fragt sich: Warum können gerade jetzt Viren die Artgrenze überschreiten? Es gab 38 solcher Fälle in den letzten Jahren: die aviäre Influenza

H5N1 des hochpathogenen Typs (die sog. Vogelgrippe), das Hendra Virus, das 1994 in Australien ausbrach, das Fleckfieber in Peru, SARS in Ostasien, das Nipah-Virus in Malaysia, das Westnil-Virus in Nordamerika, hMPV-Virus in Deutschland, Kreuzfeldt-Jakob Krankheit als Folge der BSE-Erkrankung von Rindern in Europa, verursacht durch infektiöse Prionen, sind einige Beispiele. Die Vermutung liegt nahe, dass dieses Phänomen mit der Globalisierung und der Massentierhaltung zusammenhängt, die beide mit speziellen neuen Risiken einhergehen.

Globalisierung ist nicht nur eine wesentliche Ursache für die Verbreitung. Seuchen bringen sie auch selbst durcheinander, indem sie internationale Warenflüsse verändern. Die Seuche eines Landes sind die Gewinne eines anderen Landes, und die Seuche der einen Tierart sind die Vorteile der Fleischwirtschaft einer anderen Nutztierart. So hat Geflügel stark von der BSE-Krise vor fünf Jahren profitiert. Die verlorenen Märkte durch **vogelpestbedingte Importsperrung** Japans und Europas gegenüber Hähnchenfleisch aus Thailand und China wurden sofort mit Freude von US- und brasilianischen Konzernen übernommen.

Auch in Deutschland wird versucht, **von der Krise in Südostasien zu profitieren**. So wurden in Nord- und Westdeutschland Neuanträge für Broilerhaltungen gestellt, obwohl dort schon eine übermäßig große Tierdichte herrscht. Das thailändische Hühnerimperium Charoen Phokphand (C.P.) verlagerte seine Produktion zu den Filialen in die vogelgrippefreien Länder wie Taiwan und kündigte ehrgeizige Expansionspläne für seine Niederlassungen in Rumänien, Ukraine und Russland an. Doch als die Influenza auch dort ankam, wurden die Pläne revidiert und stattdessen die Produktion in den USA und anderswo angekurbelt. Dann kam es auch zu wahrscheinlich ungerechtfertigten Markteinbrüchen in den USA, und Brasilien war der Lückenbüßer. Auch Argentinien konnte seine Hähnchenfleischexporte gerade in letzter Zeit deutlich steigern. Maul- und Klauenseuche in Lateinamerika ist – bös gesagt – Musik in den Ohren der europäischen Rinderwirtschaft, die sonst gegen die Konkurrenz nicht ankommt; gleichzeitig steigen viele brasilianische VerbraucherInnen von Rindfleisch auf Geflügelfleisch um.

Auf diese Weise schmieren **Seuchen den Motor der Globalisierung**: Die großen, international operierenden Konzerne der Fleischwirtschaft sind flexibel genug, um aus der Krise in einem Land noch Vorteile für sich herauszuschlagen. Die kleinen Schlachtereien und Tierhalter des betroffenen Landes aber bekommen die ganze Wucht jeder Seuche voll zu spüren.

Die VerbraucherInnen haben regelmäßig Angst vor etwaigen Folgen des Fleischverzehrs der Tierart, bei der es einen Seuchenfall gibt. Dies führt zu starken Wanderbewegungen der Nachfrage nach dem Fleisch einer anderen Tierart. Ob die Angst vor dem Fleischverzehr berechtigt ist oder nicht, spielt die geringste Rolle. Die Märkte reagieren empfindlich. Es kommt sofort zu einem **Konsumrückgang**, wenn ein Tier aufgrund von Seuchen in die Schlagzeilen gerät. Dieser Konsumrückgang schlägt meist stark zu Buche, häufig mehr noch, als der Angebotsausfall aufgrund von Massentötungen betroffener Tierbestände im Umkreis eines Ausbruches. Dabei kommen im Durchschnitt auf jedes wirklich kranke Nutztier mindesten 100 weitere Tiere hinzu, die vorsorglich mit gekeult werden. Die Preise fallen schockartig auf den Märkten und vervielfachen die Verluste der Branche.

So hat die Vogelgrippe, die ihren Ausgang in Asien im Jahr 2003 nahm, zu nie erlebten **Marktturbulenzen** und internationalen Umverteilungswirkungen geführt. Auf einigen Teilmärkten waren die Effekte erheblich: In China sind die Wachstumsraten von jährlich 14% in den 90er Jahren auf 2% seit Ausbruch der Influenza geschrumpft. In der EU lag der Preis mit 0,52 Euro/kg Lebendgewicht für Hähnchen im März 2006 – auf dem Höhepunkt der europäischen Vogelgrippekrise – auf einem historischen Tiefpunkt. Die US-Broilerindustrie schätzt den Produktionsrückgangeffekt der Vogelgrippe im Jahr 2005 auf 3,5 Mio. Tonnen Fleisch weltweit. Das macht 5% der Weltproduktion aus.[2] Doch die Branche prognostiziert sich gesund und verkündet, dass mit einem weltweiten Wachstum von Hähnchenfleisch in den nächsten Jahren von 6,5% zu rechnen sei. Allerdings unter einem Vorbehalt: »Wenn die Seuche in den Griff zu bekommen ist.« Die internationalen Organisationen sind nicht so optimistisch. Die Welternährungsorganisation FAO gibt die Warnung aus, dass die Vogelgrippe ein langfristiges Problem sein könnte. Die UNO hat einen Sonderbeauftragten für die aviäre Influenza benannt, der die globalen Bekämpfungsanstrengungen koordinieren soll. Die Weltbank schätzt die möglichen Kosten der Vogelgrippe für die Weltwirtschaft – »wenn sie denn eine Pandemie wird« – auf 800 Mrd. US-Dollar. Dagegen muten die 1,9 Mrd. US-Dollar, die die internationale Geberkonferenz 2006 in Peking für ein **globales Bekämpfungsprogramm** in Aussicht gestellt hat, geradezu als eine lächerlich kleine Summe an. Die Weltgesundheitsorganisation WHO will die Menschen vor dem kranken Geflügel schützen und macht mächtig Druck. Das Internationale Tierseuchenamt OIE hat seinen veterinären Sachverstand auf das Federvieh angesetzt. Das globale Regime der Seuchenpolitik ist in Aufregung. Obwohl keiner vorauszusagen weiß, ob Pandemie oder Lappalie, kam es immerhin zu der gemeinsamen Zusage, dass die reichen Staaten den Entwicklungsländern bei der Vogelgrippebekämpfung helfen wollen. Doch über die effektivste Methode wird weiterhin gestritten.

Alles, was das **globale Seuchenmanagement** der möglichen Ursache »Globalisierung« entgegenzusetzen hat, ist die globale Abstimmung der so genannten »Donors« (Geberorganisationen). Die Maßnahmen selbst sind strikt lokal und gehen über alt bekannte Rezepte nicht hinaus.

Entstehung der neuartigen Vogelgrippe

Der Ursprung des höchst aggressiven und auch für den Menschen gefährlichen Vogelgrippevirus H5N1-HPAI (HPAI steht für »hoch pathogene aviäre Influenza«) liegt in der **kommerziellen Geflügelhaltung in China**. Das scheint unbestritten zu sein. Das Virus ist aus der Variante H5N1-LPAI entstanden (gering pathogene aviäre Influenza), die weit verbreitet in Wassergeflügel vorkommt (Enten, Gänse). Dort ist das Virus aber völlig harmlos. Auch bei anderen Wildvögeln soll das Virus verbreitet sein.

Das Virus H5N1-LPAI wiederum entstammt der Geflügelpest, die erstmals 1878 in Italien beschrieben worden ist. Das Virus war kein Problem, bis es auf Regionen mit einer hohen Geflügeldichte traf. 1983 kam es zu einem Ausbruch in der Intensivhaltung in Pennsylvania, die zu 17 Mio. Keulungen führte, 1999/2000 wurden 14 Mio. Tiere in Norditalien, 2003 33 Mio. Tiere in Holland, Belgien und Deutschland gekeult. Das Virus H7N7 ist dem Virus H5N1 sehr ähnlich; ob es aus ihm mutierte, ist nicht bewiesen.

Wie es kommt, dass aus dem harmlosen ein gefährliches Virus wird, darüber gibt es nur Vermutungen. Als Voraussetzung für eine wirkungsvolle Mutation wird angenommen, dass das Virus die Möglichkeit haben muss, innerhalb kurzer Zeit viele Passagen zu durchlaufen, d. h. es erfolgen Infektionen von Tier zu Tier. Das setzt voraus, dass viele Tiere auf engem Raum gehalten werden. Die **Intensivhaltung** bietet eine »offene Flanke« für Infektionen und wäre deshalb die ideale Brutstätte für Mutation. Was diese »offene Flanke« bei einer modernen Haltungsform im Fall von H5N1 gewesen sein könnte, die meist hohen Sicherheitsstandards folgt, weiß niemand. Eine Schwachstelle könnte die Verfütterung von getrocknetem Hühnerkot an Fische gewesen sein und die Verfütterung des Fischmehls dieser Fische an Geflügel, ein nicht unwahrscheinlicher Fall für Asien.

Aviäre Influenza Viren zählen zu den Influenza A Viren. Die Eigenschaften der Influenza A Viren werden wesentlich durch zwei (Glyco-)Proteine bestimmt:
- Hämagglutinin (H)
- Neuraminidase (N).

Zu den wenigen Medikamenten mit antiviraler Wirkung zählen Neuraminidasehemmer, wie der Wirkstoff Oseltamivir, mit Markenname »Tamiflu«, das einzige bisher bekannt Gegenmittel zur Vogelgrippe.

Es gibt 16 H und 9 N Subtypen, die überwiegend in ihrer niedrig pathogenen Form auftretenden Varianten der hoch pathogenen aviären Influenza Viren (HPAI) zählen bisher ausschließlich zu den Subtypen H5 und H7, die als niedrig pathogene Varianten (LPAI) verbreitet sind.

Influenza A-Viren weisen 16 Hämagglutinin-Subtypen (H1 – H16) auf. Hämagglutinin entscheidet über die Wirts- und Gewebsspezifität, d. h. es können nur spezielle Wirtstiere mit Geweben, die über spezielle Rezeptoren (Rezeptorspezifität) verfügen, an die die jeweiligen Viren andokken können, infiziert werden. Für das Hämagglutinin bildet die Zelle ein Vorläufer-Protein, welches aktiviert (gespalten) werden muss.

Niedrig pathogene Varianten LPAI müssen erst noch aktiviert (gespalten) werden, nachdem sie die Wirtszelle verlassen haben.

Hoch pathogene Varianten HPAI sind bei Freisetzung aus der Wirtszelle bereits aktiviert, d.h. infektiös – mit dem Potential zur unmittelbaren Infektion anderer Zellen.

Influenza A-Viren weisen 9 Neuraminidase-Typen (N1 – N9) auf. Neuraminidase ist verantwortlich für die Virusausbreitung im Organismus. HPAI-Varianten können aus den LPAI-Varianten hervorgehen.

Entstehung von hoch pathogenen aus niedrig pathogenen Varianten

Innerhalb des Wassergeflügels besteht ein Kreislauf des Erregers innerhalb einzelner Tiere (Tierpassage) und zwischen den Tieren. Die Stationen sind: Aufnahme des Virus, seine Vermehrung im Organismus des Wirtstiers, Ausscheidung und wieder Aufnahme durch andere Tiere.

Doppel- bzw. Mehrfachinfektionen einer Wirtszelle können zum Gen-Austausch (Reassortment) zwischen den Genomen der Erreger führen. Die für Mutationen von LPAI zu HPAI notwendigen Bedingungen (Virulenzfaktoren) sind erst teilweise erforscht. Neben der »optimalen« Gen-Konstellation im Erreger muss auch der Wirt über bestimmte Voraussetzungen verfügen, die aber bisher weitgehend unbekannt sind.

Als mögliche Auswirkung können Erreger mit den folgenden Veränderungen entstehen:

– mit neuen Antigen-Strukturen (Antigen-Shift),
– mit neuem Wirtsspektrum,
– mit veränderter Virulenz,
– mit mehr als einer dieser Veränderungen.

»Das Influenza Virus kann in der Umwelt nicht außerhalb seines Wirts für eine längere Zeit überleben. Das aviäre Influenza Virus ist extrem anfällig gegen Austrocknung, ultraviolettes Licht und hohe Temperaturen. Bei 21 Grad Celsius unter trockenen Bedingungen stirbt das Virus innerhalb von Minuten. Unter seinen optimalen Bedingungen bei Raumtemperatur kann das Virus über ca. eine Woche inaktiv bleiben. Wird es Sonnenlicht ausgesetzt, reduziert sich die Überlebenszeit drastisch. Bei kalten Temperaturen kann das Virus wochenlang überleben. Im gefrorenen Zustand bleibt es praktisch unbegrenzt virulent. Wird Geflügel bei 160 Grad F erhitzt, werden alle PHAI-Teile inaktiviert.« (Zitat aus dem «Statement on Asian H5N1 Highly Pathogenic Avian Influenza« der »Association of Avian Verinarians« vom 5. September 2006)[3]

Anita Idel, Seuchen und Politik, Sep. 2006

Die FAO nimmt an, dass der Ursprung von H5N1-HPAI die **millionenfache Entenhaltung** auf den gefluteten Reisfeldern Asiens – vor allem in China, Indonesien, Thailand – sei. Hausenten seien Virusträger von Untertypen des HPAI. Über ihre Exkremente erfolge eine ständige gegenseitige Ansteckung. Aber auch Wildvögel könnten so angesteckt worden sein. Es gibt aber auch Zweifel an der Theorie: Dieses System der Freihaltung von Enten auf den Bewässerungsfeldern zur Schneckenbekämpfung habe in Asien eine jahrtausendealte Tradition; es sei nicht plausibel, warum es gerade jetzt zu dieser Mutation komme. Zum bisher einzigen dokumentierten Massensterben bei Wildvögeln durch den Virus H5N1-HPAI kam es im Frühjahr 2005 in China am Quinghai-See. Der Grund wird in der Einleitung von Gülle aus der Geflügel-Intensivhaltung am Rand des Sees vermutet. Diese Einleitung diente der Nahrungsgrundlage für die Zuchtfische im See. Voraussetzung für die Infektionen wäre eine besonders hohe Viruskonzentration gewesen. Dieser Fall belebt

174

die Vermutung, dass die Entstehung der gefährlichen Variante des Virus etwas mit dem Recycling von Hühnerkot in den Ernährungskreislauf zu tun hat. Wenn das zuträfe, lägen der Vogelgrippe ähnliche Zusammenhänge zugrunde, wie im Fall der Entstehung des Rinderwahnsinns BSE. BSE soll ja auch durch **Recycling von tierischen Resten in den Ernährungskreislauf** der gleichen Nutztierart entstanden sein. Auch wenn BSE nicht die Artgrenze überschritt.

Es gibt auch jede **Menge anderer Theorien** über die Entstehung der HPAI-Variante. So z. B. ist die Vermutung eines Artikels in der angesehenen Zeitschrift *New Scientist* vom Januar 2004, dass die Entstehung auf eine heimliche und unsachgemäße Impfkampagne in der südchinesischen Provinz Fujian zurückzuführen sei. Diese sei angeordnet worden, nachdem in Hongkong 1997 die verheerende Vogelgrippekrise des HPAI-Typs ausgebrochen war.[4]

Ausbreitung

Die **ersten dokumentierten Fälle** von H5N1-HPAI gehen auf das Jahr 2003 zurück. Aber es dauerte viele Monate, fast bis zu einem Jahr, bis die Behörden in China, Thailand oder Indonesien offiziell die Existenz der Krankheit in ihren Ländern zugaben. In der Zwischenzeit wurden kranke Tiere geschlachtet und verwertet. Konzernen wurde Zeit gelassen, ihre Anlagen zu desinfizieren und kranke Tiere auszusondern. Solche Verhaltensweisen sind grobe Verletzungen von Prinzipien der Seuchenbekämpfung. Infiziertes Material ist mit Sicherheit so in den internationalen Handel gelangt.

Der **Verbreitungsweg** der Krankheit verlief von China über Thailand, Vietnam, Zentralasien, Russland, Türkei, Rumänien nach Mitteleuropa. Aktuell im Herbst 2006 sind 50 Länder betroffen, darunter elf afrikanische Staaten (u.a. Ägypten, Dschibuti, Burkina Faso, Elfenbeinküste, Kamerun, Nigeria, Niger, Äthiopien und Sudan). 230 Mio. Nutztiere sind bisher weltweit getötet worden, 246 Menschen an H5N1 erkrankt, von denen 144 Menschen starben. Die Dunkelziffer ist aber extrem hoch. Es liegen Verdachtsmomente vor, dass in China und Indonesien Untersuchungen nicht an die Öffentlichkeit kamen und Erkenntnisse vertuscht wurden. Man kann davon ausgehen, dass Erkrankungen des Menschen an H5N1 in Afrika kaum entdeckt würden, weil die Menschen undiagnostiziert erkranken und sterben. Doch selbst unter Einbezug einer hohen Dunkelziffer erscheint es noch eher als Panikmache, dass durch den Erreger H5N1-HPAI eine internationale Pandemie vorausgesagt wird.

Die Theorie, dass allein **Zugvögel** die Krankheit ausgebreitet haben, ist nicht besonders überzeugend. An manchen Ausbruchsstellen sind keine direkte Vogelfluglinien zu beobachten. Was allenfalls denkbar wäre, ist eine so genannte »Kaskadenausbreitung«, wonach H5N1 von Zugvögeln jeweils zum nächsten Rastplatz gebracht und dort auf andere Zugvögel übertragen wird, die eine andere Richtung nehmen. Genau das ist aber trotz intensiver Untersuchungen in 2005 und 2006 in keinem Fall belegt. Die örtliche und zeitliche Abfolge der Ausbrüche ist allein durch Zugvögel nicht zu erklären. Einig sind sich Ornithologen darin, dass es diverse Ausbrüche gab, die nicht von Zugvögeln ausgelöst wurden.[5] Der Ausbruch in der Türkei ist z. B. äußerst rätselhaft, weil es keinen Vogelflug zu dieser Zeit von einem anderen Ausbruchsort dorthin gegeben haben kann. Auch der infizierte Schwan aus dem Dresdner Zoo, der im August 2006 gefunden wurde, kann nicht von Zugvögeln angesteckt worden sein. Das Virus muss latent noch im einheimischen Wildvogelbestand in Deutschland vorhanden sein.

Noch rätselhafter ist der Ausbruch von HPAI in Nigeria. Die DNA-Analysen beweisen, dass es sich um drei unterschiedliche Subtypen des Virus handelt, die aus unterschiedlichen Teilen der Welt stammen. Daher ist es wahrscheinlich, dass sie unabhängig voneinander ins Land gekommen sind. Nigeria wurde von einem offiziell in Auftrag gegebenen Gutachten als »besonders anfällig für die Einschleppung« bezeichnet, »weil das Kükenmaterial aus der ganzen Welt eingeführt wird«.[6] Die nigerianische Regierung bezeichnete inzwischen den grenzüberschreitenden Handel mit Eintagsküken als Ursache für die Einschleppung von H5N1-HPAI nach Nigeria, obwohl die Wissenschaftler sich darüber noch immer nicht einig sind.[7]

Eine Untersuchung von Zugvögeln in Europa, die aus Afrika kamen, hat in keinem einzigen Fall zu einem pathogenen Fund geführt. Es ist auch umstritten, ob Zugvögel, die mit H5N1-HPAI infiziert sind, noch in der Lage sind, längere Zugstrecken durchzustehen. Bei keinem der Tiere in Deutschland, bei denen man post mortem eine H5N1-HPAI-Infektion festgestellt hat, konnte nachgewiesen werden, dass diese auch die Todesursache war. Der mögliche Infizierungsweg aller deutschen Funde von infizierten Tieren, wie der des auf Rügen verstorbenen Schwans, die Ausbrüche im Frühjahr 2006 am Bodensee, der Fall des Schwans im Dresdener Zoo oder der der Puten im Betrieb Eskildsen in Sachsen, bleibt mysteriös. Auch »der Fall Australien« lässt bei Ornithologen Zweifel aufkommen, ob Zugvögel die entscheidende Rolle bei der Ausbreitung des Virus spielen können. Es ist unerklärlich, warum z. B. in Australien und Neuseeland keine Vogelgrippe ausgebrochen ist, obwohl beide Länder wichtige Winterschlafgebiete für Spezies sind, die in Südostasien brüten.

Wenn es nicht allein die Zugvögel sind, die das Virus globalisieren, was dann? In Verdacht stehen alle international gehandelten Geflügelprodukte auf

176

der Input- und Outputseite: der **internationale Transfer** von Tiermedizin, lebenden Vögeln (Muttertiere), Küken, Geflügeldung, Futtermitteln, Hähnchenfleisch und Eiern usw. Die Zollfahndung in Bayern gab beim Parlamentarischen Untersuchungsausschuss in München zu Protokoll, dass importierten Tierfutterprodukten erhebliche Anteile von Geflügelprodukten illegal untergemischt worden waren.[8] Darunter befanden sich auch stark zerkleinerte Teile von Federn, Hühnerfäkalien und Knochen- und Hautreste. Diese Futtermittel dienen besonders der Fischzucht. Dafür, dass der grenzüberschreitende Verkehr mit Geflügelware eine plausible Erklärung für den Verbreitungsweg sein kann, spricht auch, dass Länder wie Südkorea, Japan und Australien es aufgrund einer sehr strengen Zollinspektion geschafft haben, vogelgrippefrei zu bleiben. Der wahrscheinlichste Grund für den Ausbruch der Seuche im Januar 2007 in England ist nach Einschätzung der britischen Regierung der Import von Fleisch infizierter Tiere aus Ungarn. Die Ähnlichkeit des Virus in Ungarn mit den 170 Fällen in der Türkei von Januar 2007 lässt auf Zusammenhänge schließen, die absolut nichts mit Zugvögel zu tun haben.[9]

Die Auseinandersetzung über die **möglichen internationalen Infektionskanäle**, ob Zugvögel oder der Warenhandel, ist nicht von ungefähr. Schließlich steht viel auf dem Spiel. Die FAO, die zuerst stark mit der Zugvögeltheorie sympathisierte, räumt jetzt ein, dass es wissenschaftlich unklar sei, ob die Wandervögelpopulation oder der internationale Handel die Verbreitungsträger seien. Josef Domenech, FAO-Chefveterinär, hat es gewagt, die mögliche Konsequenz – Supergau für das »Globale Huhn« – auszusprechen: »Wäre der Geflügelhandel Ursprung der Infektionswege und die Vögel nur deren Opfer, müssten die Präventivmaßnahmen auf die Geflügelwirtschaft ausgerichtet werden.«[10] Sehr einschneidend wären die Folgen für die internationale Geflügelwirtschaft. Besonders die Geschäfte der mächtigsten der Branche, die der Zuchtkonzerne, mit ihren internationalen Küken- und Bruteiertransporten, würden dadurch in arge Bedrängnis kommen. Wenn das Fleisch gleich nach der Schlachtung tiefgefroren wird, besteht die Gefahr, dass der Virus für unbegrenzte Dauer eine Überlebensnische findet. Die Zunahme des internationalen Handels mit tiefgefrorenem Hähnchenfleisch könnte eine sichere internationale Quelle für die dauerhafte und weltweite Verbreitung des Virus darstellen. Allerdings funktioniert wohl kaum eine Übertragung auf den Menschen durch den Fleischkonsum. Die Diagnose »Globalisierung« als Verbreitungsweg der Seuche könnte das sichere Ende des internationalen Hühnerimperiums bedeuten.

Vogelgrippe und verschiedene Haltungssysteme

Die »kleine-Leute-Geflügelhaltung« wird für die Entstehung der Vogelgrippe verantwortlich gemacht und ist in einigen Ländern Hauptzielscheibe der Bekämpfungsmaßnahmen. Die unkontrollierten Kontakte der frei herumlaufenden Hühner und Enten mit Wildvögeln, der enge Kontakt unter dem Federvieh im Dorf und besonders das enge Zusammenleben der Menschen mit ihren Tieren gilt als biologisches Sicherheitsrisiko erster Ordnung. Die industrielle Intensivhaltung preist sich dagegen aufgrund ihrer hochtechnischen, durchorganisierten Kontrollen und Sicherheitsmaßnahmen als die uneinnehmbare Festung für Seuchen an. Der **Diadochenkampf** über Schuld und Sühne ist voll entbrannt: zwischen Geflügelindustrie mit ihren engen hohen Bestandsdichten und hoher Durchlaufgeschwindigkeit einerseits und den Sympathisanten einer extensiven Freilandhaltung mit ihren vergleichsweise geringen Biosicherheitsstandards anderseits.

Zwischen diesen beiden Polen hat sich ein **dritter Pol** etabliert: Kleintierhalter in Entwicklungsländern, die ihre Bestände aufgestockt haben und jetzt intensiv Geflügel halten, aber ohne die strengen Biosicherheitssysteme der industrialisierten Haltung. Sie haben das extensive System mit den robusten Rassen und dem Freilauf der Tiere verlassen. Mit der Modernisierung haben sich diese Betriebe ähnliche Risiken wie die der Industrieanlagen eingehandelt, operieren aber ohne analoge Sicherheitssysteme, wie z. B. die ständige tierärztliche Beobachtung. Es gibt Wissenschaftler, z. T. vertreten durch die FAO, die besonders diese Art der Modernisierung mit Sorge verfolgt haben und hierin eine tickende Zeitbombe sahen, die nun mit der Vogelgrippe angeblich hochgegangen ist.[11]

Für Hunderte von Millionen von Familien im ländlichen Asien und Afrika ist die gängige Seuchenvorsorge und -bekämpfung eine **Infragestellung ihres Lebensstils** mit tiefgreifenden und sehr einschneidenden Konsequenzen für ihr soziales und ökonomisches Überleben. Wen wundert es, dass die Menschen ihre Hühner verstecken, wenn die Veterinäre in den Dörfern auftauchen, oder – wie in Nigeria geschehen – Hungernde in die Räume eindringen, wo die gekeulten Tiere lagern. Die Armen und ihre Hinterhofhaltung sind eindeutig die Hauptverlierer einer Pest, die sie nicht zu verantworten haben. Da die Maßnahmen nicht mit ihnen, sondern gegen sie durchgesetzt werden, ist das Verständnis für Vorsorge gering und liegt kein Kooperationswille gegenüber der Regierung vor. Für arme Leute ist es schwer verständlich, wenn sie ihre Hühner abgeben sollen, obwohl sie vollkommen gesund erscheinen, die Entschädigung eine leere Versprechung bleibt und ihnen eine weitere Freilandhaltung verboten wird.

Einige Regierungen in Asien waren nicht zimperlich bei ihren Maßnahmen gegen die Freilandhaltung. Die **thailändische Seuchenpolitik**, die ganz unter dem Einfluss des Charoen Phokphand (C.P.)-Konzerns steht, sah vor, alle im Freien gehaltenen Tiere der betroffenen Provinzen zu schlachten und Neubestände nur in geschlossenen Anlagen zuzulassen. Für die gekeulten Tiere gab es nur dann Entschädigung, wenn die Bauern nachweislich die strengen Bedingungen einhielten, was die meisten nicht können. Es ist das Aus für den größten Teil der Hinterhofhaltung. Für C.P. war der Sachverhalt eine »Gelegenheit, die Krise zu nutzen«, so der Geschäftsführer des Konzerns.[12]

In **Vietnam und Kambodscha** hat die Regierung ebenfalls einen sehr rigorosen Kurs eingeschlagen. Die Freilandhaltung sollte drastisch eingeschränkt werden, obwohl 70% der ländlichen Haushalte in Vietnam und 90% in Kambodscha frei Hühner und Enten halten. Vietnam will die Freilandhaltung bis 2013 auf 43% reduzieren; der Rest soll streng eingezäunt werden. Die Verbesserungen erfordern Zeit, Schulung und Kapital, das nur die wenigsten haben. Kambodscha hat rigorose Keulung verordnet, ohne Kompensation anzubieten. Die Menschen haben massenhaft ihre Hühner vor der Polizei versteckt.

Tatsächlich soll eine Untersuchung in Thailand herausgefunden haben, dass 56% der Hinterhofhühner und 47% der freigehaltenen Enten vom H5N1-Virus befallen sind.[13] Ähnlich wie vielen Wildvögeln macht ihnen das aber wenig aus. Es besteht jedoch die Gefahr, dass sie das Industriehuhn anstecken, was verheerende Wirkungen hätte. In Analogie zu der Diskussion, die wir bei uns in Deutschland über die angebliche Rolle der Zugvögel haben, gelten auch die **Hinterhoftiere als Bedrohung** für die modern gehaltenen Hühner. Seine gefährliche Wirkung erlebt das Virus offensichtlich erst in der Massentierhaltung.

Dabei spielt die **genetische Eigenschaft** der Hybridhühner eine nicht unerhebliche Rolle. Die Tiere werden von ihrem Erbgut her immer homogener. Das gilt bezüglich der gewünschten wie auch der damit verbundenen unerwünschten Eigenschaften, inklusiv spezieller Anfälligkeit gegen bestimmte Krankheiten. Tierbestände reagieren immer gleichartiger auf Infektionserreger. Grundlagenforschung zur Genetik mit Bezug zum Immunsystem gibt es bisher bei Hühnern fast nicht. Es ist zu vermuten, dass das »Globale Huhn« für den Virus H5N1-HPAI leichter zu »knacken« ist als die lokalen Rassen. Zumal die Rein-Raus-Methode der modernen Haltung bedeutet, dass alle Tiere eines Bestands das gleiche Alter haben und sie folglich über ein ähnliches Immunitätsniveau verfügen – bezüglich der Abwehrkraft, aber auch bezüglich der Anfälligkeit.[14] Eine wissenschaftliche Untersuchung über den Zusammenhang zwischen Züchtung und H5N1-Wirkung gibt es nicht. Sicherlich ist die genetische Homogenität und Anfälligkeit des hochgezüchteten Hybridhuhns eine Mitursache für die Virulenz, mit der das Virus zuschlägt.

Die Kampfansage des globalen Huhns an das Hinterhofhuhn bei der Seuchenbekämpfung gefährdet nicht nur die Existenz von Millionen von Hühnerhalterfamilien, sondern auch den Reichtum der biologischen Vielfalt bei Hühnern im Nutztierbereich. Die letzten Reste der bodenständigen Hühnerrassen, die es noch gibt, nachdem das Hybridhuhn die Welt schon fast erobert hat, sind vom Ausrotten bedroht. Der **Verlust der Artenvielfalt** findet nicht nur zwischen den Hühnerrassen statt, sondern auch bei den einzelnen Linien. Der genetische Pool, der wichtig ist, um in Zukunft Tiere zu züchten, die neuen Herausforderungen widerstehen können, wird nun allzu leichtfertig aus angeblicher Vorsorge vor der einen Krankheit aufs Spiel gesetzt.

VOGELGRIPPE UND BIOLOGISCHE VIELFALT IN GEORGIEN

Der Wirbel, den die Vogelgrippe in Georgien ausgelöst hat, hat die Hühnerwirtschaft fast vollständig zerstört. Der reiche lokale Genpool ist ausradiert. Zehntausende von Hühnerbetrieben sind Konkurs gegangen, nachdem sich unsere Hühnerwirtschaft nach dem Zusammenbruch des Sowjetreiches wieder erholt hatte. Der Wirbel wurde ausgelöst durch eine unverantwortliche Aussage des georgischen Gesundheitsministers. Er sagte, dass ein Drittel der Hühnerpopulation in Georgien droht, von dem Vogelgrippevirus infiziert zu werden. Dies könne einen tödlichen Ausgang haben. Als Konsequenz der Rede wurden Hähnchenfleisch und andere Hühnerprodukte vom Speiseplan aller Kantinen und Großküchen abgesetzt. Die Bevölkerung begann, ihre einheimischen Hühner zu schlachten. Die Vogelgrippe brach zwar im Nachbarland Türkei aus, aber in Georgien selbst gab es keinen einzigen Fall. Die Seuche trat in der Türkei in Dörfern auf, in denen geringe Sicherheitsstandards bestehen. Dort herrscht eine Hinterhofhaltung vor, bei der die Menschen und Tiere oft unter dem gleichen Dach leben. In Georgien aber sind die Hühnerställe alle außerhalb des Wohnhauses und es gibt einige Großanlagen mit modernster Technologie. Solche Verhältnisse rechtfertigen keine radikalen präventiven Keulungslösungen. Gegenwärtig versuchen einige Wissenschaftler, die zum Huhn arbeiten, die einzigartigen einheimischen Hühnerrassen in Georgien zu sammeln, bevor es ganz zu spät ist. Ende Oktober 2006 hat sich eine internationale Konferenz in Tiflis damit auseinandergesetzt, die Population der einheimischen Rassen zu erfassen und wiederherzustellen.

Roza Nozadze, Universität Tiflis/Georgien

Bekämpfungsmethoden in Entwicklungsländern

Die offensichtlichste Seuchenbekämpfungsmethode ist die sog. **Stamping out-Methode**: die schnelle Diagnose, das Töten und Vernichten der infizierten Tiere, das Unterbinden von Tierkontakten auch über Dritte, das Einschränken der Bewegungsfreiheit der Tiere, Produkten und Menschen, Hygienebarrieren, gebietsmäßige Keulung aller Tiere in einem gewissen Radius zum Ausbruchsherd, völlige Isolierung des Ausbruchherds und Kompensation pro getötetem Tier an die Landwirte. Wesentlich für diese Methode sind die Beschlüsse des Internationalen Tierseuchenamts OIE in Paris. Unter Druck vom westlichen Agrobusiness hat die OIE festgelegt, dass nur Produkte am Weltmarkt gehandelt werden dürfen, die von nicht geimpften Tieren stammen.

Die Anerkennung der Standards der OIE durch die WTO gibt dieser Organisation eine hohe Durchsetzungskraft. So wird bei Seuchen das Impfen immer von den Ländern ausgeschlossen, die mit tierischen Produkten lukrativen Handel auf den Weltmarkt treiben. Die **Nicht-Impfpolitik** war und ist ein wesentliches Mittel, um Konkurrenz vom Weltmarkt fernzuhalten, vor allem aus Ländern mit vermeintlich geringerem Hygienestatus, und um die eigenen Exportpfründe nicht zu gefährden. Lieber hat man viele Millionen Tiere verbrannt – auf Staatskosten versteht sich – als die Auslandsgeschäfte einer ganzen Branche zu gefährden. Verlierer einer solchen Vorgehensweise sind diejenigen Erzeuger des betroffenen Landes, die gar nicht exportieren wollen, besonders die Tierhaltung der kleinen Leute.

Die schrecklichen Bilder großer Tierleiber im Feuer nach der BSE-Krise in Großbritannien hat die Akzeptanz der Stamping Out-Methode ins Schlingern gebracht. Jetzt scheint sich eine gewisse **Lockerung in der Seuchenpolitik** der OIE und auch der EU anzubahnen. Das Impfen wird langsam wieder salonfähig. Die Exportverbote nach dem Impfen werden langsam differenzierter. Nach einer Impfaktion soll nicht mehr automatisch ein ganzes Land für den Export von Produkten dieser Tierart disqualifiziert werden. Die Europäische Behörde für Lebensmittelsicherheit (EFSA) hat in einem Gutachten vom 20. September 2005 empfohlen, dass »Schutzimpfungen in Betracht gezogen werden können, wenn in Gebieten mit dichtem Geflügelbestand ein hohes Einschleppungsrisiko besteht«; darauf nimmt die EU-Kommission jetzt Bezug.[15] Bei einer Bundestagsanhörung 2006 zur Vogelgrippe wollten sich alle Experten die Option »Impfen« offen halten, weil es sich die Massen- und Intensivhaltung nicht leisten kann, Impfungen generell auszuschließen.

Impfen ist sicherlich **kein Allheilmittel**. Die Impfstoffe sind teuer und oft nicht in den benötigten Mengen (Qualität, Kühlkette) vorhanden. Der Krankheitsdruck auf die nicht geimpften Tiere ist umso höher. Die Gefahr der Ansteckung ist durchs Impfen nicht gebannt. Impfstoffe gegen Vogelgrippe gibt es, aber ihre Wirksamkeit ist noch umstritten. Einer ist jetzt von der EU zugelassen worden. Jetzt im großen Stil die Tiere zu impfen, könnte einen späteren Impfschutz des Menschen schwächen, weil sich Resistenzen aufbauen. So beschränkt man im Augenblick in einigen EU-Ländern (Italien und sehr begrenzt auch in Frankreich und Holland) das Impfen gegen H5N1 auf wertvolle Bestände wie Rasse- und Hobbygeflügel, Zoogeflügel oder in grippefreien Beständen auf Gebiete, in denen die Geflügelpest auftritt. In Nigeria allerdings wurde breit geimpft, auch in Laos.

Für Entwicklungsländer mit einem großen Anteil von Hinterhofhaltung ist weder eine rigorose Strategie des Stamping Out noch des Impfens angebracht. Die FAO plädiert heute für eine flexible Vorgehensweise, die Rücksicht nimmt auf den Erhalt der Biodiversität, den Lebensunterhalt der armen Leute und die trotzdem effektive Seucheneindämmung vornimmt. Doch die »**Flexibilität**« ist mit dem Vorbehalt belegt, ob das nicht Tür und Tor für eine laxe Bekämpfungspolitik öffnet, die nur zur Verbreitung der Seuche führt. Vor allem, wenn der politische Wille fehlt, eine Seuche effektiv zu bekämpfen, werden Differenzierungen fragwürdig. Die Auseinandersetzung über angepasste Seuchenpolitik in Entwicklungsländer bei Vogelgrippe ist voll entbrannt.

Für **arme Leute** ist sowohl Impfen als auch Keulung schwer zu akzeptieren; das Impfen, weil es mindestens 5% des Verkaufpreises eines Huhns ausmacht. Wenn das Huhn für den Eigenkonsum gehalten wird, ist diese Geldausgabe schon zu viel. Bei der Keulung kooperieren die Bauern nur, wenn sie den Versprechungen auf Erstattung trauen. Das Misstrauen ist berechtigt, denn nur allzu oft kommt das bereitgestellt Geld in den Dörfern nicht an. Wenn die Kompensation nicht attraktiv ist, werden die Bauern Erkrankungsfälle an ihren Tieren nicht melden. Sie werden versuchen, sie zu verheimlichen bzw. sogar die nicht erkrankten Tiere aus ihren befallenen Beständen noch schnell zu verkaufen.

Grundlage aller Bekämpfungsmaßnahmen ist die Feststellung des Ausbruchs einer Epidemie. Hier haben Entwicklungsländer besondere Schwierigkeiten, weil die **Aufklärungsrate** so niedrig ist, die **Kommunikation** zwischen Staat und Bevölkerung nicht klappt und die staatlichen **Einrichtungen** so massiv unterausgestattet sind. In ganz Afrika gibt es ganze zwei Labors, die H5N1 testen können. Deren Ergebnisse wurden aber nicht anerkannt, Nigeria musste Proben nach England schicken. In vielen Ländern existieren kein Tierseuchenbekämpfungsgesetz, keine Überwachungsbehörden, keine staatlichen Veterinärdienste. Hier rächen sich jetzt die pauschalen Deregulierungs- und

182

Sparprogramme, die unter den Strukturellen Anpassungsprogrammen der Weltbank und des Internationalen Währungsfonds den überschuldeten Staaten übergestülpt worden sind. Veterinärdienste sind in vielen armen Ländern privatisiert worden. Nur die großen Tierhalter können sich fachmännischen Rat leisten. Bricht eine Seuche aus, wie jetzt bei der Vogelgrippe, sind die letzten vorhandenen staatlichen Reststrukturen total überfordert. Jetzt muss erst einmal Aufbauhilfe geleistet werden, und zwar nicht nur in den Ländern, wo es einen Ausbruch gegeben hat, sondern auch in allen anderen, denn die Übertragung kann jederzeit überall passieren.

Es geht folglich um den Aufbau einer **HPAI-Präventiv- und Kontrollpolitik**, die sensibel ist gegenüber den KleinbäuerInnen und der Biodiversität. Das ist in Ländern, in denen es keine starke Wirtschaftslobby von Großbetrieben und vermachteten Strukturen im Fleischbereich gibt, einfacher. Die Profiteure vom »Globalen Huhn« haben wenig Verständnis für eine solche sozial und ökologisch sensible Strategie. Ihr Interesse ist der Schutz ihrer Bestände und Märkte und die Sanierung der Wirtschaftsstruktur des Geflügelbereichs. Die privaten Veterinärdienste, die es noch in den armen Ländern gibt, stehen in Abhängigkeit von kommerziellen Unternehmen. Die Regierungen können kaum auf unabhängige Expertisen im eigenen Land zurückgreifen.

Leben Menschen so eng mit ihren Hühnern und Enten zusammen, sind oft **einfache Präventionsmaßnahmen** schon wirkungsvoll. Das verhindert keine Seuche, ist aber grundsätzlich als ständige Vorsichtsmaßnahme notwendig. Die Hinterhofhaltung hat kaum Kontakt mit irgendeiner wie auch immer gearteten Beratung oder Betreuung. Die Studie von Bangladesch über die Hinterhofhaltung förderte zutage, dass weniger als 5% der Hühnerhalter jemals Kontakt mit einem öffentlichen Veterinär gehabt haben. Haben sie ein Problem, wenden sie sich an dubiose informelle Tierheiler, deren Rat, Medizin und Impfstoffe oft von zweifelhafter Qualität sind. Ein paar Basisprinzipien zur verbesserten Krankheitsfürsorge könnten Wunder bewirken.[16]

Die Erfahrungen mit den rigorosen Keulungsprogrammen in Vietnam und Kambodscha zeigen, dass reine **Zwangsmaßnahmen kontraproduktiv** sein können. Der Sektor der kleinbäuerlichen Hühnerhalter muss als Mitstreiter im Kampf gegen die Seuche gewonnen werden, und ihm darf nicht selbst der Kampf erklärt werden. Nur wenn die Millionen ländlicher Haushalte, die Hühner und Enten halten, verstehen, welche Gefahr die Seuche für sie selbst bedeutet, gewinnt man ihre Kooperation, die dringend erforderlich ist. Es geht nun einmal nicht gegen und nicht ohne sie. So macht die Seuche und die Diskussion über ihre Bekämpfung zum ersten Mal auf die Bedeutung und die Eigenarten der Hinterhofhaltung aufmerksam und erzwingt einen partizipatorischen Ansatz.[17]

Aufklärung der Bauernfamilien ist der Ausgangspunkt jeder Bekämpfungsmaßnahme unter Armutsbedingungen. Die **Risikokommunikation** umfasst sehr grundsätzliche Ratschläge zur Hygiene, wie z. B. nach dem Kontakt mit Hühnern die Hände zu waschen, auf größte Hygiene bei Schlachtung und Essenszubereitung zu achten, alle Tierreste unschädlich zu beseitigen, tote oder kranke Tiere sofort zu isolieren, die Bewegungsfreiheit der Hühner im Dorf und auf dem Hof einzuschränken, den Hühnern keinen Zugang mehr zum Haus und zur Küche zu gewähren. Doch schon hier stößt man an Grenzen: Viele Hühnerhalter sind zu arm, um sich auch nur die Kosten für einen Zaun leisten zu können. Die Tiere in einen Hühnerhof einzupferchen bedeutet auch, das Futter für die Hühner herbeizuschaffen. Sind sie eingesperrt, können sich die Hühner ihr Futter nicht mehr selbst als »Straßenfeger« suchen. Eine generelle Stallpflicht wäre überzogen, denn mit einem Eintrag von Exkrementen von wilden Wasservögeln aus der Luft ist nicht zu rechnen. Eine seitliche Absperrung wäre ausreichend, um den Kontakt zu vermeiden. Für solche Aufklärungsmaßnahmen der Dorfbevölkerung braucht es keine studierten Tierärzte. Die Ausbildung von einigen Personen als »Barfußveterinäre« wäre ausreichend. Nur so kann man ein Programm finanzieren, das flächendeckend in allen Dörfer wirkt.

Besondere Schwierigkeiten machen die **lokalen Geflügelmärkte**, auf denen die Tiere lebend verkauft werden. Hier haben viele Menschen direkten Kontakt zu Tieren, und auch Tiere untereinander. Werden gar die nicht verkauften Tiere wieder mit ins Dorf zurückgenommen, ist die Ansteckungsgefahr besonders groß. So angemessen diese Lebendvermarktung unter Entwicklungsländerbedingungen auch sozioökonomisch ist, so problematisch ist sie seuchenpolitisch. Mögliche Maßnahmen zur Neutralisierung der Gefahren von Lebendvermarktung gehen nicht weit genug. Allenfalls die strikte örtliche Begrenzung aller transportierten Lebendhühner wurde hier und da eingeführt.

Ansonsten reagieren viele Regierungen mit dem Verbot von Märkten für lebendiges Federvieh.

Ähnlich komplex ist auch die Frage, wie der Aspekt der **Erhaltung tiergenetischer Resourcen** in die Seuchenpolitik mit einbezogen werden kann. Da Landhühner, Hofzüchtungen und Rassegeflügel von den Keulungsmaßnahmen nicht ausgespart werden können, kommt es auf eine intelligente Auswahl an. Der erste Schritt wäre die Identifizierung von Tierrassen bzw. -linien, die für die züchterische Weiterentwicklung geeignet sein könnten und wichtige Eigenschaften in sich tragen. Von diesen Tieren müsste eine Population gesichert werden, etwa durch die Durchseuchung oder Impfung. Das wäre ein größeres Programm, das nur mit Hilfe einer Einbindung in ein Forschungsprojekt denkbar ist. Trotz und wegen der dramatischen Konzentration der Geflügelzucht besteht die Notwendigkeit, die Situation auch als Chance zu verstehen – zur Bildung und Unterstützung lokaler, nationaler und länderübergreifender Initiativen für die Erhaltung und züchterischen Weiterentwicklung genetischer Ressourcen. Initiativen und Organisationen bäuerlicher Familienbetriebe bieten teilweise bereits gute Netzwerke. Sie benötigen kompetente und finanzielle Unterstützung bei der Zucht. Notwendig ist die Etablierung regionaler Zuchtzentren. Dass einfache Züchtungsarbeit möglich ist, beweisen die vielen Hobbyrassezuchtvereine in den westlichen Industrieländern.

Die internationale Staatengemeinschaft hat erstaunlich rasch auf die entwicklungspolitische Herausforderung der Vogelgrippe reagiert. Das gelang, weil die Industriestaaten sich schützen müssen, indem sie den Entwicklungsländern Hilfe zum Schutz geben; ihre Seuchenpolitik ist auch unsere. Staatssekretärin Karin Kortmann vom Bundesministerium für wirtschaftliche Zusammenarbeit sagt dazu: »Die Welt vor den schrecklichen Folgen einer damit verbundenen humanitären und wirtschaftlichen Krise zu schützen, ist ein globales öffentliches Gut. In einer interdependenten Welt ist kein Land allein in der Lage, ein solches Gut zu sichern.«[18]

Bei einer Geberkonferenz in Peking haben sich im Januar 2006 Organisationen aus 100 Ländern darauf geeinigt, für die Bekämpfung der Vogelgrippe in Entwicklungsländern 1,4 Mrd. Euro zur Verfügung zu stellen. Die Gelder werden durch einen **Treuhandfonds der Weltbank** aufgelegt. Selbst wenn bisher erst 286 Mio. US-Dollar geflossen sind und die Anträge auf Finanzierung schleppend eingehen, ist durch diesen Fonds ein deutliches politisches Signal gesetzt. Staatssekretär Gerd Müller aus dem Landwirtschaftsministerium definiert die Anstrengungen, die diesem Fonds zugrunde liegen sollen, wie folgt: »nachhaltige Produktionsformen und Managementsysteme in der Geflügelhaltung zu entwickeln«. »Insbesondere in kleinteiligen Produktionsstrukturen und Selbstversorgerbetrieben (Subsistenzbauern) können seuchenhygienische Maßnahmen dazu führen, dass die Geflügelproduktion ohne Alternativen vernichtet wird.«[19] Leider vergisst er zu sagen, dass das nicht gewünscht wird.

Während in Peking die betroffenen Länder Südostasiens im Vordergrund standen, konzentrierte sich die 4. Internationale Geberkonferenz vom Dezember 2006 in Bamako/Mali auf den Kampf gegen Vogelgrippe in Afrika. Hier wollte man die Seuchenbekämpfungsmaßnahmen auf die »Geflügelhaltung im kleinen Maßstab«, wo sie eine wichtige Rolle zur Ernährung der Familie spielt, anpassen. Die Bundesregierung hatte ein 5,5 Mio. Euro Geschenk für entsprechende Programme in Afrika mitgebracht. Die Ernährungssicherung, Existenzabsicherung von Kleinbauern und der Erhalt der tiergenetischen Ressourcen ist Schwerpunkt dieses Programms, das Teil der jetzt beschlossenen Anstrengungen der FAO in Afrika ist.[20]

Die Vogelgrippeepidemie ist eine Krise des »Globalen Huhns«, die – wie alle Krisen – Schwachstellen in der Hühnerwelt offengelegt hat. Alle Produzenten sind von den Marktschocks und Seuchenbekämpfungsmaßnahmen betroffen, am meisten aber die Erzeuger mit den geringsten Biosicherheitsmaßnahmen und niedrigsten Standards der Seuchenvorsorge. Die erzwungene Keulung wird viele kleine Halter in den Ruin führen, und viele Familien werden die Hinterhofhaltung aufgeben. Es gibt nur noch eine Chance: wenn sich die internationale Entwicklungspolitik an die Bedeutung und Besonderheit der Hühnerhaltung der »armen Leute« erinnert. Noch fehlen zwar klare Konzepte, wie die Versorgungsfunktion mit Hühnerfleisch, die Armutsbekämpfung und die Erhaltungsfunktion tiergenetischer Ressourcen in eine angepasste Seuchenpolitik einfließen können, aber immerhin ist der Stein des Nachdenkens und der Suche ins Rollen geraten. Jetzt wird sich entscheiden, ob das »Globale Huhn« seinen Siegeszug auf Kosten der Hinterhofhalter weiter fortsetzen kann, oder ob das lokale Huhn, noch eine Chance erhält.

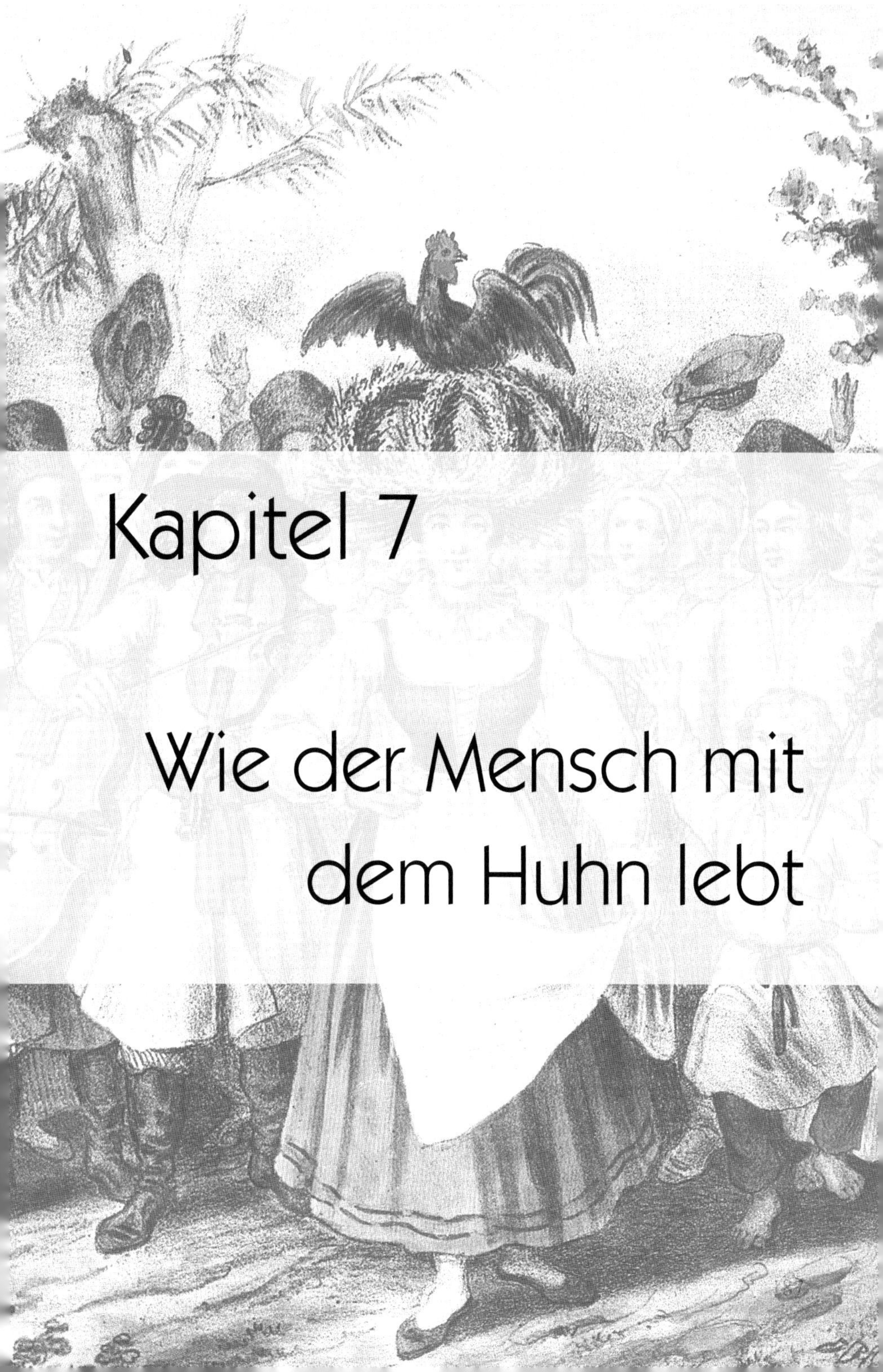

Kapitel 7

Wie der Mensch mit dem Huhn lebt

7.1 Die Hühner hinter'm Haus – der armen Leute Glück!

MANCHER GIBT SICH VIELE MÜH'
MIT DEM LIEBEN FEDERVIEH;
EINESTEILS DER EIER WEGEN, WELCHE DIESE VÖGEL LEGEN.
ZWEITENS: WEIL MAN DANN UND WANN
EINEN BRATEN ESSEN KANN;
DRITTENS ABER NIMMT MAN AUCH
IHRE FEDERN ZUM GEBRAUCH.

WILHELM BUSCH, MAX UND MORITZ

Das Huhn ist das Rind der kleinen Leute. »Kleinvieh« heißt es etwas abschätzig in den Agrarwissenschaften. Hühnerhaltung wurde als ökonomische Aktivität nicht ernst genommen, agrargeschichtlich bei uns nicht, und auch nicht in den Entwicklungsländern. Hühnerhaltung geschah nebenher, als Tätigkeit der Frauen und Kinder. Erst als die große gewerbsmäßige Geflügelproduktion aufkam, entdeckte man ihre wirtschaftliche Kraft und die Marktpotenzen.

Hinterhofhaltung

Noch immer existiert in Asien, Afrika und Lateinamerika neben der großen kommerziellen Hühnerwirtschaft die Hinterhofhaltung der armen Leute. Ihre Bedeutung für die nationale Versorgung mit Geflügelfleisch und Eiern ist von Land zu Land unterschiedlich. Doch es zeigt sich, dass selbst in Ländern wie Indien, China, Thailand oder Indonesien, wo große fabrikmäßige Stallkomplexe der wachsenden Nachfrage nach Hähnchenfleisch nachkommen, gleichzeitig fast jede Familie auf dem Lande eine kleine Hühnerschar hält. Hochgerechnet auf die gesamte Volkswirtschaft sind der Bestand und die Versorgungsleistung dieses Hühnerwirtschaftsystems nicht zu unterschätzen.

Ihre Bedeutung geht weit über den reinen volkswirtschaftlichen Nutzen hinaus. Die **Haltungsform ist nachhaltig**, braucht wenig Ressourcen, kommt primär den Armen zugute, stärkt die Rolle der Frauen in der Gesellschaft, befriedigt die Grundbedürfnisse und trägt erheblich zum ökonomischen sozialen, religiösen und kulturellen Lebensunterhalt auf Haushaltebene bei. Die Hühner sind der »Staubsauger der Dörfer«, sie suchen zusammen und verwerten alle Formen von organischen Abfällen und schließen diese wieder für die menschliche Ernährung auf.

Der **Freilauf** wird allerdings auch geächtet. Weil die Hühner im Dreck und auf dem Miste picken und scharren, sollen sie Überträger von vielen Krankheitskeimen sein, die dem Menschen und anderen Tieren auf dem Hof gefährlich werden können. Sie gelten als unrein, sind voller Flöhe und legen ihren Kot überall ab. Aus diesen und anderen Gründen dürfen in den entwickelten Ländern die Hühner nicht mehr frei im Dorf herumlaufen und müssen eingepfercht werden.

Die Haltung von Hühnern ist die am **weitesten verbreitete Form von Tiernutzung** der Menschen, die sesshaft und arm sind. Dies ist heute auf allen Kontinenten der Fall. Hühner sind mit geringerem Aufwand und Kosten zu halten als andere Nutztiere, wie Rinder, Schafe, Schweine oder Ziegen. Das Huhn hat gegenüber den anderen Nutztieren erhebliche Vorteile: Es verlangt kaum Investitionen- und Unterhaltungskosten, weil die Küken selbst gebrütet oder vom Nachbarn billig zu besorgen sind. Eine Hinterhofhaltung braucht keine Gebäude und zugekauftes Futter. Den Hühnern muss kaum Aufmerksamkeit geschenkt werden. Das Risiko bei Verlust einzelner Tiere ist gering.

Der **Beitrag der Hühner zum Lebensunterhalt der Armen** ist vielfältig und kann erheblich sein. Die Eier sind innerhalb des Dorfes leicht zu verkaufen. Das Fleisch dient besonderen Anlässen. Die Hühnerschar stellt eine allzeit verfügbare »Sparkasse« dar; wenn die arme Familie Geld für den Kauf von Mais, Seife, Aspirin oder Schulutensilien braucht, dann werden Eier, Küken oder ein Schlachthuhn verkauft. Ein großer Teil der Hühnerprodukte dient der Ernährungsverbesserung der eigenen Familie. Hühner diversifizieren die Einkommensquellen von Familien, denn zumeist laufen sie nebenher. Als »Straßenkehrer« fressen sie sonst ungenutzte Nährstoffe in der freien Natur und im Dorf. Ansonsten leben sie von Küchenabfällen, Spelze und Körnerausschuss, Würmern, Schnecken, Insekten und Grünzeug am Straßenrand. Der Kot der Tiere ist ein begehrter Dünger für den Küchengarten. Die Federn lassen sich für Kissen- und Deckenfüllungen nutzen. Die Haltung kann weitgehend bodenunabhängig erfolgen. Selbst Landlose und städtische Familien halten frei herumlaufende Hühner. Die Hühner sind in vielen ländlichen Gesellschaften wichtige Tauschmittel für die Erbringung sozialer Pflichten, etwa als Geschenke für Feiern und familiäre Anlässe, als Gastessen, für Rituale und Opferriten (vgl. Kapitel 2.2). Der größte Vorteil der Hühnerhaltung ist, dass sie mit fast allem gut kombiniert werden kann. Sie passt sich gut in gemischte Betriebssysteme ein.

Allerdings stehen der Weiterentwicklung **der traditionellen Hinterhofhaltung** auch große Hemmnisse entgegen. Der Zugang zu den städtischen Märkten ist wegen der Transportprobleme eingeschränkt; die Lebendvermarktung ist dann die einzige Option. Die Bauern und Bäuerinnen erhalten kaum Dienstleistungen, Ausbildung und Beratung. Das Wissen über eine systematische Produktion ist gering. Angepasste Techniken und Züchtung zur Verbesserung der traditionellen Hühnerwirtschaft werden kaum erforscht. Der Zugang zu verbesserten Betriebsmitteln, wie Zusatzfutter, Impfstoffe und Medikamente stellt ein Problem dar. Die Banken verleihen kein Geld für eine extensive Hühnerhaltung. Die Verluste durch Raubvögel, Krankheiten, Infektionen und Diebstahl sind erheblich. Schließlich wird der Lebensraum für freihaltende Hühner mit zunehmender Bevölkerungsdichte und Verkehr immer stärker begrenzt. Die kostenlose Ernährung der Tiere durch die Freilandhaltung kommt schnell an ihre Grenzen.

Demzufolge sind die **Erträge gering,** und die Produktion bleibt weit hinter dem Potential dieser Haltungsform zurück. Die Verlustrate bei Küken ist hoch, die Anzahl der gelegten Eier pro Huhn und Jahr lässt sich mit den Leistungen der kommerziellen Hühner nicht vergleichen. Die Gewichtszunahmen bei der Mast sind minimal. Bisher ging die dynamische Nachfrageentwicklung auf den Märkten weitgehend an der Hinterhofhaltung vorbei.

Es ist schwierig auszumachen, ob diese Form der Hinterhofhaltung langfristig mit den kapitalintensiven großbetrieblichen Haltungsformen **koexistieren** kann. Dabei ist noch nicht einmal ausgemacht, welches System wirklich kostengünstiger produziert. Bei den reinen Produktionskosten der Aufzucht könnte die traditionelle Haltung vielleicht sogar noch mithalten. Die Leistungen sind zwar gering, aber die Kosten auch. Der traditionellen Hinterhofhaltung weit überlegen ist die kommerzielle Hühnerwirtschaft im Hinblick auf die Vermarktung, weil nur sie Zugang zu den modernen Schlachthöfen, Kühlungssystemen und Vermarktungsketten hat. Auf Dauer werden die mundgerechten Angebote moderner Hühnerprodukte, wenn sie bis in die Dörfer der Hinterhofhaltung gelangen, auch der traditionellen Lebendhuhnvermarktung das Leben schwer machen. Je stadtnäher die Haltung ist, desto mehr besteht das Marktangebot aus kleinen Portionen und Tiefkühlkost. Für die Koexistenz ist weiterhin entscheidend, ob die Hühner dem Verkauf oder dem familiären Eigenverbrauch dienen.

Interessanterweise hat eine Untersuchung in Bangladesch ergeben, dass die allerärmsten Haushalte, die **Landlosen,** die Hühner und ihre Produkte zu

83% auf dem Markt verkaufen, während die Kleinbäuerinnen sie vornehmlich selbst konsumieren. Für die ganz Armen ist tierisches Eiweiß relativ zu teuer, und sie tauschen es eher gegen pflanzliche Kalorien ein.[1] In dem Fall sind die Hühner der Ärmsten der Marktkonkurrenz stärker ausgeliefert, als die der bessergestellten Schicht der Kleinbauern.

Landhühner

In Afrika gibt es die Tendenz, das Fleisch der einheimischen Landrassen und der Hühner, die ihr Leben lang frei herumgelaufen sind, mehr zu schätzen als das Fleisch der modernen Hybridhühner. Für die **lebendvermarkteten Landhühner** werden deshalb bessere Preise pro Kilogramm geboten. In diesem Fall ist die direkte Konkurrenz mit dem modernen Huhn geringer, denn die Märkte sind voneinander getrennt, weil die Produkte nicht homogen sind. Langfristig wird es allerdings auch hier Substitutionseffekte zwischen dem Verbrauch ganzer Lebendhühner und zubereiteten Hühnerteilen geben. Den Eiern sieht man den Unterschied schon jetzt nicht mehr an. Beim Fleisch ist anzunehmen, dass sich die VerbraucherInnen langfristig aufgrund des günstigeren Preises und aufgrund der Gewöhnung an das Fleisch der Hybridrassen umstellen werden.

Die Dualität zwischen den Lebendhühnermärkten und den kommerziellen Fleischwaren ist in allen Entwicklungsländern durchgängig. In **China**, dem Land der riesigen Fleischfabriken, sind lokale Rassen und Lebendvermarktung noch sehr weit verbreitet. Diese erzielen auch höhere Preise als die auf Schnellwüchsigkeit, gute Futterverwertung und hohen Brustfleischanteil gezüchteten Hybridrassen. Die VerbraucherInnen schätzen hier – ähnlich wie in Afrika – den Geschmack von 80 bis 120 Tage lang gemästeten Tieren, den die Jungtiere des Industriehuhns, die nach 33 bis 40 Tagen schlachtreif sind, nicht bieten. Dieser Markt macht geschätzte 50% des größten Weltbinnenmarks für Geflügelfleisch aus, was einer Menge von mehr als 5 Mio. Tonnen entspricht.[2]

Sehr zum Leidwesen der US-Geflügelwirtschaft wird der Markt der lebend vermarkteten Hühner in naher Zukunft nicht verschwinden. Die internationale Geflügelwirtschaft schätzt die weltweiten Umsätze auf diesem Markt auf 20 Mrd. US-Dollar. Die Hälfte der Weltbevölkerung wird von diesem Markt mit Hühnerfleisch bedient. Wen erstaunt es, wenn die Geflügelwirtschaft mit großer Begehrlichkeit auf dieses noch für sie unerschlossene Marktsegment blickt. Da kommen ihr die Vogelgrippe oder andere Hygienemaßnahmen gerade recht, um diesem Segment den Garaus zu machen. »Länder, die Exporteure von Hähnchenfleisch sind oder werden wollen, sind mit der Notwendigkeit konfrontiert, entweder ihre Lebendvermarktung einzuschränken, einzustellen oder sie stark zu regulieren«, so Originalton aus der US-Broilerindustrie.[3]

Vom Risiko der **Tierseuchen** ist die Hinterhofhaltung allerdings genauso betroffen wie die modernen Hühnerfabriken. Der Unterschied ist nur der, dass sich die Wirtschaftsgeflügelhalter aufwändige Schutzmaßnahmen leisten und diese planstabsmäßig durchziehen können, während die Familienhühnerhalter den Seuchen oft hilflos und verständnislos gegenüberstehen. In der Regel bestimmen die großen kommerziellen Strukturen die Hygienestandards bei einer drohenden Seuchengefahr, weil die kleinbäuerlichen Hühnerhalter nicht organisiert sind. Die Geflügelunternehmen wenden permanent Vorbeugemaßnahmen an, wie Stallpflicht, Antibiotikabeimischung, geschlossene Systeme und Veterinärdienste. Die Freilandhaltung wird als unhygienisch und seuchenpolitisch prekär diskreditiert. Droht eine Seuche, ist es aus mit der friedlichen Koexistenz verschiedener Haltungsformen. Marktkonzentration, Produktionszonen, Verbot lokaler Lebendmärkte, Zäune und Ställe sind dann ausschlaggebend. Die Hühner der Armen tragen die Hauptlast von Seuchen, obwohl vielleicht die Hühner der Reichen die Quelle der Seuche darstellen (vgl. Kapitel 6).

Lange Zeit wurde von der offiziellen Politik die Hinterhofhaltung übersehen und vernachlässigt. Man hielt sie für eine unproduktive Nebenbeschäftigung: Landfrauen- und Kindersache. Eine systematischere Erfassung des **Beitrags der kleinbäuerlichen Hühnerhaltung** in Bangladesch hat das wahre Ausmaß der Bedeutung dieses Sektors zu Tage gebracht: Danach kamen 98% des Hühnerfleisches und der Eier von frei herumlaufenden Hühnern. 80% aller Haushalte auf dem Lande halten Hühner, in einigen Regionen bis zu 98%. In Nigeria stellt die kleinbäuerliche Freilandhaltung 94% der Geflügelhaltung, und sie hält 83 % der 82 Mio. Hühner im Lande. In Äthiopien sind es sogar 99%. Im gesamten südlichen Afrika sind 85% aller Haushalte Hühnerhalter, und 70% der Hühner gehören Frauen.[4] Eine Untersuchung in Tansania zeigt, dass eine einzige Henne in fünf Jahren mit ihrem Nachwuchs 120 kg Fleisch erzeugt und 195 Speiseeier gelegt hat (der Rest der Eier wurde ausgebrütet). In Ostkalimantan hat eine Untersuchung ergeben, dass 53% des Einkommens der kleinbäuerlichen Familien aus der Hühnerhaltung kam, die eher beiläufig geschah.[5]

Ob die Hinterhofhaltung die wachsenden Märkte versorgen kann, wurde bisher meist verneint. Die Hinterhofhaltung galt weitgehend als nicht entwicklungsfähig und als eine **Nische der Armenökonomie**. Einige Länder, vor allem die LDC-Länder (die am wenigsten entwickelten Länder der Welt) haben versucht, innerhalb des Modells der Familienhühnerhaltung eine kommerzielle

Hühnerwirtschaft aufzubauen. In vielen anderen Ländern gingen die Investitionsströme aber an den Kleinbauern vorbei. Unterschiede bestehen allerdings immer noch zwischen dem Investitionsverhalten von Entwicklungsbanken bzw. Mikrokreditanstalten und den großen Finanzinvestoren. Auch wenn es keine Hinterhofhaltung mehr ist, werden doch landwirtschaftliche Familienbetriebe von ersteren bevorzugt gefördert. Von Banken und Regierungen sind oft nur Ställe und Betriebsaufstockungen gefördert worden, die eine Mindestgröße von mindestens 500 Legehennen pro Betrieb erfüllen mussten. Auch wenn dies schon weit über die Hinterhofhaltung hinausgeht und damit nicht mehr die Ärmsten betrifft, werden doch immerhin noch landwirtschaftliche Familienbetriebe bevorzugt (vgl. zu Hühner und Entwicklung: Kapitel 7.3).

Mit dem Aufkommen neuer Denkansätze zur Armutsbekämpfung durch den Betriebssystemansatz, Entitlement-Ansatz, den Livelyhood-Ansatz und dem Recht auf Nahrung[6] wurde der Blick auch für das produktive Potential der Armutsökonomie geöffnet.

Herz für Kleinviehhaltung

Auch einige Kreise innerhalb der **internationalen Entwicklungsorganisationen**, wie FAO und Weltbank, haben ihr Herz für die Kleinviehhaltung der Armen entdeckt. Die FAO gründete beispielsweise das »International Network for Family Poultry Development« (INFPD) und startete 2003 die »Pro Poor Livestock Policy Initiative« als spezielles Programm mit einem Finanzvolumen von 2,5 Mio. US-Dollar. In diesem Programm soll die Hühnerhaltung der Ernährungssicherheit von besonders gefährdeten Zielgruppen dienen, wie z.B. HIV/AIDS-Infizierten, Betroffenen von Naturkatastrophen und Konflikten, Witwenhaushalten usw.[7]

Der Betriebssystemansatz hat eine neue Wertschätzung der Familienhühnerhaltung möglich gemacht. Man erkannte ihre Bedeutung in ihrer integrativen Wirkung als Element einer Ökonomie des Überlebens. Die Erkenntnis breitete sich aus, dass hier nicht unbedingt ein System durch ein völlig anderes zu ersetzen ist. Stattdessen suchte man nach **Verbesserungsschritten** innerhalb des bestehenden traditionellen Systems. Anstelle sich beispielsweise zu bemühen, exotische Hybridhühner einzuführen, wollte man nun erst einmal die Qualitäten der einheimischen Landrassen besser verstehen lernen. Die Entwicklungsexperten der FAO mussten zugeben, dass die Wissenschaft eigentlich wenig Ahnung davon hat, wie die traditionelle Form der Hühnerhaltung wirklich funktioniert. Erst wenn man das weiß, lassen sich darauf aufbauend angepasste Innovationen identifizieren, um gewisse spezifische Probleme der traditionellen Hinterhofhaltung punktuell zu lösen.

Die FAO betreibt z. B. derzeit ein Projekt in der Größenordnung von 7,5 Mio. US-Dollar in sieben Ländern Afrikas, in dem die Erfahrungen einer sehr erfolgreichen **angepassten Hühnerentwicklung** in Bangladesch methodisch übertragen werden. Es geht um Systeme der semi-freilaufenden Hühnerhaltung. Durch einfache Ställe soll die Infektions- und Verlustrate verringert werden. Die Beteiligten werden im Bau solcher Ställe unterrichtet, lernen bessere Fütterungstechniken, Impfung und Pflege der Tiere kennen. Auf lokaler Ebene wird eine gewisse Arbeitsteilung eingeführt zwischen Kükenzucht, Brütereien und Mast bzw. Eiererzeugung. Die Vermarktung wird systematisiert.[8] Das Projekt will beweisen, dass es angepasste Techniken, lokal verbessertes Hühnerfutter, lokale Rassen und geeignete Impfstoffe, etwa gegen die weitverbreitete Newcastle-Seuche, gibt, die vielversprechende Ertragszuwächse erbringen. Sie könnten die Familienhühnerhaltung auch in Zukunft durchaus produktiv machen und ihre armutsreduzierende Wirkung dadurch verbessern helfen, ohne das System als solches zu verlassen. Kleinste Verbesserungen können große Ertragszuwächse bewirken und die hiermit positiven Funktionen, die die Hühner in der Ökonomie der Armen einnehmen, stärken.

Dieser **Verbesserungsansatz** geht von Folgendem aus: »Jede Intervention in das System der familiären Geflügelhaltung, von dem kleine Bauern und Landlose profitieren, hat enorme Auswirkungen auf die Armutsbekämpfung.«[9] Im Kern der Frage, worin sich das eine von dem anderen System unterscheidet, steht die Auswahl der Hühnerrasse. Hier geht es im Wesentlichen um die Entscheidung entweder für das Hybridhuhn oder für eine einheimische Rasse. Einheimische Rassen werden heute wieder eher anerkannt, weil sie ein besseres Potential haben sollen, um sich das natürlich verfügbare Futter selbst zu suchen und optimal zu verwerten. Auch ihre Brutfähigkeit und Gluckeneigenschaften spielen in der traditionellen Hühnerhaltung eine gewisse Rolle, die in der modernen Zucht eher unerwünscht sind (siehe mehr dazu Kapitel 4.1). Die Größe der Hühnerschar, die Art der Stallhaltung und der verfügbare Platz pro Tier spielt wegen der Kosten der Hygiene auch eine Rolle. Schließlich entscheidet auch die Frage nach der Verwendung teuren Fertigfutters darüber, ob ein extensives System verlassen wird und man in die ökonomischen Zwänge eines kommerziellen Intensivsystems übergeht.

Dieser neue Grundansatz, auf eine verbesserte familiäre **kleinbäuerliche Hühnerwirtschaft als durchgängiges Modell** zu setzen, bedeutet auch: Man muss eine Antwort auf die eigentliche Herausforderung finden, wie sich die expansiven Märkte für Hühnerfleisch zugunsten von Armuts- und Hungerbekämpfung nutzen lassen. Wie kann der Heißhunger auf Geflügelfleisch so gesättigt und seine Erzeugung so gesteigert werden, dass sie mit maximalen Beschäftigungseffekten vonstatten geht und auch arme Familienbetriebe vor Ort davon profitieren?

Diese Fragestellung ist en vogue, seit sich die Weltgemeinschaft durch den **Millenniumsgipfel 2000** der UN das Ziel gesteckt hat, die Armut auf der Welt bis zum Jahr 2015 zu halbieren. Jetzt müssen Strategien gefunden werden, welche einen substantiellen Beitrag zur Bekämpfung von Armut leisten. Wahrscheinlich wird diese Aufgabe weniger mit der reinen traditionellen Hinterhofhaltung zu bewerkstelligen sein als durch verbesserte Familienhühnerhaltung. Diese will mit ihren Produkten die nationalen städtischen Märkte erreichen. Hier konkurriert sie allerdings nicht nur mit der großbetrieblichen Haltung und den Hühnerfabriken des eigenen Landes, falls solche existieren, sondern auch zunehmend mit tiefgefrorenen importierten Hühnerteilen des »Globalen Huhns«.

Selten kann man an einem Produkt so klar machen, ob der internationale Handel zugunsten der Armen wirkt oder ob er im Gegenteil Armut vertieft. Bei kaum einem anderen Erzeugnis sind sowohl die Allerärmsten als auch die Allerreichsten so unmittelbar an der Erzeugung, an den Märkten und an dem Verbrauch eines Produkts beteiligt. Der Mistscharrer aus dem ländlichen Afrika ist damit Teil eines globalen Hühnersystems geworden. Seine Überlebenschancen hängen unmittelbar damit zusammen, welche Kaufentscheidungen in Europa getroffen werden, und wie wir hier bei uns Hühnerfleisch verzehren. Unsere individuellen Konsumentscheidungen bestimmen mit, ob die große Masse der Armen auf der Welt auch zukünftig noch mit Hilfe der Hühnerhaltung ein bescheidenes Einkommen erwirtschaften kann und damit die Möglichkeit zur eigenständigen Existenzsicherung hat.

7.2 Hühner sind weiblich –
Gender-Aspekte beim lokalen Huhn

verfasst von Karin Ulmer[1]

> »WER VERDERBEN WILL UND WEISS NICHT WIE,
> DER HALTE SICH NUR FEDERVIEH.«[2]

»Armut ist weiblich.« 70% der geschätzten 1,3 Mrd. Armen auf der Welt sind Frauen. Die überwiegende Zahl von ihnen lebt auf dem Land in Entwicklungsländern. Gleichzeitig sind es diese Frauen, die die Hauptverantwortlichen für die Erzeugung der Nahrungsmittel und für die Sicherung der Ernährung ihrer Familien sind. In Afrika werden über 90% der Grundnahrungsmittel und 30-40% der Marktprodukte von Frauen angebaut. Dabei sind 85% aller Haushalte »Hühnerhaushalte«. Die Frauen halten dort bis zu 70% aller Hühner. Das lokale Huhn Afrikas ist weiblich, das globale männlich. Trotz dieser Schlüsselrolle wird die produktive Rolle der Frauen permanent übersehen, übergangen und unterdrückt. Ihr Zugang und ihre Kontrolle über die Lebensgrundlagen, wie Land, Kapital und Bildung, sind stark eingeschränkt. Die Macht der Frauen über ihre Hühner ist ein Stück Selbstverwirklichung und Gerechtigkeit. Erst wenn man sich das vor Augen führt, wird verständlich, wie sehr der scheinbar harmlose – angeblich für die Ärmsten sogar vorteilhafte – Import an Billighühnerteilen in Strukturen und Prozesse eingreift, die begonnen hatten, besonders Frauen auf dem Land aus Armut und sozialer Isolation herauszuführen.

Dynamisches Verhältnis zwischen
Frauen und Männern

Will man die Bedeutung der Hühnerhaltung für Frauen verstehen, muss daher auf die Frage des **Geschlechterverhältnisses in ländlichen Räumen** des Südens eingegangen werden. Durch »Gender«-Analysen werden die dynamischen Beziehungen zwischen Mann und Frau untersucht und beschrieben. Der Begriff Gender ist aber nicht gleichbedeutend mit dem biologischen Geschlecht, sondern wird benutzt, um eine soziale Konstruktion zu beschreiben.

Besitz, Normen, Freiheiten und Rechte in unseren Gesellschaften werden dem einen oder anderen Geschlecht zu- oder abgeschrieben. Geschlechtsspezifiken können in verschiedenen Gesellschaften und Kulturen sehr unterschiedlich sein.

Die Rolle und Bedeutung der Hühnerhaltung für Frauen ist in allen Entwicklungsländern und Armutsschichten auf dem Lande enorm. Ein Projekt der FAO in Bangladesch hat das sehr gut analysiert.[3] Weil man zu dieser Schlussfolgerung kam, hat sich das Projekt bei der Förderung der Geflügelhaltung ausschließlich auf die Frauen konzentriert. Vorstudien ergaben, dass mit der Förderung der Hühnerhaltung von Frauen in dörflichen Gemeinschaften eine gerechtere Verteilung von Nahrung und Einkommen zwischen den Familienmitgliedern eines Haushaltes erreicht werden kann.

Inzwischen profitierten über 500 000 Frauen in Bangladesch von dem Projekt. Dass die Frauen und ihre Selbstorganisationen auf allen Ebenen der Projektdurchführung voll einbezogen waren, erwies sich dabei als das Wesen des Erfolgs. Von einer eigenen Abteilung im Landwirtschaftsministerium, über regionale Komitees bis zum Aufbau von Förderinstrumenten für den Einstieg in eine semi-industrielle Broilerproduktion – in alle Entscheidungen wurden die Frauengruppen vor Ort eingebunden.

Dabei musste bedacht werden, die Arbeitsteilung so zu organisieren, dass die verschiedenen Frauengruppen unterschiedliche und sich ergänzende Aufgabenbereiche übernehmen. So entstand eine Spezialisierung der Gruppen, quasi eine weibliche, armutsorientierte Hühnerwirtschaft: Haltung und Produktion, Tageskükenbelieferung, Futterversorgung, Vermarktung usw. Die ganze Produktionspalette wurde lückenlos abgedeckt. Die Einbindung von Frauengruppen und NRO (Nichtregierungsorganisationen) vor Ort spielte eine Schlüsselrolle. Sie sorgten dafür, dass die sehr armen Frauen in den Dörfern zielgerecht in das Projekt integriert werden konnten. In jedem Dorf wurde eine Beratungsorganisation gegründet, die für Angebote von Mikrokrediten, fachliche Fortbildung, Futterverteilung oder Kontakte zu Eierhändlern zuständig war.

Diese Strategie hat sich als äußerst erfolgreich erwiesen. Hunderttausenden von Frauen in Bangladesch ist es durch eine verbesserte Hühnerhaltung gelungen, Wege aus der Armut zu finden. Viele haben durch die Gewinne aus der Hühnerhaltung ihren Kindern eine Ausbildung ermöglicht. Andere haben ihren Männern kleine Geschäfte oder Werkstätten finanziert, oder sie haben das erwirtschaftete Kapital genutzt, um den Einstieg in andere Geschäftsbereiche zu wagen.

Da das Projekt von Anfang an wissenschaftlich begleitet und ausgewertet wurde, werden auf Grundlage der Erfahrungen und Ergebnisse nun auch in anderen Ländern, wie Indien, Südafrika, Kenia und Malawi ähnliche Projekte von der FAO erprobt und gefördert.

Huhn und Gender in Kamerun[4]

Kamerun ist ein agrarisches Land (vgl. Kapitel 1). Die Landwirtschaft trägt zu über 30% zum Bruttosozialprodukt bei. Viele Agrarprodukte werden exportiert, so Kaffee, Bananen, Palmöl, Kakao, Baumwolle und Tee. Laut einer FAO-Studie von 1995 besorgen Landfrauen 90% der benötigten Nahrungsmittel, aber sie arbeiten auch im Anbau dieser Exportprodukte mit. Sie werden vor allem in Zeiten intensiver Feldarbeit benötigt und arbeiten bis zu sechs oder gar acht Stunden täglich auf den Feldern der Männer mit, zusätzlich zu ihrer eigenen Haus- und Feldarbeit. Mehr als 20% der ländlichen Haushalte werden von Frauen geführt. Unterernährung betrifft 24% der Kinder auf dem Land, insbesondere im Norden Kameruns. Ungefähr 71% der ländlichen Familien leben unter der Armutsgrenze. Die Bodenqualität hat sich aufgrund von Umwelteinflüssen besonders in den westlichen Provinzen Kameruns stark verschlechtert.[5]

In der nordwestlichen Provinz Kameruns ist Hühnerkonsum weit verbreitet, aufgrund des hohen Preises ist das Huhn allerdings ein Luxusnahrungsmittel. Der hohe Preis macht es für Frauen sehr attraktiv, Hühner zu vermarkten. Mit den Einnahmen können sie ihre wirtschaftliche Lage und die ihrer Familien entscheidend verbessern. Viele von ihnen betreiben eine **semi-kommerzielle Haltungsmethode**. Daneben besteht aber die fast von allen Frauen praktizierte Hof- oder Freilaufhaltung weiter. Sie deckt nach wie vor fast 70%-80% des Geflügelfleischbedarfs in Kamerun und in den meisten anderen afrikanischen Ländern.

Meistens sind es die Frauen selbst, die entscheiden ob und welche Größe von Hühnerhaltung eingeführt wird. Vier Wochen alte Küken werden in der Regel bevorzugt, da dies weniger Risiko bedeutet und weniger Expertise erfordert, zudem sind diese Kücken auch leichter auf dem Markt zu erhalten. Frauen und Kinder sind verantwortlich für den Kükenkauf, die Fütterung, medizinische Versorgung sowie den Verkauf. Männer unterstützen die Hühnerhaltung ihrer Frauen meistens bei der Futtermischung oder dem Verkauf. Größere Hühnerfarmen haben Angestellte. In der Regel haben Frauen jedoch nicht genügend Geld, um sich Lohnarbeitskräfte zu leisten.

Kleinvieh macht auch Mist:
warum sich Kleinvieh für Frauen lohnt

Die **ökonomischen Vorteile** liegen darin, dass Hühnerhaltung oft die einzig akzeptierte Einnahmequelle für Frauen ist. Hühnerhaltung war bis vor kurzem wegen des hohen erzielbaren Preises lohnenswert. Zusätzlich können je nach Haltungsform auch noch Zusatzprodukte verkauft werden, wie z. B Suppenhühner bei der Eierproduktion, Küken bei der Hinterhofhaltung oder Mist der Broilermast zur Düngung. Niedriges Investment und billige Technologie bedeuten eine hohe Risikokontrolle und leicht rückzahlbare Kreditraten. Der kurze Produktionszyklus ist für Menschen mit wenig Guthaben und Erspartem angemessen. Der Hühnerbestand wird zum lebenden Sparkonto und gilt als Einstieg in weibliches Unternehmertum.

Die **sozialen Vorteile** der Hühnerhaltung wurden von den befragten Frauen in der Studie von Tilder Kumichii[6] als ebenso wichtig eingestuft wie die ökonomischen. Nachweislich wird das von Frauen erwirtschaftete Einkommen zu einem weit höheren Teil, als das bei Männern üblich ist, in die Familie investiert. Anstehende Kosten wie Ernährung, Kleider, Schulgeld und Medizin werden damit gedeckt. Gerade Frauen, die selbst oder deren Familienmitglieder HIV/AIDS haben und in einer besonders schlechten wirtschaftlichen und sozial geächteten Situation sind, erwähnten in diesen Interviews für die Studie, wie sie durch Geflügelhaltung diese schwierige Situation teilweise auffangen oder ihr gar gegensteuern können. Besonders werden die Selbstständigkeit und Unabhängigkeit, die Frauen von ihren Männern durch die Hühnerhaltung erlangen, geschätzt. Die Kontakte mit anderen Bäuerinnen, Kunden und Freundinnen ist anregend und erlaubt es, ein soziales Netzwerk aufzubauen. Ihre Mobilität wird erweitert, die Sozialisierung mit anderen Dorffrauen gefördert, und die eigenständige Arbeit ohne Aufsicht erlaubt Freiräume, die sie vorher nicht hatten. Fortbildungen – von Entwicklungsorganisationen angeboten – bieten die Chance verbesserter Kenntnisse und technischer Fertigkeiten. Dieser Aspekt bedient das Innovationsinteresse von Frauen. Fachliche Schulungen, wie z. B. in Buchführung, erlauben nicht nur ein besseres Wirtschaften, sondern können auch für die Haushaltsführung genutzt werden. Frauen erlangen so aufgrund ihrer finanziell verbesserten Situation einen höheren sozialen Status. All dies stärkt ihre Kompetenz und erweitert ihre Verhandlungsmacht im Familienclan und in der dörflichen Gemeinschaft. Dies kann auch zu einer Verminderung und Vorbeugung häuslicher Gewalt gegen Frauen führen.

Auch vor dem Hintergrund kultureller Traditionen kann Frauen das Recht auf Hühnerhaltung nicht verwehrt werden. Es gibt wenig religiöse Tabus, die sie Frauen verbieten würden. Auch mangelnder Landbesitz ist in der Regel kein Verweigerungsgrund.

Da die Vorbereitung von Festivitäten, Ritualen und Zeremonien in der dörflichen Gemeinschaft oft Frauenaufgabe ist, erlaubt der Besitz von Hühnern gerade armen Frauen die Teilnahme und eigenständige Ausübung von wichtigen sozialen und kulturellen Funktionen. Denn kulturell ist das Huhn in Afrika sehr wichtig, da es als Geschenk an Dorfälteste und Dorfvorsteher Zugang zu Entscheidungsmacht gibt, und als Opfertier wichtige religiöse Macht ausübt (siehe Kapitel 2.2). Der Umgang mit Hühnern bietet Abwechslung von der zermürbenden und eintönigen Haus- und Feldarbeit.

Kritisiert haben die Kleinbäuerinnen, dass sie bei der Vorsorge vor und beim Ausbruch von Krankheiten im Gegensatz zu den Männern und Besitzern größerer Geflügelfarmen **unzureichend informiert** werden. Besonders in Bezug auf den Ausbruch der Vogelgrippe fühlten sie sich als letzte gewarnt. Dabei sind Frauen – nicht nur in Kamerun – besonders von der Ansteckungsgefahr bei der Vogelgrippe betroffen, weil sie engen körperlichen Kontakt mit den Tieren pflegen. Es ist ihre Aufgabe, die Tiere zu schlachten, zu rupfen und zuzubereiten. Uninformiert wie sie waren, haben gerade die Frauen dann oft versucht, ihre Hühner vor den Veterinären zu verstecken, wenn diese in die Dörfer kamen, um alle Hühner zu keulen. Ohne Aufklärung empfanden sie die Keulungen als Angriff auf ihre einzige »Lebensversicherung«.

Der Zwang, Hybridküken kaufen zu müssen, entfremdet die Frauen von ihrer angestammten **Rolle als Züchterinnen.** Der Grund ist, dass es in Afrika zu wenig Unterstützung für die Zucht von lokalen Rassen gibt. Eine finanzielle Unterstützung und wissenschaftliche Begleitung durch den Staat würde es Frauen ermöglichen, selbst züchterisch tätig zu werden. Damit kämen sie vom »Globalen Huhn« mit dem Zwang zum Zukauf von Hybridküken teilweise los und könnten dennoch in eine semi-moderne Broilerproduktion investieren. In der subsistenzorientierten Hinterhofhaltung wurde noch selbst gezüchtet. Die niedrigere Produktivität der lokalen Züchtungen ließ sich durch den höheren Preis für das schmackhaftere Fleisch wieder ausgleichen.

Kredit und finanzielle Dienstleistung für Frauen

Traditionell ist es in Westafrika gesellschaftlich nicht vorgesehen, dass Frauen Zugang zu Kapital haben. Bekommen sie es dennoch, ist es ein gesellschaftlicher Triumph. Das schätzten alle interviewten Frauen so ein. Wenn sie es nicht gewagt hätten, dieses Tabu bei **Krediten** für Hühner zu durchbrechen, hätten sie weder die Hühnerwirtschaft weiter weiblich besetzen, noch das Mikrokreditwesen demokratisieren können. Bankkredite müssen mit hohen Zinsen zurückbezahlt werden und sind mit Sicherheiten (Landbesitz) zu decken. Die Diskriminierung von Frauen bei Zugang und Besitz von Land setzt sich beim Zugang zu Bankkrediten fort. Um Zugang zu Kreditanstalten oder Sparkassen auf dörflicher Ebene zu erhalten müssen Frauen deren Mitglied werden. Doch auch hier bedingt Mitgliedschaft regelmäßige Beitragszahlungen, was sich wiederum viele Frauen nicht leisten können. Selbst wo Frauen über Erspartes verfügen, stehen ihnen diese Guthaben nicht jederzeit zur unmittelbaren direkten Verfügung. Es gibt zwar im Nordwesten Kameruns durchaus viele Entwicklungsprojekte, aber keines richtet sich speziell an die Bedürfnisse von Frauen als Hühnerhalterinnen. Vorhandene Kreditsysteme werden über gemischtgeschlechtliche Projekte organisiert, die eine Kreditvergabe von der Entscheidung der Männer abhängig machen. Normalerweise gelingt es Frauen nicht, auf diesem Weg größere Investitionen zu tätigen und eigenständig kommerzielle Hühnerfarmen aufzubauen. Einige Projekte wenden sich auch direkt an Frauengruppen und ermöglichen es Frauen, wenigstens über Mikrokredite Investivkapital zu erhalten.

Den meisten Frauen ist selbst der Zugang zu traditionellen Finanzstrukturen, wie das »njangi«, erschwert. Monatlich werden Beiträge eingezahlt und einmal im Jahr werden nach Bedarf größere Auszahlungen an einzelne Mitglieder für Investitionen ausgezahlt. Diese »Kredite« werden dann wieder regelmäßig mit Zinsen an den Gruppenfonds zurückgezahlt. Das »njangi« wird aber von Männern dominiert. Frauen können nur Mitglied von gemischten Teilgruppen werden.

Viel verbreiteter – so berichten die interviewten Frauen – sind traditionelle Strukturen, die von Frauen selbst initiiert und gemanagt werden, wie örtliche **informelle Frauensparvereine**. Sie stellen oft das einzige solidarische und Frauen unterstützende Netzwerk dar, das auch in Notfällen hilft. Bedingungen für die Kreditvergabe untereinander sind, wie beim »njangi« regelmäßige Beitragszahlungen aller Gruppenmitglieder; außerdem braucht die Antragstellerin eine Frau, die als Bürgin bereitsteht. Dabei gewährt die Gruppe monatlich jeweils einer Frau das Gesamte der jeweiligen Einlage, das sie nach und nach zurückzahlt. In der Regel funktioniert dieses System recht gut, beispielsweise beim Aufbau einer kleinen Broilerproduktion.

... und wieder die »frozen chicken«

Preisberichterstattung auf intransparenten Agrarmärkten ist eine wichtige staatliche Aufgabe. Die interviewten Frauen beklagten sich, dass die Regierung sie schlecht und erst sehr spät über die Preisentwicklung bei Hähnchen informiert habe. Sie erfuhren erst von der Bürgerbewegung ACDIC, welche Gefahren das Importgeflügel für ihre Investitionen bedeutete, auch wenn sie den Preisverfall auf den Märkten natürlich schnell bemerkten. Es wäre jedoch von entscheidender Bedeutung gewesen, die Preisbewegungen richtig einschätzen zu können, um unternehmerische Entscheidungen zu treffen.

Denn durch die massiven Importe von gefrorenen Hühnerteilen erhielten viele Frauen plötzlich zu wenig für ihre Lebendhühner um den »Gruppenkredit« zurückzuzahlen. Im Einzelfall kann das von der Gruppe aufgefangen werden; wenn es aber zu viele Frauen betrifft, zerbricht das System. Die Frauen, die für diese Geflügelbäuerinnen in dem privaten »Frauensparverein« gebürgt hatten, mussten dann einzahlen. Das gesamte solidarische Gefüge der Frauengruppen in den Dörfern geriet so unter enorme Spannungen unter den Frauen.

Das Schlimmste war – so die interviewten Frauen –, dass keine von ihnen mehr Kapital für irgendeine andere Aktivität erhielt und die gesamte Ökonomie der Frauenwirtschaft unter dem Zusammenbruch der kleinbäuerlichen Hühnerproduktion in Mitleidenschaft geriet. Auch andere weibliche Unternehmerbereiche sind betroffen.

Einige Kleinbäuerinnen haben in ihrer verzweifelten Situation versucht, die Schuldenrückzahlung durch neue »njangi« Kredite zu finanzieren. Die interviewten Frauen waren zwar froh, über das »njangi« an neues Kapital zu kommen. Aber dieses System versetzt viele Frauen wieder in Abhängigkeit von ihren Männern, die über die »njangi«-Zirkel erneut die Kontrolle über ihr Erspartes, über Einnahmen und die Rückzahlungen erlangten.

Diese Verschuldung empfinden die Kleinbäuerinnen gerade jetzt, wo wieder ein Markt für lokales Geflügelfleisch in Kamerun existiert (siehe Kapitel 8.1) als besonders schlimm. Sie haben keinen Zugang mehr zu Kapital, um von ihrem eigenen erfolgreichen Widerstand gegen die Importe zu profitieren. Ihre Kinder mussten den Schulbesuch abbrechen, FreundInnen sind zerstritten, kleine Anschaffungen mussten verkauft werden. Am meisten trifft sie der Hohn ihrer Ehemänner und männlichen Verwandten. Ihr mühsam errungenes Ansehen, weil sie mit einem eigenen Beitrag zum Familienhaushalt beitragen und damit selbstständig über ihr und der Familie Schicksal mitbestimmen, ist durch die Importhühner verloren gegangen.

Auch bei der Betrachtung der besonderen Situation von Frauen in der Geflügelproduktion in den Ländern des Südens zeigt sich das Doppelgesicht des »Globalen Huhns«. Es hat einigen Frauen ermöglicht, durch den Kauf von Hybridküken eine eigene Hühnerwirtschaft aufzubauen. Nahezu tragisch ist, dass diese erfolgreichen Initiativen aufgrund von Produktions- und Konsumbedingungen der globalisierten Geflügelproduktion, insbesondere durch den Export der Überschüsse aus Europa und den USA wieder zerstört wurden. Mit der Zunahme der Importe wurde auch die Hinterhofhaltung immer unrentabler. Mit katastrophalen Folgen für Frauen und Kinder, denen damit oft ihr einziger Zugang zu Bargeld genommen wurde. Das Beispiel Hühnerhaltung durch Frauen zeigt, wie sehr übergestülpte Strukturanpassungen sich zuungunsten der Frauen auswirken und ein Umbruch familiärer Sicherungssysteme zu Lasten der Frauen stattfindet.

7.3 Entwicklung ist relativ: Vom Auf-, Ab-, und Überleben des westafrikanischen Huhns

»WIE GEWONNEN, SO ZERRONNEN.«

Afrikanische Verbraucher, vor allem in West- und Zentralafrika, haben seit Beginn der 90er Jahre Geflügelfleisch als Alternative zum bis dahin vorherrschenden Rind-, Lamm- und in Zentralafrika auch Wildfleisch entdeckt. Ein großer Markt tut sich auf. Wie kann dieser Trend ausgenutzt werden, um die afrikanische Hühnerwirtschaft weiter zu entwickeln? Das ist wichtig, weil Hühnerhaltung der Armutsbekämpfung und der Gender-Gerechtigkeit zugute kommt. In der Vergangenheit waren Hähnchen bereits eine gute Möglichkeit für viele Bauern und Bäuerinnen, in die Vermarktungsproduktion von Masthähnchen einzusteigen. Verschiedene Formen von Modernisierung der Haltung entwickelten sich in Afrika, die nebeneinander bestanden und sich kaum gegenseitig behinderten. Bis der Einbruch durch die Importflut kam. Besonders die marktorientierten Formen erlebten einen gravierenden Einbruch. Eine gesteuerte Entwicklung – allerdings nicht unter einem reinen Liberalisierungsvorzeichen – wäre jetzt nötig und möglich.

Hähnchenhaltungssysteme in Afrika

Der **Fleischkonsum** in Afrika boomt, die Märkte explodieren. Mit einem jährlichen Wachstum von 5,8% ist Hähnchenfleisch der Fleischmarkt mit dem größten Potential in Afrika. Geflügelfleisch wird von allen Ethnien, Religionen und Kulturen akzeptiert. Die auch in Afrika zu bescheidenem Wohlstand aufrückenden Mittelschichten verlangen Fleisch. Warum diese Chance nicht für die einheimischen Bauern nutzen?

Es gibt viele Vorschläge zur Verbesserung der Ernährungssituation in Entwicklungsländern. In den 70er Jahren ist durch die »**Grüne Revolution**« versucht worden, die pflanzlichen Erträge zu steigern.[1] Heute ist die »Revolution der Viehwirtschaft« angesagt, quasi als Nachfolgerin der Grünen Revolution.[2] Dahinter verbergen sich Programme zur Produktivitätssteigerung mittels Verbesserung des Zuchtmaterials, der Fütterungs- und Produktionsmethoden. Die lokale Agrarwirtschaft in den Entwicklungsländern soll am weltweit steigenden Bedarf an Geflügelfleischprodukten teilhaben. Die Umsetzung erfolgt in Form von kapitalintensiven, industriellen Komplexen für den städtischen Massenbedarf.

Das Grundmuster ist der Grünen Revolution ähnlich: Einstieg ist das verbesserte Zuchtmaterial, Hybridreis/-mais im Ackerbau, Hybridhuhn in der Tierhaltung. Wenn Kleinhalter auf Hybridhühner umstellen, müssen sie viele Änderungen vornehmen, wollen sie das teure Huhn ökonomisch nutzen. Alle Eintagsküken müssen zugekauft werden. Alle Tiere des Bestandes müssen gleichzeitig ausgetauscht werden. Das **»Industriehuhn«**, wie es oft abschätzig genannt wird, ist ähnlich anspruchsvoll wie die Hybridpflanze. Es entfaltet sein ganzes Potential nur dann, wenn es optimale Bedingungen vorfindet: erst spezielle Temperaturen und Nahrung in der Kükenphase, später stellt es hohe Anforderungen an das Futter. Die tiergesundheitliche Betreuung muss intensiv sein. Die Legehennen benötigen genau dosiertes künstliches Licht (17 Stunden pro Tag ganz hell). Ein völliger Systemwechsel wäre angesagt. Ein Unterschied zur Grünen Revolution besteht aber doch: Das teurere Hybridhuhn wird nur global vermarktet (vgl. Kapitel 4.3), während Hybridmais und -reis gratis als Linien an nationale Agrarforschungszentren weitergegeben worden sind und inzwischen weit verbreitet mit lokaler Einkreuzung erfolgreich angebaut werden.

Zwischen der traditionellen Hinterhofhaltung, bei der die Hühner völlig frei herumlaufen, sich nachts ihre eigenen Plätze auf Bäumen suchen und ihre Eier unter Sträucher verstecken, bis zu den modernen Hühnerfabriken gibt es viele Zwischenstufen.

In Afrika unterscheiden wir vier unterschiedliche Betriebsformen:

- 70% des in Afrika konsumierten Geflügelfleisches stammt aus der Hinterhofhaltung.
- Ein unbestimmter Teil dieses Fleisches wird von einer verbesserten Hinterhofhaltung erzeugt.
- 20% des Fleisches kommt aus einer kleinindustriellen Broilerproduktion mit 500-1000 Tieren, die meist aus der verbesserten Hinterhofhaltung hervorging.
- 10% wird von Mastbetrieben produziert, die Größen von 1000-10 000 Tieren erreichen.

Mit jedem Schritt der Verbesserung der Ertragsleistung geht ein zunehmender Aufwand an Betreuung, zugekauften Betriebsmitteln, Kapital und Flächenbeanspruchung einer. Viele Intensivierungsstufen sind noch innerhalb der **Familienhühnerhaltung** möglich.

Über die herkömmliche Familienbetriebsstrukturen hinaus geht aber das System der **kleinindustriellen Broilerproduktion** (Form 3). Während in der Hinterhofhaltung Frauen dominieren, ist der Investitionsaufwand kleinindustrieller Hähnchenhaltung so hoch, dass es nun mehrheitlich Männer sind, die sich als Geflügelhalter versuchen. Nur sie haben Zugang zu Land, Sicherheiten und Krediten (vgl. Kapitel 7.2). Es sind oft junge Akademiker, die keine Anstellung finden, oder pensionierte Staatsangestellte, die ihre kargen Renten aufbessern wollen. Diese Form der Haltung kann man nicht mehr nebenbei betreiben. Wie die Statistiken von Brütereien zeigen, kaufen die meisten dieser Kleinmäster durchschnittlich 500 Küken. Diese Küken sind keine lokalen Rassen mehr. Es sind die gängigen Rassen, wie überall auf der Welt: entweder Rassen zur Hähnchenmast oder zum Eierlegen. In manchen afrikanischen Ländern werden die Küken oder die Bruteier noch aus Europa eingeflogen. Die Kapazitäten für Cargo der Fluggesellschaften sind nicht groß genug, deshalb kam es immer wieder zu Kükenverknappung. Einige größere afrikanische Länder wie Ghana, Senegal oder Kamerun haben inzwischen schon eigene Brütereien. Sie müssen dann nur noch die Lizenz zur Nutzung der Großelterntiere bei den weltweiten Zuchtkonzernen kaufen. Die Abhängigkeit von den Hybridhühnern der internationalen Konzerne bedeutet aber auch, dass die Kükenpreise höher sind als in Europa. Für die Kleinhalter lohnt sich die Hähnchenhaltung nur, wenn sie es schaffen, ihre empfindlichen Hochertragsküken vor Krankheiten zu schützen.

In der Tatsache, dass Geflügelkonsum noch etwas Besonderes in Afrika ist, ist auch die Ursache für die hohe Rentabilität der Hähnchenmast zu finden. Während es ein Stück Rindfleisch schon für 0,25 Euro/kg oder einen geräucherten Fischkopf für 0,10 Euro/kg gibt, kostet ein ganzes Hähnchen mindestens 4,50 Euro. Es gab bisher Hühnerfleisch nur als ganzes Huhn, meist lebendig; geschlachtet und gerupft war es noch teurer. Diese Preise ließen die Kleinmäster in relativ kurzer Zeit – trotz der für sie hohen Investitionen – einen guten Gewinn erwirtschaften.

Ein gewisser Vorteil der Kleinmast von Hähnchen besteht darin, dass das Futtergetreide für die Tiere – in Kamerun ist es vornehmlich Mais – auf den eigenen Feldern angebaut wird. Das Futter für die Hühner allein macht bereits 60% der Produktionskosten aus. Das ist ähnlich wie in Europa oder Brasilien (vgl. Tabelle, S. 93). Da Mais aber auch Nahrungsmittel für Menschen ist, konkurrieren die Tiere mit dem Ernährungsbedarf der Menschen; der Preis für Mais ist deshalb relativ hoch in Afrika.

Die durchschnittlichen **Produktionskosten** für ein Masthuhn in Kamerun im Jahr 2006 lagen etwa bei 2,10 Euro je Kilo. Verkaufen kann man so ein 1,8 kg Huhn für 4,90 Euro an einen Zwischenverkäufer. Wenn man es selbst auf den Markt bringt und es ist gerade ein Fest, wie Weihnachten, dann bekommt man auch schon mal über 6 Euro für das Tier, muss aber die Transportkosten abziehen.

Die **Produktionsbedingungen** – selbst in den großen Betrieben – unterscheiden sich noch erheblich von den technischen Standards in den Industrieländern. Die Ställe sind aus Bambus und Blech. Die Sterblichkeitsrate unter den Küken ist relativ hoch, im Durchschnitt 10%-15%; zum Vergleich: in Europa liegt sie bei 3 bis 5%. Gefüttert werden die Hühner während der Mast zu 80% mit lokal angebautem Getreide und Soja, das selbst gemischt wird. Es gibt wenig eingeführtes Kraftfutter. Die eigene Mischung stellt ein Problem dar. Die verwendeten Rassen geben nur optimale Zuwachsraten, wenn sie exakte Futterrationen erhalten. Abweichungen sind ein Grund für schlechtere Futterverwertungsergebnisse. Die importierten Hybridrassen sind eigentlich nicht an die afrikanischen Bedingungen angepasst. Leider haben eigene Hybridzuchtversuche mit einheimischen Rassen, wie z. B. in Nigeria, nicht zu befriedigenden Ergebnissen geführt. Trotz aller Widrigkeiten werden deshalb die eingeführten Rassen weiterhin verwendet. Auch in Afrika wird die moderne Geflügelzucht daran gemessen, wie schnell ein Masthähnchen das verlangte Gewicht erreicht. Die Wirtschaftlichkeit der Mast bestimmt sich vornehmlich durch die Futterverwertung. Die meisten Angaben für Afrika liegen bei 2,8 kg Futter pro kg Schlachtgewicht und 42 Tagen Mastzeit; das liegt gut 30% unter den Wirtschaftlichkeitswerten der Broilermast in Europa oder in den USA. International konkurrenzfähig ist die afrikanische moderne Hähnchenmast damit nicht.

Chancen und Risken einer modernen Hühnerwirtschaft in Entwicklungsländern

Der 76%ige Anstieg der Geflügelhaltung in Entwicklungsländern in den letzten zehn Jahren geht zu 90% auf den Zuwachs in Südostasien zurück. Hier sind es die riesigen Fabrikanlagen, die den Hauptzuwachs stellen. Schwellenländer haben das nötige Kapital zum Aufbau dieser Systeme. In China, Thailand, auf den Philippinen, in Vietnam und Indonesien sind auch Riesenställe entstanden, die mit über 100 000 Masthähnchen die meisten Stallgrößen in Europa und den USA sogar übertreffen. Doch bleibt selbst in diesen Ländern die Hinterhofhaltung ein weit verbreitetes Phänomen.

Für die überwiegende Zahl der Entwicklungsländer sind die Bedingungen für eine **kapitalintensive Stallhaltung** jedoch nicht sehr günstig. Die Stallanlagen benötigen enorme Investitionssummen. Die laufenden Kosten für Küken, Futter, Impfstoffe und Medikamente sind hoch. Es werden zwar nur wenige Arbeitskräfte benötigt, aber dieses Aufsichtspersonal muss bestens ausgebildet sein. Die Seuchenkontrolle ist in den Großanlagen prekär. Für die Vermarktung muss eine geschlossene Kühlkette mit einer zuverlässigen Stromversorgung zur Verfügung stehen. Die Proteinbasis für das Kraftfutter ist primär Soja, das importiert werden muss. Für die Futtermittelimporte müssen Devisen zur Verfügung stehen. Schließlich stellt die Intensivhaltung auf Kraftfutterbasis in armen Ländern eine Konkurrenz zur Getreideversorgung der Menschen dar. Hans Wagner, FAO-Experte, warnte noch 2002 vor einer kapitalintensiven Massengeflügelhaltung in Entwicklungsländern: Von ihr würden vor allem Mittel- und Oberschichten profitieren; die überwiegende Mehrheit der Armen hätte nichts davon.[3]

Auch in Asien engagierten sich die **großen Investoren,** allerdings eher im Zubringer- und Absatzbereich, wie Futtermittelherstellung, Zucht, Großschlachtereien und Vermarktung. Die Mast selbst ist ihnen meist zu risikoreich. Die Aufzucht der Hühner in den Ställen überlassen sie den Vertragshühnerhaltern, egal welchen Typs. Die Hinterhofhaltung qualifiziert sich nicht für solche Vertragsverhältnisse. Familienbetriebe, die den Schritt wagen, verschulden sich meist bei den Schlachthäusern und geraten in völlige Abhängigkeit. Dies ist für die brasilianischen Kleinbauern gut beschrieben (vgl. Kapitel 4.2).[4]

Die Hühnerwirtschaft Afrikas durchlebte in ihrer Geschichte so manchen Politikwechsel. Bis zur Unabhängigkeit gab es kaum einen modernen Geflügelsektor. Alle Hühner lebten im Hinterhof, ohne systematische Haltung, Fütterung oder Zucht. Die meisten Länder Afrikas – vor allem ehemalige sozialistisch orientierte Staaten und autoritäre Regime – legten nach der Unabhängigkeit den Schwerpunkt auf die Großgeflügelhaltung, z. B. in Ghana oder Nigeria. Die Staaten selbst gründeten eine Reihe von staatlichen Geflügelfarmen. Ziel war die Verbesserung der Ernährungssituation der Bevölkerung durch eine Erhöhung des Anteils tierischer Proteine. Der Aufbau eines funktionierenden Veterinärwesens, die Überwachung von Hygienevorschriften und andere Maßnahmen zur Krankheits- und Seuchenabwehr standen im Vordergrund der staatlichen Bemühungen. Neben diesen kostenlosen Diensten für die Staatsbetriebe, von denen auch die Privaten profitierten, wurden auch Kredite zu günstigen Bedingungen vergeben, die Einfuhr von Medikamenten und Zusatzfutter subventioniert und andere Maßnahmen zum Schutz der nationalen Produktion erlassen. Diese Politik der so genannten **»Industrialisierung durch**

Importsubstituierung« führte tatsächlich zu einer moderaten Erhöhung des Verbrauchs an Geflügelfleisch, z. B. von 1,3 kg auf 2,5 kg pro Person pro Jahr im Senegal. Das Mastgeflügel aus diesen Großproduktionen wurde vor allem in den Städten verkauft. Die subventionierte Produktion führte zu niedrigen Preisen für die Verbraucher in den Städten, die sich die teuren Hühner, die parallel von Kleinbauern angeboten wurden, nicht leisten konnten.

Ende der 80er Jahre aber war es mit diesen geschützten Ökonomien vorbei. Alle Industrien, die bis dahin subventioniert und geschützt den lokalen Markt versorgt hatten, kollabierten und das Angebot wurde knapp. Die Weltbank zwang die hoch verschuldeten Staaten Westafrikas zu sog. **Strukturanpassungsprogrammen.** Jegliche Unterstützung für Produzenten und Industrien wurde aufgegeben. Auch die Geflügelproduzenten wurden dem freien Markt überlassen. In den meisten afrikanischen Ländern stiegen dann erst zu Beginn der 90er Jahre die Geflügel- und Eierpreise wieder an. Ein starker Rückgang des Verbrauchs in den Ballungszentren war die Folge.

Zur selben Zeit begannen auch die Versuche der Verbesserung der Hinterhofhaltung und ihre Modernisierung, so dass nach wenigen Jahren der Verbrauch an Fleisch und Eiern wieder anstieg. Nunmehr rein private Investoren erkannten diese Trendwende und investierten nicht nur in große Farmen, sondern auch in Brütereien, und – zumindest in Senegal, Gambia und Ghana – auch in Kühl- und Gefriertechniken. Zu dieser »goldenen Gründerzeit« der Geflügelwirtschaft hatten die Erzeuger aller Haltungsformen ihr gutes Auskommen. Alle teilten sich den lukrativen städtischen Markt. Eine auch von den Regierungen gewollte Umverteilung städtischer Einkommen zur Unterstützung der ländlichen Regionen fand dadurch indirekt statt. Denn nicht nur die Kleinproduzentinnen von Geflügel, sondern auch die Getreidebauern verdienten am gesteigerten Fleischabsatz. Eine Studie in Senegal belegt, dass 20% der einheimischen Maisproduktion als Geflügelfutter verwendet wurden.[5] In Kamerun berechnete man, dass die Erzeugung einer Tonne Geflügelfleisch fünf Vollarbeitsplätze schafft.[6]

Diese Gründerzeit kam jäh mit dem Einsetzen der **massiven Importflut** von gefrorenen Hähnchenteilen aus Europa zum Ende. Die offenen Grenzen und die Liberalisierung, die erst die Modernisierung ermöglichte, kehrten sich ab Ende der 90er Jahren gegen sie.

Es ist tragisch, dass auch die wenigen **funktionierenden Kühlketten und modernen Schlachtbetriebe** nicht mehr ausgelastet waren und die Anlagen nicht mehr gewartet wurden. Die billigen Importe ließen die Gewinne der Großunternehmen völlig versickern. In einigen Ländern Afrikas hatten private Investoren in touristische Einrichtungen investiert. Die moderne Struktur von

Restaurants, Hotels und einigen Supermärkten, wie z. B. in Accra, Banjul, Dar es Salaam oder Dakar, ließ sogar einen kleinen Binnenmarkt für die geschlachteten, zerlegten und tiefgefrorenen Hähnchen entstehen.[7] Die Kundschaft der Supermärkte, die diese lokalen »gefrorenen Hähnchen« konsumiert, kommt meist aus der Oberschicht, oder es sind ausländische Experten und Touristen, die Kühl- oder Gefrierschränke zu Hause haben. Jetzt werden diese Supermärkte und Hotels direkt ab Hafen mit den gefrorenen Hähnchenteilen aus der EU beliefert. In Ghana wird nicht einmal die ursprünglich gut funktionierende Kühlkette genutzt, um die Tausenden von Tonnen tiefgefrorenen Importfleisches ordnungsgemäß zu vermarkten. Auch hier finden wir das in Kapitel 1 beschriebene gesundheitsgefährdende Vorgehen, tiefgefrorene Teile auf den offenen Marktständen anzubieten.

Solange es keinen **Schutz vor Billigimporten** für die Entwicklung einer eigenen Geflügelwirtschaft gibt, hat keine Verbesserung der Produktions- und Vermarktungsstrukturen eine Aussicht auf Erfolg. Trotzdem ist die Feststellung richtig, dass die Vermarktungsstruktur für Geflügelfleisch in Westafrika noch recht unterentwickelt ist. Aber die relative Wettbewerbsunfähigkeit ist die Folge der Importe, nicht ihre Ursache. Ghana, Senegal, Tansania und Gambia sind in gewisser Weise Ausnahmen, weil es hier parallel moderne Strukturen gibt.

Beispiele zeigen, dass auch in afrikanischen Großstädten die wachsenden Mittelschichten Standards an Hygiene und Vermarktungsformen verlangen, wie sie nur von Supermärkten zu gewährleisten sind.[8] Damit würde der **Aufbau nationaler Schlachthäuser**, Zerlegebetriebe und Kühlketten erforderlich werden. Da sich die Arbeits- und Lebenssituation dieser modernen afrikanischen Familien den westlichen Koch- und Essensgewohnheiten langfristig angleichen, würden sich solche Investitionen auch dort lohnen, wo es keine touristische Infrastruktur gibt. Die Länder hätten folglich ein Interesse daran, eine eigene Geflügelfleischwirtschaft aufzubauen. Gerade in der Frühphase der Entwicklung wäre es aber Voraussetzung, dass die Entwicklung einer jungen Fleischindustrie nicht von Billigimporten verhindert wird. Ein vorübergehender Schutz nach dem Infant-Industrie-Argument – GATT-Artikel XXXVI-XXXVIII – wäre recht und billig (vgl. Kapitel 8.2).

Schon die fehlende und unzuverlässige Stromversorgung auf dem Land wird auf absehbare Zeit keine landesweiten Kühlketten in Afrika ermöglichen. Wenn die Gesundheitsauflagen der Fleischvermarktung konsequent überwacht würden, könnten allein die gesetzlichen Bestimmungen zu Transport und Vertrieb von gefrorenem Fleisch die Erzeuger auf dem Land davor schützen, dass die städtischen und importierten Tiefkühlteile ihnen vor Ort Konkurrenz machen. Die bestehenden infrastrukturellen Unzulänglichkeiten sind noch der beste **Schutz der ländlichen Kleinhühnerhalter** vor Konkurrenz; sie ermöglichen eine noch langfristig weiterbestehende Koexistenz verschiedener Haltungs- und Vermarktungsformen in Afrika. Die Hinterhofhaltung, kleinbäuerliche Vermarktung und Lebendvermarktung auf dem Land haben weiterhin ihre Existenzberechtigung.

Sowieso bevorzugt eine große Anzahl von Verbrauchern und Verbraucherinnen in Afrika geschmacklich das »**poulet bicyclette**«, obwohl es viel mehr kostet als die Teile aus der Massenproduktion. Die **semi-industrielle kleinbäuerliche Produktion** wird es wesentlich schwerer haben. Sie ist meist in der Nähe der Städte angesiedelt und damit direkter Konkurrenz mit der stadtorientierten Großproduktion und den Importen ausgesetzt. Diese Betriebe müssen auch die verlangten hygienischen Standards erreichen. Nur mit staatlicher oder entwicklungspolitischer Unterstützung wird ihnen das gelingen. Ohne die Standards zu erfüllen, erhalten sie keinen Zugang zu den modernen Schlachthäusern und zum lukrativen Absatz zur Versorgung der städtischen Mittelschichten.

Allerdings ist in den städtischen Ballungsgebieten Afrikas die große Mehrzahl der Menschen nach wie vor arm. Diese Menschen haben noch nie einen Supermarkt betreten. Sie bleiben auch weiterhin – aber in sehr bescheidenem Maße – Kunden für die Lebendvermarktung von Hühnern der umliegenden Kleinbäuerinnen. Ihre **inoffiziellen Märkte** auf der Straße sind jedoch der Hauptabladeplatz für die Reste und Nebenprodukte der modernen Fleischindustrie von Nord und Süd. Hier wird bei offenen Grenzen keine einheimische Produktion einen Fuß in die Tür bekommen.

Die in Kapitel 7.1 beschriebenen armutsmindernden Effekte verschiedener Haltungssysteme in Entwicklungsländern sollten inzwischen den politischen Akteuren bekannt sein. **Intelligente Entwicklung der Hühnerwirtschaft** bedeutet für Afrika und Asien, die Koexistenz der verschiedenen Haltungsformen zu erhalten. Eine Koexistenz ist möglich und wünschenswert. Ein geplanter Entwicklungsprozess bedarf der besonderen Förderung der einheimischen Wettbewerbsfähigkeit und dem gezielten Schutz vor Auslandskonkurrenz in einem Anfangsstadium. Der Prozess läuft weder mit Hilfe einer undifferenzierten Liberalisierung, noch mit Hilfe des althergebrachten Industrialisierungsansatzes der Importsubstituierung. Nach einer Übergangszeit kann schrittweise eine Marktöffnung für verschiedene Hühnerprodukte erfolgen. Für importierte Kuppel- und Nebenprodukte aber sind Sonderregelungen notwendig, sonst macht jeder Entwicklungsprozess keinen Sinn. Wir schlagen einen Minimumimportpreis (so genannter »variabler Importzoll«) für diese Produkte vor und halten ihn für handelspolitisch vertretbar, auch wenn er konträr zu den bestehenden WTO-Regeln steht (vgl. dazu Kapitel 8.2). Diese Strategie vor Augen, haben die gerade laufenden Verhandlungen über die Wirtschaftspartnerschafts-abkommen (sog. EPA) zwischen den AKP-Ländern (Afrika, Karibik, Pazifik) und der EU erhebliche Konsequenzen (vgl. ebenfalls Kapitel 8.2).

Die Hähnchenwirtschaft Afrikas unterliegt einem Strukturwandel. Doch der ist wiederum noch stark von einer Dualität der Verhältnisse geprägt. Die Hinterhofhaltung für die Selbstversorgung ist vorherrschend und wird auch weiterhin auf dem Land existieren. Daneben entstehen Haltungs-formen mit kommerzieller Verwertung und Anpassung an die Bedürfnisse eines gehobeneren Marktes. Eine Entwicklungsstrategie muss beiden Ansätzen Raum zur Weiterentwicklung geben, hin zur Verbesserung der Hinterhofhaltung und einer modernen Geflügelwirtschaft. Eine Konkur-renzfähigkeit gegenüber selbst fair gehandelten Importhähnchen ist im Übergang kaum vorstellbar, aber sollte nach einer gewissen Zeit erreicht werden. Der Schutz vor unfairem Handel mit Kuppelprodukten ist für alle Beteiligten unabdingbar.

Kapitel 8

Wie man sich gegen das »Globale Huhn« wehrt

8.1 Wie der Kampf ums Huhn Westafrika demokratisierte

Die Geschichte der Importe von Hähnchenteilen aus Europa, wie sie in Kapitel 1 beschrieben wurde, endete natürlich nicht mit der Aufdeckung des Skandals durch die Bürgerbewegung ACDIC in Kamerun. Das war erst der Beginn einer bis heute andauernden Bewegung in Afrika. An dem »Hähnchenfall« erkannten viele Menschen, dass die »mondialisation«, von der soviel im Radio und Fernsehen die Rede war, auch ihren Alltag im kleinsten Dorf erreicht hatte. Die Empörung darüber, dass nun Europa auch noch mit Nahrungsresten Geld in Afrika macht, war von Anfang überall sehr groß. In den meist autokratischen Staaten der Region hätten die Regierungen durch Aussitzen oder Gewalt aufkommende Proteste unterdrückt. Ähnlich wie bei der Ausbeutung der natürlichen Vorkommen bei Öl, Holz und Bodenschätze, oder beim Verkauf der sog. »Cash Crops« wäre der Pakt zwischen einheimischen Eliten und ausländischen Konzessionären bzw. Pächtern wieder einmal reibungslos verlaufen. Dies hat bei den Geflügelimporten so nicht funktioniert. Besonders nicht in Kamerun, aber letztendlich auch in anderen Ländern nicht. Für die globalisierte Hühnerwirtschaft ist es auch eine neue Erfahrung, dass ihr Vorgehen auf Widerstand trifft. Zumal die Vorwürfe sie an der empfindlichsten Stelle treffen.

»Die Hähnchen des Todes« in Kamerun

Die Behauptung, dass die Hähnchenteile aus Europa die Menschen krank machen, trifft die Hühnerwirtschaft mit ihrem Anspruch auf hohe Standards besonders hart. Aber nicht nur in Westafrika bläst der Wind von vorn. In Frankreich wehren sich die Beschäftigten gegen die Verlagerung der Produktion nach Brasilien. In Brasilien wiederum demonstrieren Kleinbauern gegen die »Knebelverträge« der Geflügelindustrie, die sie lebenslang in Verschuldung treiben. In den Andenstaaten wehren sich Geflügelbauern gegen Handelsverträge, die die zollfreie Einfuhr von US-Broilern zulassen. In den Fleischfabriken der USA wiederum wehren sich Gewerkschaften gegen die Ausbeutung illegaler MigrantInnen aus Südamerika. In Südostasien und China gilt der Widerstand der Kleinbauern vor allem den Versuchen der Fleischkonzerne mit dem Vorwand »Vogelgrippe« die Hinterhofhaltung auszulöschen.

Das »Globale Huhn« ist somit nicht nur ein weltweites Produkt, mit einheitlichen Standards und Produktionsverfahren, sondern hat auch zu einem globalen Widerstand gegen die katastrophalen Folgen dessen ungezügelter Verbreitung geführt.

In Kamerun regiert seit der Unabhängigkeit (1961) immer dieselbe Partei. Es gibt seither erst zwei Präsidenten, die man früher Diktatoren schimpfte. Heute werden Partei und Präsident des autoritären Regimes gewählt. Obwohl diese »Wahlen« alle irregulär verlaufen, beruhigt sich die internationale Gemeinschaft ein paar Wochen später und akzeptiert »ihren« Präsidenten und dessen System. So haben ausländische Beobachter in vielen der west- und zentralafrikanischen Länder den Eindruck, dass die Demokratien gut funktionieren. Fast überall gibt es Dutzende von Zeitungen und die Menschen können frei ihre Regierungen kritisieren. So ist es auch in Kamerun. Weil diese autokratischen Regierungen so fest im Sattel sitzen, können sie in gewissen Grenzen ihre Bevölkerung wirklich Demokratie spielen lassen. Auch eine Folge der Absicherung durch die internationale Gemeinschaft, die beide Augen zudrückt, wenn Menschen ohne Schuld verhaftet oder jahrelang ohne Verfahren in Gefängnissen sitzen oder verschwinden. Die weit verbreitete Korruption in der Gesellschaft tut ihr Übriges, um die Recht- und Machtlosigkeit der meisten Menschen zu zementieren.

In einer solchen Gesellschaft war es sehr mutig, eine Studie an der Regierung vorbei darüber durchzuführen, warum ein ganzer wirtschaftlicher Sektor durch Importe in die Knie gezwungen wurde. Da die Gefahr, die Zulassung als registrierte NRO zu verlieren, zu groß war, haben die Mitarbeiter des langjährigen EED-Partners SAILD die Bürgerbewegung ACDIC gegründet.

Das war etwas Neues in Kamerun. Nicht eine neue NRO wurde gegründet, sondern eine Allen offen stehende Mitgliedsorganisation.

Als ACDIC die Ergebnisse der Studie[1] über die Folgen der Hähnchenimporte vorlagen bzw. auch die Zusammenhänge und Verwicklungen deutlich wurden (vgl. Kapitel 1), waren die Mitglieder überrascht. Sie sind es gewohnt, sich in korrupten Zusammenhängen zu bewegen. Aber an einem Punkt das System so deutlich entlarvt zu haben, erschreckte zu Beginn viele. Jeder und jedem war klar, dass eine Verbreitung der Ergebnisse das Regime treffen muss und zu Gegenmaßnahmen Anlass gäbe.

Das war der Punkt, an dem ACDIC um internationale Unterstützung bei seinen europäischen Partnern nachsuchte. Denn wenn die Ergebnisse dieses

Skandals um die Einfuhr europäischer Hähnchen gleichzeitig auch in Europa veröffentlicht würden, hätte es die kamerunische Regierung schwerer, die Vorwürfe zu leugnen.

So war es dann auch. Im Frühjahr 2004 wurde eine Kurzfassung der Studie, das sog »Weißbuch«, in hoher Auflage gedruckt. Zunächst nur einige Hundert Aktivisten, vor allem Geflügelbauern, die in den letzten Jahren ihre Existenzen verloren hatten und mit SAILD zusammenarbeiteten, gingen damit auf die Märkte der Großstädte. Die relativ hohe Alphabetisierungsquote in Kamerun erleichterte es, die Argumente zu verbreiten. Die Märkte sind in vielen afrikanischen Ländern die großen Informationsbörsen für nicht amtliche Nachrichten. Einmal in Umlauf, verbreiteten sich Neuigkeiten durch Händler und Transporteure in Windeseile auch in die entlegeneren Dörfer. Ein weiterer Verbreitungskanal sind die Taxifahrer in den Städten. Durch das Fehlen öffentlicher Verkehrsmittel sind alle gezwungen, Gemeinschaftstaxis zu benutzen, und durch immer neue Fahrgäste wird die Geschichte weiter getragen. Einmal auf dem informellen Nachrichtenmarkt, können dann auch die offiziellen Medien die Geschichte nicht mehr verheimlichen.

Die ersten Reaktionen der Bevölkerung waren für die Mitglieder von AC-DIC sehr positiv. Bis dahin hatte sich niemand Gedanken über die Massen der aufgetauchten Hähnchenteile gemacht. Besonders nicht die Frauen, die sich freuten, billiges Huhn kaufen zu können. Nur die Kleinbäuerinnen waren empört. Aber da sie unorganisiert sind, konnten sie sich nicht Gehör verschaffen. Nun aber war die Reaktion auf die gut recherchierten Ergebnisse überwältigend. Natürlich nicht nur zustimmend. Die Verkäufer der Importhühner und auch manche Kundin schimpften auf ACDIC, während andere die Händler beschimpften. Aber das Thema war überall präsent.

ACDIC lud zu den ersten großen Pressekonferenzen in der Hauptstadt ein und produzierte weiteres Material, z.B. ein Video und eine Diapräsentation. Die Zeitungen griffen das Thema auf. Innerhalb weniger Wochen verdrängte das Thema selbst die Auseinandersetzungen um die anstehenden Präsidentschaftswahlen.

Es war eine der wichtigsten taktischen Entscheidungen von ACDIC, den Beginn der Medienkampagne auf die heiße Phase der Präsidentschaftswahlen 2004 zu legen. Die Gefahr, in dieser Zeit von Geheimpolizei belangt zu werden, war wegen der größeren ausländischen Aufmerksamkeit geringer. Um seine Wiederwahl musste sich Paul Biya, der seit 1982 amtierende Präsident, ja keine Gedanken machen. Selbst wenn die Opposition gemeinsam kandidiert hätte, versteht die es Staatspartei, wie man trotzdem einen haushohen Sieg erringen kann.

Auch die staatlichen Medien, selbst das von einem alten Veteranen der Diktatur beherrschte staatliche Fernsehen CRTV, mussten sich des Themas »Importhühner« annehmen. Inzwischen gibt es aber auch privates Fernsehen und Radio, auch in lokalen Sprachen, so dass die ACDIC-Mitglieder überall in Interviews die Folgen des Skandals erläutern konnten. Aufgrund der Berichte in den Staatsmedien mussten dann auch die Regierungsmitglieder, insbesondere dass Ministerium für Tierzucht, zuständig für die Quotenvergabe, Stellung beziehen. Natürlich wurden die Ergebnisse bestritten und die Vorteile der Billigimporte für die Ernährung der Bevölkerung betont.

Ähnlich argumentieren die Importeure, die nicht nur medial versuchten, gegen ACDIC vorzugehen. Sie lobten das gesunde billige Fleisch. Selbst ein Vertreter des größten nach Kamerun exportierenden niederländischen Fleischkonzerns Heitz & Kühne wurde eingeflogen. Mit einem Videofilm berichtete Patrick Lourdet von den hohen Standards der europäischen Produktion.[2]

ACDIC hatte von Anfang an die Strategie entwickelt, auch Regierung und Importeure in die Überlegungen um Lösungen einzubeziehen. Es dauerte lange, bis Bernard Njonga, der Präsident von ACDIC, eingeladen wurde. Aber dann erkannten alle Beteiligten, dass ein Verleugnen der Situation oder Drohungen gegen ACDIC die aufgebrachte Bevölkerung nicht beruhigen würde.

In der Zwischenzeit wuchs innerhalb weniger Monate die Mitgliederzahl von ACDIC von einigen Hundert auf 4 000 bis 5 000 Mitglieder an. Alle entrichteten ihren Beitrag im Voraus, was besonders ungewöhnlich ist in einem Land, wo 1000 CFA drei Tageslöhne ausmachen. Alle wollten aktiv werden. Es schien, als ob ein so »unpolitisches Thema« wie Hühnerimporte, die Sehnsucht vieler Menschen nach machbaren Veränderungen aktiviert hätte. Und nicht nur Geflügelbauern und -bäuerinnen wurden Mitglied. Menschen aus allen Schichten der Bevölkerung, Staatsangestellte, Händler, Parteifunktionäre, SchülerInnen, Professoren, einte der Wunsch nach Veränderung. Im Kampf gegen die Importe fand die Gesellschaft eine Gelegenheit Widerstand zu leisten, ohne sich dem Vorwurf des Umsturzes auszusetzen. Auch im Norden Kameruns, in dem Menschen vornehmlich muslimischen Glaubens leben, gewann ACDIC Hunderte von Mitgliedern. Dabei kamen dort kaum gefrorene Hähnchen an. Nicht nur wegen der Entfernung, sondern weil die Hühner nicht nach muslimischem Ritual lebend geschlachtet wurden.

Nachdem ACDIC auf einem internationalen Seminar in Brüssel die Ergebnisse der Studie vorgestellt und in einer internationalen Pressekonferenz die Situation geschildert hatte, wurde auch in den europäischen Medien über die Folgen der Fleischexporte berichtet. Ein Bündnis von Organisationen, von Attac bis zur katholischen Kirche, hat in Belgien und Frankreich den Fall der

Hähnchenfleischexporte aufgegriffen. Als Beispiel für unfairen Handel wurde eine Kampagne mit Aktionen und Postkarten gestartet, um die kamerunische Bewegung zu unterstützen.

Inzwischen war auch klar geworden, dass Kamerun kein Einzelfall ist. Ein internationales Seminar in Yaoundé, Kameruns Hauptstadt, führte Vertreter aus zwölf West- und zentralafrikanischen Ländern zusammen, die von der katastrophalen Situation der GeflügelbäuerInnen in ihren Ländern berichteten.

Längst war der Fall der Hähnchenimporte ein Diskussionsstoff auf der internationalen politischen Bühne geworden. Verschiedene Europaabgeordnete, gemeinsam von afrikanischen und europäischen NRO angesprochen, unterstützten durch Anfragen in Ausschüssen und Plenum die Forderung von ACDIC nach einem Aussetzen der Fleischexporte.

In Kamerun blieben diese internationalen Reaktionen, die auch die Mitschuld der kamerunischen Regierung entlarvten, nicht ohne Reaktion. Nach den »erfolgreichen« Präsidentschaftswahlen ernannte Paul Biya eine neue Regierung. Es heißt, dass mehr junge Politiker und Fachleute vertreten sind, anstatt nur die zu Dank verpflichteten Parteiveteranen. Im Falle des Tierzuchtministeriums gab es tatsächlich einen Wechsel, nicht nur personell. Es gab die ersten Anzeichen, dass das Ministerium bereit sei, über die Problematik der Importquoten zu diskutieren.

Dann geschah etwas Einmaliges in der Geschichte des kamerunischen Parlamentarismus. ACDIC hatte erlebt, dass seine europäischen Partner Parlamentarier zu Treffen einluden um mit ihnen zu diskutieren – und die europäischen Parlamentarier kamen wirklich und diskutierten mit der Zivilgesellschaft.

Das wollte ACDIC auch in Kamerun ausprobieren. Schließlich gibt es auch in Kamerun ein Parlament. Die Abgeordneten der Regierungspartei, die fast 70% der Sitze inne hat, fühlen sich leider eher dem Präsidenten als ihren WählerInnen verpflichtet, denn er ist es, der es ihnen durch »geeignete Wahlkosmetik« ermöglicht hat, gewählt zu werden.

Dennoch lud ACDIC als erste Organisation der kamerunischen Zivilgesellschaft überhaupt Abgeordnete des kamerunischen Parlaments zu einem Abenddinner ein. Mittels einer Präsentation sollte den Abgeordneten die Problematik der Einfuhr gefrorener Hähnchenteile bewusst gemacht werden. Niemand rechnete damit, dass die Parlamentarier wirklich kommen würden. Aber die Signale im Vorfeld waren ermutigend, und so mietete man einen großen Saal im Hotel Hilton. Die Überraschung war groß – 120 Abgeordnete der 180 Mitglieder des kamerunischen Parlaments waren an diesem Abend versammelt. Im Prinzip eine Zweidrittelmehrheit. Auch für uns aus Europa, die wir dabei waren, ein außergewöhnliches Ereignis.

Wer die sonst bei ewig langen Budgetdebatten im Parlament meist ein Nickerchen haltenden Abgeordneten nun wieder sah, glaubte seinen Augen nicht. Denn in der Zeit nach der professionellen Präsentation von Bernard Njonga und vor dem Buffet, zu dem das Hotel, unter dem Gelächter aller Anwesenden, peinlicherweise Hünchenteile unbekannter Herkunft kredenzte, war die Diskussion überwältigend.

Man gratulierte ACDIC zu der Recherche und empörte sich, wie man es hatte soweit kommen lassen können. Die eigene Landwirtschaft müsste geschützt und die Importe müssten sofort verboten werden. ACDIC wurde aufgefordert, weiterzumachen und zu einer Lösung zu kommen. Es wurde vorgeschlagen, dass ACDIC sich auch um andere Probleme im Lande kümmern sollte, um Straßenkinder, um die Transportsysteme, um die Korruption usw.

Bis schließlich einer der oppositionellen Abgeordneten merkte, dass irgendetwas nicht stimmte. Er ergriff das Wort und wandte sich den eigenen Kollegen und Kolleginnen zu und fragte, wer hier eigentlich für die Situation im Land Verantwortung trüge. Es könne doch nicht sein, dass die Abgeordneten eines Landes eine Organisation der Zivilgesellschaft aufforderten, das Land zu verändern. Das läge in der Verantwortung der Abgeordneten und der Regierung. Betretenes Schweigen. Dann entbrannte eine Debatte über Demokratie und parlamentarische Pflichten. Dankbar wurde dann fast schon um Mitternacht das Buffet eröffnet.

In der Folgezeit wurde alles anders. Im Frühjahr 2005 lud das Ministerium für Tierzucht erstmalig alle Beteiligten ein. Importeure, Geflügelproduzenten und ACDIC saßen mit am Tisch, als das Ministerium signalisierte, dass es bereit wäre die Importe zu regulieren und die einheimische Produktion zu schützen. Bis zum Wiederaufbau einer lokalen Geflügelproduktion wurde eine Importquote von 5 000 Tonnen erlaubt. Sie sollte von einem Überwachungsgremium am Hafen von Douala strikt überwacht werden, an dem auch ACDIC beteiligt sein sollte. Die Einfuhr der Importhühner wurde durch die Anhebung von Zöllen und durch die Abschaffung der Mehrwertsteuer auf einheimisches Huhn um über 100% verteuert.

ACDIC ließ nicht locker. Denn immer noch wurde Fleisch importiert und es galt, vor allem auch die Gesundheitsgefahren für die VerbraucherInnen zu verdeutlichen. Das waren natürlich für Regierung und Importeure die schwerwiegendsten Vorwürfe. Diesbezüglich wurde ACDIC am meisten unter Druck gesetzt. So hat ACDIC nie das Original des von ihm in Auftrag gegebenen Gesundheitsgutachtens erhalten. Die Regierung verbot dem halbstaatlichen »Institut Pasteur« die Herausgabe. Zum Glück hatte ACDIC vorab eine Kopie mit den wichtigsten Ergebnissen erhalten.

Bewaffnet mit Beamer und Notebook fuhren AktivistInnen in entlegene Dörfer oder zu Kirchenversammlungen und hielten dort Vorträge über das Importhuhn. Immer mehr Artikel erschienen mit regionalen Details. Die VerbraucherInnen begannen, die Händler nach Herkunft oder Kühlkette zu fragen. Gerade bei großen Festen sieht man dem Huhn in der Soße nicht an, woher es stammt. Nun mussten sich die Gastgeber rechtfertigen, wo sie es gekauft hatten und zum Beweis die Schlachtreste, wie Kopf und Krallen, zeigen. Sie mussten beweisen, dass es kein »poulet congelée« war. Die Straßenverkäufer der beliebten »Brathähnchen« brachten Schilder an, auf denen sie versicherten, es handele sich niemals um Importhähnchen. Auch Hotels und Restaurants mussten garantieren, dass es lokales Huhn sei, was sie anböten.

So schaffte es ACDIC auch ohne Importverbot, die Stimmung im Lande zu drehen. Immer mehr Importhuhn blieb ungekauft. Der Preis rutschte in den Keller, aber auch das verführte niemanden zum Kauf.

Nun trennte sich auch bei den Importeuren die Spreu vom Weizen. Diejenigen, die nur schnelles Geld machen wollten, zogen sich zurück. Die seriösen Importeure investierten endlich in Hygienestandards. Nicht ganz freiwillig. ACDIC hatte nämlich bei den ersten Gesprächen mit der Regierung erwirkt, dass über 200 neue Lebensmittelkontrolleure eingestellt wurden. Nun sah man plötzlich Läden mit geschlossenen Gefriertruhen und Verkäuferinnen mit weißer Haube und Plastikhandschuhen in weißen Kitteln. Kleine neue Autos mit Kühltechnik standen vor den Läden.

Die Verbraucher blieben skeptisch. ACDIC bot daher in Gesprächen mit Regierung und Importeuren an, ob nicht eine einheimische Produktion von gefrorenen Hühnerteilen durch lokale Schlachthöfe und einer funktionierenden Kühlkette das Bedürfnis der VerbraucherInnen nach billigen Fleischteilen befriedigen könnte (vgl. Kapitel 7.3).

Letztlich aber waren die Vereinbarungen mit der Regierung zur Importreduzierung der Startschuss für einen unglaublichen Investitionsboom im Sommer 2005. Weder die Kükenproduktion noch der Futteranbau kamen der massiven Nachfrage nach. Zum Jahreswechsel 2005/2006 war Geflügel so teuer, dass die Regierung wieder den Import von Hähnchen erlaubte, um die Weihnachtsnachfrage zu decken und den Preis zu senken.

Jetzt zeigte sich, wie nachhaltig ACDIC die kamerunische Gesellschaft durch das Engagement gegen das Importgeflügel verändert hatte. Das ACDIC-Präsidium wurde Teil der offiziellen Regierungsdelegation wurde, bei den WTO-Verhandlungen in Hongkong. Als es davon hörte, dass es mit den Importen wieder losgehen sollte, wurde in Windeseile Protest organisiert. Innerhalb weniger Wochen wurde zur ersten nationalen Demonstration gegen die Fleischimporte mobilisiert. Inzwischen hatte sich mit Hilfe von ACDIC ein Verband der Geflügelbauern gegründet, der seine Mitglieder mobilisierte. Im Januar 2006 fanden sich dann über 8 000 Demonstranten zusammen, um zum Regierungssitz zu marschieren. Das war dem örtlichen Stadtgouverneur dann doch zuviel, und er verbot die Demonstration. Polizei zog auf und sperrte die Strasse. So fand zwar »nur« eine große Kundgebung statt. An der aber nahmen auch Bauernführer aus anderen afrikanischen Ländern und der weltberühmte französische Bauernrebell José Bové (siehe Titelbild Kapitel 8) teil.

Die Wirkung blieb nicht aus und kam schnell. Die Regierung empfing die Aktivisten und entschuldigte sich für die eigenmächtige Entscheidung des Stadtgouverneurs. Wer hätte so etwas ein Jahr zuvor für möglich gehalten? Das Landwirtschaftsministerium betonte, dass es sich um eine einmalige Importgenehmigung gehandelt habe. Außerdem erkannte es an, dass das Versprechen der lokalen Geflügelwirtschaft, den einheimischen Bedarf zu decken, erfüllt sei und hob alle Genehmigungen zum Import von Geflügelfleisch auf. Damit war der Sieg der KleinbäuerInnen und Geflügelwirtschaft in Kamerun komplett. Leider erlitt die Branche nur wenige Wochen später einen weiteren Schicksalsschlag, als angeblich eine Ente in Nordkamerun am Vogelgrippevirus H5N1 verendete. Aber das ist eine andere Geschichte.

Das Beispiel Ghana

In ähnlicher Weise wie Kamerun sah sich Ghana in Westafrika massiven Importen gefrorenen Geflügelfleisches ausgesetzt. Die Unterschiede haben wir beschrieben. Im Gegensatz zu Kamerun und anderen Ländern gibt es in Ghana eine funktionierende Kühlkette, ein von der touristischen Infrastruktur verlangter Standard (siehe Kap. 7.3). Ghana hat im Gegensatz zu vielen seiner Nachbarländer seit Ende der 90er Jahre eine entwickelte demokratische Struktur. Es ist seitdem eines der Lieblingskinder internationaler Entwicklungshilfe. Ghana ist vor allem in der Zusammenarbeit mit dem IWF und der Weltbank ein Musterknabe. In Fragen der Liberalisierung der Wirtschaft und in der Privatisierung von staatlichen Aufgaben befolgt es die Vorgaben eifrig und wird dafür mit regelmäßigen Ent- und Umschuldungen belohnt.

Da ist es kein Wunder, dass die Importmenge an Hähnchenteilen nach Ghana jedes Jahr um über 50% auf fast 35 000 Tonnen im Jahre 2001 zunahm. Anders als in Kamerun sind die ghanaischen Geflügelbauern und Eigentümer der Farmen gut organisiert und das Parlament eine wirkliche »Volksvertretung«.

So gelang es nach mühevoller Lobbyarbeit der Geflügelproduzenten, 2003 ein Gesetz zu verabschieden, das den Zoll für Importgeflügel von 20% auf 40% verdoppelte. Was jedoch danach geschah, wirft kein gutes Licht auf die vorhandenen demokratischen Strukturen.

Für die Umsetzung des Parlamentsbeschlusses ist die oberste Zollbehörde zuständig. Als auch Mitte 2004 noch keine Umsetzung erfolgt war, begannen die Geflügelbauern in Ghana zu rumoren. Inzwischen hatten die Importhühner fast 80% ihres Marktes erobert.[3] Die Zollbehörde, nun unter Druck, verwies darauf, dass sie das Gesetz nicht umsetzen könne, weil es nicht im Interesse der Öffentlichkeit sei. Die Geflügelbauern wollten nur ihre Profite absichern und schadeten dem sich zu freier Marktwirtschaft bekennenden Land. In guter britischer Tradition und als gelehrige Schüler demokratischer Werte verklagte der Geflügelverband die Zollbehörde wegen Verstoßes gegen den Verfassungsgrundsatz, dass Behörden Gesetze nicht zu kommentieren, sondern umzusetzen hätten. Bis zur Urteilsverkündung verging wieder fast ein Jahr, in dem noch die letzten Bauern ruiniert wurden. Dann entschied eine mutige Richterin zugunsten der Geflügelbauern und verlangt die Umsetzung des Zollgesetzes.

Das hatte die Regierung aber inzwischen geahnt und flugs eine Parlamentsmehrheit zusammengeschustert, die kurz nach Urteilsverkündung das Gesetz zur Zollerhöhung wieder abschaffte. In der Parlamentsdebatte wurde deutlich, warum. Die Regierung hatte in den Verhandlungen um einen Schuldenerlass in Artikel 4 des Vertrages mit IWF und Weltbank zugesichert, alle Zollerhöhungen seit dem Beitrittsbeginn Ghanas in die WTO wieder rückgängig zu machen. Ausdrücklich wurde in dem Papier auch die Erhöhung für Importgeflügel erwähnt. Nun standen Abgeordnete und Regierung vor der Wahl, entweder auf wichtige Einnahmen aus dem Wegfall der Schuldentilgung zu verzichten oder die Kleinbauern zu schützen. Die Entscheidung schien salomonisch. Man verzichtete auf die Zollerhöhung, legte aber ein teures Programm auf, das die Infrastruktur für die Produktion von Geflügelfleisch soweit verbessern sollte, dass sie konkurrenzfähig wird.[4] Ein teures Vorhaben und sinnlos dazu, wie die ghanaischen Bauern sofort protestierend einwandten. Mit Hühnerresten zu 0,60 Euro pro kg kann auch eine noch so billige Produktion nicht konkurrieren.[5] Zumal in der Zwischenzeit die USA und Brasilien den Markt entdeckt hatten und sich mit den EU-Importen eine Preisschlacht um das billigste Hühnerbein lieferten. Inzwischen ist es schon für 0,53 Euro zu haben.

Zur zweiten Lesung des Gesetzes und im Rahmen eines weltweiten Aktionstages zu Handelsgerechtigkeit protestierten die Geflügelbauern aus Ghana lautstark vor dem Parlament. Sie packten jedem Abgeordneten ihr letztes Brathähnchen ein und schickten es ins Parlament, auf dass es den Volksvertretern schmecken und sie umstimmen möge.[6] Es nutzte nichts. Mit 97 zu 92 Stimmen wurde der alte Beschluss abgeschafft. Wütend übergaben die Geflügelbauern auch eine Grundsatzerklärung, in der sie besonders IWF und Weltbank verurteilten, mit der Erpressung der Regierung zu diesem Beschluss beigetragen zu haben. Das Argument eines Bruchs von WTO-Handelsregeln war dann auch das entscheidende Argument in der Regierungserklärung.

Auch die vielfältige ghanaische Presse reagierte empört auf die neokoloniale Haltung von IWF und Weltbank und verurteilte das Umfallen der Regierung. Verzweifelt versuchten die Geflügelbauern das Oberste Gericht anzurufen, um den alten Beschluss wieder inkraftzusetzen. Aber der Versuch wurde abgewiesen, da ja kein Gesetz mehr existierte.[7]

Natürlich reichten die versprochenen Unterstützungsgelder nicht aus, um den einheimischen GeflügelbäuerInnen wieder einen größeren Anteil am Markt zu ermöglichen. Im Herbst 2006 konstatierte der Geflügelverband, dass das lokale Huhn in Hinterhofhaltung nur zum Selbstverbrauch produziert wird. Somit haben auch die Ärmsten, vor allem Frauen, ihren Markt verloren. Die verbliebenen Farmen produzieren nur noch zu 10% ihrer Kapazität und haben ihre Kunden in der Oberschicht, die sich lokales Huhn leisten können.[8]

Zu einem Aufschrei kam es, als der amtierende Landwirtschaftsminister, wiederum um mehr Unterstützung für die Geflügelbauern gebeten, antwortete, die Geflügelwirtschaft solle versuchen, ihr Geflügel in die Region zu exportieren, wenn sie keinen lokalen Markt mehr fände. Sein zynischer Vergleich war der »erfolgreiche« Export von 10 000 Küken aus lokaler Produktion nach Kamerun. Verschwiegen wurde, dass die Küken dort benötigt wurden, weil nach dem Importverbot die lokale Produktion so gut lief, dass ein Kükenmangel herrschte.[9] Es besteht ein großer Unterschied zwischen dem Erfolg in Kamerun und dem Misserfolg in Ghana. Sowohl der glückliche Umstand, dass man für das importierte Geflügel z. T. die existierende Kühlkette nutzen konnte, als auch die kurzen Distanzen und gute Verkehrsinfrastruktur Ghanas haben das Gesundheitsrisiko der importierten Gefrierware reduziert. Auf der anderen Seite waren dadurch die VerbraucherInnen weniger motiviert, die lokalen Geflügelproduzenten zu unterstützen. Sie bekommen ja billiges und einigermaßen sicheres Fleisch. So ist Ghana mit guter politischer und wirtschaftlicher Infrastruktur weiterhin hoffnungslos den Importen ausgesetzt. Viele Ghanesen fragen sich in wütenden Leserbriefen, ob das die Früchte von Demokratie und wirtschaftlicher Entwicklung seien.

Dass ihr großer Rivale Nigeria das Problem ziemlich schnell und ohne sich um irgendwelche WTO-Regeln zu scheren, gelöst hat, verärgert die Menschen in Ghana verständlicherweise. Nach nur kurzem zweijährigem Anstieg der Importe genügte der kurze Draht der Geflügelorganisation zum »Kollegen« Präsident Obasanjo, um ein absolutes Importverbot zu erlassen. Wer will, bestrafe für diesen Regelbruch Nigerias Ölexporte mit höheren Zöllen!

Die »Kriegshühner«

Entlang der afrikanischen Westküste finden wir viele Facetten des Widerstands gegen die Hühnchenimporte. Besonders traurig ist die Geschichte um die »Kriegshühner« in der Elfenbeinküste. Auch dort das gleiche Bild: stark steigende Importe und in den Ruin getriebene Kleinbauern. Nach der Wahl des »Sozialisten« Gbagbo zum Präsidenten (2000) kam für kurze Zeit die Hoffnung auf, dass Importregulierungen oder zumindest Quoten die Geflügelbauern schützen würden. Dann aber begann der Bürgerkrieg. Die Importe gingen wegen der Probleme am Hafen von Abidjan zurück. 2003 importierte Kamerun 8 000 Tonnen gefrorene Hühner aus der Elfenbeinküste.[10] Das waren umgeleitete Schiffe. Aber die Geflügelbauern atmeten auf, denn auch in Kriegszeiten wird Huhn gegessen. Die Kämpfe konzentrierten sich außerdem hauptsächlich auf den Norden.

Auf internationalen Druck kam es zu Verhandlungen zwischen Regierung und Nordrebellen. Eine gemeinsame Regierung wurde 2003 vereinbart. Unglücklicherweise bekamen die Nordrebellen das Tierzuchtministerium. Krieg ist teuer und niemand wusste, wie viel Zeit blieb, um in Abidjan die Kriegskasse zu füllen. Also wurden in »kamerunischer Art« Einfuhrgenehmigungen gegen »Kriegssteuern« an jeden erteilt, der sie bezahlen konnte. Die Einfuhr über den Hafen in Abidjan war nun auch kein Problem mehr.

Die ivorischen Kleinbauern waren empört. Kaum hatten sie sich erholt und wieder in die Produktion investiert, wurde Abidjan 2003 von importierten Hähnchenteilen überflutet. Die Bauern demonstrierten. Der Minister und einige internationale Investoren behaupteten, dass die Bevölkerung in Kriegszeiten immer hungere und billiges Fleisch brauche. Außerdem seien die Kleinbauern aus dem Süden grundsätzlich gegen die Regierungsbeteiligung der Nordrebellen.[11]

Als offensichtlich wurde, wofür das Geld aus den Importgenehmigungen diente, wurde der Widerstand heftiger. Ein Protestbrief wurde tausendfach auf den Märkten verteilt. Bei einer der vielen Kabinettsumbildungen gelang es dann doch, einen »Technokraten« an die Spitze des Landwirtschaftsministeriums zu setzen, der im Parlament eine Mehrheit für tarifliche Maßnahmen (Festsetzung eines Mindestimportpreises, s. Kapitel 1) durchsetzte. Diese Maßnahmen sind zwar kriegsbedingt und unzulänglich, wie die Importzahlen

2005 zeigen, aber sie verschaffen den ivorischen Kleinbauern seitdem doch ein wenig Luft. Zumal die Hälfte der Zolleinnahmen zur Unterstützung des Geflügelsektors eingesetzt werden sollen.[12]

Die Westküste entlang ...

So geht es weiter die Küste entlang. In Senegal haben alle Sektoren der Geflügelbranche eigene Verbände und sogar einen Dachverband. Das sind gute Voraussetzungen für eine erfolgreiche Lobbyarbeit bei der Regierung. Aber seit der Wahl des neoliberalen Präsidenten Wade ist der Kampf um Marktschutz nicht einfach. Dabei hat die Geflügelwirtschaft hier beste Voraussetzungen, denn der Preis für ein ganzes Huhn ist zum Beispiel nur halb so hoch wie in Kamerun.[13] Obwohl weniger Profit gemacht wird, setzt sich das Importhuhn auch hier durch. Ein besonderer Fall, z. B. in Togo und Benin, ist die Auseinandersetzung, die die Legehennenhalter gegen »gefrorene Importeier« aus Südafrika und den baltischen Staaten führen.[14] Auch ohne auf die Straße zu gehen, führte ein Expertenseminar mit der Regierung dazu, dass auch im Senegal im Jahr 2005 durch Zollanhebung die Importe erstmals seit Jahren zurückgehen. Während auch in Benin, im besonderen Fall der »Schmuggelimporte« Demonstrationen zum Einlenken der Regierung führten, gelang es aufgrund der innenpolitischen Situation den Geflügelzüchtern in Togo, der Demokratischen Republik Kongo, Liberia und Sierra Leone überhaupt nicht, sich Gehör zu verschaffen. Ganz im Gegenteil. Scheinbar werden nun die »Hähnchenbeine« einfach dort abgeladen, wo der Widerstand der Geflügelhalter und -halterinnen noch keine Früchte trägt.[15]

Widerstand gegen Knebelverträge und Ausbeutung

In den vorigen Kapiteln konnten wir sehen, dass nicht die brasilianischen, europäischen oder US-amerikanischen Kollegen die Profiteure der Exporte sind. Im Schnitt verbleiben ja nicht einmal 15-20% des Verbraucherpreises in ihren Taschen. Da verwundert es nicht, dass auch die Geflügelbauern des modernen vertikalen Systems versuchen, mehr vom Kuchen des »Globalen Huhns« abzubekommen. Gerade in Brasilien ist die Situation verheerend. Der Exporterfolg brasilianischen Hähnchenfleisches führt mit brutalem Druck zur Vergrößerung und damit Verschuldung der im Süden des Landes ansässigen Kleinbauern. Schon wird gedroht, in den »wilden Westen« des Landes zu ziehen, um dort, wie in China, riesige Geflügelfabriken ohne Kleinbauern aufzubauen. Nachdem die Kleinbauern jahrelang von »ihrer« Regierung unter Präsident Lula Hilfe gefordert haben, sind sie es jetzt leid. Dabei ist es für sie höchst gefährlich, aufzubegehren. Schnell können die Konzerne die Verträge mit ihnen kündigen, und sie bleiben auf ihren Investitionen sitzen.[16] Durch Abkommen haben sich die Schlachthäuser untereinander verabredet, keine Kleinbauern der Konkurrenz unter Vertrag zu nehmen. Das gilt auch für Deutschland oder die Niederlande, hier gilt eine Karenzzeit von einem Jahr, wenn jemand bei einem Konzern kündigt.

Nachdem Proteste und Resolutionen nichts mehr halfen, entschlossen sich Kleinbauern in den Regionen Rio Grande und Santa Catarina zu massiveren Aktionen. Im Herbst 2005 wurden für mehrere Tage die Hauptstraßen der beiden Regionen mit Barrikaden gesperrt. Es ging vor allem darum, die Regierung zur Vergabe billiger Kredite zur Modernisierung zu bewegen, um nicht auch noch Gläubiger der Geflügelkonzerne zu werden.[17]

Da ist die Firma Doux aus Frankreich »angeschmiert«. Europas größter Geflügelkonzern floh vor den Protesten der Geflügelbauern aus der Bretagne in Frankreich nach Brasilien. Die französischen Geflügelzüchter wollten sich nicht länger mit der »Brasilienkeule« erpressen lassen.[18] Doux kaufte sich also, wie in Kap. 4.2 beschrieben, bei Frangosul ein – und erlebt nun wieder Proteste und »undankbare« Bauern. Wenn die Geflügelbauern überall ihren gerechten Anteil an den Gewinnen der Geflügel- und Lebensmittelkonzerne erhielten, würde es für die Konzerne schwieriger, mit Billigproduktion anderswo Märkte zu erobern. Erst recht gilt das für die USA, die nur durch den massenhaften Einsatz von billigen MigrantInnen in den Schlachthäusern und auf den Großfarmen mit Brasilien konkurrieren können.[19]

Zunehmend solidarisieren sich die Geflügelbauern und Hühnerhalter überall auf der Welt, und eine Krise wie die Vogelgrippe hat diesen Trend noch verstärkt. An der großen Demonstration im Januar 2006 in Kameruns Hauptstadt Yaoundé nahmen neben afrikanischen auch europäische Bauernvertreter teil. Im März 2007 wird es in Brasilien ein Vernetzungstreffen mit brasilianischen, afrikanischen und europäischen Hähnchenmästern in Südbrasilien, der Hähnchenhochburg, geben.[20] Wenn aber die Solidarisierung nicht stärker wird, werden die Konzerne unter dem Vorwand der Hygiene und Standards die gesamte Produktion unter ihre Fittiche nehmen und aus den Bäuerinnen und Bauern Billigarbeitskräfte auf ihren eigenen Farmen machen. Das »Globale Huhn« trifft zunehmend auf »globalen Widerstand«, und es muss auf der Hut sein, seine Produzenten nicht zu verlieren.

8.2 Wie sich Kamerun vor dem Dumping schützen kann

Wir rekapitulieren: In Kamerun Hähnchenfleischteile zu 0,60 Euro pro kg zu verkaufen, die in Europa 1,38 Euro pro kg kosten, ist ein Fall von Dumping, weil der Verkauf im Ausland unter den Verkaufspreisen im Inland liegt. Allerdings trifft die klassische Definition von Dumping nicht zu, weil es sich bei den Fleischteilen, wie wir gezeigt haben, um so genannte Kuppelprodukte handelt. Die internationale Handelsordnung vernachlässigt den Handel mit Kuppel-, Nebenprodukten und Gebrauchtwaren. Es handelt sich um Produkte, die im Prinzip noch funktionstüchtig sind, aber beim verwöhnten reichen Verbraucher durchfallen. Sie sind eine Bedrohung für die wirtschaftliche Entwicklung der Importländer, weil sie einheimisch hergestellte Produkte aufgrund des Preisgefälles vom Markt verdrängen. Eine Volkswirtschaft, die nur vom Ramsch einer anderen lebt, wird sich nie entwickeln können (vgl. auch Kapitel 3.4). Es stellt sich die Frage: Hat Kamerun (und Afrika) das Recht sich zu schützen? Und wie kann Kamerun sein Recht umsetzen?

Eine Frage des Rechts

Ein »Recht« zu haben oder einzuklagen ist in internationalen Wirtschaftsbeziehungen immer zweifelhaft. Wenn es sich um einen **Großkunden** und um ein politisches Schwergewicht im Hähnchenhandel handelt, wie etwa Russland, ist »Recht« keine Frage. So hat Russland gerade kürzlich in einem bilateralen Vertrag Deutschland dazu verpflichtet, Maßnahmen gegen »potentiell unsichere tierische Produkte aus Drittländern« zu ergreifen, die nach Russland weiter exportiert werden. Das ausgehandelte Abkommen sieht auch die »Übernahme von Garantien durch den deutschen Veterinärdienst für die Sicherheit von Geflügelfleischlieferungen aus der Bundesrepublik« vor.[1] Es ist kaum vorstellbar, dass die deutschen Veterinärdienste bereit wären, für Kamerun oder ein anderes afrikanisches Land eine ähnliche Dienstleistung zu erbringen. Dabei wären diese Länder besonders auf eine solche Dienstleistung angewiesen. Denn erstens fehlen in Afrika die zuverlässigen eigenen Inspektoren, und zweitens sind dort die Risiken einer Lebensmittelvergiftung für die Betroffenen weitaus größer.

Wie könnte Kamerun formal richtig gegen Dumping vorgehen?

1. Kamerun könnte einen **Antidumping-Fall** daraus machen und ihn bei der WTO »hinterlegen«, wie es in der Fachsprache heißt. Es müsste dann auf die Kraft der hinterlegten Beweisführung setzen und nachweisen, dass eine reale Schädigung eingetreten ist und dass diese unmissverständlich von den Importen herrührt. Ferner müsste nachgewiesen werden, dass die Verkaufspreise niedriger liegen als in Europa. Dann könnte Kamerun Ausgleichszölle erlassen, um die Preisdiskriminierungsmarge (besser: Dumpingmarge) an seiner Grenze abzuschöpfen. Die Regierung lässt es darauf ankommen, ob die geschädigten Exporteure vor das WTO-Schiedsgericht gehen.

2. Werden die bei der WTO gebundenen Maximalzölle nicht voll ausgeschöpft, könnte Kamerun ohne Verstoß gegen die Regeln seine **Zölle bis zur gebundenen Obergrenze anheben**. Das ist bei den Staaten der Westafrikanischen Wirtschaftszone der Fall, wo die WTO-Zollbindung für Agrarprodukte bei einem Satz von 80% angesetzt ist, aber die effektiven Zölle nur 20% betragen.

3. Kamerun könnte sich auf die kurzfristig schädigende Wirkung der Import berufen und eine vorübergehende **Schutzmaßnahme** gegen so genannte »**Importfluten**« erlassen. Dabei kann sich Kamerun auf die »Spezielle Schutzklausel« (SSG) nach der WTO-Regel, Artikel 5 des Agrarabkommens, berufen.

Leider gibt es machtvolle Kreise in der afrikanischen Gesellschaft, die Interesse an den billigen Fleischimporten haben: die Importeure und die Politiker, die vorgeben, die armen Verbraucher in den Städten zu vertreten. Diese Kreise werden ein solches Vorgehen der Regierung nicht dulden. Denn klar ist auch: In jedem Fall wird Kamerun auf Gegenreaktionen der Im- und Exporteure stoßen. Keine der drei aufgezeigten Möglichkeiten ist für Kamerun unschädlich oder gratis. Es wird Kamerun zum Nachteil gereichen, wenn es sich schützt, und das werden die am Import interessierten Kreise weidlich ausschlachten.

Es stellt sich die Frage: Was bringt Kameruns Regierung dazu, den Schaden des Hähnchendumpings von seiner eigenen Bevölkerung abzuwenden?

Die Handelsregeln jedenfalls nicht. Sie lassen jede Art der Ausbeutung, Plünderung und Diskriminierung der Erzeuger im eigenen Land zu. Das wird nicht als **Handelsverzerrung** gewertet. Jede Regierung darf seine eigenen Erzeuger benachteiligen, ihnen aber keine Vorteile gewähren. Benachteiligung stellt auch keinen Verstoß gegen die marktwirtschaftlichen Prinzipien dar, obwohl es wettbewerbswidrig ist. Aber wehe, ein Land greift zum Schutz, zur Unterstützung oder Subventionierung seiner Erzeuger, dann schlagen die Handelsgesetze zu.

Handelsrecht ist äußerst dehnbar. Arme und verschuldete Länder können es sich nicht erlauben, die WTO-Regeln zu strapazieren. Sie werden sofort seitens der internationalen Geberorganisationen, wie Weltbank und IWF, aber auch seitens bilateraler Entwicklungshilfe unter Druck gesetzt. Kredite und Entwicklungshilfe werden verweigert, wenn ein armes Land sich nicht an den genauen Wortlaut der Regeln der Welthandelsorganisation hält. Dazu braucht es noch nicht einmal das aufwändige Schiedsverfahren der WTO. Die Gesetzestreue wird mit informellen und impliziten politischen Druckmitteln erreicht. Der Fall Ghana ist ein anschauliches Beispiel dafür (vgl. Kapitel 8.1).

Kamerun und jedes andere afrikanische Land würde sich schwer tun, einen Antidumping-Fall unter WTO-Recht gegen die EU zu initiieren. Wie will die Regierung Kameruns den Nachweis erbringen, dass die Billigimporte ursächlich für die Krise der kamerunischen Hähnchenwirtschaft sind? Jeder handelspolitische Vorstoß führt zu einem unfruchtbaren **Streit über die richtigen Statistiken**, Ursache-Wirkungszusammenhänge, Relevanz der Dumpingmarge usw.

Bei unseren Auseinandersetzungen mit der EU-Kommission, der Bundesregierung, den Agrarökonomen an Universitäten und Vertretern der Fleischwirtschaft stießen wir auf enormen Widerstand dieser Art. Dubiose FAO-Statistiken, die keinen Rückgang der heimischen Hähnchenfleischerzeugung in Kamerun aufzeigten, spielten dabei eine entscheidende Rolle. Der Ruin vieler Geflügelbauern wurde zum individuellen Schicksal geringer Wettbewerbsfähigkeit, schlechter Regierungsführung und schlechtem Management heruntergespielt. Die zitierten FAO-Zahlen waren äußerst anfechtbar. Das beweist schon allein, dass sie für die letzten vier Jahre völlig gleichbleibende Erzeugungsmengen an Hähnchenfleisch ausweisen. Dennoch dienten sie der EU-Kommission als Beweis dafür, dass die Importe angeblich nur nötig waren, um dem wachsenden Inlandsbedarf nachzukommen, der von der Inlandserzeugung nicht gedeckt werden konnte. Einen Schaden wollte man nicht erkennen.

Spezieller Schutz für Entwicklungsländer

Wie verhält es sich mit der »**Speziellen Schutzklausel**« (**SSG**) gegen Importfluten (siehe Kapitel 3.1)? Mit Ausnahme von 22 Entwicklungsländern – zu denen kein einziges afrikanisches Land zählt – ist die »Spezielle Schutzklausel« der WTO gegen kurzfristig auftretende Importfluten für Entwicklungsländer **nicht anwendbar**. Die überwiegende Zahl der Entwicklungsländer hat sich nicht für die Nutzung dieser Klausel qualifiziert. Die Begründung? Sie haben vor zehn Jahren bei der WTO-Gründung keine Maximalzölle für jedes einzelne Agrarprodukt angegeben und ihre Zölle entsprechend ausgerichtet, sondern nur eine maximal erlaubte Obergrenze für den gesamten Agrarsektor erlassen. Das war ein Vorrecht, das man den Entwicklungsländern eingeräumt hatte, weil sie sich außerstande sahen, den administrativen Aufwand von Einzelzollbindungen zu bewältigen. Für dieses »Vorrecht« mussten sie bitter zahlen. Sie wurden vom WTO-Abkommen dadurch bestraft, dass sie keinen Zugang zur »speziellen Schutzklausel« gegen Importfluten erhielten. Bei Vertragsabschluss hatten sich die wenigsten Regierungen die Folgen klar gemacht. Die Ungleichheit von Schutzinstrumenten wird heute als eine der größten Ungerechtigkeiten der Agrarhandelsregeln in der WTO erkannt.

Die Nachbesserung der internationalen Handelsordnung gerade an diesem Punkt hat einen hohen Stellenwert bei den momentan auf Eis liegenden WTO-Verhandlungen. Dass die Doha-Runde zunächst gescheitert ist, liegt u. a. auch am Konflikt über die »Spezielle Schutzklausel« und den Zugang der Entwicklungsländer auf die hier verbrieften Rechte.[2] Die Gruppe der 90 Entwicklungsländer (G 90) hat detaillierte Vorschläge eingereicht, die z. T. die Schwächen der bisherigen Regelung ausgleichen. Aber dennoch wird es nicht ausreichen, denn Schutzmaßnahmen gegen Importfluten sind nur fürs kurzfristige Reagieren gedacht. Die Definition des Schutzrechtes setzt voraus, dass die Importflut lediglich »kurzzeitig, plötzlich, krass ist und mit starken Auswirkungen« einhergeht. Der Schaden, den sie bewirkt oder androht, muss nachweislich »ernsthaft« sein. Die erlassenen Schutzmaßnahmen müssen aber nach einem Jahr erlöschen. Danach stünde das Land wieder vor dem gleichen Problem. Hält die Importflut über einen langen Zeitraum an, hilft nach den augenblicklich bestehenden Handelsregeln nur noch die Steigerung der eigenen Wettbewerbsfähigkeit, um in der Konkurrenz mit der Billigimportware zu bestehen. Ein unmögliches Unterfangen für Afrika bei Hähnchen! Letzen Endes müssen die Erzeuger Afrikas mit Abfallentsorgungskosten – also negativen Preisen – konkurrieren.

Beim unterentwickelten Stand der Statistiken in Afrika – die zudem den großen Bereich des illegalen Handels nicht erfassen – geht die Chance dieser Länder sich nach Handelsregeln zu wehren, gegen Null. Zum Beispiel: Der Mechanismus, der Maßnahmen gegen Importfluten auslöst, verlangt den Nachweis über einen gleitenden Dreijahresdurchschnitt der Preisbewegungen; dieser kalkulatorische Importpreis wird dann permanent mit dem aktuell registrierten Marktpreis der Ware verglichen. Ist die Abweichung höher als z. B. 30%, liegt eine Importflut vor und das Land darf sich kurzfristig wehren. Eine solche aktuelle Preisberichtserstattung und statistische Präzision fehlt in allen afrikanischen Ländern. Der Mechanismus ist weitab von jeder Realität Afrikas.

Ein anderer Verhandlungsstrang bei den auf Eis gelegten WTO-Verhandlungen betrifft die Forderung der meisten Entwicklungsländer nach so genannten »**speziellen Produkten**«. Die G-90 fordern das Recht, bestimmte Agrarprodukte von weitgehender Liberalisierung auszunehmen. Für deren Auswahl soll folgendes Kriterium dienen: Was ist der Beitrag des »speziellen Produkts« für die Armutsbekämpfung, ländliche Entwicklung und Ernährungssicherung des Landes? Theoretisch könnte danach Afrika »Hähnchenfleisch zum »speziellen Produkt« erklären und von den Liberalisierungsverpflichtungen des zukünftigen Abkommens ausnehmen. Es fehlt allerdings noch ein weiteres, für uns wichtiges Kriterium für die Definition von »speziellen Produkten«: die Gender-Sensibilität. NRO fordern in ihren Lobbybemühungen dieses Kriterium ein. Dabei dient der Hühnerfall als wichtiges Anschauungsbeispiel.[3]

Nur ist es auch hier fraglich, ob das Instrument anwendbar und ausreichend ist. Die Anzahl der Produkte, die pro Land als »spezielle Produkte« deklariert werden können, soll begrenzt werden. Dann müssen sich die Hähnchenerzeuger Kameruns mit den Tomaten- oder den Reiserzeugern darüber streiten, welche Branche am meisten zur Armutsbekämpfung beiträgt. Ob sich die Hühnerhalter durchzusetzen vermögen, ist offen. Zweitens ist noch immer umstritten, wie weit die Ausnahme beim Aussetzen der Liberalisierungsschritte für »spezielle Produkte« wirklich gehen wird. Außerdem geht es nicht um das Recht, zusätzliche Schutzmaßnahmen einzuführen, sondern lediglich beim weiteren Zollabbau nicht mitmachen zu müssen. Da das bisherige Schutzniveau schon nicht ausreicht, bringt es den Geflügelbauern wenig.

Ausnahmen für Entwicklungsländer bei der allgemeinen Liberalisierung im Agrarbereich zu erwirken, ist nicht unumstritten. Die Weltbank hat ihre Bedenken mehrfach politisch nachhaltig zum Ausdruck gebracht. Ihr Argument: Agrarprotektionismus führe zu höheren Lebensmittelpreisen und schließe dadurch Arme vom Zugang zu Nahrungsmitteln aus.[5] In einer empörten Reaktion wehren sich die Sprecher der Gruppe der 33 (G-33) gegen diese Intervention und machen deutlich, es gehe den Entwicklungsländern bei den speziellen Produkten und der Schutzklausel nicht um Protektionismus, sondern um einen differenzierten Einsatz von Liberalisierung und Ausnahmen dort, wo eine unqualifizierte Marktöffnung negative Entwicklungsauswirkungen habe.[6]

Alle bestehenden WTO-Regeln lassen keinen effektiven Schutz gegen Kuppel- und Nebenprodukte zu. Leider ist das Phänomen von Entwicklungsökonomen bisher wenig durchdacht worden. Die einzige Möglichkeit, sich dagegen zu wehren, wären rigorose Schutzmaßnahmen durch die WTO. Aber die gibt es nicht. Die G-90 müssten sich für einen solchen Artikel im WTO-Agrarvertrag stark machen. Da die Verramschung von Kuppelprodukten auf Auslandsmärkten nichts mit Leistungswettbewerb zu tun hat, gibt es auch keine ökonomische Berechtigung, ihren Handel zu liberalisieren. Nur zwei Maßnahmen wären ein effektiver Schutz: das grundsätzliche Recht auf **Zollkontingente**, also die mengenmäßige Beschränkung, oder das Recht auf einen **variablen Zollsatz**. In beiden Fällen würde das arme Land nur eine gewisse Menge der Importe zu einem kontrollierten Preis hereinlassen. Das Instrument würde Importe für den »zusätzlichen Verbrauch« von Fleisch zulassen, aber die unheilvolle Konkurrenz ausschließen können. Die Importmengen und -preise könnten so gesteuert werden, dass sie einen unübersehbaren Schaden an der eigenen Hühnerwirtschaft ausschließen. Allerdings wird es schwierig sein, im Einzelfall zu definieren, was für wen ein »Kuppelprodukt« ist.

Wirtschaftspartnerschaftsabkommen (EPA)

Eine ähnliche Diskussion um weitere Agrarliberalisierung und Schutzinstrumente findet – spiegelbildlich zur WTO – auch auf einer anderen aktuellen politischen Bühne statt: bei den Verhandlungen der Staaten Afrikas, der Karibik und des Pazifiks mit der EU über die so genannten »**Wirtschaftspartnerschaftsabkommen**« (**EPA** = Economic Partnership Agreements).[7] Unter diesen bilateralen Freihandelsabkommen soll so gut wie der gesamte Handel innerhalb neu zu schaffender regionaler Wirtschaftszusammenschlüsse in Afrika – unter Einbezug der EU – fast vollständig liberalisiert werden. Es sollen sechs Freihandelszonen mit der EU geschaffen werden, vier mit Afrika, eine mit der Karibik und eine mit Pazifikstaaten.

Auch hierbei verlangen die Entwicklungsländer im Agrarbereich eine »Spezielle Schutzklausel« gegen Importfluten und die Ausnahmeregelung für »spezielle Produkte« zum Zwecke der Ernährungssicherung, Armutsbekämpfung, ländlichen Entwicklung und geringere Liberalisierungsschritte für wirtschaftlich »sensible Produkte«.[8]

Der erste Vertragsentwurf, der bisher vorliegt, stammt aus der ESA-Region (Ost- und Südafrika) und wurde von den afrikanischen Unterhändlern entworfen. Zusätzlich zu den obigen Schutzinstrumenten sieht der Entwurf ein **automatisches Schutzrecht** der afrikanischen Staaten vor, sich gegen exportierte Agrarprodukte Europas, die von Subventionen profitieren, schützen zu dürfen. Diese Regelung wäre eventuell dazu angetan, die afrikanische Hühnerwirtschaft erfolgreich dem Zugriff des europäischen Hühnerdumpings zu entziehen. Es käme darauf an, wie hier »Subvention« definiert ist und wer in welcher Beweislast steht. Ob diese Regelung den »Überprüfungsprozess« der Entwürfe überstehen wird, der im ersten Halbjahr 2007 unter der deutschen Präsidentschaft in der EU stattfindet, ist allerdings höchst fraglich. Praktisch könnte der Passus den gesamten Agrarsektor Afrikas aus dem Marktzugangsrecht der EU ausklammern, denn es gibt kein europäisches Agrarprodukt, das nicht direkt oder indirekt subventioniert ist. Selbst wenn – wie in Kapitel 3.1 gesehen – die Agrarsubventionen für Hähnchen nicht ausschlaggebend für Dumping sind, gibt es den Nachweis über die indirekte Unterstützung (vgl. Box 4, S. 63), der als Argument dienen könnte, die Importe zurückzudrängen.

Den Entwicklungspolitikern der EU ist eigentlich klar: Bei einem nachgewiesenen Dumping-Fall liegt die Verantwortung beim Land, das Schaden anrichtet und Entwicklung verhindert. Nicht Kamerun müsste sich gegen die destruktiven Importe schützen, sondern die EU müsste dazu verpflichtet sein, **Dumping zu unterbinden**. Das ergibt sich auch logisch aus der Tatsache, dass der Schutz immer unter dem Vorbehalt des Protektionismus steht, während das Erschweren eines Exportvorgangs handelpolitisch neutral ist. Die EPA-Verhandlungen stehen unter dem Mandat, der Entwicklung zu dienen. Doch leider liegt die Federführung für die Verhandlungen bei den Handelspolitikern der EU-Kommission, nicht bei den Entwicklungspolitikern. Die Handelspolitik ist den Eigeninteressen der europäischen Wirtschaft verpflichtet und nutzt die Schieflage der Welthandelsordnung gerne zu europäischen Gunsten.

Am vertrauensvollsten werden die Interessen der kleinen Geflügelbauern in Westafrika und die Gesundheit der dortigen Verbraucher durch die Betroffenen selbst geschützt. Das hat die Bürgerbewegung Kameruns demonstriert (vgl. Kapitel 1 und 8.1). Wenn Kamerun die Grenzen gegen die tiefgefrorenen Hähnchenteile dicht machen würde, wären viele Probleme gelöst. Die afrikanischen Verbraucher bräuchten sich nicht mehr vor den Salmonellen der aufgetauten Tiefkühlware zu fürchten, und die Bauern könnten ihre Binnenmarkterzeugung erweitern. Da die Regierung zu sehr mit den Importeuren verquickt ist, kann die Kraft zur Veränderung nur von der Bevölkerung selbst ausgehen. Doch die ist in den meisten Staaten West- und Zentralafrikas durch die jahrzehntelange politische Unterdrückung durch autoritäre Regime eingeschüchtert und muss erst langsam lernen, ihre Rechte einzufordern.

Internationales Lebensmittelrecht

Auch das bestehende internationale Lebensmittelrecht bietet wenig Hoffnung auf eine politische Lösung des destruktiven Hühnerhandels, obwohl die Gesundheitsauswirkungen katastrophal sind. Aber wie wir uns auch drehen und wenden: Die Verantwortung wird nach den bestehenden Regeln auf die Regierung des Importstaates verlagert, und die Exporteure und die Exportstaaten waschen ihre Hände in Unschuld.

Die Welthandelsregeln könnten vielleicht einen Ausweg zeigen, wenn von begründetem Bedenken gegen die **gesundheitlichen Eigenschaften** und/oder die technische Angemessenheit der Importware die Rede ist. Die Regierung von Kamerun müsste nachweisen, dass die tiefgefrorenen Hähnchenteile, so wie sie im Hafen von Douala landen, (nach den international festgelegten Kriterien der Risikoabschätzung) gesundheitlich bedenklich sind und/oder »nicht brauchbar«. Dann könnte Kamerun theoretisch den Import ohne Gefahr internationaler politischer Repressionen unterbinden. Unter »nicht brauchbar« bzw. »nicht angemessen« fällt z. B. die falsche Etikettierung, Verpackung, Handhabung.

Die sog. **Codex Alimentarius Commission (CAC)**, eine internationale Kommission von Wissenschaftlern und Regierungsvertretern, setzt internationale hygienische Standards bei Nahrungsmitteln. Die Entwicklungsländer stehen im Prinzip dieser Organisation positiv gegenüber. Es ist für sie hilfreich, wenn eine internationale Organisation festlegt, wo die Grenze zwischen akzeptablen und ungerechtfertigten Gesundheitsanliegen liegt. Dann kann nicht mehr willkürlich gegen ihre eigenen Exporte vorgegangen werden. Bei der Beurteilung ihrer Importe wissen sie, woran sie sich halten können, ohne Gefahr zu laufen, in Haftung genommen zu werden. Es braucht schon Mut dazu, ein großes Schiff mit zweifelhafter Ware einfach zurückzuschicken.

Die Standards des Codex gehen bei Fleisch und Tiefkühlkost leider nicht weit. Es gibt z. B. die »Allgemeinen Prinzipien der Fleischhygiene«. Die legen fest, dass jedes Land das Recht auf strikte eigene Fleischkontrolle hat und dass international gültige Methoden der Risikoermittlung und des Risikomanagements – sog. HACCP – zur Anwendung kommen sollen. Im Codex gibt es auch einen »Internationalen Code für Verfahren bei der Handhabung und Verarbeitung von schnell gefrorenem Fleisch«. Doch auch dieser Code legt lediglich technische Verfahren fest, an denen sich die Risikobewertung ausrichten soll. Die Verpflichtungen betreffen in beiden Fällen die Exporteure. Sie müssen einwandfreie Ware liefern.

Was beim Codex völlig fehlt ist die Festlegung der **Verantwortung der Exporteure** für die Sicherheit ihrer Nahrungsmittel zum Zeitpunkt des Eintritts im Importland und bis zum Zeitpunkt des Verkaufs der Ware an der Ladentheke. Diese Verantwortung fehlt auch im europäischen Lebensmittelrecht. Artikel 12 der Richtlinie (EC), Nr. 178/2002 legt lediglich fest, dass Nahrungsmittel, die exportiert werden, den europäischen Standards von Sicherheit zu entsprechen haben. Außerdem sind die Standards des Importlandes verpflichtend, wenn diese ein höheres Schutzniveau vorsehen. Diese Verpflichtungen betreffen aber lediglich den Zustand der Ware beim Verlassen des Territoriums der EU. Eine darüber hinausgehende Verantwortung der Exporteure für die ordnungsgemäße Handhabung und Vermarktung der Ware im Ausland gibt es nicht. Mithin gibt es augenblicklich kaum eine rechtliche Handhabe in Europa gegen die Exporteure von tiefgefrorenem Hähnchenfleisch nach Westafrika anzugehen, wenn dieses halb aufgetaut, mit Salmonellen belastet auf dem Markt in Kamerun verkauft wird. Das gilt auch dann, wenn nachweislich der Verkauf an Importeure erfolgte, die tiefgefrorenes Fleisch weder vernünftig lagern noch vertreiben können. Die Verantwortung für das, was nach der Anlandung der Ware im Importland geschieht, liegt ausschließlich beim Importstaat. Auch wenn alle Beteiligten wissen, dass das Importland gar nicht dazu in der Lage ist, die Sicherheit zu gewährleisten, stehen nach europäischem Recht nur die einheimischen Verbraucher unter Rechtsschutz.

Auch der 20 Jahre alte Codex Alimentarius »**Code für Ethik im internationalen Handel**« ist leider eine stumpfe Waffe. Dieser Verhaltenskodex wurde entworfen, weil »viele Länder – besonders Entwicklungsländer – noch über keine ausreichende Infrastruktur verfügen, um ihre Verbraucher vor möglichen Gesundheitsgefahren bei importierten Nahrungsmitteln und vor Schwindel zu schützen«.[9] Die Präambel führt unter (e) explizit auf, dass es auch darum geht, das »Dumping von Sub-Standard und unsicheren Nahrungsmitteln zu verhindern«. Der Artikel 4.2. (b) differenziert das, indem er Nahrungsmittel im internationalen Handel ausschließt, die »dreckig, verfault, verdorben sind, krankmachende Substanzen oder Fremdeigenschaften enthalten, und/oder auf andere Weise für den menschlichen Verzehr ungeeignet sind«[10].

Dieser Code passt eigentlich hervorragend zu unserem Hähnchendumping-Fall. Er steht außerdem gerade zur **Überarbeitung** an. Die Versuche, ihn zu straffen und verbindlicher zu machen, waren bisher nicht sehr erfolgreich. Die USA haben sich an der Diskussion nicht beteiligt, obgleich sie Betreuerland für die zuständige »Kommission für Allgemeine Prinzipien« bei der Codex Alimentarius Commission sind. Die EU hat in ihrer Stellungnahme zwar das Kriterium eines Schutzes in unserem Sinne bestätigt, aber dann im Sinne ihrer eigenen Rechtslage abgewiegelt: Die Pflicht der Exporteure sei abgegolten, wenn diese sich an die Standards halten, die im Exportland gültig sind. Die exportorientierten lateinamerikanischen Agrarstaaten sahen in einem gestärkten Code of Ethics nur eine neue Hintertür für mögliche zusätzliche »nichttarifäre Handelsschranken«. Nur einige weniger entwickelte Länder – u.a. Kenia – setzten sich für eine Verschärfung des Codes ein. Zu allem Überfluss kamen aber auch kritische Stimmen von armen afrikanischen Ländern selbst auf. Sie beklagten mögliche Handelsverzerrungen, wenn hohe Auflagen für importierte Nahrungsmitteln dazu führen könnten, dass diese Ware im Vergleich zur Inlandsware einem höheren Standard folgen würde. Diese Stimmen waren ganz im Sinne der Hähnchenimporteure und -exporteure von Kamerun, die die Brückenköpfe des »Globalen Huhns« darstellen. Sie wollen den unreglementierten Fleischhandel.

Wenn die Diskussionen zum internationalen Lebensmittelrecht keinen Ausweg bieten, dann bleibt nicht viel übrig an internationaler Verantwortung. Allenfalls könnte **verstärkte Entwicklungshilfe** als Anreiz und als Umset-

zungshebel für eine effektive Kontrolle der Fleischimporte zur Problemlösung beitragen. Hierzu gibt es unzählige politische Willenbekundungen. Dazu verpflichten schon die einschlägigen WTO-Verträge »SPS« (Sanitäre und Phytosanitäre Maßnahmen) und »TBT« (Technische Handelshemmnisse) von 1995;[11] die Initiative TRTA (Trade Related Technical Assistance – handelsbezogene technische Unterstützung) der WTO, das Abkommen der WTO in Hongkong über »Aid for Trade« (Hilfe für Handel) und nicht zuletzt Versprechungen in fast allen bilateralen Handelsverträgen mit Entwicklungsländern. Doch die effektiven Finanzmittel, die bisher geflossen sind, sind spärlich. Die Programme sind mehr darauf ausgerichtet, dass die Entwicklungsländer die technischen Importhürden bei den Industrieländern überwinden können, als sich selbst zu schützen. Die Eigeninteressen von Importeuren stehen einem effektiven Ausbau entgegen. Würden die Zollinspektionen technisch und administrativ funktionieren, könnten erhebliche Finanzströme nicht mehr in die privaten Taschen des Zolls und der Importeure fließen. Kein Wunder also, dass es hier kaum zu Fortschritten kommt. Die Leidtragenden sind lediglich die Armen des Importlandes, die armen Verbraucher und Kleinbauern. Deren Stimme ist auf internationaler Bühne nicht viel wert.

Es fehlt ein internationales Rechtssystem, das die Exporteure verpflichtet, für die Sicherheit der Lebensmittel bis zur Ladentheke im Importland zu sorgen. Und es fehlt im Handelsrecht eine Regelung, die automatische Schutzregeln zulässt gegen den unerwünschten Import von Kuppel-, Nebenprodukten, Ramschware und subventionierten Agrarerzeugnissen.

Die Entwicklungshilfe könnte eventuell Abhilfe schaffen. Exportländer könnten von selbst durch eine Zurückhaltung beim Export oder einer Erschwernis durch Sachkundenachweise das Schlimmste verhindern. Doch ist auch bei ihnen das Verständnis und der Wille zu handeln gering.

8.3 Der alternative Konsument und das lokale Huhn

Die Liebe, die man einem Hahn erweist,
entspringt dem Wunsch, sein Fleisch zu kochen.

Sprichwort der Yoruba

Die aufgeklärten Konsumenten können mit ihrer Kaufentscheidung eine Gegenmacht zum »Globalen Huhn« ausüben. Wenn wir nicht länger Billigfleisch kaufen, wird man das Masthähnchen auch nicht mehr länger in ein industrielles Produktionssystem zwängen und es nicht mehr nur zur Rohware eines Imperiums machen. Wenn wir uns dafür interessieren, woher unser Fleisch kommt und wie es erzeugt wurde, dann erkennen wir auch, dass wir mit unseren Kaufentscheidungen Zustände verändern können, die wir nicht hinzunehmen bereit sind.

Auch beim Hähnchenfleisch gibt es Alternativen. Wir müssen uns nicht auf alle Facetten des »Globalen Huhnes« einlassen. Die Entwicklung bei der Züchtung, den Produktions- und Vermarktungsstrukturen des »Globalen Huhns« sind zwar schon weit fortgeschritten, aber noch nicht das Ende der Geschichte. Alternative Haltungsformen, Vermarktungswege, Züchtungsmöglichkeiten und Umgangsformen mit dem Tier sind möglich und greifbar nahe. Die Ansätze mögen noch klein sein, bisher nur »Marktnischen« innerhalb des großen Geschehens, doch die Macht der KonsumentInnen kann Berge versetzen. Kaufen die VerbraucherInnen anders ein, können sie die globalisierte Wirtschaft nach ihren Maßstäben verändern.

Anders geartete Hühnerhaltung muss sich auszahlen und dem Produzenten bzw. Anbieter ein Auskommen ermöglichen. Das läuft auf ein wie auch immer geartetes **Markenzeichen oder Siegel** hinaus. Eine Kennzeichnung verspricht den VerbraucherInnen, dass es sich bei dem Produkt um eine besondere Qualität oder eine umwelt- bzw. tiergerechte Produktionsweise handelt. Die VerbraucherInnen honorieren das, indem sie einen höheren Preis für die Endprodukte zahlen. Ein wenig anders liegt der Fall des Direkteinkaufs beim Bauern. Der Selbstvermarktung, weit verbreitet bei Eiern, liegt weder ein explizites

Qualitätsversprechen noch ein Markenname zugrunde. Hier reicht allein der persönliche Kontakt zwischen Verbraucher und Erzeuger, um dem Produkt bzw. Herstellungsprozess ungeprüft Vertrauen entgegenzubringen.

Bei Markenprodukten handelt es sich um gut etablierte Produkte, die die VerbraucherInnen kennen und wissen, dass es sich um eine solide Qualität handelt; eine besondere Verpflichtung, deren Einhaltung von unabhängigen Dritten geprüft wird, ist meist nicht damit verbunden. Produkten mit einer Kennzeichnung liegt ein **zertifiziertes Verfahren** zugrunde. Die VerbraucherInnen erhalten dadurch einen Einblick in die Hintergründe des Produktionsprozesses. Bei Kennzeichnungen haben sich meist mehrere kleine Erzeuger zusammengetan, um verabredeten Richtlinien bei der Erzeugung zu folgen. Diese Richtlinien sind verbindlich und ihre Einhaltung wird von unabhängiger Stelle überprüft. Das Gütezeichen wird gemeinsam beworben und steht für eine besondere Eigenschaft des Produkts oder seines Produktionsverfahrens. Natürlich müssen die Verkaufspreise im Vergleich zu den konventionellen Produkten höher sein. Der Aufpreis dient zunächst der Deckung der höheren Kosten für die Einhaltung der Richtlinie. Der Aufwand der Zertifizierung und der der Kontrolle müssen sich auch für die angeschlossenen Landwirte auszahlen; darüber hinaus kosten die spezielle und getrennte Vermarktung und die Bekanntmachung des Siegels Geld.

Je konzentrierter ein Produktions- bzw. Vermarktungsbereich ist, je problematischer die Praktiken des konventionellen Bereichs, je globalisierter und unübersichtlicher das Marktgeschehen, je heikler die Ware, je größer mögliche Qualitätsunterschiede in der Wahrnehmung der VerbraucherInnen, desto besser greifen alternative Produktions- und Vermarktungsinitiativen. Das wäre eigentlich beim Huhn unbedingt der Fall. Tatsächlich ist nirgendwo der Anteil von zertifizierter Ware größer als auf dem Eiermarkt. Von den 36% der Eier, die mit einer Zusatzbeschreibung vermarktet werden, kommen 62% »Eier aus der Freilandhaltung«, 28% aus »Bodenhaltung«, 5% sind »Korneier« und 4% »Bioeier«.[1]

Auch innerhalb des Marktsegments der **Bio-Lebensmittel** sind die Eier das meistverkaufte zertifizierte Lebensmittel. Auf dem Weltmarkt mit Eiern machen zertifizierte Eier immerhin 2% aus. In Süddeutschland – etwa in Baden-Württemberg – gibt es noch eine weit verbreitete kleinbäuerliche Legehennenhaltung mit Selbstvermarktung. Hier werden noch 38% der Eier direkt beim Erzeuger gekauft. Der hohe Anteil dieser speziellen Produkte und Vermarktungsformen zeigt, dass die VerbraucherInnen die Entwicklungen beim Huhn für besonders kritisch halten und beim Ei bezüglich schlechter Qualität und problematischer Haltungsbedingungen große Ängste haben.

Zum großen Teil sind die Vorbehalte der VerbraucherInnen auf Angst vor **Salmonellen** zurückzuführen, die gerade in der Legehennen- und Broilermast nicht unberechtigt ist. Zur großen Überraschung selbst der Wissenschaft und erst recht der Hühnerwirtschaft fand kürzlich eine Untersuchung des Bundesamts für Risikoforschung bei Geflügelbauern in Deutschland in 24,7% der untersuchten Betriebe Salmonellen. »Betriebe mit einer hohen Einstallungskapazität zeigten die höchste Nachweisrate. In 65,6% der untersuchten Herden aus Betrieben mit einer Kapazität von mindestens 30 000 Tieren wurden in mindestens einer Probe Salmonellen nachgewiesen.«[2] Diese Ergebnisse widersprechen völlig dem Anspruch der Hähnchenindustrie, die integrierten Hightech-Systeme ihrer Großbetriebe seien uneinnehmbare Festungen für Krankheitserreger.

Vielleicht hätten die VerbraucherInnen diese Ängste auch in Bezug auf Geflügelfleisch. Hier haben sie jedoch nur geringe Wahlmöglichkeiten. Der Anteil von **zertifizierten Geflügelprodukten** ist sehr gering, wenn wir von Markenprodukten wie Wiesenhof absehen. Die Selbstvermarkter in Deutschland mästen so gut wie keine Hähnchen; sie verkaufen aber ihre ausgedienten Legehennen als Suppenhühner. Eine systematische alternative Hähnchenmast kann dem Druck der Intensivmast und den billigen Angeboten in den Supermärkten keine wirkliche Konkurrenz bieten.

Die Verbraucherzentrale hat bei uns in Bezug auf Hähnchenfleisch sieben verschiedene Markenfleischprogramme im konventionellen Bereich und zwölf Bio-Fleischprogramme ausgemacht.[3] Der Hauptunterschied zwischen diesen beiden Kategorien besteht darin, dass in der ökologischen Landwirtschaft mindestens 85% des Tierfutters aus der ökologischen Landwirtschaft stammen müssen, eine gesetzliche Vorgabe vorliegt und über die Einhaltung geprüft wird. Für die VerbraucherInnen ist es sehr schwer, sich über die **Unterschiede der verschiedenen Programme** eine Übersicht zu verschaffen. Sie unterscheiden sich teilweise erheblich in ihren Kriterien hinsichtlich:
– kontrollierte Qualität,
– regionale Herkunftsgarantie,
– extensive Erzeugung,
– tiergerechte Haltung,
– Fütterung und Verzicht auf bestimmte Zusatzstoffe.

Bei uns gibt es das **Bio-Hähnchen**. Seine Aufzucht und Verarbeitung folgen den gesetzlichen Richtlinien der EU für die ökologische Landwirtschaft, wie z. B. tiergerechte Haltungsverfahren, Eigenfutteranteil und Verzicht auf Intensivfütterung, prophylaktische Antibiotika und Pharmazeutik. Eigentlich brauch-

ten sich die VerbraucherInnen hier nicht weiter um Einzelheiten zu kümmern, denn man weiß, dass die gesetzlichen Standards hoch sind. Der Öko-Anteil beim Masthähnchen am deutschen Markt beträgt 0,32%, bei Enten 1,09%, bei Gänsen 5,97% und bei Puten 1,68%.[4] Da die Bio-Anbauverbände kaum Masthähnchenhaltung betreiben, halten sie sich hier meist an die allgemeinen EU-Vorschriften für ökologische Landwirtschaft und gehen mit eigenen Richtlinien kaum darüber hinaus.

Die **Broilerindustrie** hat interessanterweise kaum Berührungsängste mit den Alternativen. Selbst die PHW-Gruppe verkauft einige hundert Bio-Broiler. Die Tiere werden 56 Tage gemästet, haben Auslauf und das Futter ist ökologisch. Der Konzern würde ja gerne mehr Bioware verkaufen, aber leider läuft das Geschäft mit Biohähnchenfleisch unterhalb der Rentabilitätsschwelle, so ein Firmensprecher. Dagegen machen sich die verschiedenen Wiesenhof-Hähnchen und ihre Fleischteile gut auf dem Markt. Bei der Punktebewertung der Verbraucherzentrale schneiden die Wiesenhofhähnchen gar nicht schlecht ab.[5]

Neben den Tieren des ökologischen Landbaus gibt es noch spezielle **Markenfleischprogramme**, wie das Gallica-Hähnchen der Firma Thönnes eK, die Goldbroiler, das Heidegoldhähnchen, das Privathof-Hähnchen, das Weidelanghähnchen und das Landgoldhähnchen, alle von der Firma Wiesenhof, das Kikok-Hähnchen der Firma Heinrich Borgmeier GmbH & Co KG. Die Richtlinien von »Neuland-Fleisch« oder »KAG-Freiland-Tierhaltung« in der Schweiz sind in Bezug auf die Normen für tier- und umweltfreundliche Nutztierhaltung meist weitergehend und detaillierter als die des Ökolandbaus; in Bezug auf die Fütterung sind sie weniger strikt. So schreiben sie keine ausschließliche Verfütterung von biologisch erzeugten Futtermitteln vor. Eine genaue Beschreibung, Bewertung und Vergleich nimmt eine Veröffentlichung der Verbraucherzentralen vor.[6]

In **Frankreich** ist das ganz anders. Hier stehen die Alternativhähnchen hoch im Kurs. Sie finden zu recht hohen Preisen ihre Gourmetabnehmer. Die berühmtesten Labels sind »Lable rouge« und »Loué«. Der Marktanteil von »Lable rouge«-Hähnchen in Frankreich beträgt 34%, obwohl das Kilogramm durchschnittlich 6,06 Euro kostet (zum Vergleich: das billigste Hähnchenfleisch im Supermarktregal kostet 1,89 Euro/kg). Diese Alternativhaltung verspricht längere Mastzeiten (81 Tage bei »Lable rouge«), anderes Futter, Verzicht auf gewisse Zusatzstoffe und Arzneimittel im Futter, Boden- und Freilandhaltung. Einige wenige dieser französischen Tiere finden auch Absatz bei Gourmetläden in Deutschland. Das »Lable rouge« kann mit einer geographischen Herkunftsbezeichnung kombiniert werden. Damit erlaubt die Kennzeichnung den französischen Landwirten, ein typisch regionales Hähnchenfleischprodukt anzubieten. Im Juni 2005 gab es zusätzlich zum Label insgesamt 18 geographische Indikatoren.[7]

Generell weiß der Verbraucher bei uns Fleisch, das nicht aus der Intensivmast stammt, kaum speziell zu schätzen. Das ist selbst unter armen Leuten in Asien oder Afrika noch anders. Sie kennen den **überlegenen Geschmack** des freilaufenden Hinterhofhuhns sehr wohl. Dafür sind sie bereit auch mehr zu bezahlen, obwohl gerade sie es sich eigentlich nicht leisten können (vgl. Kapitel 7.1 und 7.2).

Neben den tiergerechten Haltungsformen sind das entscheidende Kriterium aller alternativen Geflügelerzeugung die Dauer der Mast, und damit das **Schlachtalter**. Sind die Mastbroiler der konventionellen Intensivmast nach 29 Tagen schlachtreif, sind es die Tiere des ökologischen Landbaus erst nach 50 bis 90 Tagen. Man gibt ihnen Zeit zu wachsen und damit dem Fleisch Zeit zu reifen. Die Fleischqualität ist eindeutig besser, je langsamer die Tiere wachsen. Die EU-Vermarktungsnorm 1538/91 legt fest, dass Tiere, die mit der Bezeichnung »bäuerliche Auslaufhaltung« vermarktet werden, ausdrücklich »Masttiere von anerkannt langsam wachsenden Rassen« sein müssen. Die langsamere

Gewichtszunahme führt zu einem höheren intramuskulären Fettanteil. Gleichzeitig ist bei den älteren Tieren – gleich welcher Rasse – im Vergleich zu den jüngeren der Brust- und Schenkelfleischanteil am Gesamtgewicht geringer. Für die Massenmärkte bedeutet das noch zusätzlich Einnahmeverluste, denn die Teile, für die am Markt die besten Preise erzielt werden, sind anteilsmäßig geringer. Insofern bürstet die alternative Broilermast die Markttrends gegen den Strich.

Auch andere Kriterien des alternativen Hähnchens sind mit der **Entschleunigung des Wachstums** verbunden. So haben das Merkmal der Rasse, die Fütterungsbedingungen und die Tierarzneimittel direkte Auswirkungen auf die Mastdauer. Der vorgeschriebene Getreideanteil in der Ration steht z. B. für langsame Mast und ist auch ein Qualitätsmerkmal, ebenso wie der Mindestanteil an regional erzeugtem Eiweißfutter und die hofeigene Futterverwertung. Nur die feinen Esser würdigen hierzulande die geschmacklich bessere Güte und Konsistenz des langsam wachsenden Fleisches. Fast Food verlangt schnelle Mast, Slow Food langsame Verfahren, denn der Schnellesser nimmt es nicht so genau mit dem Geschmack.

Die **regionalen Herkunftskriterien** spielen beim alternativen Huhn eine große Rolle. Wenn Brüten, die Mast und die Schlachtung in Deutschland statt-

finden, vergibt die halbstaatliche CMA (Zentral Marketing Agentur) das 3-D-Zeichen: D-D-D. Auch über die Positivliste von zugelassenen Futtermitteln und Zusatzstoffen sowie über den Ausschluss von gentechnisch veränderten Futtermitteln lässt sich die Wertschöpfung im Inland halten und lassen sich die Transportwege minimieren. Dann fällt die Billigfutterration von Maiskleber und Soja – beides aus den USA importiert und garantiert mit genveränderten Inhaltsstoffen – weg. Mit Glück kommt so etwas den bäuerlichen Familienbetrieben bei uns zugute. Jedenfalls sind solche Kriterien von Markenfleischprogrammen beim »Globalen Huhn« gar nicht beliebt.

Der größte einschränkende Faktor für die Verbreitung der alternativen Broilerhaltung ist die **Verfügbarkeit geeigneter Tiere**. Auch alle Ökobetriebe mit mehr als 200 Hennen halten Hybridhuhnrassen der großen Zuchtkonzerne. Es gibt einige Hybridhühner, wie die französischen ISA-Linien, die extensiven Rassen zuzuordnen sind; bei den Rassen Cobb und Ross eignen sich einige Linien ebenfalls für eine langsamere Mast.

Die gegenwärtig eingesetzten Hybridlinien sind für den Ökolandbau aber nur bedingt geeignet. Es gibt Probleme mit der Widerstandfähigkeit und es zeigen sich Verhaltensstörungen. Das führt zu einer durchschnittlichen sehr hohen Verlustrate bei den Bio-Legehennen von 10,4%.[8] Der Kannibalismus in alternativen Haltungsformen ist eine wesentliche Abgangsursache. Man bräuchte Zuchtlinien, deren Trieb zum gegenseitigen Federpicken gering ausgebildet ist. Was vor allem fehlt ist ein **geeignetes Zweinutzungshuhn.** Bei einer solchen Rasse müssten die weiblichen Küken gute Legehennen abgeben, und die männlichen Küken gute Broilereigenschaften haben. Ein solches Zuchttier gibt es bisher nicht. So müssen die männlichen Küken der Legerassen auch im ökologischen Landbau gleich nach dem Schlupf getötet werden, was den ethischen Normen des Ökolandbaus widerspricht. Gleichzeitig bedeutet es enorme zusätzliche Kosten für den Broilernachwuchs; es führt zu Abhängigkeit beim Kükennachschub von den vier verbliebenen großen Zuchtkonzernen der Welt (zwei für Legehennen, zwei für Masthähnchen).

Aber Zuchtmaterial a**lternativer Herkünfte** ist nicht hinreichend verfügbar. Die wenigen Öko-Küken, die es gibt, haben einen hohen Preis. Die öffentliche Züchtungsforschung hat sich fast vollständig ausgeklinkt. In Deutschland beschäftigt sich nur ein Projekt der Fachhochschule Triesdorf in Mittelfranken mit der Züchtungsforschung am alternativen Huhn. Der weltweit operierende deutsche Zuchtkonzern Lohmann GmbH, eine Tochter der PHW-Gruppe, stellt sich auch den Herausforderungen der Bio-Huhnzüchtung. Chefzüchter Rudolf Preisinger ist allerdings der Auffassung, dass bei bedarfsgerechter Versorgung sich die heutigen Hybriden für alle Haltungssysteme eignen würden.[9] »Handgemachte« Küken für Öko-Betriebe hält Preisinger für möglich, aber für »viel zu teuer«.

Die ökologische Geflügelhaltung geht eng mit dem Ziel einher, **kleine Bauernbetriebe zu erhalten**. Eine Untersuchung der Hochschule Kassel-Witzenhausen hat ergeben, dass zwei Drittel der Biobetriebe, die Hühner haben, weniger als 50 Legehennen halten; der größte erfasste Biobetrieb hatte 14 000 Hennen.[10] Damit liegen die Betriebsgrößen weit unter den durchschnittlichen Vollerwerbsbestandsgrößen in der Bundesrepublik. Kaum ein Ökobetrieb hat sich auf Hühnerhaltung spezialisiert; dieser Betriebszweig läuft nebenher. Man kann behaupten, dass es auch den VerbraucherInnen, die ihre Eier direkt beim Erzeuger kaufen, vornehmlich darum geht, den bäuerlichen Familienbetrieb ihres Dorfes bzw. ihrer unmittelbaren Heimat zu fördern. Insofern ist die alternative Hühnerhaltung meist auch ein Akt der bewussten Lokalisierung und wendet sich gegen das »Globale Huhn«. Überschaubarkeit, direkte Einflussnahme, persönliche Beziehungen, Beteiligung am landwirtschaftlichen Geschehen, Mitbestimmung über die Produktionsmethoden und -strukturen, natürliche und möglichst geschlossene Kreisläufe und Unmittelbarkeit der Lebensumstände sind die Beweggründe für alternatives Einkaufverhalten der Verbraucher und Verbraucherinnen. Auf der Produktionsseite werden diese Bedürfnisse mit der Erzeugung in kleinen Betrieben, direkten Vermarktungsformen, überprüfbaren Kriterien des ökologischen und tiergerechten Verhaltens befriedigt.

Der **Selbstvermarktung von Geflügelfleisch** hat der Gesetzgeber enge Grenzen gesetzt. Die Geflügelfleisch-Hygieneverordnung der EU vom 3.12.1997 regelt das Inverkehrbringen von Geflügelfleisch, also die notwendigen lebensmittelrechtlichen Untersuchungen von geschlachtetem Geflügel und die Art der Kennzeichnung der Ware. So müssen Betriebe Nachweise über die tierärztliche Bestandsbetreuung, die Befunde zum Gesundheitsstatus der Herde, über Herkunft und Verbleib der Tiere führen. Für selbstvermarktende »Betriebe mit geringer Produktion von Schlachtgeflügel« gibt es gewisse Ausnahmen und auch Sonderbestimmungen. So darf der Vertrieb nur in einem Umkreis von maximal 50 km vom Betrieb erfolgen. Das Geflügelfleisch darf frisch und in groben Teilen verkauft werden, aber nicht zerkleinert oder als Hackfleisch. Das setzt dem Grad der Weiterverarbeitung auf dem Bauernhof enge Grenzen; der Bauer ist auf die Funktion eines Rohwahrenlieferanten reduziert.[11]

Wahrscheinlich kann man davon ausgehen, dass die VerbraucherInnen, die beim Bauern selbst Geflügelfleisch kaufen, eine **Koch- und Esskultur** leben, die noch das ganze bzw. halbe Huhn auf den Tisch bringt. Das alternative Huhn entspricht dem Lebens- und Konsumstil einer gesellschaftlichen Gruppe, bei der es noch eine Tischgemeinschaft gibt. Hier hat das ökologische Huhn allerdings auch einen Nachteil. Die langsam gemästeten Hähnchen sind schwerer als die Jungmasthähnchen. Wenn die Tischgemeinschaft nicht groß genug ist, kann das alternative halbe oder ganze Hähnchen nicht richtig portioniert serviert werden. Dem Zerteilen in der Selbstvermarktung sind enge Grenzen gesetzt.

Im Gegensatz zu den gesetzlichen Mindestanforderungen für den **Tierschutz** von Kälbern und Schweinen gibt es keine vergleichbare Richtlinie für den Tierschutz von Masthähnchen in der EU. Das niedersächsische Landwirtschaftsministerium hat eine sog. »Hähnchen-Vereinbarung« als Mindestnorm getroffen, an die sich die Geflügelwirtschaft auch hält. Für das alternative Hähnchen gelten verbesserte Standards, die gesetzlich festgelegt sind, teilweise besonderen Anforderungen von Ökolandbauverbänden entsprechen. Neben Kriterien für die Zucht- und Mastdauer ist vor allem wichtig: Wie viele Tiere dürfen in der Herde gehalten werden? Wie eng darf die Bestandsdichte sein? Wie muss die Beleuchtung, Temperatur, Luftmenge und Luftqualität beschaffen sein? Wie groß muss der Auslauf sein, um von Freilaufhaltung zu sprechen? Wie müssen die Ställe beschaffen sein?

Jeder Euro zählt, um das Ruder herumzuwerfen. Es gibt die Wahl zwischen echten Alternativen. Die Markenfleischprogramme und Bio-Siegel sind keine hohlen Versprechungen lediglich äußerlich anders aufgemachter Geflügelprodukte, sondern echte Gegenstrukturen zum »Globalen Huhn«. Sie fördern die bäuerlichen Familienbetriebe, sie führen zu einem anderen Verhältnis des Menschen zum Nutztier, sie sind auf der Suche nach anderen Broilerrassen, sie können der Fleischwirtschaft eine andere Orientierung geben. Das Vertrauen in Personen und übersichtliche Richtlinien – garantiert von Vereinen – ersetzt den Glauben in Hightech und die bürokratischen Sicherheits- und Qualitätsstandards großindustrieller Strukturen. Das »Globale Huhn« muss wieder zum »lokalen Huhn« werden. Die KonsumentInnen, die lediglich ihren Magen füllen wollen, müssen wieder zu Genießern des wahren Hähnchengeschmacks werden. Die Tiere würden als Ganzes verzehrt, die Restfleischmengen reduzierten sich, Dumping fände kaum mehr statt und die armutsorientierte Hühnerhaltung in Entwicklungsländern könnte sich wieder erholen. Und die deutschen VerbraucherInnen hätten auch einen Nutzen, denn sie müssten keine Angst mehr vor Gammelfleisch, Fleischmanipulationen und Geschmacksverwirrung haben. Nur müssen sie sich die Qualität etwas kosten lassen.

Kapitel 9

Wie das Huhn wieder schmecken kann

9.1 Worin die Macht der VerbraucherInnen besteht

GLÜCKLICH IST,
WER VERGISST,
WAS ER ISST!?

Wer hat die Macht, das Ruder beim »globalen Huhn« herumzureißen?
Die Bauern kaum, denn viele haben sich aus dem Broilergeschäft verab-
schiedet, und die, die übrig geblieben sind, sind verschuldet und abhängig.
Die Fleischwirtschaft hat sie fest im Griff. Bleibt die Hoffnung auf die
Verbraucher!?

Angeblich hat sich wegen der VerbraucherInnen die Transformation der Hähnchenwirtschaft vollzogen. Sie sollen die Gewinner des neuen Hühnerfleisches
sein. Warum also sollten sich die VerbraucherInnen jetzt wehren?

Die VerbraucherInnen sind auch zweifellos diejenigen, die Vorteile vom
modernen Huhn hatten. Denn wer kann etwas dagegen haben, dass Huhn in einer großen Produktvielfalt, lecker angerichtet, bequem zu verarbeiten, schnell
zu servieren, in jeder Menge gut portioniert und vor allem billig zu haben ist?
Einen großen Teil der Ertragszuwächse hat die Fleischwirtschaft auch tatsächlich an die VerbraucherInnen durch sinkende Preise weitergegeben.

VerbraucherInnen müssten sich schon sehr kundig machen, wollten sie etwas über die Hintergründe des »Globalen Huhns« oder einen der Akteure erfahren. Es braucht eine Menge an Aufklärung, um sie aufzurütteln. Ohne sich
über einen Missstand zu empören, werden die VerbraucherInnen sicherlich
keine Konsequenzen beim Kaufverhalten ziehen. Was hat unsere Geschichte vom »Globalen Huhn« ihnen wirklich zu sagen? Seien wir realistisch: Es
bleibt wohl nicht viel mehr übrig als ein schaler Beigeschmack. Aber die Welt
ist nun mal so, wie sie ist. Hätte es eine Alternative gegeben? Kaum! Gibt es
Firmen oder Menschen, die man verantwortlich machen kann? Schwerlich.

Weil das alles so ist, wird sich kaum jemand bei uns zu einer politischen
Konsequenz bewegen lassen. Eine Verbraucherkampagne gegen das »Globale
Huhn« scheint wenig Aussicht zu haben.

Doch wer die Geschichte gelesen hat, dem ist sicherlich vieles deutlich
geworden: Wie die Globalisierung konkret abläuft! Wie die VerbraucherInnen

von der Wirtschaft manipuliert und gelenkt werden! Wie die Ernährungsindustrie aus einem Lebensmittel bzw. aus einem harmlosen Tier eine Rohware gemacht hat! Wie sich unsere Ernährungsgewohnheiten amerikanisieren! Wie Ernährungstrends bei uns mit einer Vertiefung von Armut in Afrika zusammenhängen! Und wir meinen: Die Leserin und der Leser hat gegenüber dem »Globalen Huhn« seine Unschuld verloren. Nach Lektüre dieses Buches kann keiner mehr unbefangen zur Hühnerkeule in der Tiefkühltruhe greifen oder im Restaurant den Salat mit Hühnerbruststreifen bestellen.

Die Story bzw. die Bilder von den nicht verwertbaren Resten, dem vagabundierenden Fleisch, den ruinierten afrikanischen GeflügelbäuerInnen, der genetischen Verengung der Kreatur zu Hybridhühnern und der Macht der Hühnerkonzerne spult sich automatisch ab. Das mag unmittelbare Konsequenzen für die Kaufentscheidung haben, oder nicht. Aber es ist da: das Problembewusstsein. Der/die eine oder andere wird schon mal eher in der Markthalle beim Kleinhändlerstand zum ganzen Hähnchen greifen oder gar zum Hähnchen eines Markenfleischprogramms. Die Anziehungskraft des Bildes des ganzen Hähnchens in der Ofenröhre oder auf dem Servierteller hat enorm an Attraktion und politischer Korrektheit gewonnen.

Doch dieser individuelle Griff zum ganzen Huhn – man sollte sich keinen Illusionen hingeben – wird kaum das »Globale Huhn« herausfordern. Im Gegenteil: Die Broilerindustrie wird sagen: Wo bleibt sie denn, Eure alternative Konsumentenbewegung? Ist doch alles nur heiße Luft um die Ecke geschaufelt – und für nichts. Und sollten sie wirklich kommen, die alternativen KonsumentInnen, wäre die Geflügelwirtschaft die erste, die auch diese Marktnische besetzt. Die 34% Marktanteil von »Lable rouge« hat der Hühnerriese Doux doch lässig übernommen. Ideologische Scheuklappen hat auch PHW nicht.

Mit Moral und politischer Aufklärung kommen wir kaum weiter. Dazu ist der Geldbeutel zu mächtig. Was aber unstreitbar Angst bei der Hühnerwirtschaft hervorruft, ist die Reaktion der VerbraucherInnen auf Seuchen und Lebensmittelskandale. Innerhalb kürzester Zeit sacken Umsatzzahlen in sich zusammen, purzeln Preise und platzen schönste Wachstumsträume. Das möchte die Wirtschaft unbedingt vermeiden.

Die VerbraucherInnen überall auf der Welt sind wie scheue Rehe. Wenn sie etwas über eine mögliche – eingebildete oder reale – Gesundheitsgefahr hören, meiden sie sofort das Revier. Gammelfleisch, Vogelgrippe, Salmonellengefahr, da erschrecken die HähnchenkonsumentInnen, gleichgültig wo sie leben, ob in Thailand, Kamerun oder Deutschland. Ruckzuck machen sich die Verbraucher Innen auf und davon und stellen den Speiseplan auf andere Fleischarten um. Bis sie vergessen. Dann kommen sie allmählich zurück. Die Schlagzeilen in den Medien rütteln sie auf; aber genauso schnell tragen die auch zum Vergessen bei, wenn das Thema aus der Presse verschwindet. Schon dieses Auf und Ab ist für die Wirtschaft, die zukunftsträchtige Investitionen durchgeführt hat, äußerst misslich. Das ist der Stoff, der Wirtschaftsbosse gesprächsbereit macht.

Ein anderer – ähnlicher – Hebel ist die Imagekampagne. Eine Branche oder Firma mag keine negative Presse. Man liebt es, sich als Menschenfreund, Tierfreund oder besorgten Weltbürger darzustellen. Also versucht man auf die Kritik einzugehen und ihr zu begegnen. Dazu muss die Kritik aber massiv genug sein. Die erste Reaktion – »Plan A« – ist fast durchgängig: leugnen, klein reden, relativieren, Schuld weiterreichen, die Kritiker diffamieren, der Kritik die Glaubwürdigkeit nehmen. Erst wenn die Anfrage so hartnäckig wird, dass sie lästig wird, setzt »Plan B« ein. Der Imagerettung wegen wird einem Gespräch mit den Kritikern zugestanden. Die deutsche Hähnchenwirtschaft steckt gegenüber der Kritik des »Globalen Huhns« noch in Plan A fest.

In beiden Fällen sind es die Medien, die den Druck erzeugen. Ihre Macht geht weit über die das Verbraucherverhalten hinaus. Dabei sind es vornehmlich die Verbraucherschutzinteressen, die die Medien vorgeben zu vertreten. Anders würde sich die Story ja auch nicht gut verkaufen lassen. Eventuell spielen auch Tierschutz- oder Umweltschutzanliegen für die Breitenwirksamkeit eine Rolle.

Ein Beispiel für eine solche Hebelwirkung ist die Frage des Tierschutzes bei Masthähnchen. Ende der 90er Jahre brauchte die deutsche Geflügelindustrie dringend eine Imageverbesserung. Durch das aufkommende Internet verbreiteten sich schnell Bilder von den schrecklichen Zuständen in der Broilermast. Ob die Bilder wirklich bei einem Wiesenhofmäster gedreht wurden, wie die Tierschutzorganisation PETA behauptet, oder nicht – die Geflügelindustrie musste reagieren. Man setzte sich zusammen und kam zu einem Kompromiss. Die daraufhin abgeschlossene Vereinbarung zwischen Tierschützern und der Geflügelindustrie zeigt, wie schnell Konzerne reagieren können, wenn VerbraucherInnen an der Ladentheke an Bilder von Elend und Grausamkeit erinnert werden. Diese »freiwillige« Vereinbarung gewährt den Tieren in ihrer kurzen Lebensphase gewisse verbesserte Lebensbedingungen. Der größte Teil davon ist auch in die europäische Gesetzgebung zum Tierschutz in der Geflügelmast eingegangen. Niedersachsen hat sie für sich verbindlich gemacht.

Wie halten wir es mit der entwicklungspolitischen Ethik? Ist es ein Argument, hier mit den Konzernen zu reden, um der Ruinierung von Afrikas Hühnerwirtschaft ein Ende zu bereiten? Verbraucherverhalten zu entwicklungspolitischen Anliegen ist im Zusammenhang mit dem Fairen Handel gewachsen.

Hierbei geht es um den Kauf von Waren direkt von Erzeugern aus armen Ländern zu einem etwas erhöhten Preis. Die Waren sind in Bezug auf die Sozialverträglichkeit der Produktion und die gerechte Gewinnverteilung zertifiziert. Die VerbraucherInnen können zu fair gehandelten Blumen, Kaffee oder Bananen greifen. So fragwürdig die »Transfair«-Produktpalette beim Discounter Lidl auch sein mag, sie zeigt doch, dass selbst große Konzerne es nötig haben, mit »anderen« Lebensmitteln ihr Image zu verbessern.

Im Hähnchenfall aber geht es nicht um den Import von fair gehandelten Produkten, sondern um den fair handelnden Export. Dazu gibt es bislang keine Zertifizierung. Dabei wird das Problem zunehmend akuter, je stärker internationale Gebrauchtwarenmärkte werden, weil immer mehr Ausschussware oder Risikoware aus unserer Hochstandardgesellschaft in arme Länder exportiert wird. Das ist kein Thema für die VerbraucherInnen bei uns. Betroffen sind die VerbraucherInnen in den armen Ländern. Zwar sind alle Verbraucherorganisationen im internationalen Dachverband »Consumers International« vereint; aber wieweit die internationale Solidarität der Verbände geht, ist doch fraglich.

Die Rechtslage macht den Hähnchenexport nicht illegitim, solange die Lebensmittelsicherheit zum Zeitpunkt des Verlassens der Ware bei uns nicht berührt ist. Will man Exportfirmen zum Wohlverhalten auch über die rechtliche Verpflichtung hinaus auffordern, muss dabei der Vorteil eines Imagegewinns herausspringen. Der ist im Hähnchenfall aber auch deswegen schwer einzulösen, weil die »bösen Buben« doch gar nicht die »seriösen« Firmen der Fleischbranche selbst sind, die etwas zu verlieren hätten, sondern unbekannte, zweifelhafte Zwischenhändler und Fleischmakler. Die Geflügelwirtschaft hätte nur dann Interesse an einem solchen Code of Conduct, wenn andernfalls ein negatives Image auf die gesamte Branche zurückfallen würde.

Ein anderer Hebel, Firmen zur freiwilligen Reaktion zu bewegen, wäre, wenn die Geflügelwirtschaft Angst davor hätte, dass die Politik interveniert und ihr wohlmöglich Daumenschrauben anlegt, die zu unerwünschten Konsequenzen führen. Dieses politische Drohpotential seitens der EU und der Bundesregierung gilt es auszuführen, weshalb die VerbraucherInnen – wenn sie etwas verändern wollen – über den reinen Kaufakt hinaus tätig werden müssen.

Wie steht es mit der Option, dass die VerbraucherInnen in den armen Ländern reagieren? Wir haben (in Kapitel 8.1) gesehen, dass der schnelle Erfolg der kamerunischen Bürgerbewegung gegen die Geflügelimporte darauf beruhte, dass es ACDIC gelang, die städtischen VerbraucherInnen für sich zu gewinnen. Sie profitierten zunächst eigentlich vom Billigfleisch, wurden dann aber durch das Aufdecken der Gesundheitsgefahren aufgeschreckt. Oftmals stehen besonders im Süden die lokalen Produzenten der eigenen armen Bevölkerung gegenüber, die sich nur die billigen Importwaren leisten kann. Auch ACDIC macht diese Erfahrung, weil sie jetzt versuchen, andere Billigimporte bei Tomaten, Zwiebeln oder Reis zu problematisieren. Da von diesen Importen keine offensichtlichen Gesundheitsgefahren ausgehen, fällt es schwer, die VerbraucherInnen für die einheimischen Produkte zu gewinnen.

Dennoch gibt es Beispiele dafür, wie die Verbindung bewusster Kaufentscheidungen bzw. Kaufverweigerungen mit politischen Aktivitäten zu Veränderungen führen kann. Der Nestlé-Fall ist ein Beispiel dafür, dass internationale Verbrauchersolidarität trägt und eine Qualifizierung des Exportverhaltens eines mächtigen Konzerns gegenüber armen Ländern bewirken kann. Es geht um die weltweite Aktion »Nestlé tötet Babys«. Der Schweizer Konzern wurde Ende der 70er Jahre wegen seiner aggressiv-subtilen Verkaufsstrategie in Entwicklungsländern angegangen. Mit vorgeschobenen Gesundheitsargumenten hatte er für den Verkauf von teurem Milchpulver an stillende Mütter geworben und versucht, sie zum Abstillen zu bewegen. Der Kaufboykott vieler Organisationen in bis heute 18 Industrieländern gegen Nestlé-Produkte und die (auch gerichtlichen) Auseinandersetzungen zwischen Konzern und international vernetzten Bürgerbewegungen führten 1984 dazu, dass sich Nestlé bereiterklärte, den 1981 von der WHO und UNICEF verabschiedeten Internationalen Kodex für die Vermarktung von Muttermilchersatzprodukten, der aggressive Werbung für Milchpulver untersagt, einzuhalten.

Wir tun uns selbst und der internationalen Gerechtigkeit einen Gefallen, wenn wir uns bewusster mit unserem eigenen Hähnchenfleischkonsum auseinandersetzen. Lasst uns auf die marinierten, zerstückelten, künstlich zusammengeklebten und untergeschobenen Hähnchenfleischprodukte verzichten! Verabscheuen wir Separatorenfleisch! Kehren wir zurück zum Verzehr echter roher und ganzer Fleischstücke möglichst vom ganzen Huhn, bei einer Zusammenkunft der ganzen Familie!

9.2 Das leckere Huhn[1]

verfasst von Waltraud Fleischle-Jaudas[2]

Ob zu Hause oder in der Gastronomie: Geflügelfleisch ist bei Jung und Alt beliebt und wird in vielerlei Zubereitungsarten überall auf der Welt gerne gegessen. Das weiße Hähnchenfleisch hat das Image eines gesunden, leichten Produkts. Insbesondere das Bruststück passt in die schlankheitsbewusste Küche der modernen Haushalte. Die Geflügelwirtschaft bietet für Singles, Familien und auch für die professionelle Küche eine breit gefächerte Produktpalette: Geflügel frisch oder gefroren, ganz oder in Teilstücke küchenfertig zerlegt, gewürzt, mariniert, paniert oder als Convenience-Produkt mikrowellengeeignet zubereitet – alles gibt es billig im Sonderangebot. Selbst an der Wursttheke sind von der Bratwurst bis zur Salami zahlreiche Geflügelvarianten aufgereiht. Chicken-Nuggets und andere Fastfood-Produkte erleichtern das Kochen und die Außer-Haus-Verpflegung.

Beim Lebensmitteleinkauf spielen individuelle Geschmacksvorlieben und der Preis eine große Rolle. Häufig denken qualitätsbewusste Verbraucher und Verbraucherinnen auch an ihre Gesundheit.

Obwohl Einstellungen und Wertorientierungen das Konsumverhalten beeinflussen, ist der Ernährungsstil nicht immer konsequent, sondern hat »Patchwork-Charakter« und hängt sowohl von den vorhandenen Möglichkeiten (Warenangebot, Kaufkraft) als auch vom persönlichen Willen ab.[3]

In der Alltagspraxis werden die Handlungsspielräume der privaten Haushalte durch individuelle und strukturelle Barrieren eingeschränkt. Häufig ist die Zeit, die für einen gezielten Lebensmitteleinkauf oder die Essenszubereitung zur Verfügung steht, knapp bemessen. Zudem braucht eine nachhaltige Konsumweise sachkundige Kunden, die bei ihrer Kaufentscheidung die unterschiedlichen Gesichtspunkte und Kriterien gegeneinander abzuwägen wissen. Nicht zuletzt sind auch praktische Kochfertigkeiten gefragt, welche insbesondere der jüngeren Konsumentengeneration häufig fehlen.

Folgende **Handlungsoptionen** tragen im Geflügelbereich zu einer nachhaltigen Agrar- und Ernährungskultur bei:
- **wenn auf die Herkunft des Geflügelfleisches geachtet wird.** Geflügel aus möglichst ortsnaher, artgerechter Haltung, das mit vorwiegend hofeigenem

Futter gefüttert wird, hat eine bessere ökologische Bilanz als die industriell hergestellte Massenware.

– **wenn das ganze Huhn kulinarisch verwertet wird.** Wenn nur die Brustteile oder die Schlegel nachgefragt werden, müssen entsprechend mehr Tiere gemästet und geschlachtet werden. In diesem Zusammenhang sollte auch das Fleisch von Suppenhühnern wieder mehr Beachtung und Wertschätzung finden.

– **wenn insgesamt weniger Fleisch gegessen wird.** In Deutschland ist der durchschnittliche Fleischverbrauch mit 61 kg/Jahr hoch. Daher raten sowohl Ernährungs- als auch Klimawissenschaftler, den Fleischkonsum um rund 15% zu verringern und Lebensmittel pflanzlicher Herkunft zu bevorzugen.

– **wenn die Ernährungskompetenz der Kunden und Kundinnen gestärkt wird.** Verbraucherinformation und die Vermittlung von Kochkenntnissen können ein nachhaltiges Haushalten anregen. Dazu gehört auch eine vielschichtige Lebensmittelkunde, die Erzeugung, Weiterverarbeitung, Konservierung, aber auch ökonomische Aspekte einschließt.

– **wenn politische Bemühungen und Kampagnen unterstützt werden, die sich für tier-, menschen- und umweltgerechte Produktionsbedingungen und faire Handelsbeziehungen einsetzen.**

Mit den oben genannten Schritten kann die Situation auf dem Geflügel-Weltmarkt zwar nicht schlagartig verändert werden. Sie tragen jedoch dazu bei, dass die KonsumentInnen souveräner den Weg in Richtung einer nachhaltigen Entwicklung einschlagen und verfolgen.

Rezepte für das leckere Huhn

Hähnchen – Favoriten der Feinschmecker-Küche[4]

Die männlichen und weiblichen Jungmasttiere werden vor der Geschlechtsreife im Alter von fünf bis sechs Wochen geschlachtet. Das weiße, zarte Hähnchenfleisch braucht nur eine kurze Garzeit. Ob als ganzes Hähnchen oder in Teilstücke zerlegt, die Zubereitungsmöglichkeiten sind vielfältig: Hähnchenfleisch kann nach Geschmack mild oder exotisch scharf gewürzt, gegrillt, gebraten, geschmort oder gedünstet werden. Aus einem Hähnchen können je nach Haushaltsgröße auch mehrere Mahlzeiten zubereitet werden: Die Hähnchenbrust eignet sich vom Knochen gelöst als Filet zum Panieren und Kurzbraten. Hähnchenkeulen sind gut zum Braten und Schmoren, die Flügel werden auch gerne zum Grillen verwendet und das ausgekochte Hähnchengerippe ergibt mit Fleischresten noch eine leckere Suppenportion.

Das Suppenhuhn

Das Suppenhuhn bringt dem Menschen doppelten Nutzen: Während der Legeperiode liefert die Henne fleißig Eier. Wenn sie dann im Alter von 12 bis 15 Monaten geschlachtet wird, gibt das kernige Fleisch die Grundlage für köstliche Brühen, Suppen, Soßengerichte und feine Geflügelsalate. Heiße Hühnersuppe ist ein bewährtes Hausmittel bei Erkältungskrankheiten und stärkt Kinder, ältere und kranke Personen und wurde früher auch als »Kindsbettsuppe« geschätzt.

Grundrezept für gekochtes Huhn – Hühnerbrühe

Zutaten: 1 Suppenhuhn (ca. 1,5 kg), 1,5-2 l Wasser, ca. 500 g Suppengemüse (Zwiebel, Lauch, Karotte, Sellerie, Petersilie) grob zerkleinert, ca. 1 Teelöffel Salz, nach Belieben: Pfeffer, Nelken, Muskat.

Zubereitung: Das Suppenhuhn waschen, evtl. das im Bauchraum vorhandene Fett entfernen. Wasser mit Suppengemüse, Salz und Gewürzen zum Kochen bringen. Das Huhn in die kochende Brühe einlegen (es sollte vollständig mit

Wasser bedeckt sein) und aufkochen lassen. Danach evtl. abschäumen. Zugedeckt kochen lassen (Garzeit je nach Alter des Tieres etwa 1,5 Stunden, im Dampfkochtopf ca. 45 Minuten). Das Huhn aus der Brühe nehmen, die Haut entfernen und das Fleisch von den Knochen lösen. Hühnerbrühe kann leicht entfettet werden, indem sie nach dem Abkühlen in den Kühlschrank gestellt wird. Die Fettschicht wird fest und kann dann abgeschöpft werden. Die Brühe wird mit Einlagen (Nudeln, Reis, Gemüse, Fleisch, etc.) als Suppe gegessen oder dient mit dem Fleisch als Basis für Soßengerichte. Mit gekochtem Hühnerfleisch lassen sich auch leckere Geflügelsalate zubereiten.

Hühnerfrikassee[6]

Zutaten: 1 gekochtes Suppenhuhn und ca.1 l Hühnerbrühe, wie im Grundrezept beschrieben. 40 g Fett, 2 Esslöffel Mehl, 125 g süße Sahne, ca.1/8 l Weißwein, Zitronensaft, Salz, Pfeffer.

Zubereitung: Das gekochte, enthäutete und entbeinte Hühnerfleisch in mundgerechte Stücke zerpflücken. Das Fett erhitzen und mit dem Mehl eine helle Einbrenne herstellen. Mit der Hühnerbrühe auffüllen und aufkochen lassen. Die mundgerechten Fleischstücke dazugeben und ziehen lassen. Die Soße mit Weißwein, Zitronensaft, Sahne, Salz und Pfeffer abschmecken.

Suppenhuhn in Rotweinsoße[7]

Zutaten: 1 halbgar gekochtes Suppenhuhn und ca. 0,5 l Hühnerbrühe, 0,25 l Rotwein. 1 Esslöffel Mehl, 1 Esslöffel Tomatenmark, Öl zum Anbraten, Salz, Pfeffer, Paprika

Zubereitung: Das Suppenhuhn in der Brühe (siehe Grundrezept) nur halbgar kochen. Nach dem Abkühlen das Suppenhuhn in vier Teile zerlegen. Die Hühnerteile von allen Seiten in Öl anbraten und danach herausnehmen. Im Bratenfond Zwiebel bräunen lassen und Tomatenmark zugeben, mit Rotwein und Hühnerbrühe ablöschen. Die Soße mit Salz, Pfeffer, Paprika würzen. Die Hühnerteile wieder dazugeben und in der Soße ca. 30 Minuten fertig garen. Vor dem Servieren Soße mit 1 Esslöffel Mehl binden und noch einmal kurz aufkochen lassen.

Als Beilage wird bei beiden Gerichten Reis und Blattsalat empfohlen.

Endnoten

Vorwort

1 Rifken, 1995

Kapitel 1

1   UNDP, 2005, S. 219 ff
2   alle folgenden Zahlen und fakten beziehen sich auf: ACDIC, 2005
3   Bopda/Njonga, 2004

Kapitel 2.1

1   Fink-Kessler, o.A.
2   Mellinger, 2003, S. 10
3   Pacensky/Dünnebier, 1994, S. 67
4   Hirschfelder, 2001, S. 36
5   Hirschfelder, 2001, S. 46
6   Pacensky/Dünnebier, 1994, S. 53
7   Pacensky/Dünnebier, 1994, S. 69
8   Teuteberg, 1992, S. 3
9   Mellinger, 2003, S. 130
10   Pacensky/Dünnebier, 1994,S. 44
11   Staatssekretär Lindemann vom Verbraucherschutzministerium nannte
     die Zahl 72,6 Mrd. Euro jährlich auf Grund von Fehlernährung allgemein.
     Agra-Europe, 47/06 20.11.2006
12   Leonhäuser, 2003, S.
13   Fink-Kessler, o.A., S. 28
14   Glitsch, 1999, S. 33
15   Ziemann, 1999

Kapitel 2.2

1   Zeuner, 1976, S. 374
2   Cowder, 1977
3   Boettger, 1958, S. 244
4   Zerling, 2003, S. 139
5   Evans-Pritchard, 1978, S. 150-182
6   Zerling, 2003, S. 140
7   Wagner, 1985, S. 88-94
8   Zeuner, 1976, S. 373
9   Cowder, 1977
10   Blum, 1982, S. 168

Kapitel 3.1

1   Bulletin der Bundesregierung, 2006

2   European Commission, 2001, S. 102

3   FAO, 2006, Brief No.1, S. 3

4   Henry/Rothwell, 1995, S. 54

5   AgraCEAS, 2005, S. 172

6   AgraCEAS, 2005, S. 183

7   FAO, 2006

8   FAO, 2006, Brief No. 2, Tab. 2

9   Diagne, 2004 u. InfoSud, 2004

10 FAO, 2006, Brief No. 1, S. 1

11 FAO, 2006, Brief No. 1, S. 2

12 FAO, 2006, Brief No. 1-4

13 EU Verordnung 122/67, 1967

14 ZMP, 2006, Tab. 180, S. 230

15 Agra-Europe, 49/06, Europa-Nachrichten 4

16 AgrarCEAS, 2005, S. 203

17 Christian Aid, 2005, S. 18 und 21

18 OECD, 2004, S. 266, Tab. III.9

19 OECD, 2004, Tab. 2.6, S. 51

20 Es kursieren unterschiedliche Zahlen, je nachdem ob auch sogenanntes »gesalzenes Geflügelfleisch« dazuzählt und ob man die Zahlen der EU der 15 oder die der 25 Mitgliedsländer ab 2004 nimmt. Die beschriebene Tendenz trifft aber für alle Zahlen zu. Vgl. ZMP, 2006, S. 200

21 Agra-Europe, 45/06, Europa Nachrichten 10, 7.11.2005

22 Starmer/Wittemann/Wise, 2006

23 Starmer/Witteman/Wise, 2006

24 Petschow/Idel, 2004,

25 Agra-Europe, 35/06, Länderberichte 5, 28.8.06

26 Schohl, 2000, S. 31 ff

27 Mitglieder des Mercosur (Mercado Común del Sur) sind Argentinien, Brasilien, Paragay, Urugay und Venezuela; assoziiert sind Chile, Bolivien, Peru, Kolumbien und Ecuador.

28 Agra-Europe, 36/06, Europa-Nachrichten 5, 4.9.06

29 Agra-Europe, 41/06, Europa-Nachrichten 4, 9.10.06

30 Agra-Europe, 49/06, Europa-Nachrichten 4, 4.12.06

31 EU Kommission, DG Sanco, 2004, S. 2

32 DBV, Presseerklärung, 21.7. 2006; vgl. auch Agra-Europe, 30/06, Europa-Nachrichten 10, 24.7.06 und 35/06, Europa-Nachrichten 3, 28.8.06

33 CDU/CSU Bundestagsfraktion, 2005

Kapitel 3.2

1   Agra-Europe, 49/05, Markt 2 und 34/06, Markt 6

2   Agra-Europe, 49/05, Markt 2

3   Henry/Rothwell, 1995

4   Aho, 2004

5   Henry/Rothwell, 1995

6   Henry/Rothwell, 1995, S.17

7   ZMP, 2006, S. 138

8   ZMP, 2006, S. 140

9   Wessel, 2003, S. 38

10   Agra-Europe, 25/06, Markt 2

11   FAO, Commodity & Trade Devision, 2006, S. 4

Kapitel 3.3

1   FAO, 2004

2   Glitsch, 1999

3   Aviagen, 2006

4   Aviagen, 2006

5   Aho, 2004

Kapitel 3.4

1   CTRN, 2007 (sinngemäß übersetzt, R.B.)

2   Hortmann - Scholten, 2005, Folie 19

3   Grote, 2001, zitiert von Bitter/Windhorst, S. 108; auch Isermeier beruft sich
    auf die gleiche Studie, vgl. Isermeier, 2003

4   Henry/Rothwell, 1995, S.30

5   Striffler, 2005; Williams-Forson, 2006

6   Oliviera, 2005

7   Adrian, 2006

8   Buntzel, 2006

9   Fritschel, 2003

10   Chemnitz, 2003

11   1997 gegründeter Zusammenschluss von führenden europäischen
    Handelsunternehmen. EUREP steht für «Euro Retailer Produce Working
    Group, GAP für Good Agricultural Practice. EUREPGAP bezeichnet ein
    privatwirtschaftlich organisiertes Qualitätssicherungssystem, das Standards
    vorgibt für die Zertifizierung von landwirtschaftlichen Produkten.

12   Stichelen, vander M./Wal, vander S./Oldenziel, J., Amsterdam 2005

Kapitel 3.5

1   Chicken Facts, 2007

2   Henry/Rothwell, 1995, S. 7

3   Klute, 1994, S. 7

4   Windhorst, 2001

5   Petschow/Idel, 2004

6   Petchow/Idel, 2004

7   Thornton, 2003

8   Fink-Kessler, Jg. unbestimmt S. 16/17

9   Wesjohann, 2004

10   PHW-Gruppe, 2007

11   Gelder, 2005

12   Tyson Food, 2005

13   FAO Commodity and Trade Devison, 2006

Kapitel 4.1

1   Zitiert nach Mehner, 1968, S. 9

2   Boettger, 1958, S. 241

3   Benecke, 1964, S. 363

4   Benecke, 1964, S, 231

5   Benecke, 1964, s. 371 und S. 372

6   Idel u.a., 2004

7   Idel u.a., 2004, S. 41

8   Hartmann, 2000

9   Braunscheid, 2003

10   Zitiert nach Idel u.a., 2004, s. 49/50

11   Hartmann, 2000

12   Petchow/Idel, 2004, S. 270

Kapitel 4.2

1   Windhorst, 2001, S. 8; Windhorst, 2003 (a), S. 2, Windhorst, 2003 (b), S. 2, Windhorst, 1999, s. 12

2   Idel u.a., 2004, S. 55

3   Bitter /Windhorst, 2005, S. 106

4   Bitter/Windhorst, 2005, S. 102

5   ZMP, 2005, S. 44

6   ZMP, 2005, S. 48/49

7   Oliviera, 2005

8   Windhorst, 2001

Kapitel 4.3

1   Idel u.a., 2003, S. 63

2   Bei dieser Aufstellung muss man im Kopf behalten, dass es sich bei Hühnern um eine schnelle Generationsfolge bei relativ langen Lebenserwartungen handelt, d. h. dass die Vermehrung auf allen vier Generationsebenen simultan und kontinuierlich erfolgt.

3   Rohwetter, 2006

4   Rohwetter, 2006

5   Rohwetter, 2006

6   Cobb-Vantress, 2006

7   Idel u.a., S. 60

8   ZMP, 2006, S. 145, 146

Kapitel 5.1

1 Siebeck, 2006
2 Berndt, 2005
3 ZMP, 2005, S. 198
4 Coelenbier, 2006
5 Coelenbier, 2006
6 EU- Verordnung Nr. 853/2004, 2004
7 TSE = transmissible spongiform encephalopathy; dt.: Übertragbare spongiforme Enzephalopathie; Überbegriff für durch Prionen übertragene Krankheiten
8 Agra-Europe, 50/06, Europa-Nachrichten, S. 3, 11.12.2006
9 EU-Verordnung Nr. 999/2001, 2006
10 Brief von Frau Höfken an die Autoren vom 24.11.06
11 Buntzel, R., 2002, S.25
12 Deutscher Bundestag, , 2005
13 STN-Servicegesellschaft, 2006
14 Coelenbier, 2006
15 Eurostat, 2007
16 Buntzel, R., 2002, S.27
17 EPEA, 2001
18 Busse, T., 2006 (Zeit)
19 Bundesamt für Verbraucherschutz und Lebensmittelsicherheit, 2005
20 Hackfleischverordnung (HFIV), § 2, 1976
21 Coelenbier, 2006

Kapitel 5.2

1 Hausensteiner, Heike, 2006
2 Einen Überblick über alle Gammelfleischfälle bis Sommer 2006 gibt das Buch von Adrian Peter, 2006
3 zitiert nach Fröhlingsdorf u.a., 2005, S.40
4 Agrar-Europe 38/06 v. 18.9.2006
5 Müller, 2005
6 Bode, 2006 (b)
7 Fröhlingsdorf u.a., 2005, S.38
8 Bundesamt für Verbraucherschutz, 2006
9 Das Gesetz wurde dann später vom Bundespräsidenten gekippt, der sich weigerte es zu unterschreiben, allerdings aus formalen Gründen. www.bundespräsident.de, Pressemitteilung 8.12.2006
10 Bundesamt für Verbraucherschutz, 2006
11 Hermann, G., 2006

Kapitel 6

1 World Organisation for Animal Health, www.oie.int
2 Aho, 2004

3   Association of Avian Veterinarians, 2005
4   zitiert bei Davis, 2005, S. 47 ff
5   Idel, 2006
6   Osterhaus et.al., 2006 S. 37
7   Idel, 2006
8   Hermann, G., 2005
9   Revill, Jo.,2007
10   zitiert nach Löhr, 2006
11   Jutzi, 2006
12   Delforge, 2004
13   Jutzi, 2006
14   Idel, 2006
15   EU-Kommission, 2006/147 EG (Niederlande) und 2006/148 EG
      (Frankreich), zitiert bei Idel, 2006
16   Nellemann-Kryger, 2006
17   Narrod, 2006
18   Kortmann, 2006
19   G. Müller, 2006
20   Agra-Europe 50/06, 11.12.2006, Länderberichte, S. 8 ff

Kapitel 7.1

1   Huque, o.A., S. 1
2   Bayerische Landesanstalt, 2006, S. 19
3   Aho, April 2004, s. 2
4   Guerne-Bleich, u.a., 2003
5   Guerne-Bleich, u.a., 2003
6   Buntzel/Sahai, 2005 , S. 18-24
7   FAO, 2007
8   Guerne-Bleich/Mack, 2003
9   Kitalyi, 1998

Kapitel 7.2

1   Karin Ulmer ist Referentin für Gender und Handel beim europäischen
      Dachverband der protestantischen Entwicklungsorganisationen
      APRODEV in Brüssel
2   Land und Frau (1919) zit nach Schwarz 1989:102, zit nach Petschow & Idel
      Anita 2004
3   FAO, 2003; Braenckaert, 2003
4   Diese Ausführungen erfolgen auf der Grundlage einer vom EED und APRODEV in
      Auftrag gegebenen Studie. Sie wurde von einer der Mitarbeiter der kamerunischen
      Bürgerbewegung (ACDIC), Tilder Kumichii, in ihrer Heimatprovinz im Nord Westen
      Kameruns durchgeführt und zeigt die Potentiale der Hühnerhaltung für Frauen und
      ihre Verletzlichkeit und Gefährdung durch den globalen Handel auf.

5   FAO, 1995

6   Kumichii, 2006; Kumichii, 2007

Kapitel 7.3

1   Zur Grünen Revolution siehe z. B. Gläser, 1987; Runge u.a., 2006

2   Alexandratos, 1995, S. 195 ff; Steinfield u.a., 2006

3   zitiert nach: FAZ.NET-Spezial, 17.3.2006, Nr. 10, S. 80

4   Oliviera, 2005

5   Republique du Senegal, 2004; Diagne, 2004

6   Bopda/njonga, 2004

7   Ceesay 2005; Diagne, 2004

8   Diagne 2004; Ofei-Nkansah, 2004

Kapitel 8.1

1   Bopda/Njonga, 2004

2   The Post, 28.6.2004

3   Ghanian Chronicle, 14.4.2005

4   Ghana News Agency, 27.5.2005

5   Accra Daily Mail, 17.5.2005

6   Public Agenda, 18.4.2005

7   Ghana News Agency, 24.5.2005

8   Inter Press, 25.2.2006

9   Ghana News Agency, 9.10.2006

10   ACDIC, 2004

11   Le Patriote, 2004

12   L'Intelligent d'Abidjan, 18.4.2005

13   Diagne, 2004

14   Onibon/Sodegla, 2005

15   Marí, 2006

16   Oliviera, 2005

17   Bertotti, 2006

18   L'Humanite, 2004

19   Striffler, 2005

20   FETRAF (www.fetrafsul.org.br) möchte mit KleinbäuerInnen weltweit Strategien gegen die Fleischkonzerne beraten.

Kapitel 8.2

1   Agra- Europe, 51/06

2   Khor, April 2006

3   Vorgebracht von APRODEV bei der Konferenz am 6.12.2006 in Brüssel mit der EU-Kommission zu »Gender und EPA«; vgl. auch: Ulmer, 2006

4   Martin/Ivanic, 2006

5   Khor, Nov. 2006

6   vgl. Z.B. Bilal/Rampa, 2006

7   Koroma/Ford, 2006
8   Codex Alimentarius Commission, 1985
9   Codex Alimentarius Commission, 1985
10 SPS = Sanitäre und Phytosanitäre Maßnahmen, ein Vertrag der WTO, der auf verbindliche internationale Standards beim Lebensmittelrecht abhebt. TBT = Technische Handelshemmnisse, ein Vertrag der WTO, der Kriterien für die Kennzeichnung und äußere Aufmachung von Gütern im Handel abhebt.

Kapitel 8.3
1   Idel u.a., 2004, S. 54
2   Bundesinstitut für Risikobewertung, 2005, S. 17
3   Fink-Kessler, 2005, S. 2
4   Rahmann/Sundrum/Weißmann, 2003
5   Fink-Kessler, 2005
6   Fink-Kessler,2005
7   Marette, 2005
8   Hörning, 2003
9   Preisinger, 2003
10 Hörning, 2003
11 Fink-Kessler, o.A.

Kapitel 9.2
1   Auszüge aus einem Beitrag für den Evangelischen Entwicklungsdienst. Fleischle-Jaudas, 2006
2   Frau Dr. Fleischle Jaudas ist Mitglied im entwicklungspolitischen Arbeitskreis des Landfrauenverbandes Württemberg-Baden, www.landfrauen-bw.de
3   Schack, 2005
4   AID, 1998; Brigitte, 25, 2006
5   Tipps zur Zubereitung von Hähnchen von Sonja Schneider (Erzeugerin und Direktvermarkterin, Mitglied im Entwicklungspolitischen Arbeitskreis beim LandFrauenverband Württemberg-Baden
6   Rezept von Anna Bosch, 2006 (Mitglied im Entwicklungspolitischen Arbeitskreis beim LandFrauenverband Würtemberg-Baden)
7   Rezept von Gerda Weiß, 2006 (Vorsitzende des Entwicklungspolitischen Arbeitskreises beim LandFrauenverband Württemberg-Baden)

Abkürzungen

ACDIC	Association Citoyenne de Défense des Intérēts Collectifs = Bürgerrechtsbewegung in Kamerun
AKP	Afrika, Karibik, Pazifik. Die 77 AKP-Staaten (zumeist früherer Kolonien Frankreichs und Großbritanniens) haben besondere Handelsbeziehungen zur EU (Cotonou - Abkommen)
BSE	Bovine Spongiforme Enzephalopathie, Tierkrankheit, ugs. »Rinderwahn«
C.P.	Der thailändische Hühnerkonzern Charoen-Pokphad
C.V.	Der US-Agrarkonzern Cobb-Vandress
CAC	Codex Alimentarius Commission = eine internationale Plattform zur Abstimmung von Lebensmittelrecht und Gesundheitsstandards
CCFICS	Codex (Alimentarius) Committee on Food Import and Export Inspection and Certification Systems
CCGP	Codex (Alimentarius) Committee on General Principles
CEMAC	Wirtschafts- und Währungsunion Zentralafrikas
CFA	Der CFA-Franc ist die offizielle Währung in der Zentralafrikanischen Wirtschafts- und Währungsgemeinschaft CEMAC. CFA steht für »Franc de la Coopération Financière en Afrique Centrale«.
CLITRAV	Europäischer Geflügelwirtschaftsverband
CMA	Zentrale Marketing-Gesellschaft der deutschen Agrarwirtschaft
EC	Europäische Kommission
EED	Evangelischer Entwicklugsdienst
EFSA	Europäische Behörde für Lebensmittelsicherheit
EPA	Economic Partnership Agreements = Wirtschaftspartnerschaftsabkommen der EU mit den Ländern Afrikas, der Karibik und des Pazifiks.
EU	Europäische Union
FAO	Welternährungsorganisation der Vereinten Nationen
G-33	Ein informeller Zusammenschluss von jetzt 46 Entwicklungsländern bei den Agrarverhandlungen der WTO, die sich zum Ziel gesetzt haben, die Interessen der Kleinbauern zu verteidigen.
G-90	Eine lose Gruppe von rd. 90 Entwicklungsländern, die gewisse gemeinsame Forderungen bei den WTO-Verhandlungen vortragen und gemeinsam verhandeln.
GATT	Allgemeines Zoll- und Handelsabkommen
H5N1	Vogelgrippevirus des gefährlichen Typs

HACCP	Hazard Analysis Critical Control Point-Konzept = Gefährdungsanalyse und kritische Lenkungspunkte; ein Konzept der guten Hygienepraxis bei Lebensmitteln
HPAI	Highly Pathogenic Avian Influenza (Hochpathogene Influenza-Virus-Infektion)
ICCO	Niederländische protestantische Entwicklungsorganisation, Mitunterstützer von ACDIC
INFPD	International Network for Family Poultry Development = Internationales Netzwerk für die Entwicklung der Familiengeflügelhaltung
ISA	Institute de Selection Animale, ehemalige französiche Legehennenzuchtfirma
IWF	Internationaler Währungsfond (engl. IMF)
LDC	Least Developed Countries = die am wenigsten entwickelten Länder der Welt; nach UN-Klassifikation gehören jetzt rd. 48 Länder dazu
LPAI	Low Pathogenic Avian Influenza (Geringpathogene Influenza-Virus-Infektion)
OIE	Internationales Tierseuchenamt
PHW-Gruppe	Der deutsche Hähnchenfleischkonzern Paul-Heinz Wesjohann, der auch das Wiesenhof-Hähnchen vermarktet.
SAILD	Service d´ Appui aux Initiatives Locales de Développement, Kamerun
SP-Regelung	Spezielle Produkte = eine diskutierte Regelung im internationalen Handelsrecht, die es Entwicklungsländern erlauben würde, bestimmte Agrarprodukte aus der Liberalisierung auszuklammern.
SPS	Sanitäre und Phytosanitäre Maßnahmen
SSG	Special Safeguard: Klausel des WTO-Vertrags, die es zulässt, sich gegen plötzlich auftretende Importfluten zu schützen
TBT	Technical Barriers to Trade = Technische Handelshemmnisse
TRTA	Trade Related Technical Assistance = ein WTO-Fond zur Unterstützung der Entwicklungsländer bei der Stärkung ihrer Handelsposition
UNDP	Entwicklungsprogramm der Vereinten Nationen
WAEMU	Westafrikanische Wirtschafts- und Währungsunion
WHO	Weltgesundheitsorganisation
WTO	Welthandelsorganisation

Fotonachweise

Literatur

Accra Daily Mail. No to »Akuko Folks« We want our local Chicken!, Accra, 17.5.2005

ACDIC. Poulets »congelées«, Danger de Mort!, Yaoundé, 2005

Adrian, Peter. Die Fleischmafia – Kriminelle Geschäfte mit Fleisch und Menschen. Berlin 2006.

AgraCeas Consulting. Pig, Poultry Meat and Egg, CMO Evaluation-Report. Brüssel 2006.

Agra-Europe. Hähnchenfleisch wird zur international meistgehandelten Fleischart, in: 49/05, Markt 2. Bonn 2005.

Agra-Europe. Deutsche Geflügelfleischnachfrage im vergangenen Jahr behauptet, in: 25/06, Markt 2. Bonn 2006.

Agra-Europe. Bauernverbände verlangen Importstop für Lebensmittel aus Brasilien, in: 30/06, Europa-Nachrichten 10, 24.7.06, Bonn 2006.

Agra-Europe. Internationaler Handel mit Fleisch wächst nur moderat, in: 34/06, Markt 6, Bonn 2006.

Agra-Europe. Braslilianische Agrarprodukte gefährden EU-Verbraucher, in: 35/06, Europa-Nachrichten 3, 28.8.06, Bonn 2006.

Agra-Europe. Kontrolleure decken neuen Gammelfleischskandal auf, in: 36/06, Europa-Nachrichten 5, 4.9.06, Bonn 2006.

Agra-Europe. Gammelfleischskandal weitet sich aus, in: 38/06, Länderberichte 26, 18.9.06. Bonn 2006.

Agra-Europe. Parlament verlangt raschen Abschluss der Mercosur-Verhandlungen, in: Agra-Europa, 41/06, Europa-Nachrichten 4, 9.10.06, Bonn 2006.

Agra-Europe. EU öffnet ihren Markt für Geflügelfleisch stärker als geplant, in: 49/06, Europa-Nachrichten 4, 4.12.06, Bonn 2006.

Agra-Europe. FAO rückt Afrika in den Mittelpunkt der Geflügelpestbekämpfung in: 50/06, Europa-Nachrichten, Länderberichte 8, 11.12.2006. Bonn 2006.

Agra-Europe. Moskau regelt Fleischhandel über bilaterale Vereinbarung; 51/06, S. 24, Länderberichte, 18.11. 2006. Bonn 2006

Aho, Dr. Paul. USA and World – Prospects for 2005, in: Broiler Economics Vol. XII, No. 6. Dez. 2004.

Aho, Dr. Paul. The Economic Consequences of Mad Cow and Bird Flu. The Long Term Effects, in: Broiler Economics Vol. XII, No. 2. April 2004.

Aho, Paul. The Silver Lining to the Dark Cloud of Bird Flu, in: Broiler Economics Vol. XIV, No. 1. Feb. 2006.

Aho, Paul. World Chicken Trade Soars, in: Broiler Economics Vol. XIII, No. 4. Aug. 2004.

Alexandratos, N. (ed.).World Agriculture: Towards 2010 – An FAO Study. Rome1995.

Association of Avian Veterinarians, Statement on Asian H5N1 Highly Pathogenic Avian Influenza, in: National Geographic Magazine, »Killer Flu.«, Washington, October 2005

Aviagen. The World Market for ChickenMeat.10.7.2006. www.aviagen.com

Bayerische Landesanstalt für Landwirtschaft LfL. Agrarmärkte Jahresheft 2005, Teilauszug: Eier und Schlachtgeflügel, Unterlagen für Beratung und Unterricht in Bayern. München 2006.

Benecke, Norbert. Der Mensch und seine Haustiere. Stuttgart 1994.

Berndt GmbH. Verarbeitungs- und Beseitungskosten für Tierkörper im Sinne des Viehseuchengesetzes, www.berndt-gmbh.de.

Bertotti, Marli. Avicultores interrompem trânsito em Goio-En em protesto contra empresas, FETRAF, 23.11.2006. Curitiba 2006.

Bilal, S./Rampa, F. Alternatives to EPAs – Possible Scenarios for the future Trade Relations with the EU; ecdpm Policy Management Report 11.Maastricht Feb. 2006.

Bitter, Georg von/Windhorst, Hans-Wilhelm. Geflügelmast in Deutschland, Weiße Reihe, Bd. 24, ISPA. Vechta 2005.

Blum, Jerome. Die bäuerliche Welt. Geschichte und Kultur in sieben Jahrhunderten. München 1982.

Bode, Thilo. Gammelfleisch: Wo bleiben die Verbraucherrechte? in: Zeitschrift für Rechtspolitik, 3/2006, S.73-76. 2006 (a).

Bode, Thilo. Fehlende Regeln schaffen Anreize für Betrüger, in: Süddeutsche Zeitung, S. 29. München , 9./10. 9. 2006 (b).

Boettger, Caesar. Die Haustiere Afrikas. Jena 1958.

Bopda, A./Njonga, B. L'importation massive de poulet congelée au Cameroun (état des lieux, enjeux et alternatives). Yaundé 2004.

Branckaert, R.D.S./Guéye, E.F. FAO's programme for support to family poultryproduction, in: Proceedings of a Workshop on Poultry as a Tool in Poverty Eradication and Promotion of Gender Equality (Dolberg, F. and Petersen, P.H., Eds.). Tune, Denmark, pp. 244-256. Rome 2003 www.husdyr.kvl.dk/htm/php/tune99/24-Branckaert.htm.

Braunscheid, Wolfgang. Wie sehen Fleisch und Fleischerzeugnisse von übermorgen aus?, in: Isermeyer, Folkhard (Hrsg.): Fleisch 2025. Braunschweig 2003.

Brigitte-Extra: Pute, Gans und Hähnchen, Beilage der Zeitschrift Brigitte Nr. 25, 2006. Hamburg, 2006.

Bulletin der Bundesregierung. Grußwort von Bundespräsident Horst Köhler, Nr. 96-2 vom 5.10.2006. www.bundesregierung.de.

Bundesamt für Verbraucherschutz und Lebensmittelsicherheit. Hintergrundinformation: Neu verpackt und umdatiert – Verbrauchertäuschung oder legale Praxis?, Berlin, 2006. www.bvl.bund.de, letzter Zugriff 22.2.2007.

Bundesamt für Verbraucherschutz und Lebensmittelsicherheit. Lebensmittelüberwachung der Länder beanstandet 132.000 Betriebe – Jahresbericht Lebensmittelüberwachung Bonn, 2005. www.bvl.bund.de.

Bundesinstitut für Risikobewertung. Pilotstudie zum Vorkommen von Salmonella spp. Bei Herden von Legehennen in Deutschland. Berlin 2005.

Bundesministerium für Bildung und Forschung, BMBF. So schmeckt die Zukunft. Sozial-ökologische Agrar- und Ernährungsforschung. Bonn/Berlin, 2005. www.bmbf.de

Bundestag-Drucksache. Antwort des Parlamentarischen Staatssekretärs Dr. Gerd Müller vom 15.12.2005 zur Anfrage des Umlaufes von nicht verzehr- bzw. verkehrsfähigen Fleisch. 15.12.2005.

Buntzel, R./Sahai, S. Risiko Grüne Gentechnik – Wem nützt die weltweite Verbreitung genmanipulierter Nahrung? Frankfurt 2005. Brandes & Apsel Verlag.

Buntzel, Rudolf. Die BSE-Krise und ihre internationale Dimension – Fragen und Antworten aus entwicklungspolitischer Sicht, Misereor/EED. Aachen/Bonn 2002.

Buntzel Rudolf. Versuch einer Zwischenbilanz. Vortrag auf einer Tagung in der Evang. Akademie Iserlohn, unveröffentlichtes Manuskript. Iserlohn 2006.

Busse, Tanja. Gammel zu Geld. Die Ekelgeschäfte mit Fleisch können Kontrolleure nicht stoppen. Politiker müssen dafür sorgen, dass sich Betrug nicht mehr lohnt, in: Zeit. 1.12.2005.

Busse, Tanja. Nichts wissen, alles essen, Die Zeit, 7.9.2006.Hamburg 2006.

Busse, Tanja. Die Einkaufs-Revolution – Konsumenten entdecken ihre Macht. München 2006.

Butt, Salim/ wdr-Fernsehen/ Quarks. Wer war zuerst da - das Huhn oder das Ei? 2006. www.quarks.de/dyn/9968.phtml

CDU/CSU Bundestagsfraktion. Mehr Verbraucherschutz durch eindeutigere Kennzeichnung und sendungsbezogenen Rückstandsuntersuchungen von Geflügelfleischimporten in die EU aus Drittländern, Bundestagsantrag vom 12.4.2005. Berlin 2005.www.cducsu.de/aktuelles/initiaitiven.

Ceesay, M. B./Njie, Momodou/Jagne, M. A. The effects of importation of poultry meat and eggs on small – scale poultry producers in the Gambia. Banjul 2005.

Chemnitz, Chr. Nahrungsmittelstandards – zwischen Verbraucherschutz und Handelsbarriere, Hrsg. eed-Germanwatch. Bonn 2003.

Chicken Facts: http://www.vfr.net/~tbruce/facts.html.

Christian Aid. For richer or poorer – Transforming Economic Partnership Agreements between Europe and Africa.London April 2005.

Cobb-Vantress, Mission, Integrity, Quality, Progress, Siloam Springs, Arkansas/USA, 2006.

Codex Alimentarius Commission. Proposed Draft Revised Code of Ethics for International Trade in Foods (Agenda Item 7)/ Code of Ethics for International Trade in food, CAC/RCP 20-1979 (Rev. 1-1985). Genf 1985.

Codex Alimentarius Commission. Proposed Draft Revised Code of Ethics for International Trade in Foods: Minutes, 3.-7.7.2006, Geneva, General principles. Genf 2006.

Coelenbier, Patrick. Die europäische Verarbeitungsindustrie für tierische Nebenprodukte 2005 – Zahlen und Fakten, Vortrag auf dem europäischen Kongress der European

Fat Processors and Renderers Association (EFPRA), München, 2006; www.stn-vvtn. de/archiv/coelenbier.pdf.

Commission of the EU. White Paper on Food Safety. Brussels 2000.

Connemann, Gitta/Heinen, Ursula. Mehr Verbraucherschutz durch eindeutige Kennzeichnung von Geflügelfleischimporten. Tier- und Umweltschutzstandards für die Kaufentscheidung ausschlaggebend. (Kommentar zum CDU-Antrag vom 12.04.06). 13.4.2006.

Cowder, W. West Africa: An Introduction to its History. London 1977.

CTRN Phobia Clinic. Vanquish Fear & Anxiety Program, What is Alektorophobia?, New York, 2007, www.changethatsrightnow.com, letzter Zugriff 19.2.2007.

Davis, Mike. Vogelgrippe – zur gesellschaftlichen Produktion von Epidemien. Berlin/ Hamburg Okt. 2005.

Delforge, Isabelle. Putting safe chicken on the plate, in: Bangkok Post, 19.5.2004 oder The flu that made agribusiness stronger, The Global South, 4.7.2004, Bangkok 2004.

Deutscher Bundestag. 15. Wahlperiode, 28. 01. 2005 Antwort der Bundesregierung auf die Kleine Anfrage der FDP Fraktion »Wirtschaftliche Belastungen für heimische Betriebe durch und Nutzen von nationalen Sonderregelungen zum Schutz der Verbraucher vor BSE«, Drucksache 15/4777, 15. Wahlperiode, 28. 01. 2005, Berlin 2005.

DBV (Deutscher Bauernverband). Importstop aus Brasilien – Sonnleitner warnt vor WTO-bedingter Gesundheitsgefährdung in Pressemitteilung, Berlin 21.7.2006.

DGS Magazin. Vom Familienbetrieb zum Weltunternehmen. Unternehmen in der Geflügelbranche: Hendrix Genetics, in: DGS Magazin Woche 13/2006; HPB *and* ISA to become one strong layer breeding organisation, in: World Poultry Vol. 22 No.4 2006.

Diagne, B. M. Study on the Economic Impact of Whole and Pre-Cut Poultry Imports on the Development of the Poultry Sector in Senegal, background report for Oxfam International. Oxford 2004.

DPS. Evolution of Imports of Chicken Meat between 1996 and 2002: Statistik, Quelle: DPS.

EPEA Internationale Umweltforschung GmbH. Umwelt- und Sozialfolgen des Verfütterungsverbotes für tierische Proteinmehle. Norderstedt, 2001.www.stn-vvtn.de/archiv/ VerfVerbot-EPEA_DE.pdf.

EU Kommission, DG Sanco. Auszug aus dem Bericht des Lebensmittel- und Veterinäramtes über den Inspektionsbesuch in Brasilien, 22.11.-2.12.2004 – Bewertung der amtlichen Überwachungssysteme für Geflügel und Geflügelerzeugnisse, GD (Sanco)/97138/138/2004-RS DE. Brüssel 2004.

Europäische Union. MEMO/03/94, Pressemitteilung, 30.04.2003. Brüssel 2004. http:// europa.eu/rapid.

European Commission. The Agricultural Situation in the European Union – 1999 Report.Brussels/Luxemburg 2001.

European Fat Processors and Renderers Association. Animal by-products & Structure in EU.

European Fat Processors and Renderes Association.Prospects for meat markets 2005-2012 (Datenquelle: EC). 2005.

European Parliament.Regulation (EC) No. 178/2002 of the EP and of the Council. Jan. 28, 2002.

Eurostat. EU 25 Trade Since 1995 By CN8, 2005, http://fd.comext.eurostat.cec.eu.int/xtweb.

EU-Verordnung vom Juli 1967, Nr. 122/67 und 132/67; im November 1975 ersetzt durch die Verordnung 2771/75 und 2777/5.

EU-Verordnung 999/2001 des mit Vorschriften zur Verhütung, Kontrolle und Tilgung bestimmter transmissibler spongiformer Enzephalopathien, Stellungnahme von Friedrich-Wilhelm Graefe zu Baringdorf 2006, http://www.europarl.europa.eu/sides/getDoc.do?pubRef=-//EP//TEXT+TA+P6-TA-2006-0212+0+DOC+XML+V0//DE.

EU-Verordnung 853/2004 vom 29. April 2004 mit spezifischen Hygienevorschriften für Lebensmittel tierischen Ursprungs.

Evans-Prichard, E. E. Hexerei, Orakel und Magie bei den Zande. Frankfurt 1978.

FAO Fact Sheet: Cameroon – Women, Agricultural and Rural development, FAO Publications, Rome 1995.

FAO. FAO Brief on Import Surges. Rome, 2006 (a).

FAO. FAO Statistical Yearbook, Vol 1, 2004. Rome 2004.

FAO. Statistical Databases.Rome 2006. http://faostat.fao.org/faostat/agriculture.

FAO Commodity and Trade Devision.Poultry Trade Prospects for 2006 Jeopardized by escalating AI Outbreaks. Rome 2006 (b).

FAO. Pro-Poor Livestock Policy Initiative, Rome 2007. www.fao.org/ag/againfo/projects/en/pplpi/home.html.

FAO. The Bangladesh Model and Other Experiences in Family Poultry Development, Rome 2003. www.fao.org/AG/AGAINFO/subjects/en/infpd/econf_bang.html letzter Zugriff 20.2.2007.

Faz-Net. Geschäftsgeheimnis Hybridhuhn. 17.3.2006.

Faz-Net. Das globale Huhn, in: Faz-Net Special globales Huhn. 20.3.2006.

Fink-Kessler, Andrea. Markenfleischuntersuchung, Gutachten für VZBV, Berlin, Nov. 2005.

Fink-Kessler, Andrea. Mastgeflügelfleisch Hähnchen und Puten. Eine Untersuchung im Auftrag der Verbraucher-Zentrale Hessen. Kassel, o. A.

Fleischle-Jaudas, Waltraud. Das leckere Huhn: Küchen-Kultur und Konsum-Gewohnheiten, unveröffentlichtes Manuskript, Bonn 2006.

Foodwatch. Fleischskandale und kein Ende in Sicht. 30.11.2005. http://foodwatch.de/themen_aktivitaeten/fleischskandale/index_print_ger.html.

Fritschel, H. Will Supermarkets be Super for Small Farmers?, in: IFPRI Forum, Dec. 2003, Washington D.C. Dec. 2003, Washington D.C.

Fröhlingsdorf/ Kleinhubbert/ Knauer (u. a.). Abfall in der Wurst, in: Spiegel 48/2005, S. 38-40. 2005.

Gbaguidi, L./ Biadja, E..Importations de volailles et produits dérives congelés au Bénin: impact socio économique. 2004.

Gelder, v. J. W. Export van Nederlands kippenvlees naar Afrika, Een onderzoeks rapport voor Novib: Castricum. Den Haag 2004.

Ghanaian Chronicle 150 Afariwa Farms Workers Lose Jobs, Accra, 14.4.2005.

Ghana News Agency, Business News: Poultry Board to be launched, Accra, 27.5.2005.

Ghana News Agency, General News: Poultry Farmers Have No Case, Accra, 24.5.2005.

Ghana News Agency, Business News: Gov't killed the poultry business – Agriculturalist, Accra, 9.10.2006.

Gläser, B. The Green Revolution Revisited.Boston/Sidney/Wellington 1987.

Glitsch, Kristina. Verhalten europäischer Konsumenten und Konsumentinnen gegenüber Fleisch – eine theoretische und empirische Analyse, Europäische Hochschulschriften, Reihe V, Bd./Vol. 2476.Frankfurt 1999.

GRAIN. Fowl Play – Falsches Spiel. Die zentrale Rolle der Geflügelindustrie in der Vogelgrippekrise. Barcelona 2006.

GRAIN. Bird Flue Crisis – Small farms and the Solution, not the Problem, in: Seedling, July 2006. Barcelona 2006.

Grethe, Harald. Wo Qualitätsdifferenzierung im Internationalen Agrarhandel zwischen Industrie- und Entwicklungsländern. Vortrag auf einer Tagung in der Evang. Akademie Iserlohn, unveröffentlichtes Manuskript. Iserlohn Nov. 2006.

Grote, et. al. Vollkosten, Umweltstandards und internationale Wettbewerbsfähigkeit – Fallstudienergebnisse für ausgewählte Agrarhandelsprodukte aus Brasilien, Deutschland und Indonesien, in: Berichte über Landwirtschaft, Bd. 79, S. 234-250.Bonn 2001.

Guerne-Bleich, E./ Mack, S. (FAO Newsroom). Poultry keeping: a life-saver for poor rural households. Rome 2003. www.fao.org

Hackfleischverordnung über Schabefleisch und anderes zerkleinertes rohes Fleisch (Hackfleisch-VO-HFIV)vom 10. Mai 1976 (BGBl. I S. 1186), zuletzt geändert durch die Verordnung vom 02.April 2003(BGBl. I S. 478).

Hartmann, W. Von Mendel zu Multinationalität in der Geflügelzüchtung. Arch. Geflügelk. 2000, 64 (5), 189-203, Verlag Eugen Ulmer, Stuttgart.

Hausensteiner, Heike. Geflügel-Schmuggel bedroht EU. Illegaler Fleischhandel wird zu einem wachsenden Gesundheitsrisiko. Die Presse, Wien, 6.7.2006. www.pds-europa.de/dokumente/artikel/view_dok_html?zid=2532, letzter Zugriff 18.2.2007

Heiden, Michael. Globale Produktion, Handel und Verzehr von Geflügelfleisch. Vortrag auf einer Tagung in der Evang. Akademie Iserlohn, unveröffentlichtes Manuskript. Iserlohn Nov. 2006.

Henry, Richard/Greame, Rothwell.The World Poultry Industry, IFC Global Agribusiness Series, World Bank. Washington 1995.

Hermann, Günther. Zollfahndungsamt München, Dienststelle Lindau, in: Bayerischer Landtag, Expertenanhörung, Wortprotokoll (nicht autorisiert), Bayerischer Landtag, 15. Wahlperiode, 55. UV/49. LA, München, 5.4.2005.

Hirschfelder, Günther. Europäische. Esskultur – Geschichte der Ernährung. Frankfurt 2001.

Horman, D. Chicken Connection, Le Poulet Africain étouffe par l'Europe, GRESEA, Bruxelles 2004.

Hörning, B. Ökologische Geflügelproduktion. Erzeugung, Verarbeitung, Vermarktung – zuchtrelevante Aspekte; BÖL-Projekt der Universität Kassel-Witzenhausen; Referat auf dem Workshop »Ökologische Hühnerzucht«, 30.4.2003. Frankfurt 2003. www.zsl.de/tierzucht/WSI_HuhnHoerning.ppt.

Hortmann-Scholten, Albert. Globalisierung des Geflügelfleischhandels. Folgen für die Landwirtschaft. Unveröffentlichter Vortrag, Oldenburg 13.10.2005.

Huque, Q.M.E. Family poultry production and utilization pattern in Bangladesh, in: INFPDE-Conferences. The Scope and Effect of Family Poultry Research and Development. 10.7.200 6. www.fao.org.

ICTSD. Special Products and Special Safeguard mechanism: Strategic Options for Developing Countries? Geneva 2006. http://www.agtradepolicy.org.

Idel, Anita. Seuchen und Politik: Das Beispiel Vogelgrippe. Kommentierter Hintergrundsbericht zur entwicklungspolitischen Dimension der Vogelgrippe. Gutachten im Auftrag vom Evangelischen Entwicklungsdienst, unveröffentlichtes Manuskript. Berlin, 8. Sep. 2006.

Idel, Anita/Clausen, Jens/Wunderlich, Ulrike/Isele, Judith/Kohlschütter, Niels. Agrobiodiversität entwickeln! Handlungsstrategien für eine nachhaltige Tier- und Pflanzenzucht, Kapitel 8: Fallstudie Huhn, Berlin 2004. www.agrobiodiversitaet.net

InfoSud Belgique. Enquête impact des importations de volailles en Afrique d l'Ouest,. Bruxelles 2004.

IÖW/Öko-Institu/Schweinsfurth-Stiftung/FU Berlin, LAGS (ed). Fallstudie Huhn, in: dies.: Agrobiodiversität entwickeln! Handlungsstrategien für eine nachhaltige Tier- und Pflanzenzucht. Endbericht. Berlin, 2004, www.agrobiodiversitaet.net.

Inter Press Service, Commerce Ghana: L'effet effroyable des importations de volaille congelée, Accra, 25.2.2006.

Isermeyer, Folkhard (Hrsg.). Fleisch 2025, Forschungsanstalt für Landwirtschaft (FAL), Sonderheft 262. Braunschweig 2003.

Isermeyer, F./ Schrader, L. Wer bezahlt den Tierschutz?, in: Isermeyer, Folkhard (Hrsg.): Fleisch 2025. Braunschweig 2003.

Isermeyer, Folkhard. Können die deutschen Fleischerzeuger im globalen Wettbewerb mithalten?, in: ders (Hrsg.): Fleisch 2025. Braunschweig 2003.

Jutzi, S.C. Profound Challenger to Science and society – HPAI-H5N1 – a Global Animal Health Crisis; in: Entwicklung und Ländlicher Raum, 40. Jg., Heft 5/06, S. 8 ff. Frankfurt 2006.

Kamphues, J. Nebenproduktverwertung in der Tierernährung – von ihren Anfängen bis zum Weißbuch zur Lebensmittelsicherheit. Unveröffentlichtes Manuskript, Institut für Tierernährung, tierärztliche Hochschule Hannover. Hannover o. A.

Khor, Martin. G-33 slams »flawed« World Bank Paper on Special Products, in: TWN Info Service on WTO and Trade Issues, Nov. 6, 2006. Penang, Nov. 2006. www.twnside.org.sg

Khor, Martin. G-33 won't Accept Modalities without SP and SSM; in: TWN Info Service on WTO and Trade Issues, April 27, 2006. Penang, April 2006. www.twnside.org.sg

Kitalyi, Aichi J..Village chicken production systems in rural Africa. Household food security and gender issues. FAO Animal Production and Health Paper No. 142. Rome 1998.

Kluthe, Reinhold/ Kasper, Heinrich (ed.). Fleisch in der Ernährung. Stuttgart/New York 1994.

Koroma, S./Ford, D. (ed.).The Agricultural Dimension of the ACP-EU Economic Partnership Agreements, FAO/ACP Secretariat. Rom 2006.

Kortmann, K. Die Vogelgrippe nun auch in Afrika; in: Entwicklung und ländlicher Raum, 40. Jg., Heft 5/06.Frankfurt 2006.

Kumichii, Tilder. Gender and Poultry in the North West Province of Cameroon, Vortrag auf einer Tagung in der Evang. Akademie Iserlohn, unveröffentlichtes Manuskript. Iserlohn Nov. 2006.

Kumichii, Tilder. Primary research case study on the gender impact of the poultry sector in the North West Province of Cameroon to women small scale farmers. unveröffentlichtes Manuskript, Bamenda 2007

Leonhäuser, Ingrid-Ute. Genuss und Reue – wie entwickelt sich unser Verhältnis zum Fleischverzehr?, in: Isermeyer, Folkhard (Hrsg.): Fleisch 2025. Braunschweig 2003.

Le Patriote, Marché de la volaille: La SIPRA dénonce l'invasion du poulet congélé importé Abidjan, 21.10.2004.

L'Intelligent d'Abidjan: Importation de la viande de volaille L'article 30 de la loi de finances crée problème. Abidjan, 18.4.2005.

L'Humanite, Quand la Bretagne voit rouge. Paris, 13.11.2004.

Löhr, Wolfgang. UNO sucht den H5N1-Übertragungsweg, in: taz vom 31.5.2006, S. 8, Berlin 2006.

Marette, St. The Collective-Quality Promotion in the Agrobusiness Sector: An Overview, Working Paper 05-WP 406, Center for Agricultural and Rural Development. Ames Okt. 2005.www.card.iastate.edu.

Mari, Francisco. Chicken News: Chicken Imports from EU 2005, Frankfurt 2006.

Martin, W./Ivanic, M. Special Products and Safeguard Mechanism, Paper by the Development Research Group of the World Bank.Washington 2006.

Mehner, Alfred. Das Buch vom Huhn. Stuttgart 1968.

Mellinger, Nan. Fleisch – Ursprung und Wandel einer Lust. Frankfurt 2003.

Meyer zu Bergsten, Rainer. Wo bleibt das Restfleisch? Fleischverwertung und globales Marketing, Vortrag auf einer Tagung in der Evang. Akademie Iserlohn, unveröffentlichtes Manuskript. Iserlohn Nov. 2006.

Müller, G. Antwort des Parlamentarischen Staatssekretärs Dr. Gerd Müller vom 15.12.2005 zur Anfrage des Umlaufes von nicht verzehr- bzw. verkehrsfähigen Fleisch, Plenarprotokoll 16/8 15.12.2005 S. 507A-517A, Berlin 2005.

Müller, G. Globale Trends erkennen – grenzüberschreitende Tierseuchen international bekämpfen; in: Entwicklung und ländlicher Raum, 40. Jg., Heft 5/06.Frankfurt 2006.

Narrod, C. u. a. A One-size-fits-all Solution won´t Work; in: Entwicklung und ländlicher Raum, 40. Jg., heft 5/06.Frankfurt 2006.

Nellemann-Kryger, K. The Failing Structure of Animal Health Services – Room for Improvement; in: Entwicklung und ländlicher Raum, 40. Jg., Heft 5/06.Frankfurt 2006.

OECD. Agricultural Policies in OECD countries, Monitoring and Evaluation 2005. Paris 2004.

Ofei-Nkansah, Kingsley. Ghana: A case study on economic partnership agreements. 2004.

Oliveira, Marcos Antônio de, A Doux/Frangosul e sua atuação no Brasil, Boletim do Deser, n° 145• agosto/2005. Curitiba 2005.

Onibon, Paul und Sodegla, Honoré. Etude de la sous-fliere »Aviculture Moderne« au Benin, Cotonou, 2005.

Osterhaus, u. a. Multiple Introduction of H5N1 in Nigeria, in: Nature, Vol. 442, p. 37, New Yorck, 2006.

Painel Paran@shop, Paraná fecha 2006 como maior produtor e exportador de frangos do Brasil, Curitiba, 31.1.2007.

Paczensky, Gert v./ Dünnebier, Anna. Kulturgeschichte des Essens und Trinkens. München 1994.

Petschow, Ul./ Idel, Anita. Das globale Huhn, in: Prokla: Ressourcenkonflikte, Heft 13534.Jg, Nr.2, S. 263-285. Münster 2004.

PHW-Gruppe, Lohmann & Co. AG, Verantwortung für Mensch, Tier und Umwelt, Webseite, 2007. www.phw-gruppe.de, letzter Zugriff 19.7.2007.

Preisinger, R. Struktur der Legehennenzucht, Struktur der Masthuhnzucht, Struktur der Geflügelzucht; Referat auf dem Workshop »Ökologische Hühnerzucht«. Frankfurt, 30.4.2003. http://daf.zad.de/download/vor_preisinger.pdf.

Public Agenda, Ghanaian Farmers Vote with their Feet Against Unfair Trade, Accra, 18.4.2005

Rahmann, G./Weissmann, F. (u. a.).Welche Qualitäten wird die ökologische Landbau in der Fleischproduktion im Jahr 2025 liefern können? in: Isermeyer, Folkhard (Hrsg.): Fleisch 2025. Braunschweig 2003.

Rahmann/Sundrum/Weißmann. Ökologischer Landbau, in: Isermeyer, Folkhard (Hrsg.): Fleisch 2025. Braunschweig 2003.

République du Sénégal, Ministère d'Economie et des Finances, Direction de la Prévision et de la Statistique Economique et Sociale du Sénégal, Edition 2004. Dakar 2004

Revill, Jo. Poultry import ban is urged – Farmers seek restrictions as inspectors check for infected meat on shelves in: The Observer, 11.2.2007. London 2007.

Rifken, Jeremy. Das Rinderimperium, (Neuauflage: 2004); ursprünglich: Beyond Beef, New York 1995. Frankfurt 1996.

Runge, F./Senauer, B./Pardey, P.G./Rosegrant, M.W. Ending Hunger in our Lifetime – food Security and Globalization, IFPRI (ed.). Baltimore/London 2006.

Rohwetter, M. Das optimierte Tier; in: Die Zeit, 29.6.2006.Hamburg 2006. http://zeus.zeit.de/text/2006/27/Haehnchen-Text.

Schack, Pirjo Susanne. Patchworkmuster von Vollwert-Ernährungsstilen – Wie lassen sich nachhaltige Ernährungsstile im Alltag praktizieren?, in: Ernährung im Focus 05/05, Hrsg. Vom aid infodienst, Bonn 2005.

Schäfer, Rita Gender und ländliche Entwicklung in Afrika: Eine kommentierte Bibliographie, Münster 2003.

Schohl, Daniela. Gesundheitsanforderungen bei Lebensmitteln als nicht-tarifäre Handelshemmnisse. Analyse und Bewertung von Maßnahmen zur Sicherung des Gesundheitsschutzes am Beispiel von Fleisch und Fleischprodukten (Dissertation). Berlin/Kiel 2000.

Seidel, Hagen. »Geiz ist geil hat keine Zukunft«, in: 29.5.2006. www.welt.de.

Siebeck, W. Innere Werte, in: Die Zeit, 28.12.2006.Hamburg 2006.http://zeus.zeit.de/text/2007/01/Siebeck-Kolumne-Kochwettbewerb.

Starmer, E./ Witteman, A./ Wise, T.A..Feeding the Factory Farm: Implicit subsidies to the Broiler Chicken Industry, Global Development and Environment Institute, GDEI Working Paper No. 06-03. Tufts University, June 2006. http://ase.tufts.edu/gdae.

Steinfield, H./Gerber, P./ Wassenaar, T./ Castel, V./ Rosales, M./Haan, de C. Livestock's Long Shadow- Environmental issues and options. Rome 2006.

Stern, Der. Geschäftsbereich Gammelfleisch, in: Stern.de. 27.11.2006.www.stern.de/wirtschaft/unternehmen/550125.html?nv=cb.

Stichelen, van der M./Wal, van der S./Oldenziel, J. Who reaps the fruit? Critical Issues in the Fresh Fruit and Vegetable Chain, Hrsg. SOMO. Amsterdam 2005.

Striffler, Steve. The Dangerous transformation of America's favorite food. Yale 2005.

STN – Servicegesellschaft Tierische Nebenprodukte mbH, Verarbeitung tierischer Nebenprodukte Bericht des Kongresses, Abstracts der Vorträge, München, 2006. http://www.stn-vvtn.de/technik.php.

Taz. UNO sucht den H5N1-Übertragungsweg. 31.5.2006.

Teuteberg, H.J. (ed.). European Food History – A Research Review.Leicester 1992.

The Post, Dutch Frozen Chicken Supplier Defends Quality of Product, Buea/Kamerun, 28.6.2004.

Thornton, Gary. Turbulent 2002 Leads to rationalization, in: WATT Poultry USA, January 2003.

Tyson Food. Living Our Core Values, 2005 Sustainability Report, Springdale/USA, 2006.

Ulmer, Karin. A Pro-Development Benchmarking Approach to Monitoring: Entry Points for Gender Equity Goals; Paper to CSGR University of Warwick, 5-7 April, 06. Warwick 2006.

UNDP. Human Development Report 2005. New York 2005.

USDA, Foreign Agricultural Service. *GAIN* Report #NI2025: Nigeria, Poultry and Products Poultry, Update 2002, Washington 2002.

Verbraucherzentrale. Mehr Transparenz erwünscht – Verbraucherzentralen legen Untersuchung überregionaler Markenfleischprogramme vor. Berlin, Nov. 2005.

Wagner, J. Die, die so aussehen wie jemand, aber möglicherweise etwas ganz anderes sind, in: Bauer, W. (Hrsg.), Aus der Praxis afrikanischer Medizinmänner, Berlin 1985.

Wesjohann, Paul-Heinz, Präsentation PHW-Gruppe LOHMANN & CO. AG/WIESENHOF, 2004. http://www.ernaehrungswirtschaft.de/download/EUAgrarpolitik/Vortrag_Herr_Wesjohann.pdf letzter Zugriff 19.2.2007

Wessel, Andrea. Geflügelwirtschaft europaweit im Umbruch, in: Lebensmittel Zeitung Nr. 37. 12.9.2003.

WHO Regional office for Africa. Influenza pandemic risk assessment and preparedness in Africa. Brazzaville 2005.

Wikipedia. Stichwort »Haushuhn«. 2006. www.wikipedia.de.

Wikipedia. Definition Gammelfleisch, zum Fleischskandal. 6.7.2006.

Wikipedia. Stichwort Lebensmittelskandal – Ergebnisse. 6.7.2005.

Wikipedia. Preisdifferenzierung. 9.12.2006.

Williams-Forson, Psyche A. Building houses out of Chicken Legs – Black Women, food and Power. Uni of North Carolina Press, 2006.

Windhorst, Hans-Wilhelm. Offene Agrarmärkte verlangen geschlossene Produktionssysteme – Wege zur Erhöhung der Nahrungsmittelsicherheit, Vortrag auf dem Unternehmerforum der Bremer Landesbank am 8. 3. 2001 in Oldenburg. Oldenburg, 8.3.2001. http://www.ispa.univechta.de/385,693.html.

Windhorst, Hans-Wilhelm. Qualitätssicherung in der Lebensmittelkette – wo liegen die Herausforderungen? Vortrag auf der Jahrestagung des Dachverbandes Agrarforschung. Braunschweig, 29.10.20003 (a). http://www.ispa.univechta.de/385,693.html.

Windhorst, Hans-Wilhelm. Kann sich die deutsche Geflügelwirtschaft im internationalen Wettbewerb behaupten?, Mitteilungen des ISPA, Heft 46. Vechta 2001. www.gefluegelwirtschaftslho.doc.

Windhorst, Hans-Wilhelm. Wie wird die Lebensmittelkette in der Fleischwirtschaft im Jahre 2025 organisiert sein?, in: Isermeyer, Fleisch 2025. Braunschweig 2003 (b).

Windhorst, Hans-Wilhelm. Asia's present and future role in pig and poultry production, Festvortrag während der Eröffnungsveranstaltung der VIV Asia am 5. 3. 20 03 in Bangkok (Thailand). Bangkok 2003. http://www.ispa.univechta.de/385,693.html.

Windhorst, Hans-Wilhelm. Offene Agrarmärkte und ihre Auswirkungen auf die Produktion tierischer Nahrungsmittel, Vortrag auf der Jahrestagung des Dachverbandes Wissenschaftlicher Gesellschaften der Agrar-, Forst-, Ernährungs-, Veterinär und Umweltforschung am 23. 11. 2000 in Bonn..Bonn 2000. http://www.ispa.univechta. de/385,693.html.

Windhorst, Prof. Dr. Hans-Wilhelm. Evolution oder Revolution? Visionen der Landwirtschaft des nächsten Jahrhunderts, Abschlussvortrag auf der 38. Arbeitstagung der Internationalen Arbeitsgemeinschaft landwirtschaftlicher Beraterinnen und Berater am 10.6.1999 in Königslutter. Königslutter 1999. http://www.ispa.univechta.de/385,693. html.

WTO. The Results of the Uruguay Round – The Legal Texts. Geneva 1995.

Zeit online. Noch mehr »Gammelfleisch«? 27.11.2005.

Zentrale Markt und Preisberichtstelle. Produktion von Geflügelfleisch wächst, in: ZMP/ Marktanalyse Nr. 39. Oktober 2005.

Zentralverband der Deutschen Geflügelwirtschaft e.V. Positionspapier zu Impfmaßnahmen gegen Aviäre Influenza. Berlin, Feb. 2006.

Zerling, C./Bauer, W. (ed). Lexikon der Tiersymbolik. Mythologie Religion Psychologie. München 2003.

Zeuner, Frederik. Geschichte der Haustiere. London 1967.

Ziemann, Martina. Internationalisierung der Ernährungsgewohnheiten in ausgewählten europäischen Ländern. Frankfurt 1999.

Zittlau, Jörg. Bedrohliche Mutationen im Eiltempo (Zeitungsartikel).

ZMP Zentrale Markt- und Preisberichtstelle.ZMP-Marktbilanz. Eier und Geflügel 2005. Deutschland. Europäische Union. Weltmarkt. Bonn 2006.

ZMP Zentrale Markt- und Preisberichtstelle.ZMP-Marktbilanz. Eier und Geflügel 2006. Deutschland. Europäische Union. Weltmarkt.Bonn 2006.

Sones, Keith. Small-scale poultry producers: falling foul of avian flu?, in: New Agriculturist on-line. 10.7.2006. www.new-agri.co.uk/06-3/focuson/focuson1.html.

Hühnerwahnsinn

Wie Europas Exporte Afrika schaden

Ein Film zur Globalisierung am Beispiel Kameruns von Marcello Faraggi

Hühnerwahnsinn

DVD

Mit Unterstützung von:

Partner to
enterprising people

Europas Hühnerüberschüsse als Fast Food für Afrika: Zu Dumpingpreisen wird in Mittel- und Zentralafrika gefrorenes Hühnerfleisch angeboten.

Die Folgen sind fatal: Weil es an Kühllagern und Eisschranken fehlt, werden oft verdorbene Hühnerreste verkauft. Salmonellen sind unsichtbar und für die arme Bevölkerung zählt in erster Linie der günstige Preis. Kamerunische Hühner-züchter können mit der Konkurrenz aus Europa nicht mithalten. Jahrelange Auf-bauarbeit von kleinbäuerlicher Geflügelhaltung zur Armutsbekämpfung durch internationale Geber wird durch die Globalisierung vernichtet. Afrikanische Bauernorganisationen schlagen Alarm.

Unterstützt werden sie in Europa von Entwicklungsorganisationen, die über den Handels-Irrweg informieren. Noch führt das Verbraucherverhalten in Europa zum Hühner-Fast Food in Afrika – doch ein Umdenken hat begonnen. Auf den Spuren des Hühnerwahnsinns hat sich der langjährige Filmemacher Marcello Faraggi gemacht.

Das Huhn ist das Parade-Tier der industrialisierten Landwirtschaft und des glo-balen Lebensmittelhandels. Es ist ein Schlüsselprodukt der Globalisierung, an dem die gesamten Auswüchse im Film gezeigt werden. So wird die seit Jahren an der Welthandelsorganisation WTO formulierten Kritik nachvollziehbar und verständlich.

Sprachen: Deutsch, Englisch, Französisch, Spanisch, Niederländisch und Portugiesisch

Mehr zum Thema im Buch "Das Globale Huhn"
ISBN-3-86099-852-8 und 978-3-86900-852-6

DVD 28 min.

© **2006 EU-MEDIA**

www.eu-media.info

DAS GLOBALE HUHN
Hühnerbrust und Chicken Wings – Wer isst den Rest?
Francisco Marí
Rudolf Buntzel
Brandes & Apsel